普通高等教育"十五"国家级规划教材

物流工程

（修订版）

齐二石　　主　编
赵道致　　副主编

中国科学技术出版社
·北　京·

内容简介

本书为国家教育部所选定的“十五”规划教材中的工业工程专业本科教材。该书从培养工业工程高等人才的知识结构出发，设计了物流工程教材，从概念—理论—方法的内容体系，既考虑了现代物流工程国际发展的趋势，又考虑了我国经济建设的实际需要。全书共分为9章，内容包括：物流与物流工程概述、设施规划与设计、企业物流系统设计、物料搬运系统、库存与库存管理、物流配置与仓储、物流信息系统和现代物流管理模式、第三方物流管理。

本书可作为高等院校管理学科和工程学科中的工业工程、物流工程等专业的教材；也可用于大专及有关工程学科中的工业工程、物流工程等专业教学使用；还可供从事企业管理、经济管理的管理人员和工程人员参考使用。

图书在版编目（CIP）数据

物流工程/齐二石主编．—2版（修订本）．—北京：中国科学技术出版社，2004.12（2010.4重印）

普通高等教育“十五”国家级规划教材

ISBN 978-7-5046-3796-3

Ⅰ．物… Ⅱ．齐… Ⅲ．物流－物资管理－高等学校－教材 Ⅳ．F252

中国版本图书馆CIP数据核字（2004）第123033号

出版	中国科学技术出版社	**邮编**	100081
地址	北京市海淀区中关村南大街16号	**电话**	010－62103210
发行	科学普及出版社发行部	**版次**	2010年4月第2版第3次
印刷	北京金信诺印刷有限公司	**字数**	387千字
开本	787毫米×960毫米　1/16	**印张**	20.875
定价	36.00元	**印数**	2000册

高等院校工业工程专业教材编审委员会

责任编辑　周晓慧　高立波

责任印制　安利平

前 言

物流工程也可称为物流工程与管理，是我国工业工程学科中的重要方向与专业课之一。当前社会经济飞速发展和我国社会主义市场经济发展一定阶段而产生的需求，使它越来越受到社会的重视。从20世纪初科学管理的产生（后更名为工业工程），主要是通过工程设计的手段来提高生产作业现场的效率，那时就有了操作现场布置以及工件和工具的流程、顺序的方法研究，虽然称之为工作研究，其实蕴育着后来物流的概念和理论。科学管理对提高作业现场的效率起着非凡的作用。随着生产的发展，人们逐渐更注重了工厂及企业的整体效益，要求作业现场的效率要服从全厂、全企业的效率，这时产生了工厂布置与物料搬运，这也是早期的企业物流系统方法，仍然对今日的企业整体效益和竞争力都具有显著的作用与效果。20世纪70年代后，工业发达国家的经济发展出现了两个重要特征：一是明显的专业化分工；二是注重区域与社会效益，这时企业间的关系变得更为重要。专业化分工使企业间的供应运输、物料配送、产品销售等都由专业化物流公司来承担，而无需制造企业本身来负担，只需将资金和精力集中在自己的制造优势上而已，这就产生了所谓的服务为主要功能的第三方物流企业。后来由于对企业本身物流系统改善与提高和第三方物流企业的规划、设计、运营等提出咨询、经营、改善的需求，又产生了专门为物流业服务的第四方物流企业，从而产生了庞大的物流产业，也为社会其他产业的发展提供了无限的动力和基础。

我国正走向社会主义市场经济高速发展阶段。从1980年算起，短短20年的市场经济，已经显现出物流在社会经济发展中如此之重要，西方工业发达国家大约用了100～200年时间才完成，当然他们的经济管理基础更加扎实些，我们也不可能用20～30年走完西方几百年的路。但是它却说明了中国经济发展的规模、水平达到了极其重要的阶段。可以说，物流系统已经明确地分为两类：一类是企业

内部的物流系统，它对企业管理的效益起着非常重要作用；另一类是所谓社会物流系统，它既要解决企业间的物流服务问题，又具有区域经济与社会经济效益中起决定意义的系统功能。因而物流工程在21世纪工业工程学科高等教育人才的知识结构方面占有极为重要的位置。重要的是物流工程既具有科学的规律性一面，又具有与地方文化、企业文化密切相关的“本土化”一面，因此日本丰田生产方式中就是吸收了美国工业工程的哲理和技术体系，结合日本丰田公司本身的企业理念和特征，创建了独具特色的丰田物流系统。这对于中国的企业管理乃至管理科学和工业工程科学工作者来说是极具参考价值的理论与实践。显然，我国的物流工程与管理肯定是中国式的，它一定是“西方的理论与中国社会主义市场经济实践相结合”的产物。正因如此，本教材的难度就越来越大，既要考虑理论与技术上的主流内容、本科学习水平与程度上的需要、该学科的发展趋势，还要考虑企业物流分析、设计和管理的需要和社会物流系统设计与管理的需要。因此，本书在原物流工程的基础上，做了一定的调整与改进，主要以企业物流工程内容为主，并引进许多案例。诚然由于该学科发展之迅速、我国经济发展之快和本国经济的特殊情况，本书编写难免有不当之处，希望读者和同仁给予诚恳的批评与指正。

本书作者主要来自天津大学管理学院的教师，其中第一章由齐二石和赵道致编写；第二章、第三章、第四章和第五章由高举红编写；第六章、第七章由彭岩编写；第八章由李波编写；第九章由林强和高举红编写。全书由齐二石和赵道致统稿，霍艳芳对全书进行了审改。

齐二石　赵道致

2004年10月

目 录

第一章　物流与物流工程概述

第一节　物流的发展及意义

一、物流概念的由来

物流的产生应该是生产力和社会经济发展的结果，从管理学与工业工程的角度看，它是连接生产与生产系统和经济与经济系统不可缺少的部分。1918 年，由英国犹尼里佛的利费哈姆勋爵成立的“即时送货股份有限公司”，是物流界学者普遍认为早期记载有关物流的活动。该公司旨在全国范围内把商品及时送到批发商、零售商以及用户的手中。1921 年，美国的阿奇·萧在《市场流通中的若干问题》(Some Problems in Market Distribution)一书中提出“物流是与创造需要不同的一个问题”，并指出“物资经过时间或空间的转移会产生附加价值”。书中 Market Distribution 指的是商流，时间和空间的转移指的是销售过程的物流。1935 年，美国销售协会最早对物流进行了定义：物流(Physical Distribution，PD)是包含于销售之中的物料和服务，与从生产地到消费地点流动过程中伴随的种种活动。上述活动普遍被物流界认为是物流的早期阶段。1964 年，日本开始使用物流这一概念(与美国 Physical Distribution 相对应)。1981 年，日本综合研究所编著的《物流手册》对物流的表述是：物料从供给者向需要者的物理性移动，是创造时间性、场所性价值的经济活动，包括：包装、装卸、保管、库存管理、流通加工、运输、配送等诸种活动。我国开始使用“物流”一词始于 1979 年；1988 年中国台湾也开始使用“物流”这一概念；1989 年 4 月，第八届国际物流会议在北京召开，“物流”一词使用日渐普遍。

现代物流的代言词 Logistics 最早出现在第二次世界大战期间，美国首先采用后勤管理(Logistics Management)对军火的运输、补给、屯驻等进行全面管理。之后逐渐形成单独的学科，并不断发展为后勤工程(Logistics Engineering)、后勤管理(Logistics Management)和后勤分配(Logistics of Distribution)。后勤管理的方法后被引入到商业部门，称为商业后勤(Business Logistics)，定义为“包括原材料的流通、产品分配、运输、购买与库存控制、储存、用户服务等业务活动”，其领域涵盖原材料物流、生产物流和销售物流。Logistics 表示的物流已经突破了商品流通的范围，把物流活动拓展到生产领域。物流已不仅仅从产品出厂开始，而是包括从原材料采购、加工生产到产品销售、售

后服务，再到废旧物品回收等整个物理性的流通过程。

二、国际上物流发展历史沿革

物流在经历从 PD 到 Logistics 演变的过程中，不断被世界各国引用、研究、发展，至今，物流在理论与实践上已经呈现多样化发展的态势。本部分将着重介绍物流的发展历程，从而了解物流的变化本质，把握物流未来的发展方向、趋势。到目前为止，物流的发展经历了以下四个阶段。

第一阶段：物流萌芽阶段(20 世纪初至 20 世纪 50 年代)

20 世纪初，北美和西欧工业化进程的加快、大批量生产和销售的出现催生了最初的物流形态。主要表现为以工厂布置和物料搬运为主的企业物流与企业间采购、销售、供给等表现的社会物流两种形态。

美国的物流开始于各位学者对一些物流活动的研究、探索和第二次世界大战中美国军事后勤为物流提供的实证基础。1946 年，美国正式成立了全美输送物流协会(American Society of Traffic Logistics)，这是美国第一个对专业输送者进行考查和认证的组织。日本物流观念的形成虽然比美国晚很多，但发展迅速。1956 年，日本从美国引进物流理念并将其命名为“物的流通”，认可“物的流通”包括运输、配送、装卸、仓储、包装、流通加工和信息传递等各种活动。至 1965 年日本各界人士才全面采用“物流”一词。在这一时期，日本政府非常重视对物流基础设施的建设和对物流理论与实践的研究，日本“物流”的概念主要是指 Distribution，即物资分配。欧洲的物流是由对传统厂内物流的规划开始的，当时主要的任务是变革传统的物料搬运。

第二阶段：物流快速发展阶段(20 世纪 60 ~ 70 年代)

20 世纪 60 年代以后，科技与管理的不断发展，生产组织规模化和销售、供应专业化的改变对物流的发展起到了极大的促进作用，同时物流被社会各界的重视态度同样为物流的飞速发展提供了良好的环境。

美国企业在这一时期普遍意识到物流所提供的服务对企业的重要性。物流，特别是配送在这一时期得到了快速的发展。1960 年，美国 Raytheon 公司设立了最早的配送中心，1963 年成立了美国国家物流管理协会。在这段时期物流学者也赋予了物流更广阔的内涵。美国物流学者唐纳德·鲍尔索克斯(Donald J. Bowersox)在其 1974 年出版的《物流管理》一书中，将物流定义为：“以卖主为起点将原材料、零部件与制成品在各个企业之间有策略地加以流转，最后到达用户期间所需要的一切活动的管理过程”。1976 年，美国国家物流管理协会(NCPDM)对物流的定义是：“物流活动包括但不局限于为用户服务、需求预测、销售情报、库存控制、物料搬运、订货销售、零配件供应、工厂及仓库的选址、物资采购、包装、退还货物、废物利用及处置、运输及

仓储等”。60 年代中期到 70 年代初，日本经济高速发展，生产领域向机械、自动化方向的发展以及销售体制的改善，促进物流业的快速发展与普及，投入了大量的物流基础设施建设。70 年代，欧洲社会对物流的需求随着欧洲经济的快速发展而不断涌现，此时欧洲的物流已经突破了原有厂内物流的局限，建立配送中心已经成为经济发展的需要。

第三阶段：物流成熟阶段（20 世纪 70～80 年代）

这一阶段，物流管理的重点已经转移到对物流的战略研究上，企业开始关注同外供应网络中企业的合作。电子数据交换（EDI）、准时制生产（JIT）、配送计划以及其他物流技术的不断涌现、应用与发展，为物流管理提供了强有力的技术支持和保障。

1988 年，CLM 对物流的定义反映了物流实践的发展，也进一步揭示了物流的本质，使得综合物流管理的概念得到广泛的认可和应用。这一观念的引入，使企业内部逐步改变了传统的财务、采购、销售、市场、研发等分解式管理的思维方式，代之以系统整合的思想。它表明物流协作化与专业化已成为今后物流发展的主方向。同一时期，日本经济发展迅速，进入了以消费为主导的时代。虽然物流量大大增加，但由于成本的增加使企业利润并没有得到期望的提高，降低经营成本特别是降低物流成本成为经营战略中的重要特征，此时，企业内开始出现了专业物流部门，用系统的观点开展降低物流成本的活动，同时物流子公司也开始兴起。这一时期也被称为物流合理化时代。物流合理化主要是改变以往将物流作为商品蓄水池或集散地的观念，而在经营管理层次上发挥物流的作用。这集中反映在“物流利润源学说”。此时，日本全国范围内的物流网也在蓬勃发展，其宗旨是推进定货、发货等业务的快捷化，削减物流人员，降低劳动力成本。以大型零售店为中心的网上订、发货系统的应用在这一时期最为活跃，成为物流合理化在技术上的反映。

20 世纪 80 年代欧洲开始探索一种新的联盟型或合作式的物流新体系综合物流供应链管理，以实现最终消费者和最初供应商之间的物流与信息流的综合，即在商品流通过程中加强企业间的合作，改变原来各企业分散的物流管理方式，通过合作实现原来不可能达到的物流效率，成果由参与的企业共同分享。这一时期，欧洲的制造业已采用准时生产模式（JIT，Just in Time），客户的物流服务需求已发展到同一天供货或服务，因此，综合物流的供应链管理进一步得到加强。值得一提的是，这一时期第三方物流开始在欧洲兴起。

第四阶段：现代物流发展阶段（20 世纪 90 年代至今）

随着新经济和现代信息技术的迅速发展，现代物流的内容在不断地丰富和发展。信息技术的进步，使人们更加意识到物流体系的重要。同时，信息

技术特别是网络技术的发展，也为物流发展提供了强有力的支撑，使物流向信息化、网络化、智能化方向发展。

美国电子商务如火如荼的发展，使现代物流上升到前所未有的重要地位。电子商务带来的交易方式的变革，使物流向信息化并进一步向网络化发展。此外，专家系统的推广使美国物流管理实现了智能化，提高了整体效果。为了保障效率和效果，一方面通过销售时点信息系统（Point of Sale，POS）、条形码、EDI 网络技术等收集和传递信息；另一方面利用专家系统使物流战略决策实现最优化，从而共同实现商品附加值。日本在 20 世纪 80 年代中期以后，物流合理化的观念面临着进一步变革的要求。而 90 年代泡沫经济的崩溃，使大量生产、大量销售的生产经营体系出现了很多问题。为此，日本政府制定了一个具有重要影响力的《综合物流施策大纲》，作为日本物流现代化发展的指针。大纲中提出了日本物流发展的基本目标和具体保障措施，其中，特别强调了物流系统要实现信息化、标准化以及实施无纸贸易。

三、现代物流的概念

传统意义上的物流是指物的流动，即物质实体的流动过程，具体指运输、储存、配送、装卸、保管、物流信息管理等各种活动。

美国物流管理学会（CLM）自 1986 年对物流做了定义以后，又在 1991 年和 1998 年依据物流业的发展先后对其定义做出修改：1991 年，将 1986 年定义中的“原料、在制品、制成品”修改为“产品、服务”；1998 年，在 1991 年定义的开头加上“物流是供应链过程的一部分”。最终 CLM 确定将现代物流定义为：物流是供应链过程的一部分，是以满足客户需求为目的，以高效和经济的手段来组织产品、服务以及相关信息从供应到消费的运动和存储的计划、执行和控制的过程。

美国后勤管理协会将现代物流定义为：有计划地将原材料、半成品及成品由产地送至消费地的所有流通活动。它包括为用户服务、需求预测、信息联系、物料搬运、订单处理、选址、采购、包装、运输、装卸、废料处理和仓库管理等。

另外还有一种 7R 定义法，7R 即 right time，right point，right condition，right product，right cost，right consumer，指物流是在恰当的时间、地点和恰当的条件下，将恰当的产品以恰当的成本提供给恰当的消费者。综上，西方发达国家已将物流定义到工程与管理的范畴内。

自 20 世纪 70 年代末从日本引进物流这一概念后，我国诸多专家学者就开始深入研究、探讨物流对我国经济的影响和在我国的应用，并在不同的背景下对物流做了定义，有影响的定义有：1987 年，王嘉霖、张蕾丽教授在《物

流系统工程》一书中指出：物流系泛指物资实体的场所(或位置)转移和时间占用，即物资实体的物理移动过程(有形的与无形的)。狭义地讲，物流包括从生产企业内部原材料、协作件的采购开始，经过生产制造过程中的半成品的存放、装卸、搬运和成品包装，到流通部门或直达客户后的入库验收、分类、储存、保管、配送，最后送达顾客手中的全过程，以及贯穿于物流全过程的信息传递和顾客服务工作的各种机能的整合。1987 年，李京文教授等人主编的《物流学及其应用》一书中定义物流为：物质资料在生产过程中各个生产阶段之间的流动和从生产场所到消费场所之间的全部运动过程。1995 年，王之泰教授在《现代物流学》一书中，将物流定义为：按用户(商品的购买者、需求方、下一道工序、货主等)要求，将物的实体(商品、货物、原材料、零配件、生成品等)从供给地向需要地转移的过程。这个过程涉及到运输、储存、保管、搬运、装卸、货物处置和拣选、包装、流通加工、信息处理等许多相关活动。1996 年，吴清一教授在《物流学》一书中将物流定义为：指实物从供给方向需求方的转移，这种转移既要通过运输或搬运来解决空间位置的变化，又要通过储存、保管来调节双方在时间节奏方面的差别。1997 年，何明珂教授在《现代物流与配送中心》一书中定义：物流是物质实体从供应者向需要者的物理性移动，它由一系列创造时间和空间效用的经济活动组成，包括运输(配送)、保管、包装、装卸、流通加工及物流信息处理等多项基本活动，使这些活动统一。2000 年，宋华博士等在《现代物流与供应链管理》一书中，将物流定义为：为了实现顾客满意，连接供给主体和需求主体，克服空间和时间阻碍的有效、快速的商品、服务流动经济活动过程。2001 年 4 月颁布的中华人民共和国国家标准《物流术语》将物流定义为：物品从供应地向接收地的实体流动过程。根据实际需要，将运输、储存、装卸、搬运、包装、流通加工、配送、信息处理等基本功能实现有机结合。

综上我们将现代物流定义为：现代物流泛指原材料、产成品从起点至终点及相关信息有效流动的全过程，它将运输、仓储、装卸、加工、整理、配送、信息等方面有机结合，形成完整的供应链，为用户提供多功能、一体化的综合服务。

广义的现代物流是指将生产企业看作为一个物流点，由若干物流点和配送商、销售商等以及区域信息系统组成的大系统，如图 1 - 1 所示，其作业内容包括包装、装卸、搬运、储存、流通加工和信息管理等，涉及了从原材料→生产加工→最终顾客的所有过程。这种广义现代物流系统往往被称之为社会物流或大物流；而狭义物流系统是指企业内部的平面布置、仓储、物料搬运等组成的企业内部物流系统，简称企业物流或小物流。尽管全球尚无对物

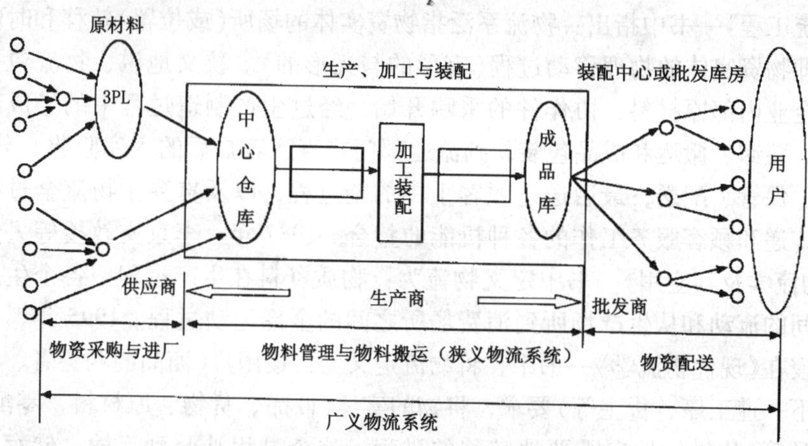

图1－1　广义物流系统

流统一的定义，但从各个物流学说和各机构对物流的描述可以发现物流是连接生产系统，或流通实现社会经济系统效益，虽然物流系统本身不创造产品价值，却是产品价值实现所必不可少的组成部分。

四、我国物流科学发展的过程

"物流"的名词是于20世纪70年代末从日本引进的，其发展过程概括起来为如下两个阶段。

启蒙与起动阶段

物流的研究在我国是从三个部门开始的。20世纪80年代初，机械工业部首先邀请了美国物料搬运学会理事长理查德·谬瑟（Richard Muther）来华讲学。他在机械工业部所属的工厂设计院的会议上专门做了"系统平面布置"、"系统物料搬运"的讲座和培训，后来由机械部所属的工厂设计院又连续举行多次物流培训班，应该说原机械工业部所属的几个设计院及起重运输研究所的专家，都是我国物流发展的最早一批专家学者，他们主要是解决企业物流问题，包括平面布置设计、物料搬运设计和仓库设计等。后来，长春一汽、湖北二汽等企业也相继重视企业物流系统的改善与管理，并从中获得了相当好的经济效益。长春一汽的精益生产中的物流系统、湖北二汽的"一个流"生产及厂际物流管理等，都提供了相当成功的理论与实践。他们的成就奠定了中国企业物流的基础。第二个部门应当属前国家物资部和后来的国家物资总局。由于业务关系，决定了他们很早就对国际上物流理论研究的注意。因为在计划经济时代，我国物资调配是通过统调统购来解决，国家计划决定一切，国有企业的生产也不讲经济效益，因而，也谈不到物流效益问题。但是1980年后改革开放，社会发生了重大变化，国家物资部的职能也不断改变，物资

调配越来越受到市场行为的制约。因而，物资部联合华中工学院首先进行了物资调配(Physical Distribution，PD)和物资管理研究，以1984年物资出版社出版的王嘉琳、张雷丽的《物流系统工程》为代表作，为社会物流管理奠定了理论基础，当然该书也涉及了许多企业物流的内容。第三个部门应属于中国社会科学院，他们很早就成立了物流经济研究所，专门研究经济领域中的物流问题。应该说中国社会科学院的贡献是将物流学作为一门经济学的理论来进行研究，他们召开与参加了多次国际物流学术会议，发表了很多物流的文章、著作。他们的工作奠定了我国物流经济学的基础，同时为以后国家经济高速发展中区域物流和社会物流研究与发展提供了宝贵的经验。

发展阶段

20世纪90年代后，随着改革开放与国民经济的快速发展，物流的问题越来越受到企业与社会的重视。特别是90年代末，我国的社会经济和国际交流的发展，已使中国成为世界经济大国。加入WTO后参与全球竞争，企业竞争力、区域经济发展乃至国际贸易等问题，都对物流提出了重要的要求。几乎所有的制造企业都重视企业物流的规划、设计与管理。广东珠江三角洲的制造企业迅猛崛起，他们到处聘请工业工程与物流工程人才；天津作为京津冀的大经济协作区中的关键部分，并以港口与贸易的优势，形成国际空港、海港、保税区等物流系统，区域经济物流显得尤为突出。中国机械工程学会于90年代初就专门成立了物流工程分会；国内的研究机构仍是层出不穷。特别是工业工程学科的发展为物流工程与管理学科的发展提供了重要的理论与实践能力。现在我国高校已有几十所大学设立物流工程与物流管理专业。可以说物流的发展在我国今后几十年前途无量。

中国的物流发展与国际几乎同步，但仍然存在许多问题。如物流理论研究国内外尚不成熟；社会市场经济发展对物流人才需求很大，但教育系统却很难提供高水平合格人才；能够承担港口物流、区域物流、社会物流、企业物流系统的设计、管理和咨询的机构几乎没有很成熟的，因而中国物流工程的研究、学习和实践都面临着巨大的挑战。这是工业工程学科的学者及企业家们需要共同研究的课题。

五、物流研究的意义

国际物流界学者对物流的重要意义有以下七大物流学说。

黑大陆学说 著名的管理学权威彼得·德鲁克曾经讲过："流通是经济领域里的黑大陆"。德鲁克泛指的是流通，但是，由于流通领域中物流活动的模糊性尤其突出，是流通领域中最具潜力的领域，因此，"黑大陆"说法现在转向主要针对物流而言。

物流冰山学说 物流冰山学说是日本早稻田大学西泽修教授提出来的，他潜心研究物流成本时发现，现行的财务会计制度和会计核算方法都不可能掌握物流费用的实际情况，因而人们对物流费用实际情况的了解是一片空白，甚至有很大的虚假性，他把这种情况比做“物流冰山”。冰山的特点是大部分沉在水面以下，我们看到的只不过是它的一小部分。

利润中心学说 利润中心学说的涵义是，物流可以为企业提供大量直接和间接的利润，是形成企业经营利润的主要活动。非但如此，对国民经济而言，物流也是国民经济中创利的主要活动。物流的这一作用，被表述为“第三利润源”。“第三利润源”的说法主要出自日本。从经济发展历程来看，能够大量提供利润的领域主要有两个：第一个是资源领域：第二个是人力领域。在这两个利润潜力越来越小、利润开拓越来越困难的情况下，物流领域的潜力被人们所重视，按时间序列它排为“第三利润源”。

成本中心学说 成本中心学说认为，物流在企业战略中，只对企业营销活动的成本发生影响，是企业成本重要的产生点，因而，解决物流的问题，主要并不是要搞合理化、现代化，也并不在于支持保障其他活动，而是通过物流管理和一系列物流活动降低成本。因此，成本中心既是指主要成本的产生点，又是指降低成本的关注点，物流是“降低成本的宝库”等说法正是这种认识的形象表述。

服务中心学说 服务中心学说代表了美国和欧洲等一些国家学者对物流的认识，他们认为，物流活动最大的作用并不在于为企业节约了消耗、降低了成本或增加了利润，而是在于提高企业对用户的服务水平进而提高了企业的竞争能力。因此，他们在使用描述物流的词汇上选择了“后勤”一词，特别强调其服务保障的职能。通过物流的服务保障，企业以其整体能力来压缩成本和增加利润。

效益背反学说 效益背反学说是物流领域中经常出现的普遍现象，是这一领域中内部矛盾的反映和表现。效益背反说指的是物流的若干功能要素之间存在着损益的矛盾，即在某一个功能要素的优化和利润发生时，必然存在另一个或另几个功能要素的利益损失，反之亦然。以包装问题为例，包装方面每少花一分钱，从表面上看这一分钱就必然转到收益上来，包装越省，利润则越高。但是，一旦商品进入流通之后，如果简省的包装降低了产品的防护效果，造成了大量损失，就会造成储存、装卸、运输功能要素的工作劣化和效益大减。因此，在物流领域，强调采用系统和整体的观念思考问题。

战略学说 这是当前非常盛行的一种说法。实际上，学术界和产业界越来越多的人已逐渐认识到，物流更具有战略性，是企业发展的战略而不是一项

具体操作性任务。应该说这种看法把物流放在了很高的位置，企业战略是生存和发展。物流会影响企业总体的生存和发展，而不是在哪个环节搞得合理一些。因而物流战略一定是企业战略的重要组成部分。

物流的重要意义主要体现在以下三个方面。

1. 社会效益与区域经济效益影响巨大

对于社会经济系统来说，物流系统是其重要的组成部分，它往往决定着社会乃至区域经济系统效益及运行水平。当生产力发展到一定阶段，物流系统的作用显得十分突出。我国改革开放到今天，每一个地区经济发展及全国经济发展都表现出对物流系统的浓厚兴趣。

2. 直接影响国际物流效益

物流系统是我国加入世贸组织后参加国际与全球竞争不可缺少的重要组成部分。国际进出口贸易已成为我国经济发展中的支柱产业，而国际物流是进出口贸易重要的服务系统。

3. 对企业效益与竞争力影响极大

国内外生产实践充分说明了物流研究对企业管理效益的重要作用，其重要作用主要表现在如下几个方面：

(1) 可大幅度减少工作量，减少劳动力数量，减轻工人的劳动强度 在大量生产的机械制造企业中，加工1吨产品平均搬运量为60吨次以上，一般工厂从事搬运储存的工作人员占全部工人的15%~20%。因此合理布置、设计物流系统，对企业关系重大。

(2) 可大幅度缩短生产周期，加速资金周转 过去，设计人员在生产系统设计时，往往只注意到先进的制造工艺对提高生产率、降低成本所起到的作用，却缺乏对整个物流系统的分析。统计和分析表明，在工厂的生产活动中，从原材料进厂到成品出厂，物料真正处于加工等纯工艺的时间只占生产周期的5%~10%，而90%~95%的时间都处于停滞和搬运状态。因此减少物流时间，可缩短生产周期和交货期，提高资金周转能力，增强企业竞争能力。

(3) 降低物流费用，可降低生产成本，减少流动资金占用，增加企业利润，提高企业经济效益 资料表明，在制造业中，总经营费用中20%~50%是搬运费用，在矿业生产中物流所占用的资金、人员、产品的成本均在50%左右，而优良的物流系统设计，可使这一费用减少到10%~30%。人们把物流降低的费用比作“冰山一角”，可见的部分很少，还有大部分是不可见的效益。在工业发达国家，除了营销、降低原材料和能源消耗外，已把改造物流搬运、改善工厂中物流组织，看作是减少和节省开支以获取利润的“第三

源泉”。

(4)提高产品质量 产品在搬运、储存过程中，若搬运手段不善，造成磕、碰、伤，从而影响产品质量的现象非常严重，而企业的管理者往往忽视这个问题。湖北某汽车制造厂传动轴厂统计表明，该厂机床加工能力可保证质量98%，而运到装配线上后合格零件只剩下60%，搬运中损坏35%以上。因此，它们加强工位器具研制和运输过程管理，现在零件到达装配线合格率达95%以上，质量大幅度提高。

(5)促进技术改造，为企业发展提出新的要求 新工艺、新设备的采用，往往导致物流过程的缩短；反之，物流过程的改造更要求采用新工艺、新设备。

(6)文明生产，安全生产 上海某拖拉机制造厂统计，直接与搬运有关的工伤事故占总工伤事故的30%以上。因此物流系统合理化，有利于改善环境和生产组织管理，提高安全生产水平。

综上所述，物流研究的意义非常重大，它可提高我国制造企业的管理水平，促进生产系统充分发挥全部的生产能力，增加企业经济效益，提高企业在国际市场上的竞争力。

第二节 物流系统的构成、特征、目标及常用技术

一、物流系统的概念与分类

物流系统是物流设施、物料、物流设备、物料装载器具及物流信息等所组成的具有特定功能的有机整体。物流系统是由产品的包装、仓储、运输、检验、装卸、流通加工和其前后的整理、再包装、配送所组成的运作系统与物流信息等子系统组成。运输和仓储是物流系统的主要组成部分，物流信息系统是物流系统的基础，物流通过产品的仓储和运输，尽量消除时间和空间上的差异，满足商业活动和企业经营的要求。物流系统的构成如图 1－2 所示。

其中，物流运作子系统是在包装、仓储、运输、搬运、流通加工等操作中运用各种先进技术将生产商与需求者连接起来，使整个物流活动网络化、提高效率。物流信息子系统是运用各种先进沟通技术保障与物流运作相关信息的流畅，提高整个物流系统的效率。将物流运作与物流信息组成一个物流系统的目的就是要以最有效的途径提供最满意的服务。物流系统的分类可以有多种分类方法。如果按规模分类：可分为大物流系统和小物流系统。也可以认为大物流系统是指社会、区域的物流系统，也称社会物流系统；而小物

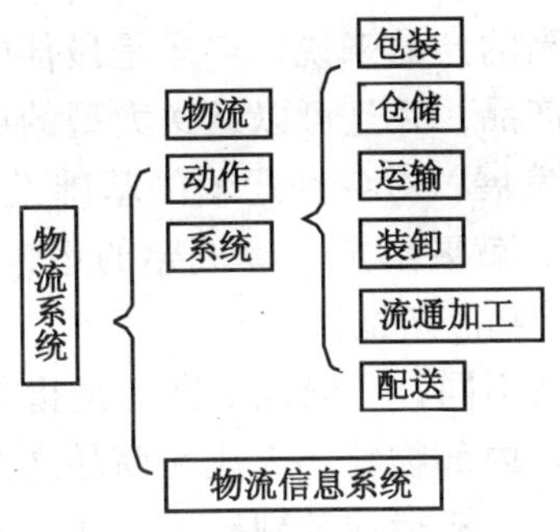

图 1－2　物流系统的构成

流系统是指企业内部的物流系统，也称企业物流系统。如果按行业分类：可分为工业物流系统、商业物流系统、企业物流系统、石油物流系统、煤炭物流系统等。总之，要视系统的划分来确定物流系统种类。

二、物流系统的构成

(1)包装　包装可以减少物品在运输途中的损缺，一般说来，包装分为单个包装、内包装和外包装三种。单个包装是物品使用者拿到物品时的包装，一般属于商业包装。内包装是将物品或单个包装放在一起或放于中间容器中，以便对物品或单个包装起到保护作用。外包装是以方便运输、装卸、保护物品、标识为目的的一种包装形式。包装材料通常有纸质、塑料、木质、金属等几种。另外还有一些固定用的辅助材料，比如粘结剂、粘带捆扎材料等。随着物流技术的成熟与发展，包装逐渐趋向标准化、机械化和简便化。

(2)仓储　仓储在物流中起到缓冲和调节的重要作用，一般仓储包括储存、管理和维护等活动。现代仓库除了具有上述传统功能外，已经逐步转向流通中心型的仓库，即在上述活动的基础上还负责物品的包装、流通加工、配送、信息处理等活动。随着科学与管理技术的成熟与飞速发展，仓储的管理技术也在不断丰富，大量仓储业已经运用 ABC 分类管理、预测等技术科学地管理仓储、控制库存，达到整体效益的优化。

(3)运输与搬运　运输是为了尽量消除空间的差异，它也是物流系统的重要环节之一。一般运输方式有陆路、空运和海运三种，这三种运输方式各有特点。一般在陆路运输中，铁路运输具有可运输大批量的产品、价格相对经济的优点，但铁路运输也有其一定的局限性(如灵活收益)；公路运输的灵活性比较大，短途价格经济，但较难做到大批量运输；还有一种特殊的运输方式是管道运输，管道运输一般仅限于液体与气体，此外还可以运输一些近距离的粮食、矿粉以及一些轻便的物品等，但随着技术的不断进步，管道运输的对象范围将会逐渐扩大。空运的价格相对比较昂贵，但是空运的速度快，

对一些时效性要求比较高的产品来说，空运是最佳的运输方式。海运的价格低廉，可以大批量运送产品，并且可以运送大型的或超重的产品，但运输时间比较长。随着物流的发展，对各种运输的基础设施建设的要求越来越高，要想更高效地完成运输，就要形成一套成熟的运输网络体系，经济、合理、快速、及时、零缺陷地将物品送抵目的地。

搬运与运输既相似又不同，一般说来搬运是指在系统工艺范围内的物料的移动，或说在制造企业内部物料还未成为商品之前，在加工、生产系统内的移动活动称为物料搬运。搬运涉及到搬运路线、搬运设备、搬运器具及搬运信息管理等。

(4) 装卸 装卸一般包括装上、卸下、搬运、分拣、堆垛、入库、出库等活动。要运用各种技术和工具消除无效装卸，提高装卸效率。

(5) 流通加工 顾名思义，流通加工就是在流通过程中进行的辅助性加工。流通加工是生产领域的延伸或流通领域的扩张。一般流通加工可以实现整个供应网络成本的降低，同时能满足多样化的市场需求。

(6) 物流信息 上述各种物流运作活动都要在物流信息的引导下进行，否则各项活动就是盲目的，无法达到预期效果。物流信息系统是物流系统的重要环节之一，也是物流系统的基础。一般物流信息系统从纵向可以分为管理层、控制层和作业层三种；从横向考虑，物流信息可以涵盖在供应、生产、营销、回收以及各项物流运作中。

总之，物流系统的存在使生产者与使用者之间实现了无缝连接，物流系统要追求的就是完美服务、快速、及时、准确、节约、规模化、调节库存的境界。

三、物流系统的特征

物流系统具有一般系统所共有的特点，即整体性、相关性、目的性和环境适应性，还具有规模庞大、结构复杂、目标众多等大系统所具有的特征。

(1) 物流系统是一个“人—机系统” 物流系统是由人和形成劳动手段的设备、工具所组成，它表现为物流劳动者运用运输设备装卸搬运机械、仓库、港口、车站等设施，作用于物资的一系列生产活动。在这一系列的物流活动中，人是系统的主体。因此，在研究物流系统的各个方面问题时，把人和物有机地结合起来，作为不可分割的整体加以考察和分析，而且始终把如何发挥人的主观能动性放在首位。

(2) 物流系统是一个大跨度系统 这反映在两个方面，一是地域跨度大；二是时间跨度大。在现代经济社会中，企业间物流经常会跨越不同地域，国际物流的地域跨度更大。通常采取储存的方式解决产需之间的时间矛盾，这

样时间跨度往往也很大。大跨度系统带来的问题主要是管理难度较大以及对信息的依赖程度较高。

(3) 物流系统是一个可分系统 作为物流系统，无论其规模多么庞大，都可以分解成若干相互联系的子系统。子系统的多少和层次的阶数，随着人们对物流的认识和研究的深入而不断扩充，系统与子系统之间，子系统与子系统之间，存在着时间和空间及资源利用方面的联系，也存在总目标、总费用以及总运行结果等方面的相互联系。

(4) 物流系统是一个动态系统 一般的物流系统总是联结多个生产企业和用户，随需求、供应、渠道、价格的变化，系统内的要素及系统的运行经常发生变化。这就是说，社会物资的生产状况，社会物资的需求变化、资源变化，以及企业间的合作关系，都随时随地影响着物流，物流受到社会生产和社会需求的广泛制约。物流系统是一个具有满足社会需要、适应环境能力的动态系统。为适应经常变化的社会环境，人们必须对物流系统的各组成部分经常不断地修改、完善，这就要求物流系统具有足够的灵活性与可改变性。在有较大的社会变化情况下，物流系统甚至需要重新进行系统的设计。

(5) 物流系统是一个复杂系统 物流系统运行对象——“物”，遍及全部社会物质资源。资源的大量化和多样化带来了物流的复杂化。从物流资源上看，品种成千上万，数量极大；从从事物流活动的人员上看，需要数以百万计的庞大队伍；从资金占用上看，占用着大量的流动资金；从物资供应经营网点上看，遍及全国城乡各地。这些人力、物力、财力资源的组织和合理利用，是一个非常复杂的问题。在物流活动的全过程中，始终贯穿着大量的物流信息。物流系统要通过这些信息把各个子系统有机地联系起来。如何把信息全面收集处理好并使之指导物流活动，亦是一件非常复杂的事情。物流系统的边界是广阔的，其范围横跨生产、流通、消费三大领域。这一庞大的范围，给物流组织系统带来了很大的困难。而且随着科学技术的进步、生产的发展和物流技术的提高，物流系统的边界范围还将不断地向内深化、向外扩张。

(6) 物流系统是一个多目标系统 物流系统的总目标是实现宏观和微观的经济效益。但是，系统要素间有着非常强的“背反”现象，常称之为“交替损益”或“效益背反”现象，在处理时稍有不慎就会出现系统总体恶化的结果。通常，对物流数量，人们希望最大；对物流时间，希望最短；对服务质量，希望最好；对物流成本，希望最低。显然，要满足上述所有要求是很难办到的。例如，在储存子系统中，站在保证供应、方便生产的角度，人们会提出储存物资的大数量、多品种问题；而站在加速资金周转、减少资金占用的角度，人们则提出减少库存。又如，在运输中，选择最快的运输方式为航空运输，但运输成本高，时间效用虽好，但经济效益不一定最佳，而选择水路运输，则情况相反。所有这些相互矛盾的问题，在物流系统中广泛存在。而物流系统又恰恰要求在这些矛盾中运行。要使物流系统在诸方面满足人们的要求，显然要建立物流多目标函数，并在多目标中求得物流的最佳效果。但是企业物流系统是企业经营管理系统的子系统，社会物流系统是社会经济系统的子系统。

四、物流系统的目标

物流系统既是生产系统和经营系统的一部分，又是社会经济系统的一部分，其目标是获得微观和宏观两个效益。物流的宏观经济效益是指一个物流系统的建立对社会经济效益的影响。其直接表现形式是这一物流系统如果作为一个子系统来看待，就是其对整个社会流通及全部国民经济效益的影响。物流系统本身虽已很庞大，但它不过是更大系统中的一部分，因此，必然寓于更大系统之中。如果一个物流系统的建立，破坏了母系统的功能及效益，那么，这一物流系统尽管功能理想，但也是不成功的。因为它未能实现其根本目的。物流系统不但会对宏观的经济效益发生影响，而且还会对社会其他方面发生影响，例如物流设施建立会影响当地人的生活、工作，物流的污染、噪音会对人和环境带来伤害等。因此，物流系统的建立，还必须考虑这一因素，要以社会发展和人民幸福为自己的大前提。

物流系统的微观经济效益是指该系统本身在运行后所获得的企业效益。其直接表现形式是这一物流系统通过组织“物”的流动，实现本身所耗与所得之比，当这一系统基本稳定运行，投入的劳动基本稳定之后，这一效益主要表现在利润上。在社会主义市场经济条件下，企业作为独立的经济实体，必须根据价值规律及供求规律，按最大经济效益办事。作为企业经营与生产系统的子系统，它是为其母系统服务的，因而它为母系统提供相同效益服务。具体来讲，物流系统要实现以下三个目标。

（1）服务质量　物流系统直接联结着生产与再生产、生产与消费，因此，要求有很强的服务性。服务质量或说物流质量决定着企业产品的质量，因而要以用户为中心，树立“用户第一”的观念。物流系统采取送货、配送等形式，就是其服务性的体现。在物流过程中如何保证在制品或产品的质量，是企业质量工程中重要的组成部分。在技术方面，近年来出现的“准时供应方式”、“柔性供货方式”等，也是其服务质量的表现。

（2）高效率　快速、高效是用户的要求，也是社会发展进步的要求。整个社会再生产的循环，取决于每一个环节，社会再生产不断循环进步推动社会

的进步。马克思从资本角度论述了流通的这一目标，指出流通的时间越短，速度越快，“资本的职能就越大”，并要求“力求用时间去消灭空间”，“把商品从一个地方转移到另一个地方所花费的时间缩短到最低限度”。快速、及时既是一个传统目标，更是一个现代目标，其原因是随着社会大生产发展，这一要求就更加强烈了。在物流领域采取的诸如直达物流、联合一贯运输、高速公路、时间表系统等管理和技术，就是这一目标的体现。

(3)低成本 节约是经济领域的重要规律，在物流领域中除流通时间的节约外，由于流通过程消耗大而又基本上不增加或不提高商品的使用价值，因此依靠节约来降低成本，是提高相对产出的重要手段。物流过程作为“第三利润源泉”而言，这一利润的挖掘是极为重要的。在物流领域推行的集约化管理，提高物流的系统能力，采取的各种节约、省力、降耗措施，也是节约和低成本这一目标的体现。

五、物流系统的常用技术

(1)基础工业工程技术 基础工业工程技术或称为工作研究技术，特别是工作研究中的流程分析技术，图、表技术，作业改善技术，方法研究技术等，下面是一些应用于现代工业工程中的技术与方法。

(2)建模与仿真技术 物流系统活动范围广泛，涉及面宽，经营业务复杂，品种规格繁多，且各子系统功能部分相互交叉，互为因果，因此，它的系统设计是项十分复杂的任务，需要严密的分析。由于它的复杂性，一般很难做试验，即使可以做试验，往往需耗费大量的人力、物力和时间。因此，要对其进行有效地研究，在系统设计和控制过程中，得出有说服力的结论，最重要的是要抓住作为系统对象的系统的数量特性，建立系统模型。

所谓系统模型就是由实体系统经过变换而得到的一个映象，是对系统的描述、模仿或抽象。模型化就是用说明系统结构和行为的、适当的数学方程、图像以至物理的形式来表达系统实体的一种科学方法。模型表现了实际系统的各组成因素及其相互间的因果关系，反映实际系统的特征，但它高于实际系统而且具有同类系统的共性，有助于解决被抽象的实际系统。物流系统仿真的目标在于建立一个既能满足用户要求的服务质量，又能使物流费用最小的物流网络系统。其中最重要的是如何能使“物流费用最小”。在进行仿真时，首先分析影响物流费用的各项参数，诸如与销售点、流通中心及工厂的数量、规模和布局有关的运输费用、发送费用等。由于大型管理系统中包含有人的因素，用数学模型来表现他们的判断和行为是困难的。但是，人们积极研究和探索包含人的因素在内的反映宏观模糊性的数学模型。目前，社会上大量开展数量经济研究，预计在社会经济研究中，数学模型和计算机将会得到愈

来愈广泛的应用，这是对传统的凭主观经验进行管理的有力挑战。

仿真技术在物流系统工程中应用较广，已初见成效。但毕竟由于物流系统的复杂性，其应用受到多方限制，特别是数据收集、检验、分析工作的难度较大，从而影响仿真质量，所完成的模型的精度与实际的接近程度也还存在一定问题，有待进一步研究。加之，仿真方法本身属于一种统计分析的方法，比起一般的解析方法要粗些，但这并不影响仿真方法在物流系统工程中的应用和推广。

(3)系统最优化技术 最优化技术是20世纪40年代发展起来的一门较新的数学分支。近几年其发展迅速，应用范围愈来愈广，方法也愈来愈成熟，所能解决的实际问题也愈来愈多。系统优化问题是系统设计的重要内容之一。所谓最优化，就是在一定的约束条件下，如何求出使目标函数为最大(或最小)的解。求解最优化问题的方法称为最优化方法。一般来说，最优化技术所研究的问题，是对众多方案进行研究并从中选择一个最优的方案。一个系统往往包含许多参数，受外部环境影响较大，有些因素属于不可控因素。因此，优化问题是在不可控参数发生变化的情况下，根据系统的目标，经常地、有效地确定可控参数的数值，使系统经常处于最优状态。系统最优化离不开系统模型化，先有模型化而后才有系统最优化。物流系统所包含的参数绝大多数属于不可控因素，且相互制约，互为条件。在外界环境约束条件下，要正确处理好众多因素之间的关系，除非采用系统优化技术，否则难以得到满意结果。物流系统工程的基本思想是整体优化的思想，对所研究的对象采用定性、定量(主要是定量)的模型优化技术。经过多次测算、比较、求好选优、统筹安排，使系统整体目标最优。

系统最优化的方法很多，它是系统工程学中最具实用性的部分。到目前为止，它们大部分是以数学模型来处理一般问题的。如物资调运的最短路径问题、最大流量、最小输送费用(或最小物流费用)以及物流网点合理选择、库存优化策略等模型。系统优化的手段和方法，应根据系统的特性、目标函数及约束条件等进行合理选择。常用的物流系统优化方法有：数学规划法，包括静态优化和动态优化规划法。主要运用线性规划解决物资调运、分配和人员分派的优化问题；运用整数规划法选择适当的厂(库)址和流通中心位置；采用扫描法对配送路线进行扫描求优。另外还有动态规划法、分割法等，运筹学中的博弈论和统计决策也是较好的优化方法。

物流系统的目标函数是在一定条件下，达到物流总费用最省、顾客服务水平最好、全社会经济效果最高的综合目标。由于物流系统包含多个约束条件和多重变量的影响，因此难以求优。解决的办法是根据 Dentzin Wlofe 分解

原理和分解方法，巧妙地把大问题分解成多个小问题，对各子问题使用现有的优化方法和计算机求解；也可通过 Lagrange 方法求得大系统的动态优化解。所以说，系统最优化方法是物流系统方法论中的重要组成部分。

(4)网络技术 网络技术是现代管理方法中的一个重要组成部分，它最早用于工程项目管理中，后来在企业(或公司)的经营管理中得到广泛应用和发展。它是 1958 年美国海军特种计划局在“北极星导弹计划”研制过程中提出的，以数理统计为基础、以网络分析为主要内容、以电子计算机为先进手段的新型计划技术，称作 PERT(Program Evaluation Review Technique)(计划评审法)和 CPM(Critical Path Method)(关键路线法)。PERT 方法主要以时间控制为主，而法则以进度和成本控制为主。在现代社会中，生产过程错综复杂，工种繁多，品种多样，流通分配过程涉及面广，影响因素随机、多变，参加的单位和人员成千上万。如何使生产中各个环节之间相互密切配合，协调一致；如何使生产—流通—消费之间衔接平衡，使任务完成既好、又快且省，这不是单凭经验或稍加定性分析就能解决的，而需要运用网络技术的方法来进行统筹安排，合理规划。越是复杂的、多头绪的、时间紧迫的任务，运用网络技术就越能取得较大的经济效益。对于关系复杂的、多目标决策的物流系统研究，网络技术分析是不可忽视的基本方法。长期以来，在管理系统中一直沿用甘特图的计划方法，这种图表方法简单，直观性强，易于掌握。但是，它不能反映出各个项目之间错综复杂、相互制约的关系，也不能清楚地反映出哪些项目是主要的、处于关键性的地位，不利于从全局出发，最合理地组织与指导整个系统活动。而网络技术，它以工作所需的时间为基础，用表达工作之间相互联系的“网络图”来反映整个系统的全貌，并能指出影响全局的关键所在，从而对整体系统做出比较切实可行的全面规划和安排。利用网络模型来模拟物流系统的全过程以实现其时间效用和空间效用是最理想的。通过网络分析可以明了物流系统各子系统之间以及与周围环境的关联，便于加强横向经济联系。网络技术设计物流系统，可研究物资由始发点通过多渠道送往顾客的运输网络优化，以及物料搬运最短路径的确定。

(5)分解协调技术 在物流系统中，由于组成系统的项目繁多，相互之间关系复杂，涉及面广，这给系统分析和量化研究带来一定的困难。在此可以采用“分解—协调”方法对系统的各方面进行协调与平衡，处理系统内外的各种矛盾和关系，使系统能在矛盾中不断调节，处于相对稳定的平衡状态，充分发挥系统的功能。所谓分解，就是先将复杂的大系统，比如物流系统，分解为若干相对简单的子系统，以便运用通常的方法进行分析和综合。其基本思路是先实现各子系统的局部优化，再根据总系统的总任务、总目标，使各

子系统相互“协调”配合，实现总系统的全局优化，并从系统的整体利益出发，不断协调各子系统的相互关系，达到物流系统的费用省、服务好、效益高的总目标。此外，还要考虑如何处理好物流系统与外部环境的协调、适应。所谓协调，就是根据大系统的总任务、总目标的要求，在各分系统相互协调配合子系统局部优化的基础上，通过协调控制，实现大系统的全局最优化。研究协调要考虑以下两个方面的问题：

① 协调的原则。这是设计协调机构或协调的出发点。包括用什么观点来处理各子系统的相互关系，选取什么量作为协调变量，以及采取什么结构方案构成协调控制系统等问题。

② 协调的计算方法。求得协调变量，加速协调过程，保证协调的收敛性，简化协调的技术复杂性，都需要探求一定的方法，这是设计协调机构的依据。

除上述方法外，预测、决策论和排队论等技术方法也较广泛地应用于物流系统的研究中。

第三节　物流工程的概念、产生及发展

一、物流工程的概念

物流工程(Logistics Engineering)是物流学与管理学、系统工程、信息工程相结合的产物。尽管目前还没有物流工程的准确定义，但是我们可根据物流工程所面对的任务作如下概念性解释：物流工程是将物流看作一个系统，运用系统工程管理学和信息科学的理论与方法，进行规划、设计、管理和控制，选择最优方案，以低成本、高效率、高质量为社会经济系统和企业提供最有力的支援和服务的活动过程。对于物流工程要解决如下问题：a. 物流系统的规划与设计，包括布置、选址、平面布置设计等，以求一个最佳的物流系统；b. 物料搬运、运输、储存设计和管理以及相应的物流设备与器具选择管理。可以说这是一个运作的动态工程和管理过程，以求最佳的物流系统运行效益；c. 物流信息系统的设计与管理，以求物流系统运行中的信息系统最佳控制。

二、物流工程的产生

物流工程最初发源于两种各自独立的工业生产活动：一是工业设计部门和起重运输行业对生产领域的物料流和物料搬运，面向生产企业将原材料变成产品的制造过程的设计、研究与生产；二是物资流通部门及其所属研究机构对物资流通领域的物资流通和分配的规划、运作以及研究工作。

随着信息科学的发展和产业的专门化、集成化，使长期以来处于割裂的两个方面走到了一起，主要表现在以下几个方面：

- 物流管理体制的变化，从过去专门的物资流通部门的“统购统销”，向多元化的市场经济发展
- 物流的系统化、专业化、集成化，从而形成新型物流企业
- 物流管理的信息化，决策的科学化
- 传统的物料搬运设备和仓储设备向自动化、智能化发展
- 物流系统的集中监控，集散控制系统在物流设备中的应用
- 物流装备的监控与物流管理的集成
- 计算机科学和电子商务的飞速发展，促进了物流业从传统的运作模式向现代物流的发展

目前，对“物流工程”有两种理解：一种认为“物流工程”是“物流系统工程”的简写，从这个意义上理解的“物流工程”是从系统科学的角度对物流进行研究；另一种认为“物流工程”与“物料搬运”的涵义是相同的。产生这两种想法的原因在于物流工程起源的两个方面，因而其各自的理解都是不全面的。必须明确的是，物流工程是物流管理、工程技术和信息技术的有机结合。在物流工程中，如果把信息技术比喻成大脑和神经系统，工程技术构成了它的骨架，而物流管理科学就是它的肉体，单纯强调某一方面的作用都会偏离发展方向。因而，物流工程应全称为物流工程与管理相适合，近年来，西方国家也称之为LEM(Logistics Engineering and Management)。物流工程体现了自然科学和社会科学相互交叉的边缘学科的如下几点特征。

(1)物流工程是以多学科综合为其理论基础 物流工作人员和研究人员需要有多方面的知识，除了要掌握生产、运输等技术知识外，还要掌握经济学、统计学等经济管理知识。

(2)物流工程研究的对象一般是多目标决策的、复杂的动态系统 在系统分析时，既要考虑其经济性指标，又要考虑其技术上的先进性和科学性，因此，其研究方法不仅要运用自然科学中常用的科学逻辑推理与逻辑计算，同时，也常采用对系统进行模型化、仿真与分析的方法。研究中，常采用定量计算与定性分析相结合的综合性研究方法。

(3)物流工程是一门交叉学科 作为一门交叉学科，它与机械工程、机械电子学、生产加工工艺学、计算机科学等学科有着密切的联系。

三、物流工程的发展过程

物流工程的源头可以追溯到产业革命时代制造业的工厂生产设计。早在1776年，苏格兰经济学家亚当斯密在《国富论》中，提出了“专业分工”能提高生产率的理论，同时还提出可以设计一个生产过程，使劳动力得以有效的利用。18世纪末，美国发明家惠特尼将生产过程化分成几道工序，使每道工序

形成简单操作的成批生产，并提出"零件的互换性"概念。他用了10年时间来发明、设计、制造自己提议的机器，并布置他的工厂。20世纪初，工业工程和科学管理的创始人之一吉尔布雷斯在建筑工作中提出的动作分析和后来的流程分析就带着物流分析的涵义。因此，可以说自从有了工业生产就产生了工厂设计和企业物流的问题。19世纪末到20世纪30年代，以泰勒为首的工程师对工厂、车间、作坊进行了一系列调查和试验，细致地分析、研究了工厂内部生产组织方面的问题，倡导"科学管理"。当时工厂设计的活动主要有以下三项：方法工程(method engineering)、工厂布置(plant layout)和物料搬运(material handing)。其中方法工程研究的重点是工作测定、动作研究等工人的活动；工厂布置则研究机器设备、运输通道和场地的合理配置；物料搬运就是对原材料到制成产品的物流控制。在此期间，主要凭经验和定性方法开展工厂设计。第二次世界大战后，被战争破坏的国家需要重建工厂，工厂的规模和复杂程度明显增大。工厂设计不仅要运用复杂的系统设计、运筹学、统计数学、概率论，同时系统工程理论、电子计算机技术也得到普遍应用，并逐渐扩大到非工业设施，包括各类服务设施，如机场、医院、超级市场等。"工厂设计"一词也逐渐被"设施规划"、"设施设计"所涵盖。

20世纪50年代起，管理科学、工程数学、系统分析的应用，为工厂设计由定性分析转向定量分析创造了条件。这期间陆续发表了一些工厂设计的著作，如爱伯尔的《工厂布置与物料搬运》、穆尔的《工厂与设计》、缪瑟的《系统布置设计》和《物料搬运系统分析》等。20世纪70年代以来，推出了一些计算机辅助工厂布置程序，较著名的有CRAFT(位置配置法)、COPELAP(相互关系法)、ALDEP四(自动设计法)、PLANET(分析评价法)等。这些程序是以搬运费用最少、相互密切度最大为目的，以产生一个最好的工厂布置方案。MI(记M)提出的物料搬运分析，提供了一套完整的、易于实行的阶段划分、程序模式和习惯表示法。这种逻辑性的、条理化的分析方法，被各国广泛采用。成组技术的发展，为小批量、多品种加工工厂的设计，提供了工艺过程选择和规划乃至整个生产关系管理合理化的科学方法。计算机辅助工厂设计逐渐进入实用阶段，可进行布置设计、场地设计、建筑设计、物料搬运系统和工艺流程的布置及动态模拟。CAD广泛应用于规划设计的各个阶段。20世纪80年代，在物流系统分析中，利用计算机仿真技术进行方案比较和优选复杂系统的仿真研究，包括从原料接收到仓库、制造、后勤支持系统的方针，以及仓储系统进行分析、评价的方针等；设施设计的动态、柔性问题的研究，利用图论、专家系统、模糊集理论进行多目标优化问题的探讨。20世纪90年代，结合现代制造技术、FMS、CIMS和现代管理技术JIT等进行物料搬运和

平面布置的研究，物流系统的研究也扩大到从产品订货开始直到销售的整个过程。充满生机和活力的物流业在全球范围内蓬勃发展起来。我国的物流工程的最初形态是设施设计与工厂设计，根据其系统（如工厂、学校、医院、办公楼、商店等）应完成的功能（提供产品或服务），对其各项设施（如设备、土地、建筑物、公用工程）以及人员、投资等进行系统的规划和设计。设施设计是工业工程的重要内容之一，近年来发展很快，已经形成了一个重要的独立科研方向和技术体系。它以物流为研究对象来研究各种物质系统的分析、规划、设计、管理与控制，并强调信息流在系统中的作用，以求系统的最优效益。

新中国成立初期的工厂设计一直沿用前苏联的设计方法，即注重设备选择的定量运算，对设备的布置以及整个车间和厂区的布置则以定性布置为主。这种方法在当时起到了积极作用。但是，随着科技的发展，人类空间的缩小，新建或改建一个工厂仍完全按此粗放型布局已越来越不适应我国经济发展的需要。1982 年，美国物流专家 Richard Muther 来华讲授系统布置设计（SLP，Systematic Layout Planning）、物料搬运设计（SHA，Systematic Handling Analysis）、系统化工业设计规划（SPIF），国内将其 3 本著作翻译出版，产生了极大的影响；日本物流专家也在北京、沈阳、西安等地举办国际物流技术培训班，系统介绍了物流技术的合理化技术和企业物流诊断技术。在这些理论的影响下，我国的物流工程与设施规划业迅速发展。1987 年，国内也出版了首本物流学方面的专著——《物流学及其应用》，各地纷纷建立物流研究机构。但是由于中国物流基础的落后，这些研究机构并没有能够真正起到应有的作用，有的研究机构在很短时间内就消失了。实际上，近几年物流工程的迅速发展更多地是来自于物流系统装备和管理软件的发展，特别是欧洲和日本的技术和装备的引进。已有一些大型企业进行了物流系统的建设和重组，如长春一汽、青岛海尔、东风汽车、广东宝洁、烟草行业已成为物流系统实施的重要领域。

中国机械工程学会从 1994 年开始举办现代物流技术与装备国际会议，目前已举行了 3 届，2000 年召开的第一届国际机械工程会议中专门设有物流工程论坛。目前，中国物流工程的重要性逐步被社会所认识，被认为是国民经济中的一个重要组成部分。同时，提高物流效率，降低物流成本，向用户提供优质服务，实现物流合理化、社会化、现代化也是各国物流界所共同面临的重要课题。

四、物流工程的发展趋势

经过 20 年的发展我国的物流工程已初具规模，但与欧美、日本等物流先

进国家相比还有很大的差距。今后我国物流工程的发展趋势主要体现在以下几个方面。

(1)物流的系统化 物流是从原料到最终商品流动的庞大的系统，物流工程必须以物流过程整体为对象，对供应、制造、销售广义制造过程中产品、服务及其相关信息的流动与储存进行规划、执行和控制。随着全球竞争和全球制造的日益加剧，越来越多的制造企业意识到要想获得长期发展，不仅要降低生产成本，更重要的是还要为顾客提供及时、准确、具有个性化的产品和服务。很多研究和实践表明，通过合理设计和管理物流系统，可以达到提高企业竞争优势的目的。

(2)物流的信息化 随着全球经济的一体化趋势，当前的物流业正向全球化、信息化、一体化发展。商品与生产要素在全球范围内以空前速度自由流动与配置。电子商务与互联网的应用，使物流效率的提高更多地取决于信息管理技术。电子计算机的普及应用提供了更多的需求和库存信息，提高了信息管理科学化水平，使产品流动更加容易和迅速。物流的信息化包括：商品代码和数据库的建立、运输网络合理化、销售网络系统化、物流中心管理电子化及其林业管理信息系统等。

(3)物流的社会化和专业化 为实现少库存或零库存，物流中心、批发中心或配送中心及代理中心应运而生，而且在国外已相当普遍。目前国外实行配送的产品十分广泛，不仅对生产资料、日用工业品实行配送，而且对图书、光盘也实行配送。制造企业的销售与供应很大程度上由物流公司或称第三方物流公司来实现，企业根本不设销售和供应部门。现在还产生了以经营物流为主的第四方物流，这些都可称为物流企业。通过这些形式可以进行集约化管理，在一定范围内实现物流合理化，从而大量节约流通费用和流动资金，并实现资金流的合理化。日本的流通产业就是一个成功的例子。

(4)仓储、物流装备的现代化 物流离不开物流装备与仓储，仓储现代化要求高度机械化、自动化、标准化，组织起高效的“人—机—物”系统；运输的现代化要求建立铁路、公路、水路、空运与管道的综合运输体系，这是物流现代化的必备条件。因此发达国家都致力于港口、码头、机场、铁路、高速公路、仓库等建设，为了减少运输费用，大量改进运输方式与包装方式，比如发展集装箱、托盘技术，提高粮食、水泥等物资的散装率，研制新型的装卸机械等。物流装备正向大型化、自动化和智能化发展。

(5)物流与商流、信息流一体化 按照流通规律，商流、物流、信息流是三流分离的。但是现代社会不同的产品形成不同的流通方式与营销业态，比如生产资料不仅有直达供货与经销制，还有代理制、配送制，与人民生活有

关的产品还有连锁经营，这就要求物流随之变化。许多国家的物流中心、配送中心实现了商流、物流、信息流的统一。代理制的推行也使物流更科学、更合理，许多代理行业实现了三流合一。

(6)物流系统的柔性化 随着市场经济的发展，计划经济时期的固定物流运作模式转变为多样化，市场的多变性，产品的小批量、多品种，要求物流系统具有对这种物流运作方式的适应性，以满足生产企业和用户对产品的需求。

案例● 联邦快递核心竞争优势——现代物流信息技术

成立于1907年的美国联邦快递公司是目前世界上最大的配送公司。2000年，其年收入接近300亿美元，其中包裹和单证流量大约35亿件，平均每天向遍布全球的顾客递送1320万件包裹。公司向制造商、批发商、零售商、服务公司以及个人提供各种范围的陆路和空运的包裹和单证的递送服务，以及大量的增值服务。

20世纪80年代初，联邦快递公司以其大型的棕色卡车车队和及时的递送服务，控制了美国路面和陆路的包裹速递市场。到了80年代后期，随着竞争对手利用不同的定价策略以及跟踪和开单的创新技术对联邦快递的市场进行蚕食，联邦快递的收入开始下滑。许多大型托运人希望通过单一服务来源提供全程的配送服务，顾客们希望通过掌握更多的物流信息，以利于自身控制成本和提高效率。正是基于这种服务需求联邦快递公司从90年代初开始了致力于物流信息技术的广泛利用和不断升级。今天，提供全面物流信息服务已经成为包裹速递业务中的一个至关重要的核心竞争要素。

通过应用三项以物流信息技术为基础的服务提高了竞争能力

第一项 条形码和扫描仪使联邦快递公司能够有选择地每周7天、每天24小时地跟踪和报告装运状况，顾客只需拨个免费电话号码，即可获得地面跟踪和航空递送这样的增值服务

第二项 联邦快递公司的递送驾驶员随身携带着以数控技术为基础的笔记本电脑到排好顺序的线路上收集递送信息。这种笔记本电脑使驾驶员能够用数字记录装运接受者的签字，以提供收货核实。通过电脑协调驾驶员信息，减少了差错，加快了递送速度。

第三项 联邦快递公司于1993年创建了全美最先进的信息技术——无线通信网络，该网络使用了55个蜂窝状载波电话，使驾驶员能够把适时跟踪的信息从卡车传送到联邦快递公司的中央电脑。无线移动技术和系统能够提

供电子数据储存，并能恢复跟踪公司在全球范围内的数百万笔递送业务。通过安装卫星地面站和扩大系统，到1997年适时包裹跟踪成为了现实。

以联邦快递为代表的企业应用和推广的物流信息技术是现代物流的核心，是物流现代化的标志。尤其是飞速发展的计算机网络技术的应用使物流信息技术达到新的水平，物流信息技术也是物流技术中发展最快的领域，从数据采集的条形码系统到办公自动化系统中的微机、互联网，各种终端设备等硬件以及计算机软件等都在日新月异地发展。同时，随着物流信息技术的不断发展，产生了一系列新的物流理念和新的物流经营方式，推进了物流的变革。今天来看，物流信息技术主要由通信、软件、面向行业的业务管理系统三大部分组成。包括基于各种通信方式基础上的移动通信手段、全球卫星定位(GPS)技术、地理信息(GIS)技术、计算机网络技术、自动化仓库管理技术、智能标签技术、条形码及射频技术、信息交换技术等现代尖端科技。在这些尖端技术的支撑下，形成以移动通信、资源管理、监控调度管理、自动化仓储管理、业务管理、客户服务管理、财务处理等多种信息技术集成的一体化现代物流管理体系。

通过在三方面推广物流信息技术发挥了核心竞争优势

在信息技术上 联邦快递已经配备了第三代速递资料收集器III型DIAD，这是业界最先进的手提式计算机，可几乎同时收集和传输实时包裹传递信息，也可让客户及时了解包裹的传送现状。这台DIAD配置了一个内部无线装置，可在所有传递信息输入后立即向联邦快递数据中心发送信息。司机只需扫描包裹上的条形码、获得收件人的签字、输入收件人的姓名并按动一个键，就可同时完成交易并送出数据。III型DIAD还在送货车司机和发货人之间建立了双向文本通信。专门负责某个办公大楼或商业中心的司机可缩短约30分钟的上门收货时间。每当接收到一个信息，DIAD角上的指示灯就会闪动，提醒司机注意。这对消费者来说，不仅意味着所寄送的物品能很快发送，还可随时“跟踪”到包裹的行踪，从而使速递业真正实现了从点到点、户对户的单一速递模式，向除为客户提供传统速递服务外，还包括库房、运输及守候服务等全方位物流服务的发展，大大地拓展了传统物流概念。

在信息系统上 联邦快递将应用在美国国内运输货物的物流信息系统，扩展到了所有国际运输货物上。这些物流信息系统包括署名追踪系统及比率运算系统等，其解决方案包括：自动仓库、指纹扫描、光拣技术、产品跟踪和决策软件工具等。这些解决方案从商品原起点流向市场或者流向最终消费者的供应链上帮助客户改进了业绩，真正实现了双赢。

在信息管理上 最典型的应用是联邦快递在美国国家半导体公司(Na-

tional Semiconductor)位于新加坡仓库的物流信息管理系统，该系统有效地减少了仓储量及节省货品运送时间。在联邦快递物流管理体系中的美国国家半导体公司新加坡仓库，管理员像挥动树枝一样将一台扫描仪扫过一箱新制造的电脑芯片。随着这个简单的举动，他启动了高效和自动化、几乎像魔术般的送货程序。联邦快递的物流信息管理系统将这箱芯片发往码头，而后送上卡车和飞机等，在短短的12个小时内，这些芯片就会送到国家半导体公司的客户——远在万里之外硅谷的个人电脑制造商手中。在整个途中，芯片中嵌入的电子标签将让客户以高达3英尺的精确度跟踪订货。

由此可见，物流信息技术通过切入物流企业的业务流程来实现对物流企业各生产要素(车、仓、驾等)进行合理组合与高效利用，降低了经营成本，直接产生了明显的经营效益。它有效地把各种零散数据变为商业智慧，赋予了物流企业新型的生产要素——信息，大大提高了物流企业的业务预测和管理能力，通过点、线、面的立体式综合管理，实现了物流企业内部一体化和外部供应链的统一管理，有效地帮助物流企业提高了服务素质，提升了物流企业的整体效益。具体地说，它有效地为物流企业解决了单点管理和网络化业务之间的矛盾、成本和客户服务质量之间的矛盾、有限的静态资源和动态市场之间的矛盾、现在和未来预测之间的矛盾等等。

思考与练习 1

- 从物流的发展历程角度归纳现代物流包含的内容。
- 举例说明物流对经济发展的作用。
- 试描述一个你所熟悉的物流系统，如饮料生产、服务系统、学校管理系统等。
- 请举例说明物流及物流系统的目标。
- 试述物流系统的常用技术及其作用。
- 试述物流系统与物流工程的关系。

第二章 设施规划与设计

设施规划与设计(Facility Planning and Design)是物流工程的一个重要组成部分。它的任务是对系统的各类设施、人员、投资进行系统的规划与设计，用以优化人员流、物流和信息流，从而有效、经济、安全地实现系统的预期目标。

第一节 设施规划与设计的基本概念

一、设施规划与设计的定义和范围

1. 设施规划与设计的定义

设施是指生产系统或服务系统运行所需要的有形的固定资产。对一个工业设施或工厂，设施包括占有的土地、建筑物和构筑物、加工用的机器设备、固定的或移动的辅助设备(如搬运设备或运输设备等)，此外，还包括维修设备、实验室、仓库、动力设施、公用设施、办公室等。对一个服务设施，设施包括土地、建筑物、设备、公用设施、办公室等，如超市的货品架、购物车，医院的病床、救护车等。目前对设施规划与设计的定义，有各种不同的表述。

美国的詹姆士・A・汤普金斯和约翰・A・怀特合著的《设施规划》将其定义为："设施规划是就如何使一个有形的固定资产，为实现其运营的目标提供最好的支持做出决定"。美国的理查德・缪瑟和李・海尔斯合著的《系统化工业设施规划》给出的定义为："工业设施规划就是设计或确定怎样具体地把一个工厂建造出来，使之运行或生产。工业设施规划人员的工作，是为一个工业公司有效实现其产品的设计、制造、分发，提出所必须的工厂面积、构筑物、机器和设备"。美国的詹姆士・M・爱伯尔在《工厂布置与物料搬运》中将设施设计定义为："设施设计工程师为商品生产系统或服务系统进行分析、构思、设计并付诸实施；设计通常表现为物质设施(设备、土地、建筑物、公用事业)的一个平面布置或一种安排，用以优化人流、物流、信息流以及有效、经济、安全地实现企事业目标的措施之间的相互关系。"德国的汉斯・克特纳等合著的《工厂系统设计手册》则认为："工厂设计的任务是，在考虑众多总体条件和边界条件的情况下，为工厂创造实现企业目标、社会功能和国民经济功能所需的先决条件。也就是说，工厂设计要保证生产工艺流程既正确又经

济，工厂人员能在良好的工作条件下进行工作。”我国学者在《中国大百科全书》机械工程篇中对“机械工厂设计”的释义是：“为新建、扩建或改建机械工厂进行规划、论证和编制成套设计文件。工厂设计是一项技术与经济相结合的综合性设计工作。”

综上所述，尽管各国学者对设施规划与设计所下的定义不同，但在以下两个方面却是一致的。

- 设施规划与设计的对象是新建、扩建或改建的生产系统或服务系统
- 设施规划与设计的内容是通过综合分析、设计、规划、论证、修改和评价，使资源得到合理配置，使系统能够有效、经济、安全地运行，实现各个组织制定的预期目标

2. 设施规划与设计的范围

从物流工程的角度，设施规划与设计的范围可以界定为场址选择(设施选址)和设施布置两个组成部分。设施布置应用于工厂等工业部门，也可称为工业设施设计，它主要包括工厂布置、物料搬运系统设计、建筑设计、公用工程设计、信息通讯系统设计等。工厂布置是对建筑物、机器、设备、运输通道、场地，按照物流、人员流、信息流的合理需要，做出有机组合和合理配置。物料搬运系统设计是对物料搬运的路线、运量、搬运方法和设备、储存场地等做出合理安排。建筑设计是根据对建筑物和构筑物的功能和空间的需要，满足安全、经济、适用、美观的要求，进行建筑和结构设计。公用工程设计是对热力、煤气、电力、照明、给水、排水、采暖、通风、空调等公用设施进行系统、协调的设计。信息通讯系统设计是对信息通信的传输系统进行的全面设计。本章节主要介绍场址选择和设施设计。

二、设施规划与设计的图例符号

设施规划与设计采用一套多年来发展形成并在实际工作中广泛应用或有关专业学会规定的图例符号。这套图例符号用于记录、表示和评定，既可作为节省时间的简写工具，又可作为同别人交流的手段；既可给规划人员提供统一的语言，又便于相关人员理解问题。

这套图例符号包括以下两个部分。

1. 流程和面积类型图例符号

这类图例符号表示流程、功能、作业和作业区。其中，流程类型的图例符号采用美国机械工程学会(The American Society of Mechanical Engineers - ASME)所订标准中的流程图例符号，颜色和阴影采用国际物流管理协会的标准(图 2 - 1)。对于室外场地和面积的颜色和阴影，要与室内的有一定区别，

以免混淆。如在绘制场地布置图时，所有生产面积或室内区域都有紫色，其他室外面积尽量采用自然色彩(图 2－2)。

流程和作业	室内的功能、作业和作业区	颜色	阴影
操作	初级工序：配料、成形、处理、加工	绿	
	次级工序：装配、灌瓶、包装	红	
运输	与运输有关的作业或作业区	橘黄	
搬运	搬运区	橘黄	
储存	储存作业或作业区	浅黄	
	卸货或停放区	浅黄	
检验	检验：试验、校核区	蓝	
	服务、辅助作业或作业区	黄	
	办公室、试验室及办公区	棕（灰）	
美国 机械工程学会标准		国际物料 管理协会标准	

图 2－1　流程和面积类型图例符号

室外场地、作业单位和区域	颜色	阴影
室内区域（或生产面积）	绿	
绿化区、草地、美化区、空地	紫	
水、水池、水流、服务性建筑物或公用管线	蓝	
室外或露天库	橘黄	
办公楼、试验室、行政楼和人员服务楼	棕或灰	
地界和地段权范围	红	
建筑物轮廓	黑	
人行通道和停车场	无色或灰	
铁路、汽车路、货车停车场	黄或灰	

图 2－2　室外场地和面积图例符号

2. 评级和评价类型图例符号

这类图例符号用于评定等级和优劣的评价，用元音字母、数值、线条、颜色表示。其中，颜色标志采用国际物料管理协会审定的标准(图2-3)。

评定等级和评价尺度	元音字母	数值	线条数	颜色
绝对必要，近于完美无缺，特优	A	4	////	红
特别必要，特别好，优	E	3	///	橘黄
重要，获得重要效果，良	I	2	//	绿
一般，获得一般效果，中	O	1	/	蓝
不重要，获得不重要的效果，劣	U	0		无色
不能接受，不令人满意	X	-1	〰	棕(灰)
	XX	-2, -3, -4	〰〰	黑

图2-3　评级和评价类型图例符号

第二节　场址选择的意义及其考虑因素

一、场址选择的任务和意义

1. 场址选择的任务

(1) 新建设施　新建设施，必须选择适当的场址。场址选择就是要对可供选择的地区和地点的因素进行分析评价，力争达到场址的最优化。它不仅存在于工业领域，而且在服务性行业也同样存在，尤其是在当前服务业蓬勃发展的时期。

(2) 重建设施　当企业寻求降低成本和改善服务的新方法时，将物流和制造设施放置何处就变得非常重要了。重新设计企业的物流网络，除了改善物流作业的效率和效果外，还可以在市场上对企业进行划分。如某企业物流网络中的配送中心的削减，大大改善了物流服务水平。场址选择可分为以下两种：

- 单一设施的场址选择。根据确定的产品(或服务)、规模等目标为一个独立的设施选择最佳位置
- 复合设施的场址选择。就是要为某个企业(或服务业)的若干个下属工厂、仓库、销售点、服务中心等选择各自的位置，并使设施的数目、规模和位置达到最佳化。特别是在物流网络设计中，考虑一些关键的选址决定因素，重点确定物流区域的划分和具体位置的确定。

场址选择与企业的经营战略有关。例如，根据我国区域灾害特征和救灾工作的需要，全国在沈阳、天津、郑州、武汉、长沙、广州、成都和西安建立了8个中央级救灾物资储备仓库；美国麦当劳公司在全球范围内选择经营连锁店。场址选择包括地区选择和地点选择两项内容。这两项内容的实施有时是先选择建设的地区然后进一步确定适宜的地点；有时也将这两项选择相互结合起来进行。需要注意的是，场址选择常常需要其他有关人员（如地区/城市规划人员、勘测人员）甚至还需要环保部门的人员参与，而不能由设计人员单独完成。

2. 场址选择的意义

场址选择的好坏，对于生产力布局、城镇建设、企业投资、建设速度及建成后的生产经营好坏都具有重大意义。如果先天不足，会造成很大损失。因为场址一旦确定，设施建设完工，一般就无法轻易改动。场址选择是一个非常复杂的问题，它的好坏常常随时间和空间的变化而发生改变，有时很难判断。目前好，10年、20年后是否还好就不确定了，所以说，随着规模经济的发展、城镇建设的进一步整体规划，以及重点工程的实施等多方面外部因素与自身内部的变化，使得有些场址也不得不改变。例如，天津市的海河改造工程、城市地铁的发展、个人住房选址问题、某些企业造成的环境污染问题等。场址选择应注意要进行充分的调查研究与勘察，要科学分析，不能凭主观意愿决定，不能过于仓促；要考虑自身设施和产品的特点，注意自然条件、市场条件及运输条件；要有长远考虑的观点。如果选址不当，就会给企业带来意想不到的损失，如位于天津红桥区河北大街的某饭店，由于场址选择时忽略了交通问题，在建成之后经营一直亏损。

当今，网络设计和场址选择决策对未来有着深远的意义。今天的经济、竞争和技术都处于动态变化的环境，目前定位的设施和即将制定的场址选择决策，将会在物流、营销、制造和财务等领域对未来的成本产生巨大的影响。因此，场址选择必须慎重考虑预计的商业环境，同时也要重视灵活性和不断满足顾客需求的适应性。在后面的章节中还要阐述有关第三方物流选择的问题。

二、工业生产力合理布局原则

工业生产力布局，就是工业企业在全国各地区的地理分布。合理配置生产力，对充分利用全国各地的资源，合理调整经济结构，实现国民经济持续、稳定、协调的发展有着重要的意义。针对我国各地区经济发展阶段、生产力水平、自然条件以及地理环境的差异，国家通过产业政策和生产力布局规划来指导项目和资金的投向，从而实现宏观调控。在不同的时期，国家和地方

政府常常会对某些地区发展某些产业提供鼓励，如对筹集建设资金提供优惠条件和优惠税额、帮助获得市场和订货合同等。基于如上分析，场址选择应符合国家生产力布局规划和有关政策，这样才能既满足国民经济发展的总体需要，又有利于企业自身的生存与发展。从某种意义上讲，场址选择过程就是工业生产力布局的过程。工业生产力合理布局一般应遵循以下主要原则。

1. 最低成本原则

即要求在完全成本最低的地点配置相应的生产力。完全成本是指产品在生产过程中的制造费用、输入物料的运输费用以及产品到达客户地点流通费用的总和。

2. 专业化分工协作原则

打破大而全、小而全和区域观念的束缚，集中自然资源、科学技术以及劳动生产力优势，发展跨地区的分工和协作，建立重点突出、具有特色的地区工业结构。例如，南京地区的扬子、仪征、南化和金陵由于分属石油部、化工部、商业部和南京地区四个不同部门的领导，故整体利益意识不强，而且面临开工不足、成本居高不下等问题。为此 1997 年 11 月合并成立了中国东联石化工业总公司，直属国务院，挂靠经贸委。合并后年产值达 400 亿元以上，具有了一定的规模，从而大大降低了成本。

3. 分散与集中相结合原则

即适度集中、合理分散。工业布点的适度集中，有利于企业之间的专业化协作分工。但是，工业布点的集中程度并非愈高愈好，合理分散将有利于各地区自然资源的充分利用，有利于缩短物料的运输距离。

4. 重点开发原则

一定时期内集中财力、物力形成重点建设地区。如开发西部地区。

5. 吸引外资合理投向原则

通过良好的投资环境，如土地使用、税收、销售经营等方面特殊的优惠政策，吸引外资投向国家急需发展的地区和行业，促进国民经济均衡发展。如经济开发区、保税区的建设与发展。

三、场址选择考虑的因素

场址选择需要考虑众多的、复杂的因素，涉及许多方面。对于影响场址选择的因素，本节将从成本相关性的角度和选址的主要决定因素这两个方面来进行分类。

1. 成本相关性的角度

那些影响场址选择与成本有直接关系的因素，称为成本因素，可以用货

币单位来表示其实际成本值；而那些影响场址选择与成本无直接关系的、但能间接影响产品成本和未来企业发展的因素称为非成本因素，见表 2－1。

表 2－1　场址选择考虑因素

成本因素	非成本因素
运输成本	社区情况
原料供应	气候和地理环境
动力和能源的供应量和成本	环境保护
水供应	政治稳定性
劳动力素质	文化习俗
建筑成本和土地成本	当地政府政策
税利、保险和利率	扩展机会
财务供应：资本及贷款的机会	当地竞争者
各类服务和保养费用	公众对工商业的态度
⋮	⋮

（1）主要的成本因素

运输成本　对企业，运输成本占有较大的比重，因此选址时应注意使运输距离缩短、减少运输环节中装卸次数，并尽量靠近码头、公路、铁路等交通设施，且考虑铁路、公路、水路三者均衡问题。我国东、西部经济发展差距之所以大，这与运输条件有很大关系。

原料供应　某些行业对原料的量和质都有严格的要求，这类部门长期以来主要分布在原料产地附近，以降低运费，减少时间阻延，从而得到较低的采购价格。但目前工业对原料地的依赖性呈缩小趋势，主要原因包括技术进步导致单位产品原料消耗的下降，原料精选导致单位产品原料用量、运费的减少，工业专业化的发展导致加工工业向成品消费地转移，运输条件的改善导致单位产品运费的降低等。尽管如此，采掘业、原料用量大或原料可运性小的加工工业仍以接近原料产地为佳。

动力、能源的供应量和成本　对于火力发电厂、有色金属冶炼、石油化工等行业来说，动力能源的消耗在生产成本中的比重可占到 35% ~60%。对重型机器制造、水泥、玻璃、造纸等行业，动力、能源的供应量和成本的影响也是举足轻重的。

水供应　酿酒工业、矿泉水产业、钢铁工业、水利发电厂等必须靠近江河水库。

劳动力素质　劳动力素质在对技术密集型和劳动密集型企业产生不同的影

响，构成不同的劳动力成本。

建筑成本 是指土地的征用、赔偿、拆迁、平整的费用，要注意应尽量少占用农业用地。

(2)主要的非成本因素

社区情况 服务行业、商店、加油站和娱乐设施的状况等等。

气候和地理环境 包括风力、风沙、温度、湿度、降雨量等。气温对于产品和作业人员均会产生影响，气温过冷或过热都将增加气温调节的费用，潮湿多雨的地区不适合棉纺、木器、纸张的加工。一般制造厂要求土地表面平坦，易于平整施工，如选择稍有坡度的地方，则可利用斜面，便于搬运和建造排水系统；在地震断裂层地带、下沉性地带、地下有稀泥或有流沙，以及在可开采的矿床或已开采过的矿坑上和有地下施工的区域应慎重选址。

环境保护 为了防止生产系统的污染(包括空气污染、水污染、噪音污染、恶臭污染、放射污染以及固体废料污染等)，各国和各地区都制定了保护当地居民及生态环境的各种环保法规。印度的博帕尔毒气泄漏事件和前苏联的切尔诺贝利核电站事故使人类得到了血的教训。

当地政府的政策 有些地区为了鼓励在当地投资建厂，划出工业区及各种经济开发区，低价出租或出售土地、厂房、仓库，并在税收、资金等方面提供优惠政策，同时拥有良好的基础设施情况。

2. 选址的主要决定因素

表2-2列出了一系列在区域和具体地址选择方面的主要决定因素。这些因素以重要性的一般顺序列出来，每个因素的相对权重取决于所考虑选址决策的详细情况。这些主要的选址决定因素因行业和处在具体行业的各个企业而异。例如，劳动密集型行业如纺织、家具和家用电器，将重点放在区域和地方市场劳动力的可得性和成本上。而高技术如计算机和外设、半导体和科学设备的制造商，则将大部分重心放在确保具有专业技能的、高素质的劳动力以及靠近顾客市场上。对于像药品、饮料和印刷品及出版物这样的行业，竞争和物流成本巨大，因此，其他物流成本非常重要。下面我们讨论表2-2中列出的区域性决定因素，而具体地址的决定因素则由地址选择团队根据具体情况获取。

劳动力环境 指劳动力的可得性、成本和劳动力的联合程度、技能水平和工作方面的道德规范，以及生产力和当地政府的支持情况及失业率等。

表 2－2　选址的主要决定因素

区域决定因素	具体地址的决定因素
劳动环境	可用运输
运输可行性	卡车
靠近市场和顾客	飞机
生活质量	火车
税收和行业发展激励措施	轮船
供应商网络	大城市内/外
土地成本和设施	劳动力可得性
企业偏好	土地成本和税收
政策	设施

运输可行性　由于对高质量、可靠性运输的需要，对运输设施的运输能力范围进行选取与评价。如联邦快递、UPS、Emery、TNT、Airborne 这些企业提供了时效非常强的服务。

靠近市场和顾客　靠近市场这一因素通常考虑物流和竞争两个方面的变量。物流变量包括运输可能性、运输成本和所供应地地理市场的规模。虽然有些公司都优先将物流设施放置在靠近市场和顾客的地方，但从成本上考虑，一个过于复杂的物流网络可能不具有优势。同时，从物流设施的及时性方面看，高质量运输服务和有效信息技术的可得性都引起地理区域的扩张。

生活质量　某一特定区域的生活质量很难量化，但它确实影响员工的精神状态和工作质量。

税收和行业发展激励措施　了解适宜企业和个人的政府与地方税收的信息非常重要，另一方面也是产业发展激励的可能性。

供应商网络　就制造业而言，原材料和部件的可得性和成本，以及将这些材料运到计划中的工厂所在地的成本有非常重要的意义。供应商的进货运送成本和服务敏感性都需要考虑。

土地成本和配套设施　根据所考虑设施的不同类型，土地成本和需要的配套设施具有不同的意义。以制造工厂或配送中心为例，它可能需要一个最小面积的土地规模，以备当时使用和未来的扩张。这就意味着潜在的巨大费用。地方建筑法规和建筑成本等因素是需要考虑的重要因素。同时，电力、排污和工业废物处理等设施的可用性和费用都需要作为考虑因素进入决策制定过程。

第三节　场址选择的步骤与内容

一、场址选择的步骤与内容

场址选择一般分以下四个阶段。

(1) 准备阶段　准备阶段内容包括：

- 企业生产的产品品种及数量(生产纲领或设施规模)
- 要进行的生产、储存、维修、管理等方面的作业
- 设施的组成、主要作业单位的概略面积及总平面草图
- 计划供应的市场及流通渠道
- 需要资源(包括原料、材料、动力，燃料和水等)的估算数量、质量要求与供应渠道
- 产生的废物及其估算数量
- 概略运输量及运输方式的要求
- 需要职工的概略人数及等级要求
- 外部协作条件
- 信息获取方便与否等

(2) 地区选择阶段

- 走访行业主管部门
- 选择若干地区，收集资料
- 进行方案比较
- 各方面参加人员比较(生产、供应、销售、财务等)

(3) 地点选择阶段　组成场址选择小组到初步确定地区内的若干地点进行调查研究和勘测，其主要工作内容包括：

- 从当地城市建设部门取得备选地点的地形图和城市规划图，征询关于地点选择的意见
- 从当地气象、地质、地震等部门取得有关气温、气压、湿度、降雨及降雪量、日照、风向、风力、地质、地形、洪水、地震等的历史统计资料
- 进行地质水文的初步勘察和测量，取得有关勘测资料
- 收集当地有关交通运输、供水、供电、通信、供热、排水设施的资料，并交涉有关交通运输线路、公用管线的联接问题
- 收集当地有关运输费用、施工费用、建筑造价、税费等经济资料
- 对各种资料和实际情况进行核对、分析和各种数据的测算，经过比

较，选定一个合适的场址方案

场址选择流程如图 2－4 所示。

(4)编制报告阶段 主要工作内容包括：

- 对调查研究和收集的资料进行整理
- 根据技术经济比较和分析统计的成果编制出综合材料，绘制出所选地点的设施位置图和初步总平面布置图
- 编写场址选择报告，对所选场址进行评价，供决策部门审批

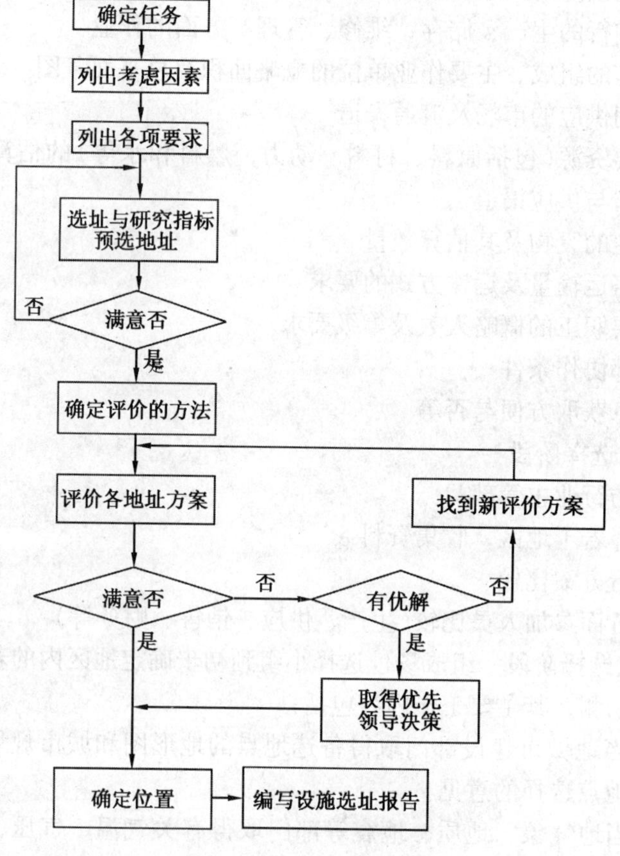

图 2－4 设施选址流程图

二、场址选择报告

场址选择报告包括以下内容：

- 场址选择的依据(如批准文件等)
- 建设地区的概况及自然条件
- 设施规模及概略技术经济指标，包括占地估算面积、职工人数、概略运输量、原材料及建筑材料需要量等

- 各场址方案的比较，包括自然条件比较、建设费用及经营费用比较、环境影响比较、经济效益比较等
- 对各场址方案的综合分析和结论
- 当地有关部门的意见
- 附件，包括：各项协议文件的抄件，区域位置、备用地、交通线路、各类管线走向，设施初步总平面布置图等

第四节　场址选择的方法

影响场址选择的因素很多。有些因素可以定量，转为经济因素；有些则只能是定性的非经济因素进行分析。在进行场址选择的综合分析中，一般根据条件采用定量与定性相结合的方法来解决场址选择问题。常用的场址选择方法有优缺点比较法、重心法、线性规划—运输法、德尔菲分析模型、网络布点模型等。

一、优缺点比较法

优缺点比较是一种最简单的设施选址方法，尤其适用于非经济因素的比较。当几个场址方案在费用和效益方面比较近似时，则非经济因素就可能成为考虑的关键因素，此时可采用优缺点比较法对若干方案进行分析比较。常见的场址方案非经济因素有：区域位置、面积及地形，地势与坡度，风向，日照，地质条件(如，土壤、地下水、耐压力)，土石方工程量，场址现在所有者、拆迁、赔偿情况，铁路、公路交通情况，与城市的距离，供电、供水、排水，地震，防洪措施，经营条件，协作条件，建设速度等。在实际操作时，先确定选址决策要考虑的因素，然后根据这些因素的相对重要性程度确定其各自的权重，再对各备选场址的各决策因素比较打分，最后给出综合比较结果。计算处理方法参见本节“五、其他方法”中的“关联矩阵法。

二、重心法

场址选择时，如果生产费用中运费是很重要的因素，而且多种原材料由多个现有设施供应，则可根据重心法确定场址位置。这种方法适用于运输费率相同的产品，使求得的场址位置离各个原材料供应地的距离乘以各点供应量之积的总和为最小。归结起来，重心法的思想是在确定的坐标中，各个原材料供应点坐标位置与其相应供应量、运输费率之积的总和等于场所位置坐标与各供应点供应量、运输费率之积的总和。

假设 $P_0(x_0, y_0)$ 表示所求设施的位置，$P_i(x_i, y_i)$ 表示现有设施(或各供应点)的位置($i=1, 2, \cdots, n$)，则重心法中的坐标图如 2－3 所示。

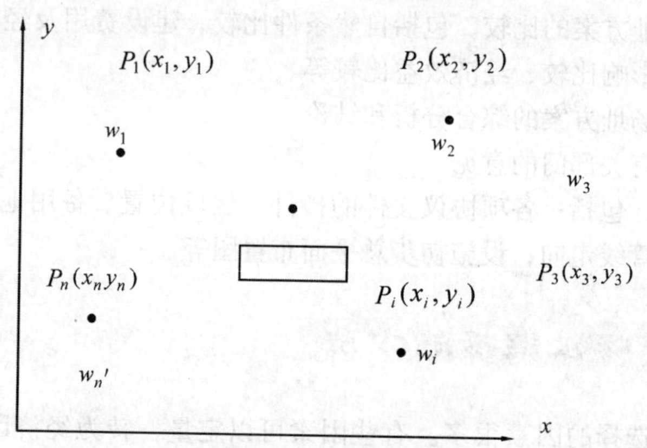

图 2-5　重心法中的坐标图

图 2-5 中 w_i 表示第 i 个供应点的运量。若用 c_i 表示各供应点的运输费率，则根据重心法有

$$\begin{cases}\sum_{i=1}^{n} x_i w_i c_i = x_0 \sum_{i=1}^{n} w_i c_i \\ \sum_{i=1}^{n} y_i w_i c_i = y_0 \sum_{i=1}^{n} w_i c_i\end{cases} \tag{2-1}$$

重心坐标为

$$\begin{cases}x_0 = \dfrac{\sum_{i=1}^{n} x_i w}{\sum_{i=1}^{n} w_i} \\ y_0 = \dfrac{\sum_{i=1}^{n} y_i w}{\sum_{i=1}^{n} w_i}\end{cases} \tag{2-2}$$

例 2-1　某汽车制造厂每年需要从 P_1 地运来钢材，从 P_2 地运来铸铁，从 P_3 地运来焦炭，从 P_4 地运来各种造型材料。各地与某城市中心的距离和每年的材料运量如表 2-3 所示。

表 2-3　距离、运量表

原材料供应地及其坐标	P_1		P_2		P_3		P_4	
	x_1	y_1	x_2	y_2	x_3	y_3	x_4	y_4
距城市中心的坐标距离(km)	20	70	60	60	20	20	50	20
年运输量(t)	2 000		1 200		1 000		2 500	

解：利用式（2－2）可得：

$$x_0=\frac{20\times 2\ 000+60\times 1\ 200+20\times 1\ 000+50\times 2\ 500}{2\ 000+1\ 200+1\ 000+2\ 500}=35.4(\text{km})$$

$$y_0=\frac{70\times 2\ 000+60\times 1\ 200+20\times 1\ 000+20\times 2\ 500}{2\ 000+1\ 200+1\ 000+2\ 500}=42.1(\text{km})$$

该场址应选在坐标为（35.4，42.1）的位置(单位为km)。

需要注意：按重心法求得场址位置是否适合建厂，还要通过综合分析选定其他因素。

三、线性规划——运输法

线性规划方法被归类为一种最优化技巧，是一种广泛使用的战略和战术物流计划工具。线性规划在考虑特定约束条件下，从许多可用的选择中挑选出最佳行动方案。对于物流问题最为广泛使用的线性规划形式是网络最优化。运输法作为网络最优化方法，其目标是在给定的供给、需求和能力的约束条件下，使生产、输入、输出运输的可变成本最小化。对于复合设施的选址问题，如对于一个公司设有多个工厂、多个分销中心(或仓库)的选址问题，可以用线性规划——运输法求解，使得所有设施的总运费最小。运输法的数学模型如下。

目标函数
$$\min\sum_{i=1}^{m}\sum_{j=1}^{n}C_{ij}X_{ij} \tag{2－3}$$

约束条件
$$\begin{cases}\sum_{i=1}^{m}x_{xi}=b_j\\ \sum_{j=1}^{n}x_{xi}=a_i\\ x_{ij}\geqslant 0\end{cases} \tag{2－4}$$

式中　m——工厂数；n——销售点数；a_i——工厂 i 的生产能力，$i=1\cdots m$；b_j——销售点 j 的需求，$j=1\cdots n$；c_{ij}——在工厂 i 生产的单位产品运到销售点 j 的生产运输费用；x_{ij}——从工厂 i 运到销售点 j 的产品数量。

例2－2　已有两个工厂 F_1 和 F_2，供应4个销售点 P_1、P_2、P_3、P_4。由于需求量不断增加，需再设一个工厂。可供选择的地点是 F_3 和 F_4。试求：在其中选择一最佳厂址。根据资料分析，各厂单位产品生产和运输费用的总费用如表3－4所示。约束条件是工厂不能超过其生产能力；销售点不能超过其需求量。

解：根据运输法用最小费用分配法求解，其程序是：在不超过产量和需求量的条件下，将产品尽可能地分配到总费用最少的组合中去。如果第一次只分配和满足了一部分，就继续进行分配，依次类推，直至需求全部满足、产量全部分配完毕为止。

表 2－4　生产、运输总费用表(万元)

至 从	P_1	P_2	P_3	P_4	年产量(台)
F_1	8.00	7.80	7.70	7.80	7 000
F_2	7.65	7.50	7.35	7.15	5 500
F_3	7.15	7.05	7.18	7.65	12 500
F_4	7.08	7.20	7.50	7.45	12 500
需求量(台)	4 000	8 000	7 000	6 000	

(1)若新厂设在 F_3，解题的具体步骤如下。

①表 2－4 中 F_3-P_2 组合的费用最少，为 7.05 万元。但需求量仅为 8 000 台，就把 F_3 的 8000 台分配给 P_2。F_3 还有 4 500 台的剩余产量。由于 P_2 的需求量已全部满足，这一列可以不再考虑。

②其余组合中费用最少的是 F_3-P_1 和 F_2-P_4，都是 7.15 万元。可把 F_3 的 4 500 台剩余产量中的 4 000 台分配给 F_3。这时，P_1 的需求已全部满足，这一列可以不再考虑。F_3 还有 500 台剩余产量。

③其余组合中费用最少的是 F_2-P_4，可把 F_2 的 5 500 台产量全部分配给 P_4。F_2 的产量已全部分配完毕。

④其余组合中费用最少的是 F_3-P_3，是 7.18 万元。可把 F_3 的 500 台剩余产量分配给 P_3。这时，F_3 的产量已全部分配完毕。

⑤其余组合中费用最少的是 F_1-P_3，是 7.7 万元。P_3 还需要 6 500 台，可把 F_1 产量中的 6 500 台分配给 P_3。这时，P_3 的需求量已全部满足，这一列可以不再考虑。

⑥最后，P_4 还有 500 台的需求量尚未满足，由 F_1 的 500 台剩余产量分配给 P_4。至此，所有销售点都得到满足，所有产量都分配完毕。

所有产量分配情况如表 2－5 所示。

这样，设厂于 F_3 处，全部费用至少为

$$C_3=6500\times7.70+500\times7.80+5\,500\times7.15+4\,000\times7.15+8\,000\times7.05+500\times7.18$$

$$=181\,865(万元)$$

(2)若设厂于 F_4 处，与上述相同解法，得结果如表 2－6 所示。

表 2－5　设厂于 F_3 处的产量分配

从＼至	P_1	P_2	P_3	P_4	年产量(台)
F_1	8.00	7.80	⑤ 7.70 6 500	⑥ 7.80 500	7 000
F_2	7.65	7.50	7.35	③ 7.15 5 500	5 500
F_3	② 7.15 4 000	① 7.05 8 000	④ 7.18 500	7.65	12 500
需求量(台)	4 000	8 000	7 000	6 000	25 000

表 2－6　设厂于 F_4 处的产量分配

从＼至	P_1	P_2	P_3	P_4	年产量(台)
F_1	8.00	7.80	⑤ 7.70 7 000	7.80 0	7 000
F_2	7.65	7.50	7.35	② 7.15 5 500	5 500
F_4	① 7.08 4 000	③ 7.20 8 000	7.50	④ 7.45 500	12 500
需求量(台)	4 000	8 000	7 000	6 000	25 000

同样可得设厂于 F_4 处的全部费用至少是

$$C_4 = 7\ 000 \times 7.70 + 5\ 500 \times 7.15 + 4\ 000 \times 7.08 + 8\ 000 \times 7.20 + 500 \times 7.45$$
$$= 182\ 870 (万元)$$

两方案比较 $C_4 > C_3$，因此选 F_3 设厂为优，可节省生产运费：

$$C_4 - C_3 = 182\ 870 - 181\ 865 = 1\ 005 (万元)$$

以上是产销平衡问题的解法，对于产销不平衡问题，可通过增加产地或销地的方法，将问题转化为产销平衡问题求解，最后求得最佳场址位置。

四、德尔菲分析模型

典型的布置分析考虑的是单一设施的选址，其目标不外乎是供需之间的时间或距离最小化、成本的最小化、平均反应时间的最小化等。但是，有些选址分析涉及多个设施和多个目标，其决策目标相对模糊甚至带有感情色彩。

解决这类选址问题的一个方法是使用德尔菲（Delphi）分析模型，该模型在决策过程中考虑了各种影响因素。使用德尔菲分析模型涉及三个小组，即协调小组、预测小组和战略小组。每个小组在决策过程中发挥着不同的作用。使用该模型的步骤如下。

a. 成立协调、预测和战略三个小组。协调小组充当协调者，负责设计问卷和指导德尔菲调查；预测小组负责预测社会的发展趋势和影响企业的外部环境；战略小组则确定企业的战略目标及优先次序。

b. 识别存在的威胁和机遇。

c. 确定企业的战略方向和战略目标。

d. 提出备选方案。

e. 优化备选方案。

在考虑企业优势和劣势的基础上，该模型可识别出企业的发展趋势和机遇。此外，该模型还考虑了企业的战略目标，在场址选择中被作为一种典型的综合性群体决策方法广泛使用。

五、其他方法

除了以上方法外，下面的方法亦在场址选择中使用。

（1）费用—效果分析法 这是对技术方案的经济效果进行分析、评价的一种方法。它的实质是要求系统给社会提供财富或服务价值—效益，必须超出支出费用。该方法以经济评价为主，是所有评价方法的基础。

（2）关联矩阵法 该方法是对多目标系统方案从多个因素出发进行综合评定优劣程度的方法，基本原理如表 2－7 所示。

表 2－7 关联矩阵表

评价指标		x_1	x_2	…	x_n	综合评价结果
指标权重		w_1	w_2	…	w_n	
备选方案	A_1	v_{11}	v_{12}	…	v_{1n}	$v_1 = \sum_{j=1}^{n} v_{1j} \cdot w_j$
	A_2	v_{12}	v_{22}	…	v_{2n}	$v_2 = \sum_{j=1}^{n} v_{2j} \cdot w_j$
	⋮	⋮	⋮	⋮	⋮	⋮
	A_m	v_{m1}	v_{m2}	…	v_{mn}	$v_m = \sum_{j=1}^{n} v_m \cdot w_j$

注：其中 v_{ij} 是 i 方案的 j 指标的百分制评分值。

(3) 层次分析法(AHP 法) 该方法是一种定性与定量相结合的评价与决策方法。它将评价主体或决策主体对评价对象进行的思维过程数量化。应用 AHP 方法，首先对评价对象的各种评价要素分解成若干层次，并按同一层次的各个要素以上一层次要素为准则，进行两两的比较、判断和计算，来求得这些要素的权重，从而为选择最优替代方案提供依据。

(4) 基于遗传算法的选址模型 该模型利用遗传算法采用全局寻优和优胜劣汰的随机搜索策略，使得模型具有较好的动力学特性，可有效、快速地求得选址问题的全局(或近似)最优解。

(5) 仿真技术 静态仿真产品流或潜在的物流渠道网络的相关费用。静态仿真试图设计一种特定计划的结果或未来行动的路径。静态仿真是一个非常灵活的工具，它可对广大的复杂渠道结构范围进行评估。一个综合性的静态仿真器的能力及运作范围，较最优化技术更能就市场、产品、分销设施及运输量大小，进行更为详细的重要的合成。

近年来选址方法发展很快，除以上介绍的以外，还有整数或混合整数规划法、蒙特卡洛法、启发式规划法等。

第五节 设施布置

设施布置(Facility Layout)主要研究企业在各种不同情况下的生产设施布置问题，并提出某些有助于布置设计的技术方法和指导方针。不仅各种有形产品的生产和服务设施会碰到布置和重新布置的问题，即使是非物质产品生产的服务性系统，如百货公司、宾馆、饭店等也同样面临这个问题。

一、设施布置设计的含义和内容

设施布置设计是指根据企业的经营目标和生产纲领，在已确认的空间场所内按照从原材料的接收，零部件和产成品的制造，成品的包装、发运的全过程，力争将人员、设备和物料所需要的空间做最适当的分配和最有效的组合，以获得最大的经济效益。设施布置包括工厂总体布置和车间布置。工厂总体布置设计要解决工厂各个组成部分，包括生产车间、辅助生产车间、仓库、动力站、办公室、露天作业场地等各种作业单位和运输线路、管线、绿化及美化设施的相互位置，同时要解决物料的流向和流程、厂内外运输的联结及运输方式。车间布置设计要解决各生产工段、辅助服务部门、储存设施等作业单位及工作地、设备、通道、管线之间的相互位置，同时也要解决物料搬运的流程及运输方式。

二、设施布置的目标

设施布置的主要目标是：

（1）符合工艺过程的要求 尽量使生产对象流动顺畅，避免工序间的往返交错，使设备投资最小，生产周期最短。

（2）最有效地利用空间 要使场地利用达到适当的建筑占地系数（建筑物、构筑物占地面积与场地总面积的比率），使建筑物内部设备的占有空间和单位制品的占有空间较小。

（3）物料搬运费用最少 要便于物料的输入和产品、废料等物料运输路线短捷，尽量避免运输的往返和交叉。

（4）保持生产和安排的柔性 使之适应产品需求的变化、工艺和设备的更新及扩大生产能力的需要。

（5）适应组织结构的合理化和管理的方便 使有密切关系或性质相近的作业单位布置在一个区域并就近布置，甚至合并在同一个建筑物内。

（6）为职工提供方便、安全、舒适的作业环境 使之合乎生理、心理的要求，为提高生产效率和保证职工身心健康创造条件。

有时，这些目标相互矛盾。例如，对性质相近的作业单位布置在一个区域可能满足了第5条目标，但却可能导致物流量的增大；同样满足了尽量减少往返这一目标，做出的布置有可能违反柔性目标。因此，上述任何一项目标，都不能无视其他目标的存在而片面地应用。虽然布置的方法越来越科学化，但如同不存在包治百病的灵丹妙药一样，尚不存在着能解决一切问题的方法。所以说，和家庭布置一样，工厂布置在一定程度上仍然是一种艺术，或者说具有科学加艺术的性质。

三、设施布置决策的依据

设施布置决策，可以定义为确定生产系统内各物质部分的最优安排。这里的“物质部分”不仅包括主体设备如直接参与生产加工的机器设备，还包括其他辅助设施，如陈列架、消耗品的物料箱、灯具工具箱等。它设施布置需要决策部门的位置，部门内的工作组、工作站、机器的位置以及在制品存储位置等，目的在于以一种顺利的工作流（工厂内）或一种特殊的流动方式（服务组织内）来安排这些要素。解决布置决策问题，主要是取决于以下几方面：

（1）系统应达到的目标，作为布置决策的第一重要依据 存储费用、劳动力、闲置设备和保管费用保持在一定的水平之下，达到预期的产量和利润。这些因素的大部分是存在于所有布置决策中的，但它们的相对重要性却不完全一致。例如，即使经营面积相同的百货商店都有部门经理、售货员和售货柜台，但不是都能设计成可盈利的商店（不考虑经理人员的管理水平和售货员

本身素质的高低)。

(2)系统对产品和服务的需求，作为布置决策的第二重要依据 需求量的预测对布置决策的“目标确定”有着重要意义。在这方面，我们关心的是当前的与未来的需求量水平以及产品品种搭配。依据多变市场、技术更新与产品的更新换代，不同类型的产品在布置策略上将有明显的区别。

(3)加工过程的要求，作为布置决策的第三重要依据 它是所选择布置类型的主要约束条件。

(4)建筑物或场所的有效空间，作为布置决策的第四重要依据 布置一般是约束在建筑物的实际范围以内。根据系统各部门之间物流和人流的大小，决策场所空间的有效利用率。

当系统目标、用户需要、加工过程、空间有效利用率确定后，下一步就是要把这些因素转变为需要容量和有效容量的数量估算。“需要容量”指必须满足目前需要的生产能力和满足经过一段时间后的生产能力两方面，“有效容量”指通过重新布置现有设施而获得的生产能力，或是通过布置新的设施而获得的生产能力(在预算限度内)。要想获得对能力的数量估计，首先要适当地选择生产能力的测定单位。部分生产系统生产能力的测定单位如表2－8所示。

表2－8　部分生产系统的能力(容量)测量单位

系　统	单　位	系　统	单　位
钢铁公司	吨数/时间周期	医院	病床数
炼油厂	桶数/时间周期	汽车厂	生产车辆数/年
航空公司	可用飞机数/时间周期	大学	学生数/年
纺织公司	织物米数/时间周期	百货商店	销售收入/平方米场地
饭店	座位容量		

知道了设施布置的依据和生产能力的测定单位，就可以开始对设施进行布置了。理想情况是，布置能适应环境状态的变化(使得布置的计划工作，除了考虑到现有产品当前与未来需求的变化外，还考虑到新产品)，能适应工艺与材料方面的技术突破，而不必花很多钱去作重新布置。

四、设施布置分析的基本要素

做好设施布置设计，要考虑众多因素。按照理查德·约缪瑟的观点，影响布置设计最基本的要素是产品(或材料或服务)、数量(或产量)、生产路线(工艺过程)、辅助服务部门、时间(或时间安排)。这5项基本要素是设施的其他特征或条件的基础，是设施布置必不可少的基础资料。为了便于记忆，

相应地用以下5个英文字母来表示：P（Product）、Q（Quantity）、R（Route）、S（Supporting Service）、T（Time）。同时，形象地用解决布置问题的钥匙比喻这5个基本要素(图2-6)。

1. P(产品或材料或服务)

指系统所生产的商品、原材料、加工的零件、成品或提供服务的项目。这些资料由生产纲领(工厂的和车间的)和产品设计提供，包括项目、种类、型号、零件号、材料等。产品这一要素影响着设施的组成及其相互关系、设备的类型、物料搬运的方式等。

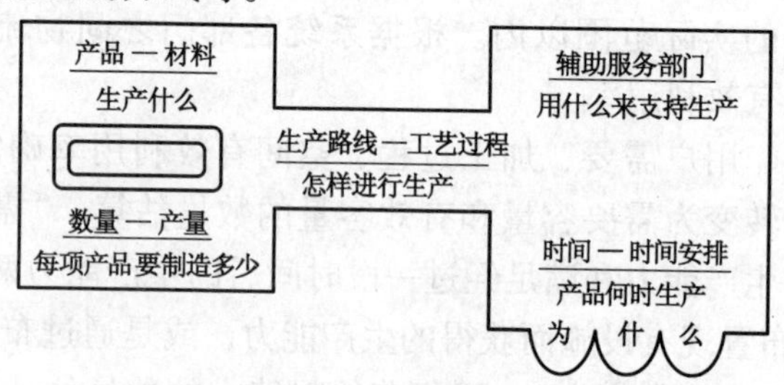

图2-6　解决布置问题的钥匙(P、Q、R、S、T)

2. Q(数量或产量)

指所生产、供应或使用的商品量或服务的工作量。其资料由生产统计和产品设计提供，用件数、重量、体积或销售的价值表示。数量这一要素影响着设施规模、设备数量、运输量和建筑物面积等因素。

3. R(生产路线或工艺过程)

这一要素是工艺过程设计的成果，可用设备表、工艺路线卡、工艺过程图等表示。它影响着各作业单位之间的关系、物料搬运路线、仓库及堆放地的位置等。

4. S(辅助服务部门)

指公用、辅助、服务部门，包括工具、维修、动力、收货、发运、铁路专用线、卫生站、更衣室、食堂和厕所等，由有关专业设计人员提供。这些部门是生产的支持系统，在某种意义上加强了生产能力。有时，辅助服务部门的总面积大于生产部门所占的面积，必须给予足够重视。

5. T(时间或时间安排)

指在什么时候、用多长时间生产出产品，包括各工序的操作时间、更换批量的次数。在工艺过程设计中，根据时间因素可以求出设备的数量、需要的面积和人员，平衡各工序的生产能力。这些都是影响仓储、收货、发运以

及辅助部门配合的因素。

当然，要完成布置设计，还必须在掌握5项基本要素的基础上，收集和分析其他有关因素，包括城市规划、外部协作条件、交通运输条件、地质水文条件、自然条件，以及关于职业安全和卫生、消防、环境保护、建筑、道路、通道等方面的技术规范、规程和标准等。

第六节　设施布置的原则、基本形式和物流的基本模式

一、设施布置的基本形式

1. 按工作流程形式分类

设施布置形式受工作流程形式的限制，它有工艺原则布置、产品原则布置和定位布置三种基本类型及成组技术布置混合类型。

(1)工艺原则布置(Process Layout)　又称机群布置或功能布置，是一种将相似设备或功能集中布置在一个地方的布置形式，比如按车床组、磨床组等分区。被加工的零件，根据预先设定好的流程顺序，从一个地方转移到另一个地方，每项操作都由适宜的机器来完成。它适用于多品种、小批量的生产方式。医院是采用工艺原则布置的典型。

(2)产品原则布置(Product Layout)　也称装配线布置，是一种根据产品制造的步骤来安排设备或工作过程的方式。产品流程是一条从原料投入到成品完工为止的连续线。固定制造某种部件或某种产品的封闭车间，其设备、人员按加工或装配的工艺过程顺序布置，形成一定的生产线，适用于少品种、大批量的生产方式。

(3)定位布置(Fixed Layout)　由于产品的体积或重量庞大而停留在一个位置上，设备、人员、材料都围绕着产品转。飞机制造厂、造船厂、建筑工地等都是这种布置方式的实例。

(4)成组技术布置(Group Layout)　它是将不同的机器组成加工中心(工作单元)来对形状和工艺相似的零件进行加工。成组技术布置和工艺原则布置的相似点是加工中心来完成特定的工艺过程，加工中心完成的品种有限，适应于中、小批量生产。

2. 按系统功能分类

(1) 存储布置　指在仓库或储藏室内安排各组成部分的相对位置。它不同于其他布置类型，即只起到储存的功能，不对产品进行加工或服务。

(2) 销售布置　对组成部分的布置只考虑便于产品的销售而不考虑其生

产，如零售商店、超级商场、展览会及顾客阅览室等。

(3) 工程项目布置 指对组成部分作一次性的排列，如开发建筑、拦河坝和公路等建设场地。它有固定的设备，且随着项目的进展，地点经常变动。

值得注意的是，各类布置的综合是常见的，如在地窖里储存葡萄酒，不仅是作为库存功能的布置，而且也是按工作流程的布置。

二、工艺原则布置

工艺原则布置是最常用的方法，它用来对具有类似的工艺流程的工作部门进行布置，使其相对位置达到最优。在很多设备安排中，最优布置通常意味着对那些相互有大量运输量的部门相邻布置，使总的物流运输管理费用最小。工艺原则布置的优、缺点如表 2－9 所示。

表 2－9 工艺原则布置优缺点

优　点	缺　点
①机器利用率高，可减少设备数量 ②可采用调用设备 ③设备和人员的柔性程度高，更改产品品种和数量方便 ④设备投资相对较少 ⑤操作人员作业多样化，提高人员的工作兴趣和职业满足感	①由于流程较长和搬运路线不确定，运费高 ②生产计划与控制较复杂 ③生产周期长 ④库存量相对较大 ⑤由于操作人员从事多种作业，需要较高的技术等级

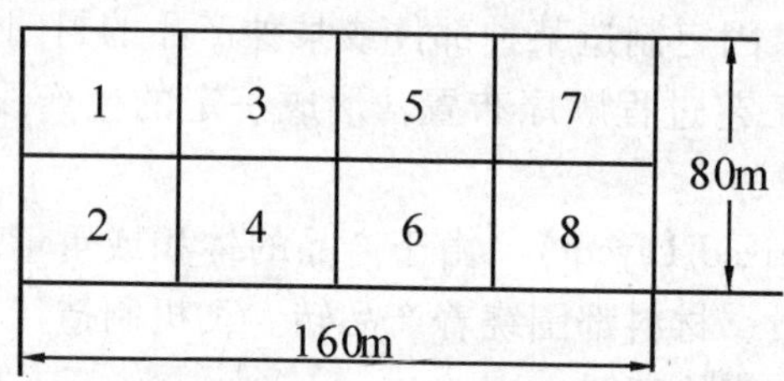

图 2－7　建筑面积和部门

工艺原则布置的一般方法，可用下例说明。

假设我们需要布置一个玩具工厂的 8 个部门（包括 1. 收发部；2. 塑模和冲压车间；3. 金属铸造成型车间；4. 缝纫；5. 小型玩具装配线；6. 大型玩具装配线；7. 涂漆车间；8. 机械装配车间），要使各个部门间物料搬运费用最少。为了简化，假定所有部门有相同的面积，譬如说 40 m×40 m。建筑物空间为宽 80 m，长 160 m（图 2－7）。这里假设：

- 所有物料都装进标准尺寸的木箱来运输，用叉车每次运输一个木箱

车(构成一个“装载量”)

- 邻近部门之间运输费用是搬动一个装载量为1元，每隔一个部门增加1元
- 对角线之间允许移动，并认为是相邻的

则求解过程如下：

步骤1 确定部门之间预期的搬运量(运行第一年后)见表2-10。

表2-10 部门之间预期的搬运量

	1	2	3	4	5	6	7	8
1. 发运与收货		175	50	0	30	200	20	25
2. 塑模与冲压成型			0	100	75	90	80	90
3. 金属铸造成形				17	88	125	99	180
4. 缝纫					20	5	0	25
5. 小型玩具装配						0	180	187
6. 大型玩具装配							374	103
7. 涂漆								7
8. 机械装配								

步骤2 计算布置方案的搬运费用见表2-11。

注：车间1与车间2之间的年物流成本为175元，即为1元×175次搬运；车间1与车间5之间的年物流成本为60元，即为2元×30次搬运，依次类推。

表2-11 布置方案的搬运费用矩阵

	1	2	3	4	5	6	7	8
1. 发运与收货		175	50	0	60	400	60	75
2. 塑模与冲压成型			0	100	150	180	240	270
3. 金属铸造成形				17	88	125	198	360
4. 缝纫					20	5	0	50
5. 小型玩具装配						0	180	187
6. 大型玩具装配							374	103
7. 涂漆								7
8. 机械装配								

小计 3 474元

步骤 3 改变部门位置布置以降低成本。根据成本矩阵，将车间 1 与车间 6 的距离缩短一些，可能减少它们之间高额的成本费用，此时新布置方案的搬运费用如表 2－12 所示。新布置的总成本比初始方案的总成本高出 262 元，显然是车间 6 与车间 7 之间的运输距离增加而导致成本上升。

表 2－12 新布置方案的搬运费用矩阵

	1	2	3	4	5	6	7	8
1. 发运与收货		175	50	0	60	200	60	75
2. 塑模与冲压成型			0	200	150	90	240	270
3. 金属铸造成形				17	88	125	198	360
4. 缝纫					20	5	0	25
5. 小型玩具装配						0	180	187
6. 大型玩具装配							748	206
7. 涂漆								7
8. 机械装配								

小计 3 736 元

事实上，对于 8 个部门的问题，可能存在的布置有 8！（= 40320）种。因此说，需要通过大量的试验次数，才能求得一个最优布置。假设我们在只考虑物料搬运费用的基础上得到一个理论最佳布置方案，如图 2－8 所示，则搬运费用见表 2－13。

5	8	1	6
3	2	4	7

图 2－8 理论最佳布置方案

从布置图分析，发运与收货部门处于工厂的中心区不合理；缝纫车间与涂漆车间相邻，将会增大绒布、线头和碎布飘到已漆好的物品上的危险；而小玩具装配线和大玩具装配线布置在厂房两头，将会增加装配工和监控两个车间主管人员的走动时间。总之，除了物料搬运成本之外的因素还需要在设备布置时加以考虑。根据上述实际情况进行综合分析、调整，我们得到一个如图 2－9 所示的合理可行的布置方案，且搬运总成本为 3 027 元。

表 2－13　理论最佳布置方案的搬运费用矩阵

	1	2	3	4	5	6	7	8
1. 发运与收货		175	150	0	60	200	40	75
2. 塑料与冲压成型			0	100	75	90	80	180
3. 金属铸造成形				51	88	250	99	180
4. 缝纫					40	5	0	75
5. 小型玩具装配						0	180	187
6. 大型玩具装配							374	206
7. 涂漆								7
8. 机械装配								

小计　2 967 元

1	6	7	3
4	2	5	8

图 2－9　合理布置方案

三、产品原则布置

产品原则布置与工艺原则布置之间最基本的区别是工作流程的路线不同。在工艺原则布置中，物流线路是高度可变的；而产品原则布置中，设备和车间服务于专门的产品线，采用相同的设备能避免物料迂回，实现物料的直线运动。只有当给定产品或零件的批量远远大于所生产的产品或零件的种类时，采用产品原则布置才有意义。产品原则布置的优、缺点如表 2－14 所示。

表 2－14　产品原则布置的优、缺点

优　　点	缺　　点
①由于布置符合工艺过程，物流顺畅 ②由于上、下工序衔接，存放量少 ③生产周期短 ④物料搬运工作量少 ⑤可做到作业专业化，对工人的技能要求不高，易于培训 ⑥生产计划简单，易于控制 ⑦可使用专用设备和机械化、自动化搬运方法	①设备发生故障时将引起整个生产线中断 ②产品设计变化将引起布置的重大调整 ③生产线速度取决于最慢的机器 ④相对投资较大，因为在生产线上有的机器负荷不满 ⑤生产线上重复作业，易使工人单调乏味，产生厌倦 ⑥维修和保养费用高

在特殊情况下的产品原则布置，如：在装配线布置中，工厂设计人员将面临一个较复杂的问题——如何达到装配线平衡，使得装配线上操作的工人空闲时间最短。这时往往面临两个问题：(a)给定周期时间，求最少工作地数——布置问题。(b)给定工作地数，求最小周期时间——编制进度表问题。“装配线”是由一些物料搬运设备连接起来的连续生产线。“工作地”或称“工作站”，通常是为完成给定工作量的特定的位置，装配线是由多个工作站组成，在整个产品工艺流程中，每一个工作站对应完成各个工序的内容。而每一个工作站要完成的操作/传递/装配都是由许多操作单元组成，称为任务、要素或基本工作单元。这种基本工作单元是操作/传递/装配作业中不可再细分的实际作用任务。“周期时间”是指相邻产品通过装配线尾端的间隔时间，通常装配线是以相同的时间间隔顺次经过各个工作站的移动输送生产线，这种时间间隔成为工作站周期。装配线平衡是一个与设施布置相牵连的问题，它是将所有基本工作单元分派到各个工作站，以使每个工作地点在周期时间内都处于繁忙状态，完成最多的操作量，从而使各个工作地点的未工作时间(闲置时间)最少。由于各个基本工作单元有作业先后关系，它决定了装配过程中操作完成的先后次序，因此，它成为装配线平衡中关键问题之一。下面用例子说明产品原则布置在装配线平衡中的应用过程。

例 2-3 J 型手推车要在一个传送带上组装，每天需生产500 辆，每天的生产时间为420 分钟。表2-15 列出了手推车的组装步骤及其时间，请根据周期时间和作业次序的限制，求使工作地点数量最少的平衡方式。

表 2-15 J 型手推车装配步骤与时间

基本工作单元（作业）	完成时间（s）	说明	紧前工序
A	45	安装后轴支架，并将 4 个螺母紧固在 4 根丝杆上	—
B	11	插入后轴	A
C	9	拧紧后轴支架螺母，将其紧固在丝杆上	B
D	50	安装前轴支架，并将 4 个螺母紧固在 4 根丝杆上	—
E	15	拧紧前轴装配螺钉	D
F	12	安置 1#后车轮，紧固轮壳轴承盖	C
G	12	安置 2#后车轮，紧固轮壳轴承盖	C
H	12	安置 1#前车轮，紧固轮壳轴承盖	E
I	12	安置 2#前车轮，紧固轮壳轴承盖	E
J	8	沿前轴装配手推车手把，并用手拧紧螺栓与螺母	F, G, H, I
K	9	紧固螺栓与螺母	J
完成作业所需要的时间总量为 195 s			

解： **步骤1** 绘制双代号网络图（图2－10）。

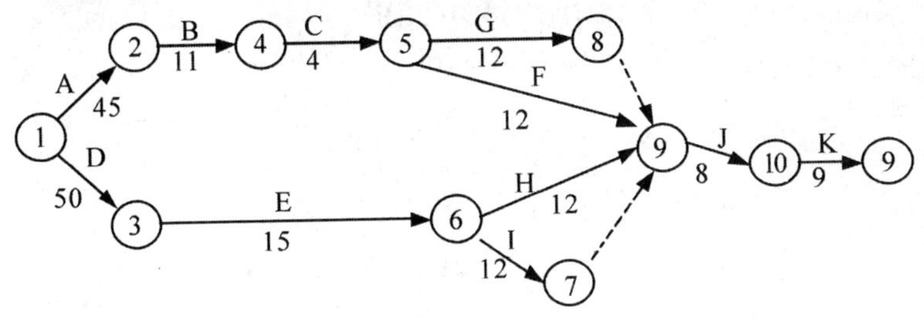

图2－10　J型小推车装配网络图

步骤2 确定工作站周期（周期时间）

$$周期时间(C)=\frac{每天生产时间}{每天计划产量}=\frac{60P}{D}=\frac{60\times 420}{500}=50.4\ 秒$$

步骤3 计算满足周期时间要求的最少工作站理论值（取不小于计算值的最小整数）

$$工作地数量(N_{\min})=\frac{完成作业所需时间总量}{周期时间}=\frac{T}{60\frac{P}{D}}=\frac{500\times 195}{60\times 420}=3.87\approx 4$$

步骤4 选择作业分配规则，以确定装配线的平衡

规则1　首先分配后续工作较多的作业

规则2　首先分配操作时间最长的作业

依据规则1，作业排列情况如表2－16所示。

表2－16　根据规则1确定的作业排列一览表

作　业	下面的作业数目
A	6
B，D	5
C，E	4
F，G，H，I	2
J	1
K	0

步骤5 根据规则1分配各工作地点的作业，分配结果如表2－17所示。

表 2-17　根据规则 1 确定的装配线平衡

	作业	作业时间(s)	剩余的未分配时间(s)	可行的遗留作业	最多的后续作业	操作时间最长的作业
工作地点 1	A	45	5.4	没有	—	—
工作地点 2	D	50	0.4	没有	—	—
工作地点 3	B	11	39.4	C, E	C, E	E
	E	15	24.4	C, H, I	C	—
	C	9	15.4	F, G, H, I	F, G, H, I	F, G, H, I
	F	12	3.4	没有	—	—
工作地点 4	G	12	38.4	H, I	H, I	H, I
	H	12	26.4	I	—	—
	I	12	14.4	J	—	—
	J	8	6.4	没有	—	—
工作地点 5	K	9	41.4	没有	—	—

步骤 6　计算装配线平衡后的效率

$$效率 = \frac{完成作业所需的时间总量}{实际工作地点数 \times 时间周期} = \frac{\sum_{i=1}^{11} t_i}{N \times C} = \frac{195}{5 \times 50.4} = 77\%$$

步骤 7　由于效率不高，根据规则 2 确定装配线平衡，如表 2-18 所示。

表 2-18　根据规则 2 确定的装配线平衡

	作业	作业时间(s)	剩余的未分配时间(s)	可行的遗留作业	最多的后续作业	操作时间最长的作业
工作地点 1	D	50	0.4	没有	—	—
工作地点 2	A	45	5.4	没有	—	—
工作地点 3	E	15	35.4	B, H, I	H, I	H, I
	H	12	23.4	B, I	I	—
	I	12	11.4	B	—	—
	B	11	0.4	没有	—	—
工作地点 4	C	9	41.4	F, G	F, G	F, G
	F	12	29.4	G	G	—
	G	12	17.4	J	K	—
	J	8	9.4	K	K	—
	K	9	0.4	没有	—	—

此时，效率 $=\frac{195}{4\times50.4}=97\%$。按规则2布置装配线基本满足要求。

若按两个规则排列任务均不满意，可选用其他的决策准则重新对装配线进行平衡。

四、其他布置

1. 成组技术(单元式)布置

成组技术(单元式)布置是将不同的机器分成单元来生产具有相似形状和工艺要求的产品。成组原则应用的目的是要在车间中获得产品原则布置的好处，包括：

(1) 改善人际关系 单元包括几个操作人员组成团队共同完成整个任务；

(2) 提高操作技能 在有限的生产周期中操作人员除了加工有限数量的不同零件外，还相互学习，熟练掌握生产的多种技能；

(3) 减少在制品和物料搬运 一个生产单元完成几个生产步骤，大大减少零件在不同工序中的移动；

(4) 缩短生产准备时间 相似零件的成组使加工种类减少，从而提高模具的更换速度。

成组技术布置现在被广泛应用于金属加工、计算机芯片制造和装配作业。成组技术布置可以通过以下三个步骤来实现：(a)将零件分类，建立零件分类编码系统；(b)识别零件组的物流类型，以此作为工艺布置和再布置的基础；(c)将机器和工艺分组，组成工作单元。成组技术布置的优、缺点如表2-19所示。

表2-19 成组技术布置优缺点

优　　点	缺　　点
①由于产品成组，设备利用率较高 ②可达到流程通顺，运输距离较短，搬运量少 ③有利于发挥班组合作精神 ④有利于扩大工人的作业技能 ⑤缩短生产准备时间 ⑥兼有产品原则布置和工艺原则布置的优点	①需要较高的生产控制水平以平衡各单元之间的生产流程 ②如果单元之间流程不平衡，需要中间储存，增加了单元之间的物料搬运 ③班组成员需要掌握所有作业的技能 ④减少了使用专用设备的机会 ⑤兼有产品原则布置和工艺原则布置的缺点

2. 定位布置

与工艺原则布置和产品原则布置相比，定位布置的特点是具有相对较少

的产品数量。在定位布置中，按照作业的级别来安排顺序是很普遍的。根据先后工序来决定生产阶段，按照物料的技术优先性来安排物料。表2－20指出了定位布置的优、缺点。

表2－20 定位布置的优、缺点

优点	缺点
①物料移动少 ②当采用班组方式时，可提高作业连续性 ③提高质量，因为班组可以完成全部作业 ④高度柔性，可适应产品和产量的变化	①人员和设备的移动增加 ②设备需要重复配备 ③需要较高的工人技能 ④会增加面积和工序间储存 ⑤生产计划需要加强控制和协调

3. 零售服务业布置

零售服务业(如商店、银行和餐馆)布置的目的是使店铺的每平方面积的净收益达到最大。实际上，这个目标经常被转化为“最小搬运费用”或“产品摆放最多”等诸如此类的标准。同时，在布置中还有其他许多人性化的因素需要考虑。Mary Jo Bitner用服务场景来概括提供服务的物理环境，以及这些环境是怎样影响顾客和雇员的。服务场景有以下三个组成部分：环境条件，空间布置及其功能性，徽牌、标志和装饰品。

4. 办公室布置

办公室布置越来越倾向于开放式的办公室，员工的工作空间仅用纸层分隔墙隔开。前面讨论的徽牌、标志和装饰品，很可能在办公室布置中要比零售服务业布置中更重要。中心管理部门的办公室设计和布置反映公司期望的形象。总之，在生产系统的设计和运作中，第一步是设施布置。一个好的工厂(或办公室)布置可以通过改进物料流和信息流提供真正的具有竞争性的优势，同时也可以延长员工的工作寿命。一个好的服务设施布置可成为高效服务的舞台。好的生产车间和后台布置具有以下几个特征：

直线型(或进行适当改变)流动；回溯减少；生产时间可预先估计；在制品少；开放的工厂车间，每个人都可以看到工厂里发生的情况；瓶颈操作可被控制；工作地之间的距离较近；物料搬运和储存有序；没有不必要的物料搬运；根据条件变化易于调整。

好的高接触化服务布置方式则具有如下特征：一目了然的服务流程；有足够的供等待时使用的设备；便于与顾客沟通；实施顾客监督；拥有充足的服务窗口和明确的进出口；部门安排和商品摆放合理，以便顾客看到所需或提供的物品；休息区与服务区面积平衡；人流和物流最少；物品摆放有序；

每平方米的设施有很强的赢利能力。

第七节　计算机辅助设施布置设计

20 世纪 70 年代以来，已经出现了许多计算机辅助布置软件。在这些软件中，应用最广泛的就是计算机辅助设施布置技术(Computerized Relative Allocation of Facilities Technique，CRAFT)。CRAFT 遵从我们在玩具厂的布置中提出的基本思想，但是在操作上却有明显的不同。像玩具厂，需有一个物流矩阵和一个距离矩阵作为最初输入。另外，还要知道单位距离运输成本，如每米 10 元(为简化起见，可以做出以下假定：当物料需跨越一个车间时，成本加倍；需跨过两个车间时，成本为原来的 3 倍，依次类推)。从这些输入和最初布置方案开始，CRAFT 试图用布置方案的总物流成本来衡量方案的优劣并不断改进(车间之间的物流成本 = 物流量 × 车间中心间的直线距离 × 单位距离运输成本)。CRAFT 以迭代的方式不断交换两个车间的位置来改进布置，直到所得布置方案的物流成本不能再降低为止。也就是说，CRAFT 要不断计算两个车间位置交换后对总成本的影响；如果成本降低，则交换位置。正如我们在手工方法中看到的那样，车间是物流网络的一部分，因此，即使是两个车间位置的简单互换也会影响到其他许多车间的物流状况。

例 2－4　玩具厂的 CRAFT 布置实例

解决玩具厂布置问题的 CRAFT 方法如图 2－11 所示。这种方法得到的布置方案的物流成本高于手工方法得到的方案成本(分别为 3497 元和 3244 元)。值得注意的是，这些成本是不能拿来进行精密比较的。因为 CRAFT 采用的是正交直线距离，而不是手工方法中采用的欧几里得几何学的直线距离。CRAFT 连接的是各车间的中心，而不是车间入口。又因为本例中并未给出不同距离的单位运输成本，CRAFT 采用将相邻车间的固定单位运输成本 1 元分成两个 50 分来计算。还要注意，我们在使用 CRAFT 方法中固定了收发部的位置，这样它就能与货运码头相邻。

发运与收货 50 50	大玩具 50 装配线	涂漆 50	塑料铸造与冲压成型
金属成形 50	塑料溶合部门 50	小玩具装配线	机械装配线

图 2－11　用 CRAFT 得到的玩具厂布置方案

CRAFT 的布置特点与有关说明如下：

(1) CRAFT 采用的是启发式算法，其评价决策使用的规则是："每次互换两个车间的位置，如果布置的总成本降低了，则互换两个车间。"这个规则甚至对分析中等规模的布置问题也非常必要。

(2) CRAFT 并不能确保得到最优方案。

(3) CRAFT 严重依赖于初始状态：初始状态(也就是说最初布置)在一定程度上决定了最终的布置方案。

(4) CRAFT 从一个合理的方案开始有可能产生一个成本更低的方案，但并不总是这样。这就意味着使用 CRAFT 时最好提出几种不同的初始布置以得到不同的结果。

(5) CRAFT 最多能解决具有 40 个车间的布置问题，迭代不到 10 次就能得到最终结果。

(6) CRAFT 车间由标准的方块组成(典型的为 10 ft × 10 ft)，车间允许多种构形，但经常会得到奇形怪状的车间，为了得到一种理想的布置必须人为改变车间形状。

(7) CRAFT 经过修正后的软件成为"SPACECRAFT"，该软件已经可用来解决多层布置问题。

(8) CRAFT 假设可以使用叉车等路径可变的物料搬运设备，因此，当使用计算机控制的固定路径搬运时，CRAFT 的应用可能性就大大降低了。

案例● AM/PM 国际公司的选址要求

AM/PM 便民店是 ARCO 公司的一个子公司。这些店通常是与服务站相联系的。AM/PM 国际公司的目标是要通过组建合资公司和与外国签定品牌许可协议来影响 AM/PM 现有的运作。而且，ARCO 公司想打入国际市场，并影响它目前在国际市场上的形象。ARCO 公司还想以此获得额外的长期利润。

AM/PM 国际公司主要根据以下四个要求来选择新的有发展潜力的国家。

- 目标城市的人口应在 100 万以上
- 年人均收入超过 2000 美元
- 政治局面相对稳定
- 在硬货币流通方面该国的限制应该较少

一旦 AM/PM 为自己的商业发展选定了一个有潜力的国家，它还要对该国的以下几个方面进行评价。

- 工业发展的阶段

- 汽车数量与总人口的比率（这个比率是很重要的，因为AM/PM要坐落在服务站内）
- 市区和郊区的人口密度
- 可提供的劳动力数量和成本。
- 基础设施（供给和交通、可利用设备、房地产成本和公共设施的可靠性）
- 税收规定
- 法律问题

AM/PM国际公司利用特许代理权向太平洋沿岸、欧洲和北美进行了迅速有效的扩展。公司的下一个扩张目标包括意大利、法国、丹麦、墨西哥、比利时、马来西亚和加拿大。

AM/PM国际公司的扩张战略建立在以下3点之上。

- 利用现有的服务站人员经营便民店
- 第一年由美国培训的经理要严格按照新的协议来开展工作
- 在选定的国家尽快开办新店

思考与练习2

- 论述设施规划与设计在物流系统工程中的地位。
- 何种动机能促使企业进行场址选择或重新选择场址？
- 如果可以在亚洲创建你的软件公司，你会选在哪个地方？为什么？
- 如何理解工业生产力合理布局所应遵循的原则？
- 场址选择一般分为哪几个阶段？试列举一个机场的场址要求（至少5条）。
- 装配线平衡的目的是什么？如果有一个工人，无论其怎样努力，工作速度总是比同一条装配线上其他人慢15%，你如何处理这种情况？
- 一所大学的咨询部门有4个房间，每个房间都用来处理特定的问题：A房间用于处理学生来函，B房间用于日程安排咨询，C房间用于处理年级申诉，D房间用于处理学生咨询。办公室长40 m，宽10 m。每个房间面积是10 m×10 m。目前房间是按A，B，C，D直线型布置。人流量表示一个房间中的每个咨询人员与其他房间咨询人员的接触次数。假设所有的咨询人员权重相等。

  人员流量：AB = 10　AC = 20　AD = 30

  　　　　　BC = 15　BD = 10　CD = 20

  求：（1）根据物料搬运成本的方法评价该布置方式。

  　　（2）交换各房间的工作职能以改进布置方式；用与（1）同样的方法评价改进的程度。
- 一条装配线的预定日产量为360单位，该装配线每天运行450分钟。表2-21给

出了该产品的作业时间和前接作业。

表 2－21

作业	作业时间(s)	紧前工序
A	30	—
B	35	A
C	30	A
D	35	B
E	15	C
F	65	C
G	40	E，F
H	25	D，G

求：(1)画出流程图；(2)周期时间是多少；(3)用后续作业最多规则平衡该装配线，用最长的作业时间作为第二个规则；(4)所做装配线平衡的效率是多少。

第三章　企业物流系统设计

第一节　企业物流系统

一、企业物流系统的构成

企业物流（Internal Logistics），国标给出的定义为GB：企业内部的物品实体流动。企业的物流过程，由三个阶段构成：即原料从社会“流”入企业；企业生产过程中物料在时间和空间上的流转；产品从企业“流”给客户。其结构如图3－1所示。

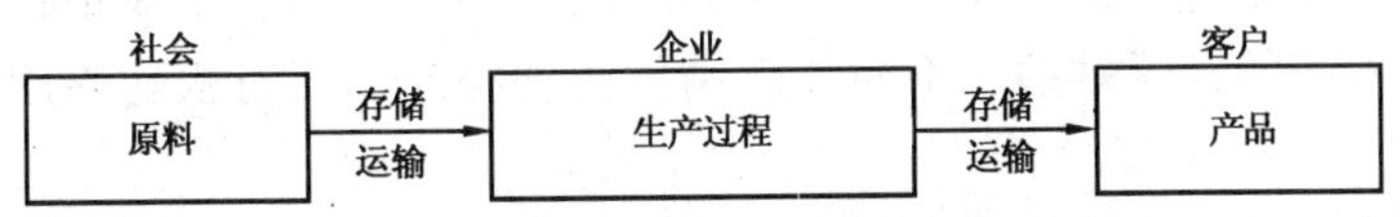

图3－1　企业的物流过程

企业内部物流主要是企业内部的生产经营工作中所发生的加工、检验、搬运、储存、包装、装卸、配送等物流活动。一个生产企业，从原材料的采购进厂开始，经过一道道工序加工成半成品，然后装配成产品，运至成品库存放或运至客户，自始至终都离不开物料的流动。这种在企业内部的物料（包括半成品或在制品）按照一定的工艺流程要求，借助一定的搬运手段和工具，从一个单位（如供货单位或车间、工位）流入另一个单位，形成了企业物流。企业中存在的物流网络整体称为企业物流系统。根据物流活动发生的时间与先后顺序，可将企业物流系统划分为五部分：企业供应物流，企业生产物流，企业销售物流，企业回收物流以及废弃物物流。其横向结构如图3－2所示。

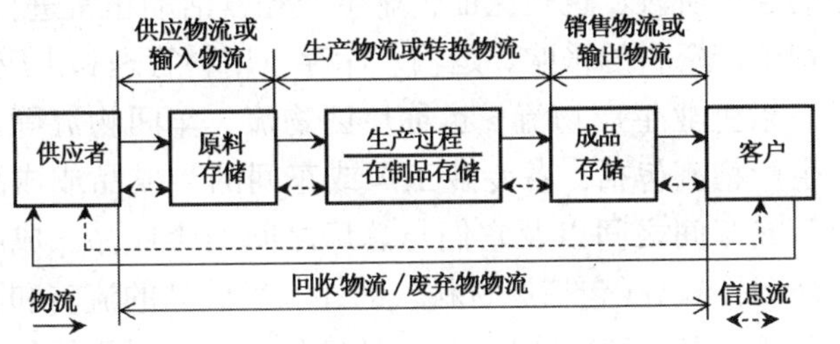

图3－2　企业物流系统的水平结构

（1）企业供应物流（Supply Logistics）　国标的定义为：为生产企业提供原材料、零部件或其他物品时，物品在提供者与需求者之间的实体流动。企业供

应物流是指生产活动所需要的原材料、备品、备件等物资的采购、供应活动所产生的物流。

（2）企业生产物流（Production Logistics） 国标的定义为：生产过程中原材料、在制品、半成品、产成品等在企业内部的实体流动。企业生产物流是指企业在生产工艺中的物流活动，这种物流活动是与整个生产工艺过程伴生的，实际上已构成了生产工艺过程的一部分。企业生产物流的过程大体为：原材料、零部件、燃料等辅助材料从企业仓库或企业的"门口"开始。进入到生产线的开始端。再进一步随生产加工过程一个一个环节地"流"；在"流"的过程中本身被加工，同时生产一些废料、余料；直到生产加工终结，再"流"至制品仓库便终结了企业生产物流过程。

（3）企业销售物流（Distribution Logistics） 国标的定义为：生产企业、流通企业出售商品时，物品在供方与需方之间的实体流动。企业销售物流是企业为保证本身的经营效益，不断伴随销售活动将产品所有权转给用户的物流活动。

（4）企业回收物流（Returned Logistics） 是指不合格物品的返修、退货以及周转使用的包装容器从需方返回到供方所形成的物品实体流动。

（5）废弃物物流（Waste Material Logistics） 是指将经济活动中失去原有使用价值的物品，根据实际需要进行收集、分类、加工、包装、搬运、储存，并分送到专门处理场所时所形成的物品实体流动。

企业回收物流/废弃物物流是将企业在生产、供应、销售过程中产生的各种边角余料和废料进行回收，并对企业排放的无用物进行运输、装卸、处理等的物流活动。企业物流从系统论角度分析，是一个承受外界环境干扰作用的具有输入—转换—输出功能的自适应体系。

（1）输入 指企业生产活动所需生产资料的输入供应，即供应物流，是企业物流过程的起始阶段，也是保证企业生产经营活动正常进行的前提条件。它具体包括一切生产资料的采购、运输、库存、用料管理和供应输送等。

（2）转换 指企业生产物流，也称厂区物流、车间物流等，是企业物流的核心部分。生产物流包括：各专业工厂或车间的半成品或成品流转的微观物流；各专业厂或车间之间以及它们与总厂之间的半成品、成品流转。生产物流系统与厂外运输部分（包括原材料、部件、半成品的流转和存放，以及产成品的包装、存放、发运和回收）衔接。转换的起始边界为原材料、配件、设备的投入；终止边界为产成品从库中配送。因此生产物流是一个与周围环境密切相关的开放式系统。

（3）输出 指销售物流，是企业物流的输出系统，承担完成企业产品的

输出任务。对于企业物流来说，销售物流是终点，但对于社会宏观物流而言，它又是起点。组织好企业的销售物流，通过宏观物流在社会经济范围内的运作，将一个个相对独立的企业系统联系起来，形成社会再生产系统。

在企业物流系统中，物流系统只有通过企业内部管理层、控制层和作业层三个层次的协调配合，才能合理地、有效地实现企业物流系统的总体功能。图 3－3 为企业物流系统的三层次协调配合的纵向结构。

管理层 对整个物流系统进行计划、实施和控制。主要内容有物流系统战略规划、系统控制和成绩评定，目的是形成有效的反馈约束和激励机制。

控制层 其任务是控制物料流动过程，主要包括了订货处理与客户服务、库存计划与控制、生产计划与控制、用料管理、采购等。

作业层 完成物料的时间转移和空间转移。主要包括发货与进货运输、厂内装卸搬运、包装、保管、流通加工等。

综上所述，企业物流是由生产经营活动中的供应物流、生产物流、销售物流以及在生产过程中所产生的回收物流/废弃物物流所组成。这是从企业物流内部的视角来观察物流活动。若从宏观角度来看，若干企业物流的产成品

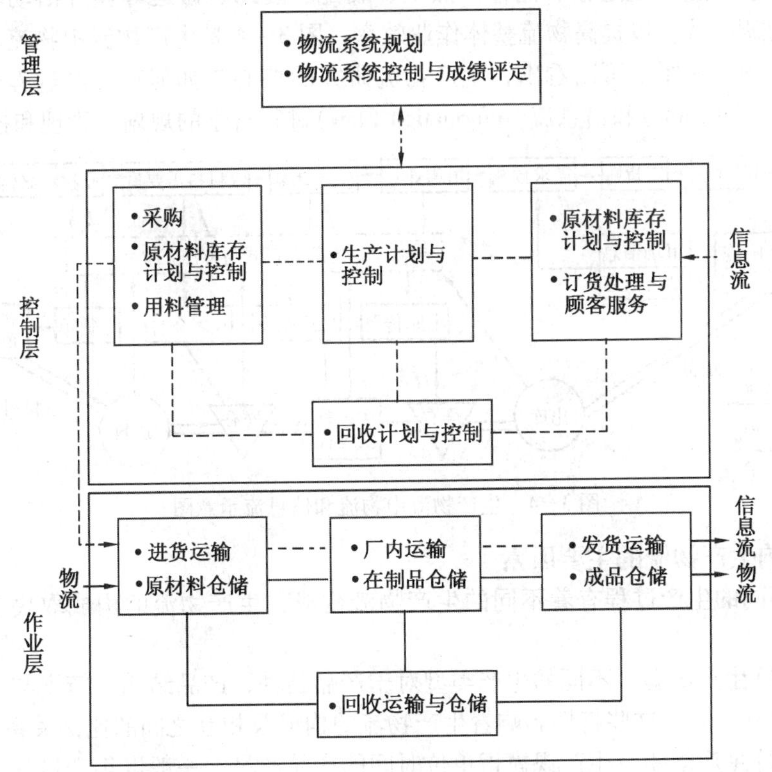

图 3－3 企业物流系统的垂直结构

的输出，相互交织成社会物流，而社会物流也正是企业物流活动的条件和环境。这种企业物流和社会物流之间的不断循环，形成了完整的物流过程。本节主要研究企业生产过程中的物流情况。

二、企业生产物流系统

生产物流一般指：原材料、燃料、外购件投入生产后，经过下料、发料、运送到各个加工点和存储点，以在制品的形态，从一个生产单位（仓库）流入另一个生产单位，按照规定的工艺过程进行加工、储存，借助一定的运输装置，在某个点内流转，又从某个点内流出，始终体现着物流实物形态的流转过程。这样就构成了企业内部物流活动的全过程。因此，生产物流的边界起源于原材料、外购件的投入，止于成品仓库，贯穿于生产全过程。物料随着时间进程不断改变自己的事物形态和场所位置，物料不是处于加工、装配状态，就是处于储存、搬运和等待状态。由此可见，工业企业物流不畅将会导致生产停顿。

物流过程要有物流信息服务，即：物流信息要支持物流的各项业务活动。通过信息传递，把运输、储存、加工、装配、装卸、搬运等业务活动联系起来，协调一致，以提高物流整体作业效率。图 3－4 是生产物流中物流和信息流示意图，从图中可以看出，生产物流研究的核心是如何对生产过程中物料流（Material Flow）和信息流（Information Flow）进行科学的规划、管理和控制。

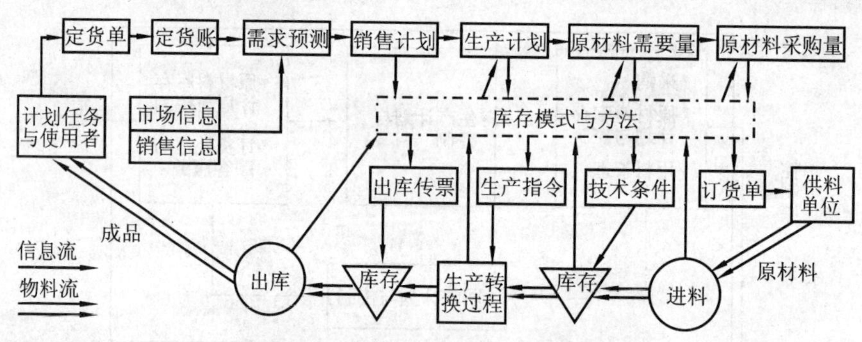

图 3－4　生产物流中物流和信息流示意图

1. 影响生产物流的主要因素

不同的生产过程有着不同的生产物流构成，生产物流的构成取决于以下因素。

（1）生产类型　不同的生产类型对于产品品种、产品结构、精度与工艺要求等均有不同。这些特性影响着生产物流的构成及相互之间的比例关系。

（2）生产规模　生产规模指单位时间的产品产量，一般以年产量计。生产规模与生产物流的物流量成正比。

(3)企业的专业化与协作水平 社会专业化和协作水平的提高，使得企业生产过程趋于简化，生产物流的流程缩短，有利于物流成本控制。

2. 企业物流与生产工艺流程的关系

在任何一个企业，物料自始至终都在不停地流动着，包括原材料、备品配件的输入、把输入转换为产出的中间在制品流转作业以及产品的输出，见图3－5。因此，企业物流应按照生产工艺流程来组织，它与生产同步，但其范围又超出生产过程，即它向上延伸到原材料供应，下延至产成品外销，而且中间还包括半成品、在制品库、总成及部件库和产成品库等环节。

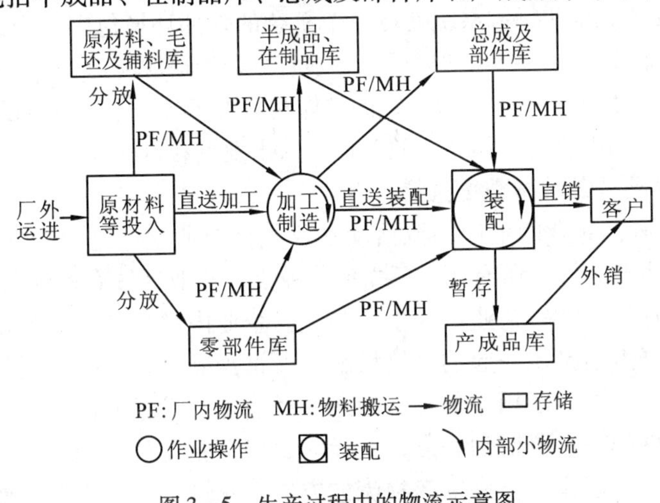

图3－5 生产过程中的物流示意图

3. 企业生产物流系统的特征

企业物流系统与企业生产系统密切相关，它们之间的相关性主要表现在以下几方面。

(1)从整个企业作为一个系统的角度看 物流是现代化生产的重要组成部分；

(2)从企业的各个组成部分的角度看 企业中的各车间、工序等都是企业物流系统网络中的节点。

(3)从企业生产系统的具体活动看 生产过程包含物流活动，生产活动自始至终伴随着物流活动。

4. 企业物流系统的特点及类型

(1)企业物流系统的特点 生产系统和物流系统密切地融合在一起，相辅相成、相互支撑地完成不同的生产操作。企业物流系统既具有系统的四个基本特征(集合性、相关性、适应性、整体目标性)外，还兼有生产系统的类似

性质。结合物流系统本身的操作方式，物流系统作为新的系统体系它具有自己的特点。

从系统的角度看

① 集合性。企业物流系统是由原材料供应、生产制造、产成品分销以及后勤服务等活动组成的一个供、产、销三位一体的集合体。

② 相关性。企业物流系统内各子系统(即物流系统内的各环节)之间及总系统之间存在着普遍的联系，它们相互交叉、相互依存、相互渗透，关系十分密切。

③ 适应性。企业物流系统处在一个复杂的外部环境包围之中，深受环境制约。为使企业物流系统正常运行，必须有很强的适应能力。

④ 整体目标性。企业物流系统的整体利益大于各子系统利益的简单相加，各子系统的活动以企业整体物流效益最优为出发点和目标。

从发生在企业内部的微观物流看

① 连续性。企业的生产物流活动不仅支持企业生产过程中的作业活动，而且把整个生产企业的所有相对孤立的作业点、作业区域有机地联系在一起，构成了一个连续不断的企业内部生产物流。企业内部生产物流是由静态和动态相结合的结点连接在一起的网络结构。所谓静态点，是指物料处于空间位置不变的状态，如厂区用于装配、搬运、运输等所设置的区域，这与生产布局和运输条件相关；所谓动态点，是指为了保证企业生产处于有节奏、有次序、连续不断地运作，企业生产物流的方向、流量、流速应相应地做动态的调整，以适应生产过程中多变的状态。

② 物料流转。是企业生产物流的关键特征。物流流转的手段是物料搬运。在企业生产中，物料流转贯穿于整个生产与加工制造过程的始终。畅通无阻的物料流转是企业生产顺利、高效的基本保证。

③“背反”现象。在企业物流的成本管理中，物流在保管、运输、包装等方面存在着“降低企业物流成本”和“提高物流服务水平”的两大矛盾。当一方费用降低时(如包装费用的节省)，常会使另一方成本加大(如在运输或保管上需额外提供保护或便利的工具或措施)。为了使企业物流整体上的合理化，需要用总的成本来进行综合评价。

从合理组织生产物流看

① 物流过程的连续性。为了支持生产过程的连续性，要求物料能顺畅地以最快、最省地运作方式进入各个工序，完成最终产品的加工制造。每一个作业点物料供应不能发生不正常的阻塞，否则将影响整个生产进程，这就是物流过程的连续性。

② 物流过程的平行性。在企业生产的产品品种中，根据每个产品的物料清单(BOM)组织生产，当每种零部件分配给不同车间、工序进行支流生产时，只有保证各个支流生产过程的顺畅，才能使生产最终产品的整个物流过程顺利进行。

③ 物流过程的节奏性。指产品在生产过程的各个阶段，从原材料的投入到产成品的入库，原料、零部件、外协外购件、在制品、成品等物料的流动都应按计划有节奏或均衡地进行。在形成最终成品时，都要求零部件成套地同时到达，因此，在安排生产时，应考虑其节奏性。同时，要求所有车间、工位都能均衡生产，避免忙闲不一。

④ 物流过程的比例性。组成产品的各个零部件的物流量是不同的，有一定的比例性，因此，物流过程需按不同物流量的比例进行流动。

⑤ 物流过程的适应性。为了支持生产过程的快速适应能力，物流过程同样应具备相应的应变能力，与生产过程相适应。

(2)企业物流系统的类型 企业物流与企业生产类型、方式密切相关，因此，企业物流系统的类型也与企业生产系统类型密切相关。企业物流系统类型的划分，主要依据是其生产物流的形态。如果简单地从空间结构形式上分类，有四种类型(图3-6至图3-9)。

串联型 也称为直列型多阶段系统。指物料移动按生产工艺流程顺序排列，如流水生产线使用的物流系统。单一物流系统是其特例。单一物流系统是指只有一个物流点，如机器设备、仓库、商店，作为独立体只有一个物流输入和一个物流输出。当多个物流输入和输出串联在一起时就构成直列型多阶段系统。

收敛型 又称为合流型多阶段系统。生产物流结构表现：由许多种原材料加工或转变成一种最终产品。物料根据物料清单(Bill of Material，BOM)和加工工艺流程分别被安排在单一或多道连续的生产阶段中进行流动而制成最终产品。合流型多阶段系统适用于装配工厂，如飞机、轮船等装配。

发散型 也叫做分支型多阶段系统。生产物流结构表现：有一种原材料回转变成许多种不同的最终产品。最终产品的种类比原材料的种类多，所有最终产品的基本加工过程相同。这类企业一般为资金密集型且高度专业化，如炼油厂、钢铁厂等企业。

综合型 也称为复合型阶段系统。从原料到成品经过许多阶段，系统中生产阶段有的呈发散状态，有的呈收敛状态，是上面两种形式的综合。其生产物流结构表现：有许多原材料加工或转变成多种最终产品。标准的零部件通过不同的工艺加工过程装配成多种成品，如制锁厂、汽车制造厂等。

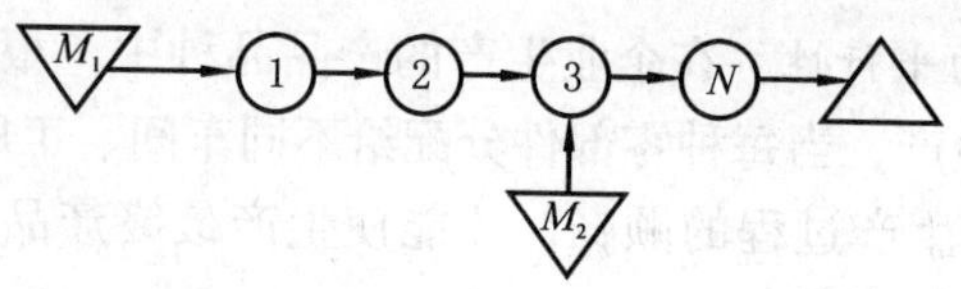

图 3-6 串联型

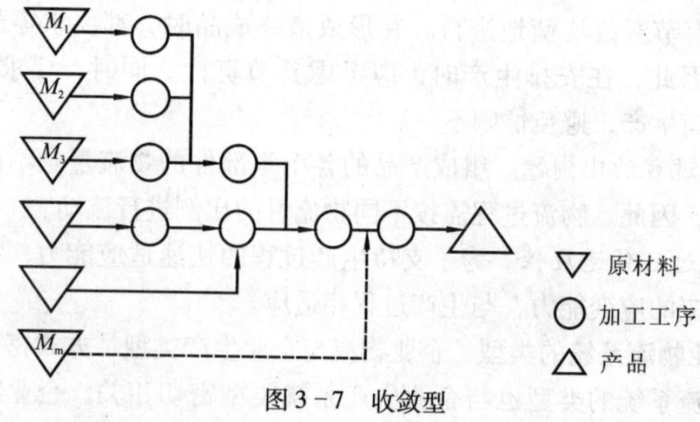

图 3-7 收敛型

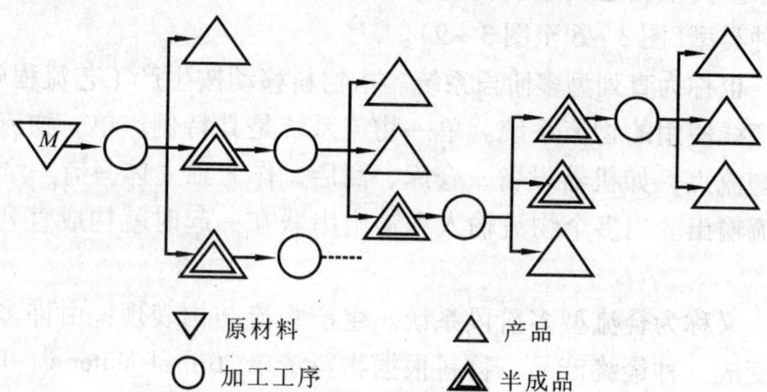

图 3-8 发散型

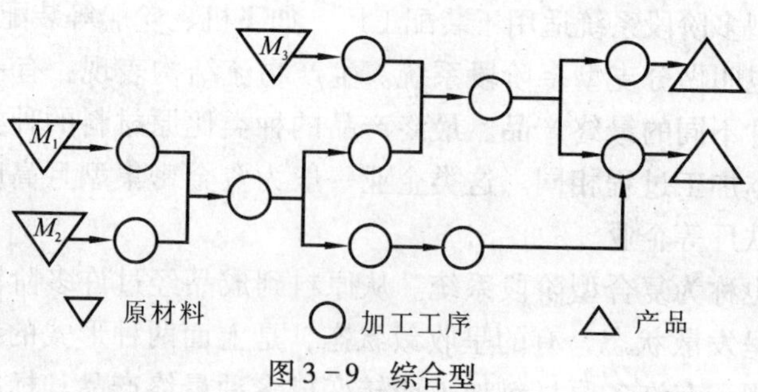

图 3-9 综合型

三、企业物流的功能

在物流活动中，为了保证物流系统合理有效地运作，应使物流系统具备包装、装卸、运输、储存、配送、物流情报信息等功能要素，这些基本能力有效地组合、联结在一起，便成了物流的总功能。

1. 包装(Packaging)

指在流通过程中为保护产品、方便储运和促进销售按一定技术方法采用的容器、材料和辅助物等的总体名称。日本神奈川大学的唐泽丰教授归纳了以下7种包装功能：保护功能、定量功能、标识功能、商品功能、便利功能、效率功能和促销功能。

2. 装卸(Loading and Unloading)

指物品在指定地点以人力或机械装入运输设备或卸下。装卸一般以垂直位移为主的实物运动形式，其作用结构是物质从一种支撑状态以一定的空间垂直位移转变为另一种状态。它是从原材料输送到工厂开始，到生产领域或商品消费者的全部流通过程中，伴随着包装、保管、输送所必须进行的活动。装卸是物流系统的一个重要构成要素。装卸作业质量的好坏和效率的高低不仅影响物流成本，还与在装卸过程中的损坏、污染等造成的损失成本及包装成本有关，并与能否及时满足顾客的服务要求相关联。因此，装卸作业合理化是实现物流活动效率化、高度顾客化的重要手段之一。

3. 运输(Transportation)

用设备和工具将物品从某一地点向另一地点运送的物流活动。其中包括集货、分配、搬运、中转、装入、卸下、分散等一系列操作。运输是在不同地域范围内(如两个城市、两个工厂之间)以改变物品的空间位置为目的的活动，对物品进行空间位移。运输是物流的主要功能之一，是"第三个利润源"的主要源泉。

4. 储存(Storing)

保护、管理、贮藏物品。储存与运输相对应，是以改变"物"的时间状态为目的的活动，从而克服产需之间的时间差异获得更好的效用。用最经济的办法实现储存功能，而储存功能是对需要的满足，实现存储物品的"时间价值"，这就"必须有一定储量"。马克思的论述是："商品储备必须有一定的量，才能在一定时期内满足需要量。"这是储存合理化(Storing Rationalization)的前提或本质。储存合理化的主要标志为：质量标志、数量标志、时间标志、结构标志、分布标志和费用标志。

5. 配送(Distribution)

在经济合理化区域范围内，根据客户要求，对物品进行拣选、加工、包装、分割、组配等作业，并按时送达指定地点的物流活动。配送是物流中一种特殊的综合性的活动形式，是商流和物流紧密结合、包含了物流中若干功能要素的一种物流活动。

6. 物流信息(Logistics Information)

反映物流各种活动内容的知识、资料、图像、数据、文件的总称。物流信息是物流活动中各个环节生成的信息，与物流过程中的运输、保管、装卸、包装等各种智能有机结合，在生产和消费中生成的信息流。物流信息经人工加工后成为物流情报(Logistics Intelligence)，在物流活动中起订货情报、库存情报、生产情报、发货情报和物流管理情报的智能作用。物流管理情报是其他智能作用的中枢，经物流管理者的汇总、分析、制定出合理的物流决策，再反馈到生产、销售、库存、发货等部门，为制定新的物流计划提供依据，以指导物流活动的可靠性和及时性。现代通讯技术和计算机技术应用于物流情报信息为物流的系统化、合理化、高效率化提供技术条件。

四、企业物流的作业目标

在设计和运行企业物流时，必须要以企业的作业目标为依据。

1. 快速响应

快速响应是关系到一个企业能否及时满足顾客的服务需求的能力。信息技术的发展为企业创造了在最短时间内完成物流作业并尽快交付的条件。快速响应能力把作业的重点从预测转移到以装运和装运方式对顾客的要求做出反应上来。例如使用电话、传真、电子商务订货以减少订单处理时间；使用快速响应供应系统(Quick Response，QR)，及时准确地掌握销售和库存情况并与生产部门信息共享，实现高效率的商品供应；使用求货求车系统(即为车配货和为货配车的调度系统)，快速指定配车计划以及时完成配送计划；高效客户响应系统(Efficient Consumer Response，ECR)，企业在必要的时间，将必要的商品，按照必要的数量，以最高的效率供应给零售商等。

2. 最小变异

变异是指破坏物流系统的正常运作，如顾客收到订货的期望时间被延迟、制造中发生物品的损坏、顾客收到被损坏的货物或是货物未送到正确地点等。这类在物流作业中潜存的变异可能直接影响企业内外物流作业的顺利完成。因此在充分发挥信息作用的前提下，采用积极的物流控制手段尽可能地减少变异至最低限度。

3. 最低库存

在企业物流系统中，由于存货所占用的资金是企业作业最大的经济负担。在保证供应的前提下提高周转率，使库存占用资金得到有效利用。因此，保持最低库存的目标是把库存减少到和顾客服务目标相一致的最低水平，以实现最低的物流总成本。“零库存”是企业物流的理想目标。

4. 物流质量

企业物流目标是寻求持续、不断地提高物流质量。全面质量管理要求企业物流无论是对产品质量还是对物流服务质量，都要求做得更好。若产品出现缺陷或服务承诺未能履行，物流费用会增加。因此“零缺陷”是企业物流管理所面临的高要求。

5. 整合运输与配送

运输费用是物流成本中重要的组成部分。据日本通产省对六大类物流成本的调查结果显示，其中运输成本占40%左右。多品种、小批量的精益生产方式要求高速度、小批量的运输，必然会使物流运输成本提高，因此，需要将小批量集合成大批量的运输；大型的配送中心采用规模大、专业性强、品种多的配送方式；而大多数小企业采取分工合作的共同配送是不断整合配送运输方式提高运输合理性的有效途径。

6. 产品生命周期不同阶段的不同物流目标

在产品生命周期引入、成长、饱和成熟和完全衰退的四个阶段中，为了达到不同的物流目标，则实施不同的物流策略。新产品引入阶段采用快速反应的供货能力；处于成长期企业具有最大机会去设计物流作业并获得物流利润；饱和成熟阶段物流活动应以多渠道、独特的服务满足物流网络系统复杂性和灵活性的要求。衰退期除低价和有限配送外，最大限度地降低物流风险是非常重要的。总之，企业物流的有效定位是企业物流基本战略的关键。

第二节　企业物流系统合理化原则和途径

所谓物流合理化，就是根据物流系统中各职能因素之间相互联系、相互制约、相互影响的关系，把物料的运输、包装、存储、装卸、加工、配送等流通活动和与之相关联的物流信息作为一个系统来构造、组织和管理，以使整个物流过程最优化，从而以较低的物流成本，实现既定的客户服务水平（包括质量、数量、时间、地点、价格等）。实现上述物流的合理化，必须以物流组织结构合理化为基础，制定科学有效的物流组织体系。由此可见，物流合

理化，就是实现物流组织结构合理化以及建立在此基础上的物流管理合理化和物流技术合理化的统一。

一、企业物流合理化原则

物流合理化原则是指物流系统分析、设计、控制与管理所应遵循的原则，是评价一个物流系统方案或物流系统过程优劣的基准。物流合理化原则是建立在使物流系统低成本、高效率、高效益运行的基础上的，现将其主要原则分述如下。

近距离原则 在条件允许的情况下，尽可能使物料流动距离最短，以减少运输量与搬运量。因为运输与搬运只会增加系统成本，而不会增加产品价值。日、美企业的工厂常设计成几万平米或几十万平米的联合厂房，就是这个道理。

优先原则 在物流系统规划设计时，应尽量使彼此之间物流量大的设施布置近一些，而物流量小的设施与设备可布置得稍远些。

避免迂回和倒流原则 迂回和倒流现象严重影响生产系统的效率和效益，必须使其减少到最低程度，尤其是系统中的关键物流。

在制品库存最少原则 在制品既是生产过程的必需物，同时又是一种“浪费”。以拉动式“看板管理”为基础的准时化(JIT)生产管理，可以将库存降低到最低限度，实现零库存生产。

集装单元和标准化搬运原则 物流搬运过程中使用的各种托盘、料箱、料架等工位器具，要符合集装单元和标准化原则，以提高搬运效率，提高物料活性系数，提高搬运质量，提高系统机械化和自动化水平。因此，一个企业中工位器具、物料装载容器和物流设备的状况反映了物流系统的效益水平，也反映了该企业的基础管理水平。

简化搬运作业、减少搬运环节原则 物料的搬运不仅要有科学的设备、容器，还要有科学的操作方法，使搬运作业尽量简化，环节尽量减少，以提高系统的物流可靠性。

重力利用原则 在物流系统中，使用重力方式进行物料搬运是最经济的手段且方便有效。利用高度差、采用滑板、滑道等方法可节约能源。但对于重力搬运必须有很好的控制措施，以防止造成产品、零件、物料的磕碰和对人员的伤害以及对设备的损坏。

合理提高物料活性系数 物料的活性系数是度量物料流动难易程度的指标，在允许情况下应尽量提高，但不可强求，否则会增加资金耗费。

合理提高搬运机械化水平 机械化水平的提高，可提高搬运质量和效率，但要根据物流量、搬运距离和资金条件等因素，合理选择机械搬运设备（详见

第4章）。

人机工程原则 物料搬运的目的应事先确定好，使物料搬运时一步到位，避免二次搬运、装卸。同时，搬运设备、装卸设备及工位器具的安全设计和布置应满足人机工程要求，在各个操作环节上应使操作者最省力、最安全、最高效和最大可能地减轻疲劳。

自动化原则 计算机管理是物流信息控制的重要手段，也是物流系统现代化的基本标志。在条件可能的情况下，应尽早地采用计算机辅助管理，实现自动化，并注意与其他信息系统的集成开发。

系统化原则 物流系统是生产与管理系统的子系统，因而它的结构、功能、目标要与管理目标一致。因此，既要重视单一物流环节的合理化，也要重视物流系统的合理化；既要解决个别物流环节的机械化、省力化、标准化，又要解决物流的整体化和系统化；既要降低物流成本，又要使用户满意。物流系统的改善，需要加强自接受订货开始，直至产品送达客户的整个生产消费全过程的物流管理。

柔性化原则 产品结构、生产规模、工艺条件的变化或管理结构的变更，都会引起物流系统结构包括平面布置的变化。因此，发达国家工业企业的厂房多是组合式，设备安装也有利于变动和调整。

环境要求原则 物流系统的设计要符合可持续发展战略的思想和绿色制造的要求，不应只为追求物流系统的功能而损失或破坏环境。使其能与自然、社会等环境很好地协调，并且不对我们居住的环境造成危害。

二、实现物流合理化的途径

通过对企业选址、设施布置、生产管理和销售等各个环节的改善，实现物流合理化。

1. 选址阶段

选址包括厂房定位、仓库布点、企业内部布局等，选址的决策结果对物流合理化起至关重要的作用。对于厂房定位，德国经济学家阿尔佛雷德·韦伯(Alfred Weber)指出，当工业在制造过程中是“增重”的，应在消费点建立设施；而当制造过程中是“失重”的，必须在接近原材料产地建立设施；如果制造过程中既不是“增重”的，也不是“失重”的，则可以在中间的地方选择工厂位置。仓库的数量和地理位置由客户、制造点与产品等因素确定。

2. 设施布置阶段

（1）合理配置各种生产设施 工厂的整体布局，各种生产设施的合理配置，是物流合理化的前提，其目的是减少物流迂回、交叉以及无效的往复，

避免往复运输，避免物料运输中的混乱、线路过长等。

（2）合理配置和使用物流设施 物流机械的自动化水平直接反映了物流系统的能力水平，物流机械化的配置主要考虑以下条件：

- 根据物料形态和特性、搬运工艺要求、环境条件等，选择合适的类别与规格的物流机械，而且要注意系统配套
- 机械化与自动化水平要根据企业综合效益需要来确定
- 物料的单元化、集装化和机械配置有密切关系
- 谨慎吊起重物，注重采用水平运输方式
- 采用集装单元和合适运输设备，使运输手段合理化

（3）系统设施应具有柔性 物流系统的各项设施，在产品的品种、数量发生变化后，应能在最小投入费用下，适应新的生产要求。企业选址和设施布置的方法详见第二章。

3. 生产管理阶段

首先，要争取整个企业各个部门的理解和支持，在管理上达到协调一致；其次按物流结构实现供应物流、生产物流、销售物流的合理化，从而使整个物流系统达到最优。具体措施有如下。

（1）均衡生产 企业生产合理化的关键在于生产的均衡化和物流的准时化。生产企业各工序间应努力在规定的时间，将规定数量的零件，送到规定的地点，保证准时化生产和物流合理化。

（2）适当库存 尽可能降低库存，适时供应加工装配所需零件，尽可能减少零件库存量，以加快企业资金周转，降低物流成本，缩短物流周期。

（3）合理运输 设计合理的搬运次数和运输量，尽量缩小搬运距离，避免无效运输，使运输合理化。装卸方面，使用集装箱和托盘，使装卸机械化。

（4）计算机化 广泛应用计算机进行物流系统的设计、规划、模拟和管理，以及物流过程的全电脑控制，建立完善的物流信息系统。

（5）职工主人化 加强职工小组活动，建立企业与职工之间的信任关系。因为无论工厂的平面布置多么出色，设备多么现代化，但最终使其运转的是人，所以只有加强职工的责任心并落实在日常操作上，物流合理化才能真正实现。

（6）连续改善 连续改善的范围涉及到企业的方方面面，其核心思想是不求一次“大跃进”式的提高，而是通过小步骤、持续不断地改造和革新，来取得连续的效益积累。

4. 销售阶段

- 商物分离 建立物流基地（如物流中心、批发中心和配送中心等），

从而改善企业功能，优化物流系统，提高物流效率(图 3 - 10)

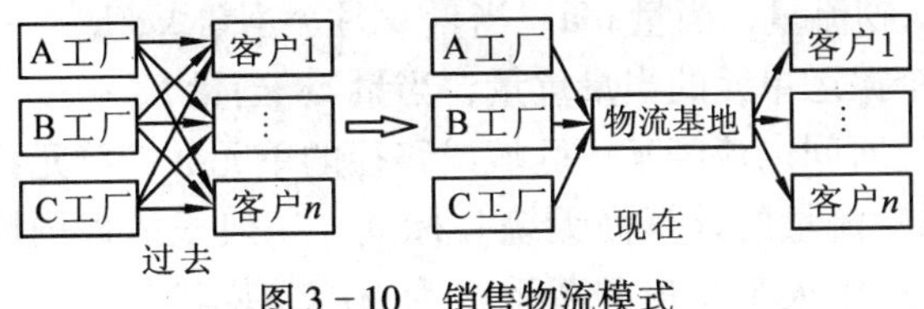

图 3 - 10　销售物流模式

- 增加从工厂直接发货数量
- 减少输送次数
- 提高车辆满载率
- 实现计划输送
- 开展联合运输
- 选择适当的输送手段

物流合理化是企业生产实现高质量、低成本、优质服务的重要前提，同时也是缩短产品交货周期的基础。日本企业因为成功地使用物流合理化技术来优化生产系统，使企业的管理水平和竞争力得到很大的提高。我国制造企业也应很好地借鉴采用这一技术，努力改进和提高物流系统水平，力争在激烈的市场竞争中取得胜利。

第三节　物流系统的分析方法

一、基本概念

1. 当量物流量

物流量是指一定时间内通过两物流点间的物料数量。在一个给定的物流系统中，物料从几何形状到物化状态都有很大的差别，其可运性或搬运的难易程度相差很大，简单地用重量作为物流量计算单位是不合理的。因此，在系统分析、规划、设计过程中，必须找出一个标准来，把系统中所有的物料通过修正、折算为一个统一的量，也就是当量物流量，才能进行比较、分析和运算。所谓当量物流量是指物流运动过程中一定时间内按规定标准修正、折算的搬运和运输量。这种修正与折算是充分考虑了物料在搬运或运输过程中实际消耗的搬运和运输能量等因素来计算的。例如，一台载重量为 10 t 的汽车，当它运输 10 t 锻件时，则 10 t 锻件的当量重量为 10 t；而它运输 2 t 组合件时，则 2 t 组合件的当量重量为 10 t。实际系统中所提及的物流量均指当量物流量。当量物流量的计算公式为：

$$f = nq \tag{3-1}$$

式中　f——当量物流量，当量 t/a、当量 t/月、当量 kg/h……

q——一个搬运单元的当量重量，当量 t、当量 kg……

n——单位时间内流经某一区域或路径的单元数，单元数/年(月…)

目前，当量物流量的计算尚无统一标准，一般根据现场情况和实际经验来确定。比如，一个火车车皮的载重量为 60 t，装载 12 个汽车驾驶室总成，这样每个驾驶室的当量物流量为 5 当量 t；再如，企业中一个标准料箱载重量是 2t，装载了 100 个中间轴，则每个中间轴的当量物流量为 20 当量 kg。当量物流量是物流技术中未能很好解决的问题，有待于今后的进一步研究。

2. 玛格数(Magnitude)

玛格数起源于美国，是一种不十分成熟的当量物流量计算方法。它是为度量各种不同物料可运性而设计出来的一种度量单位，可以衡量物料搬运难易的特征。将两点之间流动物料的玛格数乘以单位时间内运输的件数，即可得到该两地点之间的物流量或物流强度。需要注意的是，玛格数概念有其局限性。因为每一种物料的运输能力会部分地与搬运方法(装载容器及搬运设备)有关，而实际中，玛格数对各种不同的物理、化学状态的物料和搬运方法不能十分准确地来描述和度量，因而它是一种近似描述物流量的标准值。在一些特性相差不大的物料搬运中，玛格数是比较适用的。但若想将现实中的所有物料都用玛格数来度量，其误差较大，也就是说，物流系统越大、越复杂，玛格数的使用精度越低。玛格数的理论意义是十分重要的，是一种值得借鉴并需进一步研究和开发的技术方法。

(1)玛格数的定义　一个玛格的物料具有如下特征：(a)可以方便地拿在一只手中；(b)相当密实；(c)结构紧凑，具有可堆垛性；(d)不易受损坏；(e)相当清洁、坚固和稳定。通俗地说，就是一块粗加工到略大于 150 cm^3 长方体(或稍大于 2 in×2 in×2 in)的干燥木块，约有两包香烟大小，叫做 1 玛格。应用玛格数时，需将系统中所有物料换算成为相应的玛格数。

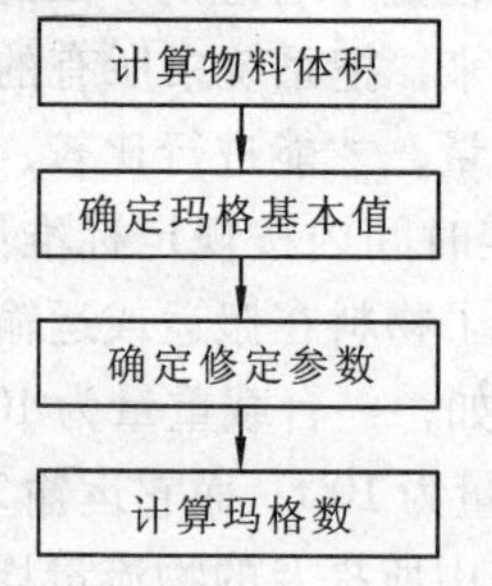

图 3－11　玛格数的计算步骤

(2)玛格数的计算方法　首先按照物料的几何尺寸大小计算出基本值，然后用基本值再乘以各种修正系数，最终确定其玛格数。

计算步骤如图 3－11 所示。

- 计算物料的体积。度量体积时，采用外部轮廓尺寸，并且不要减去内部空穴或不规则的轮廓
- 查阅图 3－12 玛格曲线，得到玛格数基

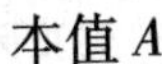

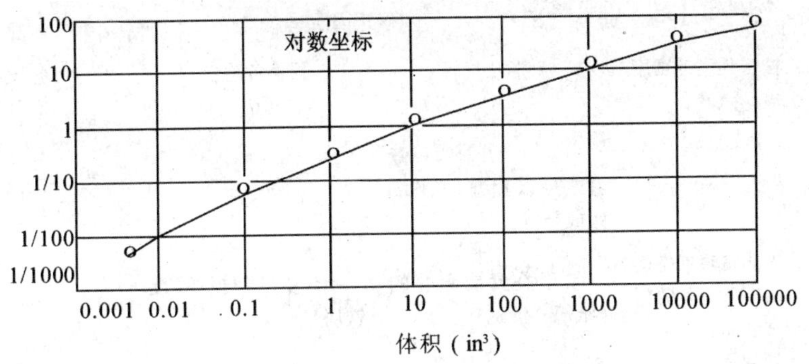

图 3-12　玛格曲线（1in = 25.4 mm）

曲线反映了体积大小与基本值的关系。物料体积越大，运输一单位体积就越容易，玛格曲线变化越缓。

表 3-1　部分体积与玛格数基本值对应关系

体积（in^3）	玛格数基本值（玛格）
0.005	1/200
0.1	1/20
1.0	1/4
10	1
100	3.5
1 000	10
10 000	25
100 000	50

- 根据表 3-2，确定修正参数
- 玛格数

根据式 3-2 计算，可得到玛格数

$$M = A + \frac{1}{4} \times A(B + C + D + E + F) \qquad (3-2)$$

式中：M——玛格数；B——密度；C——形状；D——损伤危险程度；E——状态（化学状态、物理状态）；F——价值因素，如不考虑则 $F = 0$；A——基本值。

表3－2　修正因素及参数值

参数值	修正因素			
	松密程度或密度（B）	形状*（C）	损伤危险性（D）	情况（E）
－3	……	十分扁平并且可以叠置或可以套叠*（平纸张或金属板材）	……	……
－2	非常轻或空的（体积庞大的钣金制品）	易于叠置或套叠的（纸簿、汤碗）	不易受任何损坏（废铁屑）	……
－1	轻和庞大的（拆散的瓦楞纸板箱）	较易叠置*或略可套叠（书、茶杯）	实际上不易受损坏，或受损极小（坚实的铸件）	……
0	比较密实的（干燥的木块）	基本上是方形并具有一些可叠置性质（木块）	略易受损坏（加工成一定尺寸的木材料）	清洁、牢固、稳定的（木块）
＋1	相当重和密实的（空心铸件）	长的、圆的或有些不规则形状的（袋装谷类、短棒）	易受挤压、破裂、擦伤等损坏（油漆过的物品）	有油的、脆弱的、不稳定的或难于搬运的（带油切屑）
＋2	重及密实的（实心铸件、锻件）	很长、球状或形状不规则的（桌上电话机）	很容易受一些损坏，或容易受许多损坏（电视显像管）	表面上有油脂、热的、很脆弱或滑溜的很难于搬运的
＋3	非常重和密实的（模块、实心铅）	特别长的、弯曲的或形状为高度不规则的（长钢梁）	极易受到一些损坏，或易受非常多的损坏（水晶玻璃高脚器皿）	（发粘的胶面）
＋4	……	特别长及弯曲的或形状格外不规则的（弯管、木块手椅）	极易受到非常多的损坏（瓶装酸类、炸药）	（熔化的钢）

注：①每一物品的价格等级此处未予列出，因为在一个工厂内它通常不会导致运输能力的变动，而且搬运的小心程度已体现在“损坏的危险性”这一因素内了。但是，如果你的情况仍须考虑一个“价值”修正值，那就请你自行设立其零点和尺度，用F表示。

②*“偏平”或“可套叠”的物品通常以叠置的形式搬运。当衡量上述因素时，须以一叠或一套，而不是每一单件来作为单位。

③修正因素是一种定性转化为定量的方法，参数值可以考虑使用半级来修正，以提高修正精度。

3. 物料活性系数α

物料活性系数α是一种度量物料搬运难易程度的指标，是物流分析的又一重要参数。

(1)α的等级　一般可分为五级，如表3－3所示。

(2)α 的合理选择 活性系数越高，则所要求的工位器具及其工位器具所消耗的费用水平就越高，两者的关系如图 3－13 所示。合理选择 α 就是要根据具体情况，充分考虑工艺要求和成本费用等。从上分析得知，α 值越高，物料流动越容易，相应投资费用越高。因此系统设计时，不应机械地认为 α 越高越好，要综合考虑。

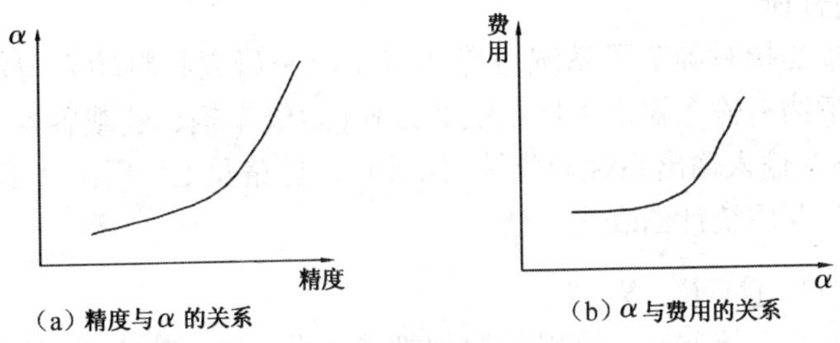

图 3－13 α 与精度、费用的关系

(3)活性系数曲线 它是用来分析某一物流在系统中的平均机动性。将某一物流按其流程及各段的活性系数绘制在坐标图上，即得到该物流的活性系数曲线，并可计算出该物流的平均活性系数。计算模型如下：

表 3－3 α 的等级表

α 的等级	物料状态	图示
0	堆在地面上	
1	集中，装在容器内	
2	垫起，可吊装	
3	装载，可近距离移动	
4	装在车上或接上悬链	

$$\bar{\alpha} = \frac{1}{n}\sum_{i=1}^{n}\alpha_i \qquad (3-3)$$

图 3－14 为某企业某物流的活性系数曲线。

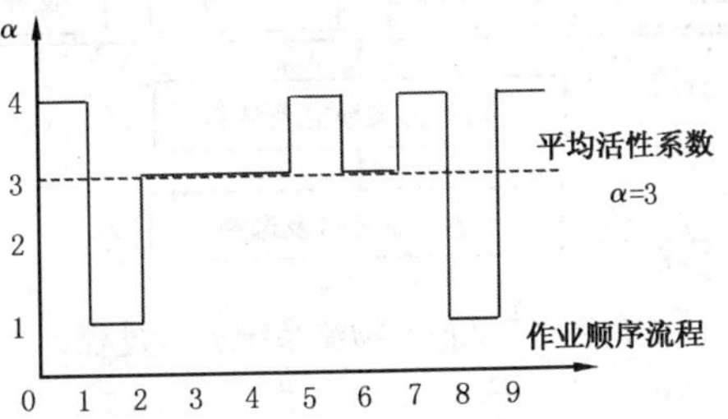

图 3－14 物流活性系数曲线

二、企业物流系统的分析方法

企业物流系统分析是针对企业物流系统的环境、输入输出情况、物料性质、流动路线、系统状态、搬运设备与器具、库存等进行全面、系统的调查与分析，找出问题，求得最佳系统设计方案。其分析过程如图 3－15 所示。

1. 外部衔接分析

外部衔接是指对确定了系统边界物流系统来研究物料输入与输出系统的情况。它包括物料输入输出工厂系统的方式(运输车辆、装载容器、路线入口等)、频率以及输入输出系统的条件(如时间、道路及工厂周围环境)等的统计资料，必要时要用统计图表来表达。

2. 输入因素 *P*、*Q*、*R*、*S*、*T*

这一步骤是系统调研、资料与数据搜集工作。*P*－Products 是指系统中物料的种类；*Q*－Quantity 是指数量；*R*－Routing 是指路线，包括工艺路线、生产流程、各工件的加工路线以及形成的物流路线；*S*－Service 是指辅助生产与服务过程的部门；*T*－timing 是指物料流动时间等。这些数据和资料的搜集通常需要列表来整理，比如对于产品的零件(物料)、路线、数量可列一个产品零件一览表(表 3－4)。

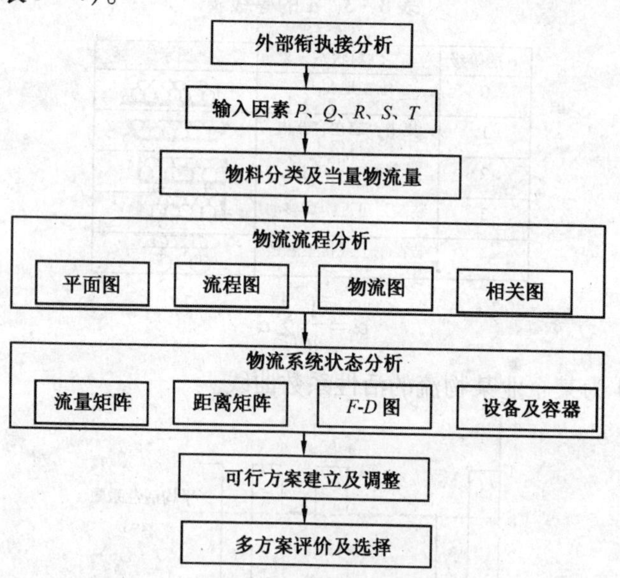

图 3－15　企业物流系统分析过程

表 3-4　产品零件一览表

序号	零件名称	几何形状	单位重量(kg)	年产量(t)	工艺路线
1	曲轴	长杆件	50.4	5800	下料—锻造—正火—校正
2	齿轮 1	圆盘件	10.2	1400	下料—锻造—调质—清理
3	转向臂	复杂件	14.5	1500	下料—锻造—调质—冷校
⋮	⋮	⋮	⋮	⋮	⋮

表中内容还可以有装载容器(如料箱、每箱装载多少零件)、搬运设备种类(叉车搬运、天车搬运)等内容。这样通过详细的调查和统计，可将系统中的 P、Q、R、S、T 情况统计清楚，以备以后进行分析时用。当零件种类繁多时，可忽略一些影响小、流量很小的物料或零件。

3. 当量物流量计算及物料分类

对于搜集到的资料、数据，必须进行适当的分析与处理才能使用。系统中的物料很多并且千差万别，需要根据其重要性(价值和数量)进行分类，一般采用 A、B、C 分类。分类步骤如下：

- 物料的当量物流量计算
- 绘制出 $P-Q$ 图。其中 P 代表物料种类，Q 代表流量(当量物流量)。根据每一种物料 P_i($i=1, 2, \cdots, n$ 及其对应点 Q_i，即可画出由直方图表示的 $P-Q$ 图(图 3-16)

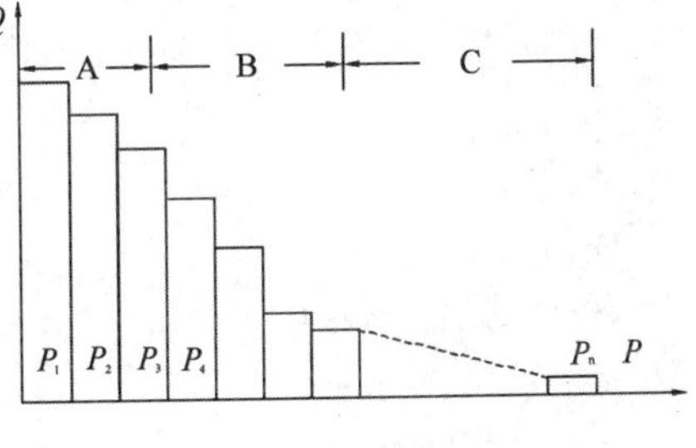

图 3-16　$P-Q$ 图

- 对图 3-16 进行 A、B、C 分类。一般说来，A 类物料占总品种数的 5%～10%，物流量占 70% 以上；B 类物料占总品种数的 20% 左右，物流量也占 20% 左右；C 类物料占总品种数的 70% 以上，其物流量仅占 5%～10%。当然这些百分比不是绝对的

物流系统分析与设计以及管理的重点也是按 A、B、C 分类来进行的，这样做可以抓住重点，有利于分析与设计的进行。必要时，可忽略 C 类物料。

4. 物流系统流程分析步骤

(1) 平面图　平面图上各设施、设备、储存地、固定运输设备等要用 IE (Industrial Engineering) 标准符号(国际通用的标准)来标明，并且进行阿拉伯数字编码。常用的 IE 符号主要有以下几种。

○ 表示操作，它既可以表示操作过程，也可以表示加工设备、生产部

门等。

▽ 表示储存，指储存地、仓库、工位储存地等。

⇨ 表示搬运或运输。

□ 表示检验，包括加工过程检验和最终检验等。

系统内每一与物流作业有关的活动都用这几种符号来表达。经过上述符号标定并编码的平面图(图 3 – 17)，从图中可以看出，⇨ 和 ⇨ 是该车间物流输入与输出的地点，其他是加工、储存和检验。

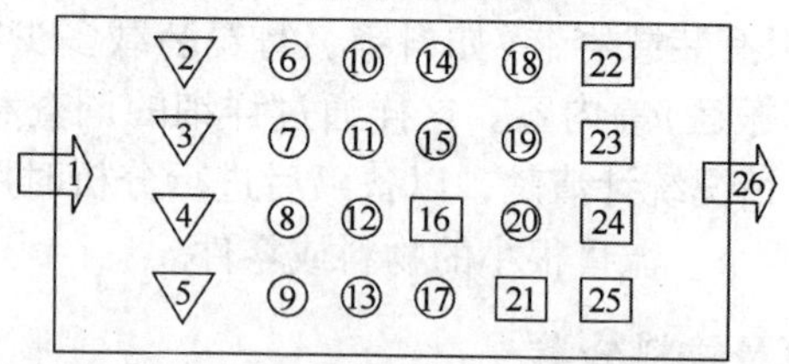

图 3 – 17　某车间编码平面图

表 3 – 5　物流流程表

序号	零件名称	物流流程	物流量(t)
1	轴 1	1 – 4 – 8 – 15 – 16 – 17 – 18	51.7
2	轴 2	1 – 3 – 7 – 16 – 18	60.3
3	轴 3	2 – 3 – 7 – 16 – 18	38.6
4	轴 4	2 – 6 – 9 – 16 – 14 – 18	15.3
5	齿轮 1	2 – 5 – 10 – 16 – 17 – 18	47.6
6	齿轮 2	1 – 5 – 10 – 16 – 17 – 18	8.4
7	齿轮 3	2 – 6 – 11 – 12 – 13 – 19	3
8	齿轮 4	2 – 6 – 11 – 17 – 19	39.6
9	齿轮 5	2 – 6 – 11 – 17 – 18	22
10	连　杆	2 – 5 – 9 – 16 – 17 – 19	11.2

(2) 物流流程图　得到经过 IE 符号表达并编码的平面图后，根据物料分类和当量物流量，则任意一条物流路径均可用编码来表示其物流流程路线。如果将系统中所有物流流程用表的形式表达出来，则称该表为物流流程表(表 3 – 5)如果将表中的各条物流流程绘制在一张图上，则该图就是所研究系统的物流流程图(图 3 – 18)。该图的画法不受平面图的限制，任意物流的起点和终点间的物流量大小取决于两点间的权数，即通过两点间所有物流量(当量物流量)之和。

系统中 A 类物料往往需要进行单一流程分析，根据“5W1H 法”(Why

What When Where Who How）进行研究，考虑物流合理化的原则，采用取消、合并、改进等手段，使大流量物流尽量避免迂回和倒流，保持流动距离最短。

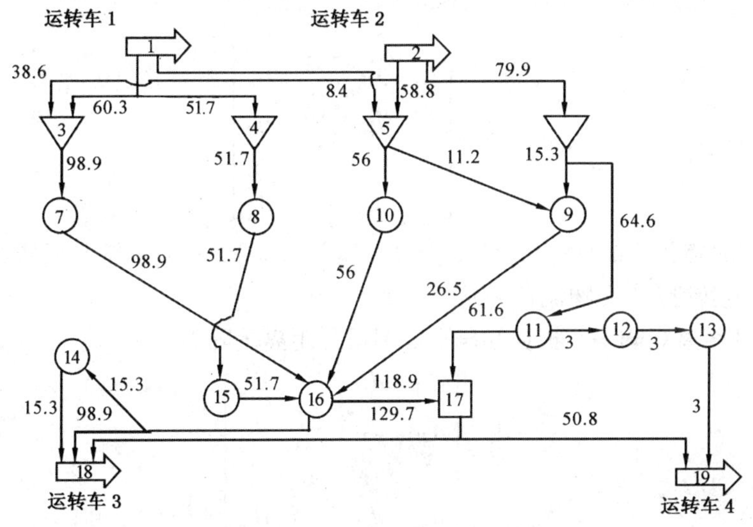

图 3－18　某车间物流流程图

（3）物流图　将各条物流的物流量大小（用物流图线宽度来表示）和经过的物流点绘制在编码平面图上，该图即称为物流图。它可形象地表达系统物流情况，对物流是否合理一目了然，有利于分析与设计。

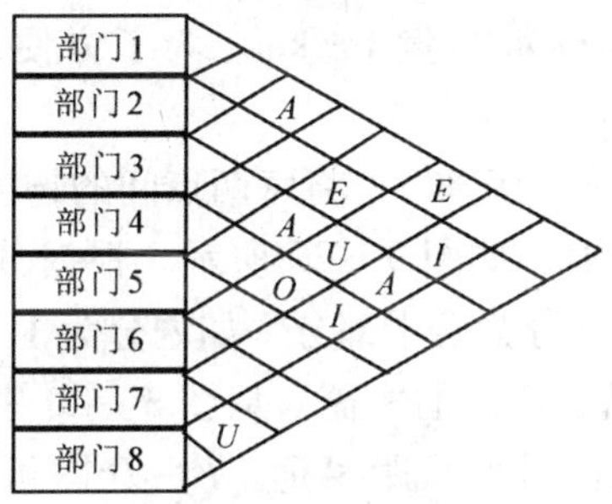

图 3－19　某车间相关图

（4）相关图　又称相关分析图。它将系统中所有部门（包括物流部门与非物流部门）绘制在一张表达相互关系的图上（图 3－19），以便分析与设计时用。图中的英文字母表示两部门间的密切关系，称之为密切度。密切度可分为 5 个等级，最重要的密切度为 A（Apparently Important），从高到低依次为 E（Especially Important）、I（Important）、O（Ordinary Important）、U（Unimportant）。

5. 物流系统状态分析

(1) 流量矩阵 F(或称从至表) 根据系统流程图 G，对应得到一关联矩阵 F，

$$F=\begin{bmatrix} f_{11} & f_{12} & \cdots & f_{1n} \\ f_{21} & f_{22} & \cdots & f_{2n} \\ \vdots & \vdots & \vdots & \vdots \\ f_{n1} & f_{n2} & \cdots & f_{nn} \end{bmatrix}$$

f_{ij}表示从 i 点到 j 点的物流量(i, $j=1$, 2, …, n)，n 为系统平面图编码的数量。当 i 点到 j 点无物流量关系时，则 $f_{ij}=0$

(2) 距离矩阵 D 根据编码平面图得到距离矩阵 D，

$$D=\begin{bmatrix} d_{11} & d_{12} & \cdots & d_{1n} \\ d_{21} & d_{22} & \cdots & d_{2n} \\ \vdots & \vdots & \vdots & \vdots \\ d_{n1} & d_{n2} & \cdots & d_{nn} \end{bmatrix}$$

由 F、D 可以计算出系统的物流量—距离乘积和 S(也称系统搬运工作量)，公式如下：

$$S=\sum_{i=1}^{n}\sum_{j=1}^{n} f_{ij}d_{ij} \tag{3-4}$$

S 的单位为当量 t · m 或当量 t · km。为了方便，有时“当量”二字可以省略。

(3) $F-D$ 图(即流量距离图) 将每两点间的物流按其流量大小和距离大小绘制在一直角坐标图上，如图 3-20 所示。根据分析的需要，按照确定的物流量和距离，将该图划分为若干部分，如划分为Ⅰ、Ⅱ、Ⅲ、Ⅳ四个部分。划分的目的是为了发现不合理的物流。从图 3-20 中可以看出，Ⅱ部分的物流是不合理的，因为物流量大且距离远。$F-D$ 图可作为平面布置调整的根据。经过调整，当第Ⅱ部分无物流量时，该方案才为可行方案。无法调整的情况例外。

(4) 搬运设备、容器统计 以表格形式记录下任意方案中在各设施、设备之间从事物料搬运的设备、装载容器等的状况，分析其合理与否，提出改进意见。

6. 可行方案的建立与调整

根据上述分析，对于每方案均可计算出 $S=\sum_{i=1}^{n}\sum_{j=1}^{n} f_{ij}d_{ij}$。根据 $F-D$ 图调整

系统中设施或设备的所在位置，可得到新的距离矩阵 $D' = [d'_{ij}]_{n\times n}$。若工艺路线未发生变化，则 F 阵无变化；有时需要改变工艺方法，则 F 阵也会变化为 $F' = [f'_{ij}]_{n\times n}$。总之只要 D 阵变为 D' 或 F 阵变为 F'，则必有 $S' = \sum_{i=1}^{n}\sum_{j=1}^{n} f_{ij}d'_{ij}$ 或 $S' = \sum_{i=1}^{n}\sum_{j=1}^{n} f'_{ij}d'_{ij}$（这时工艺方案发生变化）。如果 $S' < S$，则新方案的物流设计优于原方案 S。当然，这种调整要根据生产系统的环境与条件，而不是任意调整。如果在条件与环境允许时，进行了 l 次调整（一般 l 值不会太大，在实际设计中不会有几十个方案，一般有几个或十几个方案就不算少了），这样可得到 l 个系统搬运工作量值。显然，搬运工作量最小的方案即为最优物流系统方案。

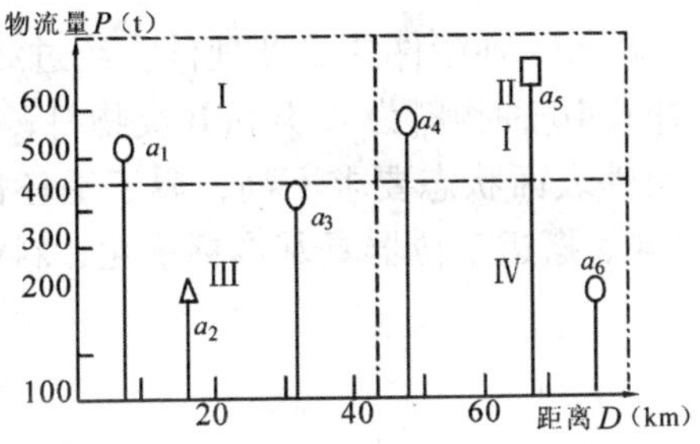

图 3－20　某车间 $F-D$ 图

$$S' = \min\{S_1, S_2, \cdots, S_l\}$$

如果在任意两物流点间的单位搬运费用 C_{ij}^0［元/(t·m)，元/t·km］可以得到，即可以测得或有可靠数据，则系统搬运费用 C 也可计算出来

$$C = \sum_{i=1}^{n}\sum_{j=1}^{n} C_{ij}^0 f_{ij} d_{ij} \tag{3-5}$$

在 l 个方案中也可得到最小搬运费用方案

$$C' = \min\{C_1, C_2, \cdots, C_l\} \tag{3-6}$$

一般情况下，若 C_{ij}^0 的值不易得到，则可用 S 代替 C。

7. 多方案评价及选择

对于 l 个方案，是否就可以确定 S_k 或 C_{hs} 为最优系统平面设计呢？这时还不能确定，因为往往有好几个 S 值或 C_s 值与 S_k 或 C_h 相差不多。在平面设计过程中还要考虑非物流部门、工艺水平要求以及管理、人员、工作条件、环境保护等多种因素来确定最后方案，因此，最优方案要通过评价来确定。这里将 S 值考虑为物流因素，评价方法则可采用关联矩阵、模糊评判或 AHP 等方法。

三、物流系统分析案例

某汽车制造厂热处理车间多年来物流系统不佳，常常影响正常生产。为了提高效益，最近对该车间物流系统进行了全面调查与分析，并做了相应调整。该车间主要工作是对锻造后的工件进行热处理，然后是清理氧化皮、校正、检验、入库等。

1. 系统环境及外部衔接分析

该车间是该厂生产流程中的一部分，它夹在锻造车间与成品库之间。物料的输入依靠转运车 1 和运转车 2(图 3－18)，输入频率较高。输出依靠转运车 3 和运转车 4，车间内搬运由两个 5 t 天车完成。

2. 输入因素分析

该车间长年稳定生产 139 种锻件的热处理件。经过 A、B、C 分类法，确定轴件、齿轮件和连杆共 10 种物料为 A 类和 B 类物料，其物流状态将决定全车间系统状态。由于锻件表面状态要求不高，属于毛坯件，故取当量系数为 1，也就是以吨为当量吨。搬运工位器具基本标准化，料箱、料架、托盘均为 2 当量吨承载容积。

3. 流程分析

首先绘制反映该车间的布置情况平面图，对主要工作设备(热处理炉、油压校正机、检验站、清理设备、酸洗池)、储存地、转运车等进行编码，共编定 19 个物流设施。根据 A、B 类物料工艺路线和物流设施编码绘制系统物流流程表(表 3－5)，再根据该表绘制物流流程图如图 3－18，物流图和相关分析图略去。

4. 物流系统状态分析

(1) 该车间物流交叉，迂回严重　其中设施 7、8、9、10 为连续式热处理炉，每天处理锻件几百吨，主要工作量在 7、8、9 三个炉上。处理后锻件的清理氧化皮工作绝大部分在设施 16 酸洗部完成。由于风向等环境因素的约束，设施 16 只能设在车间最西部。而轴 1、轴 2、轴 3 都需要从最东边的转运车 3 入成品库，造成物流迂回和混乱状态。

(2) 车间内大流量物料搬运距离较长　两台天车工作繁忙，且互相干涉，影响效率。

(3) 由于倒料频繁，工件损失严重　除工件损失严重外，还因工作地不整，易发生工伤事故。

(4) 维修管理不善　工位器具虽采用标准化料箱、料架，但因无负责部门，维修管理不善，损坏严重。

根据物流流程图可计算流量矩阵和距离矩阵，得系统搬运工作量为59789. 1t · m/a。流量—距离图的绘制和搬运设备与容器选择对方案的改进与形成是很重要的，这里由于篇幅所限，介绍从略，请同学们自己思考完成。

5. 可行方案建立及最佳方案选择

由于该车间酸洗部16位置不佳造成全系统物流状态不合理，并且该工艺也应改换，因此，可将酸洗工艺改为喷丸处理，同时调整部分设施位置。调整后的物流系统比较顺利、流畅、合理。虽然存在少量的物流交叉，但是基本无大规模迂回、倒流，有利于提高管理水平。新、旧方案的具体数值如表3-6所示。

表3-6　新、旧方案部分基本参数一览表

序　号	从　　至	f_{ij}(t)	d_{ij}(m)(旧)	W_{ij}(t · m)(旧)	d_{ij}(m)(新)	W_{ij}(t · m)(新)
1	1~3	60.3	4	241.2	4	241.2
2	1~4	51.7	8	413.6	8	413.6
3	1~5	8.4	12	100.8	12	100.8
4	2~5	58.8	4	235.2	4	235.2
5	2~6	79.9	8	639.2	8	639.2
6	3~7	98.9	4	395.6	4	395.6
7	4~8	51.7	4	206.8	4	206.8
8	5~9	11.2	15	168	15	168
9	5~10	56	4	224	4	224
10	6~9	15.3	4	61.2	4	61.2
11	6~11	64.6	25	1615	25	1615
12	7~16	98.9	110	10879	12	1186.8
13	8~15	51.7	45	2326.5	10	517
14	9~16	26.5	20	530	20	530
15	10~16	56	45	2520	15	840
16	11~12	3	105	315	40	120
17	11~17	61.6	120	7392	55	3388
18	12~13	3	4	12	25	75
19	13~19	3	30	90	20	60
20	14~18	15.3	40	612	55	841.5
21	15~16	51.7	20	1034	12	620.4

续表

序号	从　至	f_{ij}(t)	d_{ij}(m)(旧)	W_{ij}(t·m)(旧)	d_{ij}(m)(新)	W_{ij}(t·m)(新)
22	16~14	15.3	30	459	30	459
23	16~18	98.9	110	10879	12	1186.8
24	16~17	118.9	110	13079	14	1664.6
25	17~18	129.7	10	1297	8	1037.6
26	17~19	50.8	80	4064	60	3048
合计				59789.1		19875.3

注：W_{ij}(t·m) $=f_{ij}$(t) $\times d_{ij}$(m)。

经过计算，新系统方案的搬运工作量为 19875.3 t·m/a，总工作量下降了 39913.8 t·m/a，仅为原方案的 33.2%。在此案例介绍中，略去了许多工作步骤与细节，只是概要地介绍了最主要的内容。在实际分析与应用中，对于不同的系统，其工作内容应有所差异，但主体思想和基本步骤应该是一致的。

第四节　企业物流系统设计

一、平面布置设计

现在最常用的方法是用第三节介绍的方法实现物流系统的最佳设计，然后结合非物流因素进行统一的模糊综合评价来进行最后决策。

1. 物流系统的单目标平面布置设计模型

对于给定的制造企业物流系统，假设：(a)物流系统中物料的流动过程是均匀的、连续的、不确定的；(b)系统中有 k 种物料(k 是有限正整数)，且每一种物料都可用同一种当量物流量来表示。则平面布置设计模型如下：

- 设系统中 k 种物料的当量物流量分别为 Q_1，Q_2，…，Q_k，则系统总当量物流量

$$Q = \sum_{h=1}^{k} Q_h \quad (h \in k) \tag{3-7}$$

- 将系统平面按物料加工过程停滞地(加工、储存、检验等工作单元)分块并用 1，2，…，n(n 为一有限正整数)进行编码，则任一种物料，如第 h 种物料，在系统平面上流动过程可用所经编码地的编码描述为一流程图，记为 G，G 为一有向图。这样系统总位移为

$$G = G_1 + G_2 + \cdots + G_k = \sum_{h=1}^{k} G_h \tag{3-8}$$

- 由于系统中任一物料都可用当量物流量来表示，因此，经任意两点间的各种物料的物流量为

$$f_{ij} = \sum_{h=1}^{k} Q_{h(i,j)} \qquad (i, j \in n) \tag{3-9}$$

式中 f_{ij}——表示从 i 到 j 点的当量物流量；$Q_{h(i,j)}$——表示从 i 点到 j 点的第 h 种物料的当量物流量。

- 根据已分块编码的平面系统，可测得一个距离矩阵 $D = [d_{ij}]_{n \times n}$，其中 d_{ij}表示从 i 点到 j 点的距离。如记 $w_{ik} = f_{ij} \cdot d_{ij}$为从 i 点到 j 点的物流矩，则系统的物流矩矩阵为 $w = [w_{ij}]_{n \times n} = [f_{ij}, d_{ij}]_{n \times n}$，系统的流矩和为

$$M = \sum_{i=1}^{n} \sum_{j=1}^{n} w_{ij} = \sum_{i=1}^{n} \sum_{j=1}^{n} f_{ij} d_{ij} \tag{3-10}$$

- 若 c_{ij}^0为从 i 点到 j 点的单位物流流动费用，则物流系统的流动费用为

$$c_m = \sum_{i=1}^{n} \sum_{j=1}^{n} c_{ij}^0 w_{ij} = \sum_{i=1}^{n} \sum_{j=1}^{n} c_{ij}^0 f_{ij} d_{ij} \tag{3-11}$$

- 改变平面系统平面布置中各分块的几何位置，则可得到

$$M^1 = \sum_{i=1}^{n} \sum_{j=1}^{n} w_{ij}^1 = \sum_{i=1}^{n} \sum_{j=1}^{n} f_{ij} d_{ij}^1$$

和

$$c_m^1 = \sum_{i=1}^{n}\sum_{j=1}^{n} c_{ij}^0 w_{ij}^0 = \sum_{i=1}^{n} \sum_{j=1}^{n} c_{ij}^0 f_{ij} d_{ij}^1$$

- 如果 $M^1 < M$，或 $c_m^1 < c_m$，则新布置方案优于原方案；如果将系统平面在工艺、环境等允许条件下改变 $l-1$ 次(l 为有限正整数)，则可得 l 个结果

$$M, M^{(1)}, M^{(2)}, \cdots, M^{(l-1)}$$

$$C_m, c_m^{(1)}, C_m^{(2)}, \cdots, C_m^{(l-1)}$$

这样，物流系统单目标最优平面布置方案为

$$g = \min\{M^{(1)}, M^{(2)}, \cdots, M^{(l)}\}$$

或

$$g_c = \min\{C_m^{(1)}, C_m^{(2)}, \cdots, C_m^{(l)}\} \tag{3-12}$$

它是以系统物流最小流量矩(最小流动费用)为目标的。

2. 物流系统的多目标平面布置设计模型

模糊评价法是物流系统设计时处理多目标问题的常用方法。其要点是：选出 l 个评价方案，定出 n 个评价因素及权重值，并请专家对 l 个方案打分评定，得分最高者为最优方案。实际应用时，常用表 2－7 所示的关联矩阵完成

（见第二章第四节）。

3. 渐推法

以上介绍的物流系统平面布置优化模型适合于解决新建车间、新建工厂平面布置优化问题，但当设施数目增多时，计算量也急剧增加，因此，只适合小规模的问题求解。此时，在平面布置中采用渐推法，目的在于找到一个与最优解接近的次最优解。目前渐推法分为两类：一类是新建法，即从零开始，按一定顺序逐步增加设施，直到所有的设施都布置好，即得到最终方案，如 PLA&ET(Plant Layout Analysis and Evaluation Technique)；另一类是改进法，它是从一个可行方案开始，通过改变设施位置并计算目标函数，获得一个更好方案，直至不能再改进为止，从而得到最终布置方案，如 CRAFT(Computerized Relative Allocation of Facilities Technique)（见第二章第七节），改进法比新建法慢，但优化程度较高。现通过例题说明新建法与改进法的应用。

例 3－1 有一加工车间，要安排 4 台机床（编号记为 A、B、C、D，场址记为 1、2、3、4），使运输量（物流量 × 距离）最小，现已知机床间的物流量 V 及距离 D（表 3－7），现用新建法求机床最佳平面位置。

表 3－7　物流量及距离

V	V_{AB}	V_{AC}	V_{AD}	V_{BC}	V_{BD}	V_{CD}
	2	8	3	4	9	5
D	d_{12}	d_{13}	D_{14}	d_{23}	d_{24}	d_{34}
	8	10	2	4	7	9

解： 将 V、D 中数据分别由大到小和由小到大排序如下

$$V(\text{大}\rightarrow\text{小})=(V_{BD},V_{AC},V_{CD},V_{BC},V_{AD},V_{AB})$$
$$=(9、8、5、4、3、2)$$
$$D(\text{小}\rightarrow\text{大})=(d_{14},d_{23},d_{24},d_{21},d_{34},d_{13})$$
$$=(2、4、7、8、9、10)$$

根据大物流—短距离布置原则，可直接根据上表排序如下

位置	14	23	24	21	34	13
机床排布	*BD*	*AC*	*CD*	*CB*	*AD*	*BC*

在理想环境下（无其他约束），调整 C、A 位置，则得到新的布置方案

场址	1	2	3	4
机床	B	C	A	D

运输量 $Z=V_{BD}\times d_{14}+V_{AC}\times d_{23}+V_{CD}\times d_{24}+V_{BC}\times d_{21}+V_{AD}\times d_{34}+V_{AB}\times d_{13}$

$=9\times2+8\times4+5\times7+4\times8+3\times9+2\times10=164$

与理论最小运输量164相比，此方案达到最优。

例3-2 在上例中随意将 A、B、C、D 布置到场址1、2、3、4中去，可用改进法求出最优布置方案。

解： 初始布置方案为

场址	1	2	3	4
机床	A	B	C	D

运输量 $Z=V_{AB}\times d_{12}+V_{AC}\times d_{13}+V_{AD}\times d_{14}+V_{BC}\times d_{23}+V_{BD}\times d_{24}+V_{CD}\times d_{34}$

$=2\times8+8\times10+3\times2+4\times4+9\times7+5\times9=226$

在此方案基础上，机床位置两两互换，并计算其运输量，得表3-8。

表3-8 不同位置运输量数值（第一次）

初始方案1 $\begin{pmatrix}1&2&3&4\\A&B&C&D\end{pmatrix}$	改进方案（两两互换）					
	AB	AC	AD	BC	BD	CD
运输量 $Z=226$	172	220	230	222	227	186

由于 $Z_{AB}=172$ 较小，故以该改进方案 $\begin{pmatrix}1&2&3&4\\B&A&C&D\end{pmatrix}$ 为初始方案2，再进行二次改进（两两交换），结果列于表3-9。

表3-9 不同位置运输量数值（第二次）

初始方案2 $\begin{pmatrix}1&2&3&4\\B&A&C&D\end{pmatrix}$	二次改进方案					
	AB	AC	AD	BC	BD	CD
运输量 $Z'=172$	221	164	229	224	174	227

最小值 $Z'_{AC}=164$。经比较可知，它对应的布置方案为最优，即

$$\begin{pmatrix}1&2&3&4\\B&C&A&D\end{pmatrix}$$

二、动态分析设计

上述物流系统的平面布置设计是在一定目标下的最优或较优方案，它是

根据给定的生产大纲、物流量确定的。因此不能把一次静态的布置看成是最终结果，而应使布置设计适应企业中长期发展规划的需要，具有良好的动态柔性。在进行布置优化时，要从以下几方面考虑：

(1) 确定发展规划，做到远近结合 一般来说，可通过对市场的预测研究，提出 1 ~ 3 个量化方案，作为动态柔性布置的依据。

(2) 确定合理算法，做到动静结合 以常规算法求出静态布置方案做为基础，考虑规划，采用合理算法(如分析、仿真、计算程序等)，求出“动态理想方案”。

(3) 单体设施的可扩展性与总体布置的可调整性相结合 在理想方案的基础上，经过单体设施扩展协调后提出动态柔性的推荐方案。

(4) 动态分析设计应以产品预测为先导 在优化和决策的问题解决之后，如有可能，还应进行动态仿真研究分析，以此估计和推断系统的设计是否合理，然后修改系统参数、重复设计、规划步骤，直到满意为止。

三、物流系统仿真

生产物流过程实际上是物料流动加信息流动的过程。图 3 – 21 是生产物流系统的物料流图。图 3 – 22 是生产物流系统的信息流图。

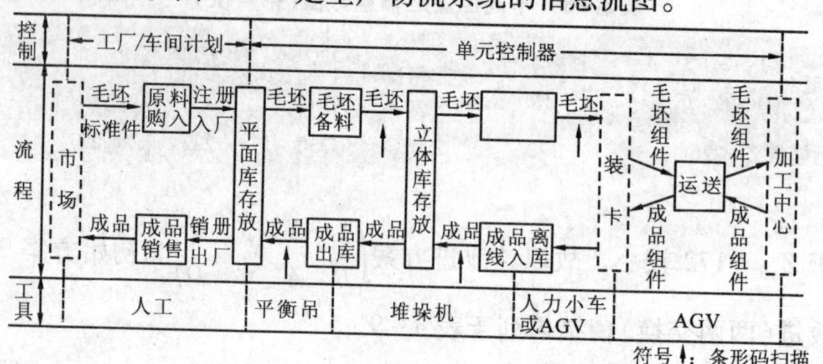

图 3 – 21 生产物流系统的物料流程图

1. 物流系统的数学模型

对物流系统进行仿真，其目的是通过仿真了解物料运输、储存的动态过程的各种统计性能，如运输设备的利用率是否合理，运输路线是否通畅，物料系统的流动周期是否过长等。由于物流系统是一个复杂的离散事件系统，其运行受到许多随机因素的影响，很难找到一种确定的解析式来描述和表达这一过程。以下介绍物流系统的排队模型。

排队系统解决的主要是服务与被服务的问题，例如，物料在库房、机房、装卸工具、运输工具前等待，接受、入库、出库、搬运、装卸等服务。这类问题的基本过程如图 3 – 23 所示。图 3 – 23 过程中由两个基本单元组成：顾

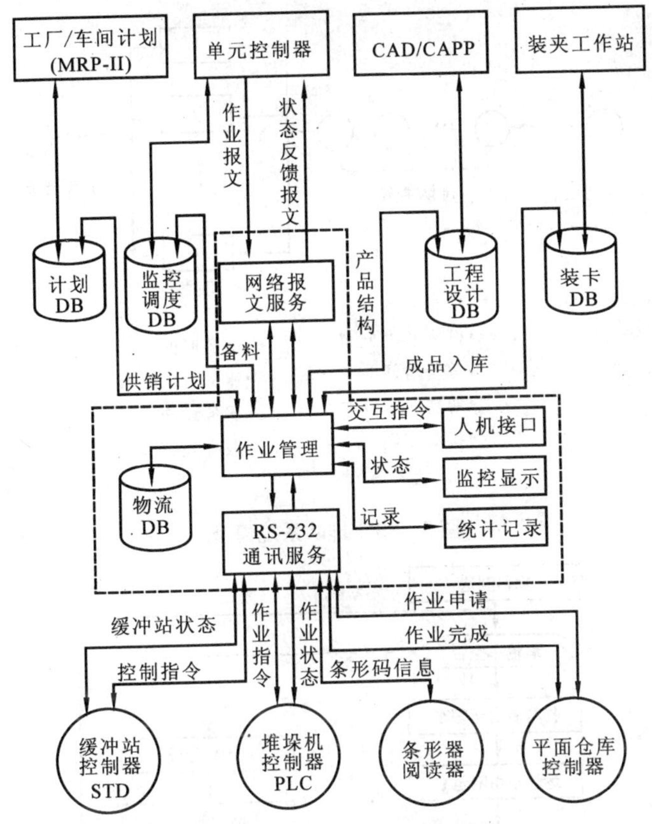

图 3－22　生产物流系统的信息流图

客与服务台。服务过程包括三个基本因素：接受服务；进行服务；等待接受服务的队列。

与排队系统对应，物流系统中物料(毛坯、半成品、成品、废料、加工工具、托盘等)就是顾客，而仓库、运输设备、装卸设备、操作工人等则是服务台。排队问题的核心是解决系统的效率和效益，即确定适当的服务台数量和服务时间，减少排队等待时间，缩短物料储存运输的周期。为了对一个物流系统进行仿真首先要对系统进行数学描述，也就是建立系统模型。系统模型应说明：(a)物料在各设备间的流动过程；(b)设备对物料的作用；(c)物料的排队规则。排队系统的模型可以是一个流程图。例如，一台运输车把物料从立体仓库运送到装配工位。为了掌握运输车的利用率，确定是否增加运输车的数量，可以对这一系统进行仿真。如果把物料与运输车组成的系统看做一个简单的单服务台排队系统，那么，物料是系统的临时实体，运输车是永久的实体，可以用图 3－24 的流程图描述。

流程图描述了物料的到达模式、运输车的服务模式以及物料的排队规则。

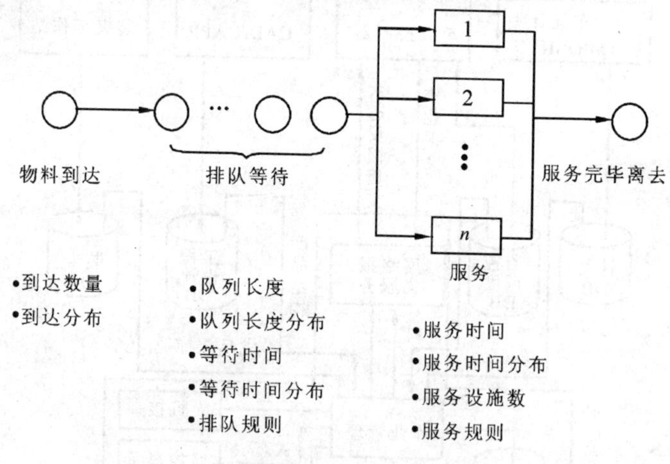

图 3－23　排队系统模型

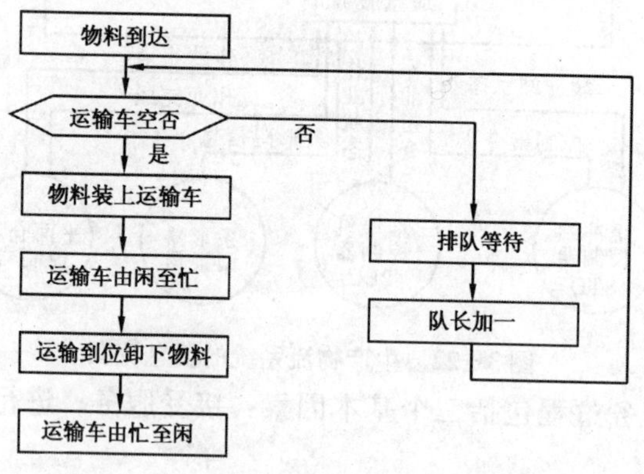

图 3－24　简单物流系统的流程图

画出流程图后，还要进一步分析系统的实体、事件和参数。系统参数一般分为三类：输入参数、状态参数和输出参数。

输入参数　物料到达时间间隔、运输车装载时间、运输车卸载时间、运输车运输时间。

状态参数　运输车状态（忙和闲）、物料排队长度。

输出参数　物料平均排队等待时间、物料平均排队队长、物料平均滞留时间（排队时间＋装载时间＋卸载时间＋运输时间）。

输出参数不仅限于上述几种，还可以根据仿真要求确定其他的输出。在通常的物流系统中，输入参数往往是随机的，如物料到达时间间隔，可以是指数分布、泊松分布、正态分布、均匀分布等。在完成了上述工作后，就可以进行系统仿真了（图 3－25）。

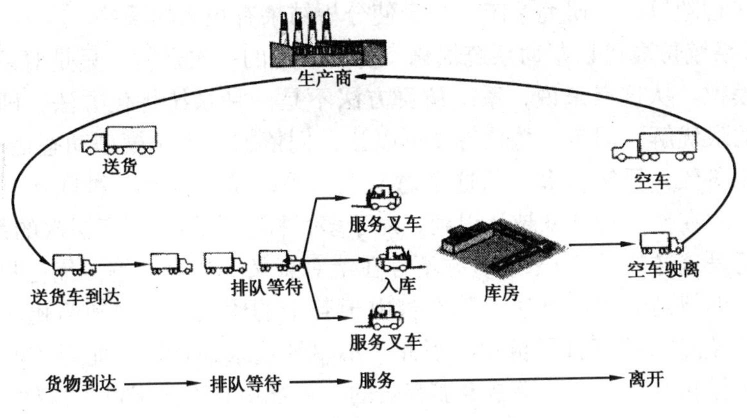

图 3－25　物流系统排队模型

2. 系统仿真的优点

系统仿真方法之所以得到广泛的应用，是因为它具有以下主要优点。

(1) 符合人们的思维习惯，有助于系统分析　研究分析物流系统的方法，大体上可分为两种类型：一类是解析法，另一类是非解析法。解析法是把物流系统抽象成一种数学表达式找到最优解，这是一种完全通过逻辑推理来获得启发和借鉴的方法，如运筹学中的线性规则和动态规划等。解析法有比较悠久的发展历史，在实际中应用广泛，是比较成功的方法。但是，解析法过于拘泥于数学抽象，人们面对抽象的、假象的逻辑模型，很难获得系统的真实感受，虽然解析法可以求最优解，但却不便于人们进行实际的系统分析。非解析法不依据抽象的假象，而是以现实为依据。系统仿真方法是一种非解析法。系统仿真所依据的是对系统的实际观测获得的数据建立起来的动态模型。这种方法所建立的模型，既表达了系统的物理特性，又有其逻辑特征；既反映了系统的静态特征，也反映了其动态的性质，更贴近实际、更真实、更便于对系统进行分析。

(2) 系统仿真对各种复杂的系统具有很好的适应性　系统仿真所建立的模型，完全是实际系统的映像。它反映系统的物理特征、几何特征，又反映系统的逻辑特征。因此，对于各种复杂的物流系统，无论是线性还是非线性的，无论是静态的还是动态的，都可以用系统仿真法来研究。

(3) 系统仿真有利于解决随机因素的影响　系统仿真模型的另一特点是因为它是一个随机模型，系统的参数受随机因素影响所发生的变化在模型中得到充分体现，这一点是解析法所无法比拟的。解析法一般是针对一种固定的约束条件或环境求解。而实际系统，特别是复杂的离散事件系统往往受很多随机因素的影响(物流系统就是这样的系统)。忽略随机因素的影响，用确定

性模型代替随机模型研究系统，将会使分析结果有很大的误差。

(4)系统仿真可以帮助系统优化 仿真模型的一次运行，只是对系统一次抽样的模拟。从这点来说，系统仿真方法不是一种系统优化方法，即它不能求系统的最优解。但是，系统仿真可以让人们依据对系统模型动态运行效果，多次修改参数，反复仿真。从这个意义上，系统仿真又是一种间接的系统优化方法。现在，人们越来越认识到，对于多目标、多因素、多层次的系统(物流系统正是这样的系统)来说，并不存在绝对意义上的最优解，优化只是相对而言的。即使是最优化解法，其本身由于若干的假设、抽象和简化所造成的误差，已经使“最”字打了折扣。因此，不单纯追求最优解，而寻求改善系统行为的途径和方法，应该说是更加有效的。系统仿真方法提供了这种环境。

以上优点，使系统仿真技术应用越来越广泛。当然，系统仿真方法应用与发展的外部条件，首先是计算机硬件技术的发展与支持。建立可信的系统模型是仿真最重要的前提，也是仿真中比较困难的部分。其次，仿真需要从实际系统收集大量的数据。仿真模型的每一个细节都以实际数据为依据，要花费较多的时间。数据收集和分析的难度也较大，这些都会影响仿真的质量。借助仿真方法优化系统时，需要对每次仿真过程反映出的现象，进行深入的综合分析，提出改进建议，再仿真检验改进措施的效果。这种优化过程是很灵活的，优化路径常常是多种多样的。这就要求仿真者不仅对实际系统具有深入的了解，准确把握系统的多种目标，而且有综合的系统分析能力。

3. 系统仿真在物流系统研究中的作用

物流系统研究中系统仿真技术的应用主要有以下几方面。

(1)物流系统设施规划与设计 在没有实际系统的情况下，把系统规划转换成仿真模型，通过运行模型，评价规划方案的优劣并修改方案，是系统仿真经常用到的一方面。这可以在系统建成之前对不合理的设计和投资进行修正，避免资金、人力和时间的浪费。例如，一个复杂的物流系统，由自动化立体仓库、AGV、缓冲站等组成。系统设计面临的问题是，如何确定自动化立体仓库的货位数；确定 AGV 的速度、数量；确定缓冲站的个数；确定堆垛机的装载能力(运行速度和数量)以及如何规划物流设备的布局；设计 AGV 的运送路线等。这里生产能力、生产效率和系统投资常常都是设计的重要指标，而它们又是相互矛盾的，需要选择技术性与经济性的最佳结合点。系统仿真运行准确地反映了未来物流系统在有选择的改变各种参数时的运行效果，从而使设计者对规划与方案的实际效果更加胸有成竹。有人说，系统仿真把明天的工厂放到了今天，是不无道理的(图 3－26)。

(2) 物料控制 生产加工的各个工序，其加工节奏一般是不协调的，物

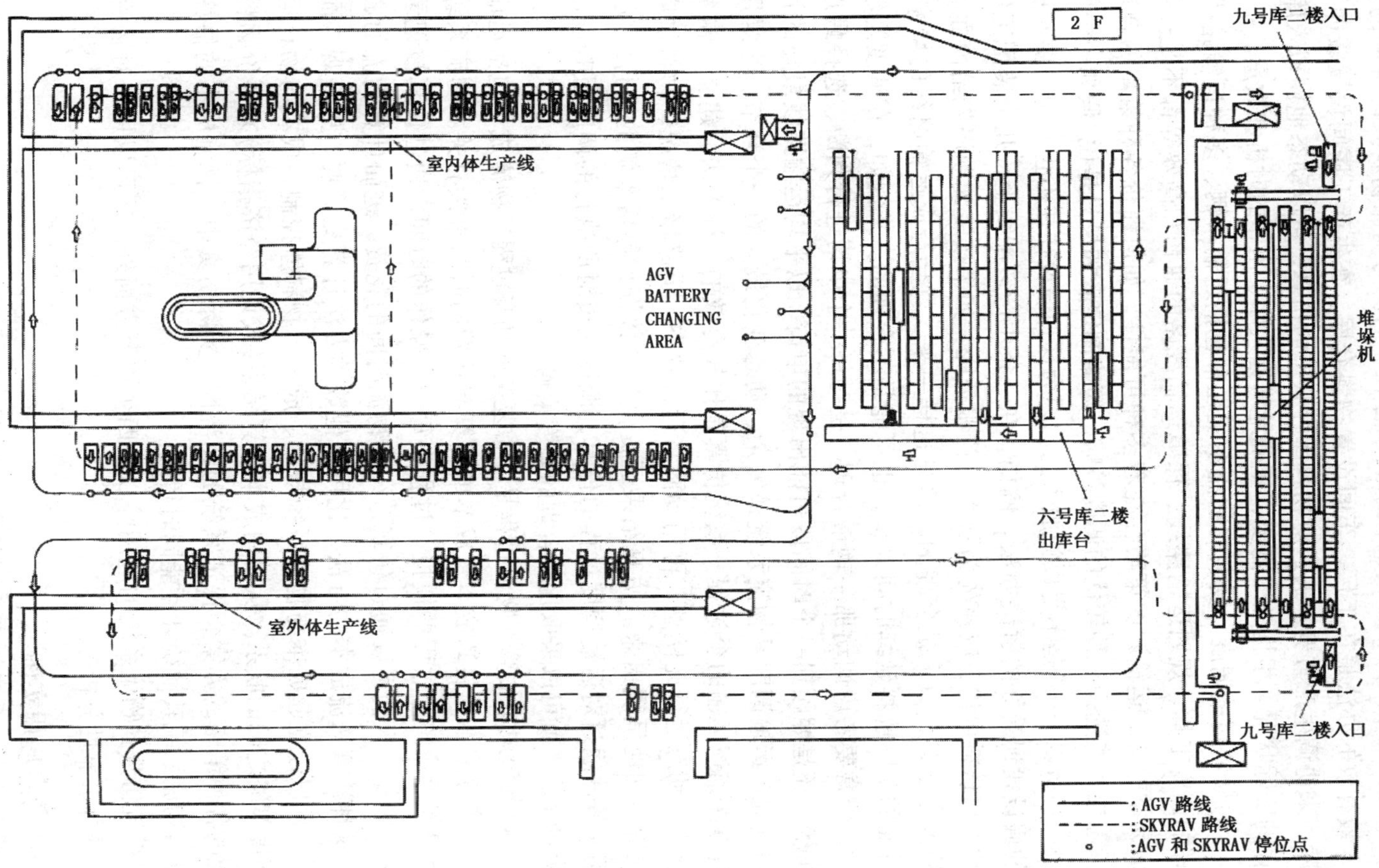

2 F

九号库二楼入口

室内体生产线

AGV
BATTERY
CHANGING
AREA

堆垛机

六号库二楼
出库台

室外体生产线

九号库二楼入口

: AGV 路线
: SKYRAV 路线
:AGV 和 SKYRAV 停位点

图 3－26　设备布置图

料供应部分与生产加工部门的供求关系存在矛盾。为确保物料及时准确的供应，最有效的办法是在工厂、车间设置物料仓库，在生产工序间设置缓冲物料库，来协调生产节奏。通过对物料库存状态的仿真，可以动态地模拟入库、库存的实际状况。根据加工需要，正确地掌握入库、出库的时机和数量。

(3)物料运输调度 复杂的物流系统经常包括运输车辆、多种运输路线。合理的调度工具、规划运输路线、保障运输线路的通畅和高效等都不是一件轻而易举的事。运输调度策略存在着多种可能性，如何评价各种策略的合理性，怎样才能选择一种较优的调度策略，策略制定者如果只是说“假如……就会……，所以……”是不足以说服人的。因为这种假设往往不止一个，要对所有的假设找到最好的解决办法。例如，在一条生产装配线上，几个装配工位同时提出送料申请，应该先为那个工位服务呢？如果按装配顺序先给前面工序的工位送料，似乎是合理的。但是这样一来，就会造成运输路线的堵塞，使后面的工序选料延续时间太长，也可能是不合理的。又例如，在调度运输车时，经常要考虑调动那一辆最合理。是对每一个申请进行判断、选择最近的车辆，还是照顾到一个时间段可能出现的申请，以平均运输路线最短的目标调度呢？运输调度是物流系统最复杂、动态变化最大的一个环节，很难用解析方法描述运输的全过程，系统仿真是比较有效的一种方法。建立运输系统模型，动态运行此模型，再用动画将运行状态、道路堵塞情况、物料供应情况等生动地呈现出来。仿真结果还提供各种数据，包括车辆的运行时间、利用率等。通过对运输调度过程的仿真，调度人员对所执行的调度粗略进行检验和评价，就可以采取比较合理的调度策略。

(4)物流成本估算 物流过程是非常复杂的动态过程。物流成本包括运输成本、库存成本、装卸成本，成本的核算与花费的时间直接有关。物流系统仿真是对物流整个过程的模拟，过程中每一个操作的时间，通过仿真被记录下来。因此，人们可以通过仿真，统计物流时间的花费，进而计算物流的成本。这种计算物流成本的方法，比用其他数学方法计算更简便、更直观。而且同时可以建立起成本与物流系统规划、成本与物料库控制、成本与物料运输调度策略之间的联系。从而用成本核算结果(或说用经济指标)来评价物料系统的各种策略的方案，保证系统的经济性。实际仿真中，物流成本的估算可以与物流系统其他统计性能同时得到。

系统仿真在物流系统的应用除以上四个主要方面外，还可以用来对物流系统进行可靠性分析等。

4. 系统仿真应用实例

下面是几个系统仿真应用的实际例子，这些例子分别表示了系统仿真在

生产流程设计、生产线协调、物料控制等方面的作用。

例 3-1 有一个半导体电子元件装配与检验生产线。生产线流程有 27 道工序，每道工序有不同的加工时间。原设计的生产线存在三个问题：在制品数量过多，元件加工周期过长，生产线经常因加工紧急任务而被终止。为了解决这几个问题，对系统进行了仿真。仿真的目标是减少加工周期，仿真输出结果是每一道工序加工数量、每一道工序的平均在制品数和每一道工序的利用率。根据分析认为，控制各工序特别是关键工序在制品的数量是使整个生产协调顺畅的关键。于是通过仿真，为各工序特别是关键工序设置和规定了最少与最多在制品数量的限度，从而使实际加工周期比仿真前缩短了 30%，降低了成本，也减少了因紧急任务而引起的中断。

例 3-2 有一个消费品装配与检验生产线。产品经过 STN_1、STN_2（STN_{2A}）、STN_3、STN_4 四道工序的装配，最后在 STN_5 被检验。工件进入生产线时，首先被安装在一个托盘上，然后随托盘自动在传送线上从一道工序传送到下一道工序。加工并检验合格的工件从托盘上拆下来，离开生产线。空托盘继续在线上运送。该生产线要提高产量，需要增加搬运工件的托盘数量。由于托盘是非常精密和昂贵的，为了减少投资，同时也为了避免在生产线上空托盘过多造成传送线拥挤，影响运输和生产，需对系统进行仿真。仿真的目的是对设计的 26 个托盘的数量进行评价。仿真输出的是：日生产量、加工周期中的阻塞时间、设备平均利用率。

经过仿真，确定托盘数量 24 个，比初步设计的 26 个托盘减少了 2 个，仅这一项就减少了投资 60 万美元。

例 3-3 某汽车厂要设计汽车零件检验台，在每个检验工位设置一个旋转盘和一个机器人。其工作过程是：工件从入口处经传送带进入，机器人将它放到旋转着的圆形转盘的一个工位上，转盘自动旋转至检验台时，检验工人取下工件进行检验，同时将已检验完的工件放回到旋转盘上；旋转盘继续旋转，机器人把合格的工件放到传送带上送到出口处；未经检验过的工件将随转盘继续旋转，到检验台重新检验；每个工件检验够 24 s 才能得知检验结果。这个系统的设计要求是确定旋转盘上的位置数，设计目标是使检验效率最高且旋转盘最少。

通过仿真对不同位置数每天检验的工件数及转盘位置数不同时检验台的利用率进行分析，确定了在每个转盘上设置 12 个位置是最佳的。这一设计使整个检验流程减少了一个检验台，不仅满足了生产线的需要，也节省了投资。

案例● 一汽变速箱厂准时化生产

一汽变速箱厂于 1989 年 10 月建成，生产从日本日野公司引进的 LF06S 六档同步器变速箱，用于配装解放 CA141 载货车。伴随产品引进也引进了管理模式，但由于管理未能及时到位，曾一度造成生产被动，质量不佳，效益不理想。为此，一汽变速箱厂决定实施“准时化”生产方式。

开发思想

吸收丰田生产方式的管理哲理，结合厂情开创“准时化”生产方式，运用多种管理方法和手段，做到以必要的劳动、确保必要时间、生产必要数量的必要工件，以达到杜绝超量生产、消除无效劳动和浪费、实现少投入多产出的目的。

准时化生产方式的特点

- 目标明确，系统性强，围绕提高产品质量、降低成本、满足市场需求的目标，进行“配套设计，同步实施”的开发与建议方式
- 采用“拉动式”生产组织方式，变“推动式”生产为“拉动式”生产组织方式，以市场需求为目标组织生产
- 向工序间在制品库存为“零”进军
- 实行“一人多机”操作，实行 U 形生产设备布置，“一人多机”操作，大大提高劳动生产率
- 工具定制集配，精度刀具强制换刀与跟踪管理
- “三为”现场管理，强调观念更新、以生产现场为中心、生产工人为主体、车间主任为首的“三为”管理体制
- 生产现场实行“5S”活动，即整顿、整理、清扫、清洁和素养
- 实行“三自一控”、“创合格”、“深化工艺”、“五不流”和“产品创优”的“五位一体”管理体系

实施效果

经过 1 年多的实践，“准时化”生产方式使工厂面貌发生以下巨大变化。

- 生产能力大幅度提高，实现均衡生产。原设计能力 6.8 万台/年，1992 年实施准时化生产后实现 8000 台/月生产水平，产品品种由原来 1 个基本型发展为 18 个改型产品
- 产品质量稳步提高。1991 年废品率下降 35%，一次装配合格率由 80% 提高到 92%，市场占有率大幅度提高
- 推行看板管理，在制品大幅度下降。在制品流动资金占用从 1991 年初的 700 万下降到年底的 350 万，下降了 50%；1992 年月产量增加

了 25%，流动资金却下降到 300 万

- 实行多机床操作，多工序管理。人均操作 3 台机器，节省操作现场工人近 50%，人工作业效率由原 27.7% 提高到 65%，按厂内价格计算人均劳动生产率实现 15.2 万元
- 刀具消耗下降 17%，设备故障停歇时间下降 80%
- 准时化生产方式提高了企业整体素质，改变了旧管理作风，管理工作效率大幅度提高

思考与练习 3

- 理解掌握企业物流系统结构。
- 了解企业物流系统与生产工艺流程的关系。
- 理解企业物流系统的特点与类型。
- 物流系统的特征及分类。
- 试述物流合理化原则。
- 试述物流合理化途径。
- 会计算物流当量，会求玛格数和活性指数。
- 你能够找到计算当量物流量的其他方法吗？
- 企业物流系统分析方法的模式。
- 为何要进行仿真设计？
- 掌握企业物流系统平面布置设计模型及应用过程，会用新建法和改进法进行简单的平面布置。
- 分析现代物流系统的现状与发展趋势。
- 试述 TPS 物流系统是如何支撑准时化生产和均衡化生产和实现丰田企业目标的。
- 了解 CIMS 物流系统设计概况。
- 讨论 TPS 物流系统与 CIMS 物流系统在设计思想上有何异同。
- 你认为 TPS 的精髓是什么？在我国实施 TPS 应注意什么事项？
- 参观一个企业或物流系统，你对该物流系统的评价如何，并提出改进意见。

第四章 物料搬运系统

物料搬运(Material Handing)是制造企业生产过程中的辅助生产过程,它是工序之间、车间之间、工厂之间物质流不可缺少的环节。据国外统计:在中等批量的生产车间里,零件在机床上的时间仅占生产时间的5%,而95%的时间消耗在原材料、工具、零件的搬运、等待上,物料搬运的费用占全部生产费用的30%~40%。为此,设计一个合理、高效、柔性的物料搬运系统,以压缩库存资金占用、缩短物流搬运所占时间,是十分必要的。本章在介绍物料搬运系统的基本概念、基本设备和器具之后,着重介绍物料搬运系统的分析设计方法,即SHA法(System Handling Analysis)。

第一节 物料搬运系统的基本概念

一、物料搬运与物料搬运系统

1. 物料搬运

物料搬运是物流系统的一个子系统,它由物料装卸和物料搬运两个主要部分组成,在同一场所范围内进行的、以改变物料的存放(支撑)状态(即狭义的装卸)和空间位置(即狭义的搬运)为主要目标的活动,即对物料、产品、零部件或其他物品进行搬上、卸下、移动的活动。物料搬运是在已经设计和建立的物流系统条件下,使系统中的物料(包括液体、散装物体、单件物体、包装件、单元装载体等)按着生产、工艺及服务的要求运动,以实现系统设计提出的目标。由于物料搬运在生产领域各个生产环节中起着相互连接与转换的作用,使生产能连续、正常地进行。因此,物料搬运系统的合理与否,将直接影响生产率和企业的经济效益。物料搬运只增加成本而不增加产值,从最佳经济原则考虑,搬运工作量越少越好。

2. 物料搬运系统

物料搬运系统是指一系列的相关设备和装置用于一个过程或逻辑动作系统中,协调、合理地将物料进行移动、储存或控制。物料搬运系统和设备、容器性质取决于物料的特性和流动的种类。每一系统都是经过专门设计、服务于特定物流系统环境和规定的物料、物料搬运系统的设计要求合理、高效、柔性和能够快速装换,以适应现代制造业生产周期短、产品变化快的新特点。

3. 物料搬运有四个维度：运动、时间、数量和空间

运动 物料搬运的运动方面包括货物在存储设备的转进和转出及其在设备内的传递。那么有效的物料搬运就意味着货物运进到存储设备或从中运进以及在存储设备中的高效移动。

时间 物料搬运的时间维度与为生产或者履行顾客订单的物品准备有关。把原材料送至生产所花费的时间越长则越可能出现停工、高库存和存储空间需求增大的情况。同样，把成品送至运输区域所需的时间越长，订单周期所需时间就越长，顾客服务水平就越低。

数量 数量问题阐述的是原材料和成品各自的使用率和交付率。人们设计物料搬运系统，是为了保证将正确数量的产品运去满足生产和顾客的需要。

空间 物料搬运设备占用仓库和工厂空间。仓库里的空间是固定的，物料搬运系统必须有效利用这个空间。带有延伸平台的叉车可以伸出 25～30 ft，因而提高对仓库容纳能力的作用。

图 4－1　物料搬运的一般目标

二、物料搬运的目的

物料搬运的一般目的如图 4－1 所示。

1. 存储的有效容积

这是物料搬运的一个基本目标。仓库有固定的内部容积，尽可能多地利用空间使得仓库的运营费用最小化。

2. 走道空间最小化

在避免过道过窄以至于阻碍设备移动的前提下，减少过道的空间。同时注意所使用的搬运设备的不同条件，如叉车设备经常需要掉头的空间，因而比其他类型的物料搬运设备需要更宽的过道。

3. 减少货物的处理时间

货物不论是在仓库还是在存储区域都有几个不可避免的移动，所以要减

少运货时间进行有效的运营就要避免多余的搬运活动。物料搬运系统的设计和它的关联活动，应该使货物在仓库内部和进出仓库的移动最小化，同时有效设计的物料系统应该移动的次数最小化，达到货物移动的高效性。

4. 创造有效的工作条件

所有物料搬运系统，不论是与物流还是与生产相联系的，都应该在提高生产率的同时，使它对临近的工人安全的威胁最小化。物料搬运系统应尽可能消除短距离、单调和包含重体力的劳动。

5. 减少人工运作

尽可能地采用仓库自动化、搬运自动化。

6. 改进物流服务

物料搬运通过让物流系统对工厂和顾客的需求做出快速高效的反应来提高效率。物料搬运在把货物以合适的数量及时送到顾客手里起着关键作用。

7. 降低成本

高效的物料搬运可以通过提高生产率(通过给出更多的、更快的产出)来削减成本；也可以更有效地利用空间、减少物品放错的频率来降低成本。

三、物料搬运方法及选择原则

物料搬运方法是指物料搬运路线、搬运设备和搬运单元的结合。

1. 物料搬运路线分类及选择

搬运路线分为：直达型、渠道型和中心型(图4－2)。

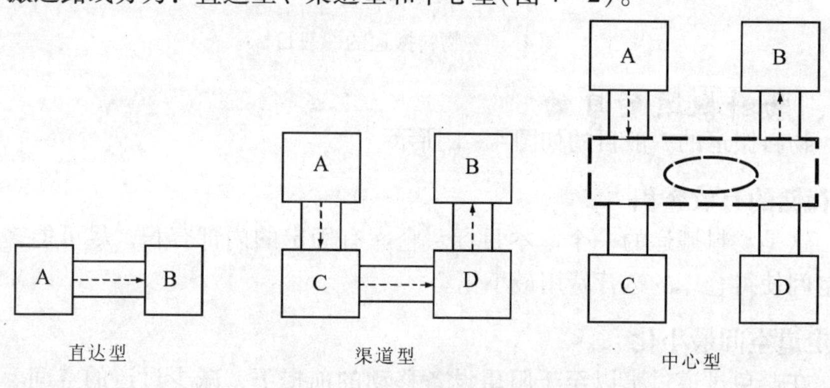

图4－2　物料搬运路线分类

(1) 直达型　各种物料从起点到终点经过的路线最短。当物流量大、距离短(或距离中等)时，采用这种型式是较经济的。尤其适合于物料有一定的特殊性而时间又较紧迫的情况。

(2) 渠道型 一些物料在预定路线上移动，与来自不同地点的其他物料一起运到同一个终点。当物流量为中等或少量而距离为中等或较长时，采用这种型式是经济的。尤其当布置是不规则的分散布置时更为有利。

(3) 中心型 各种物料从起点移动到一个分拣中心或分发中心，然后再运往终点。当物流量小而距离中等或较近时，这种形式是非常经济的；尤其当厂区外形基本上是方整的且管理水平较高时更为有利。物料搬运过程中，若物流量大且距离又长，则说明这样的布置不合理。距离与物流量可作为我们确定搬运路线的依据(图 4－3)。

2. 搬运设备选择

(1) 物料搬运设备按费用数据分类 我们一般把设备分成以下四类：简单的搬运设备、简单的运输设备、复杂的搬运设备、复杂的运输设备。根据距离与物流量的大小，可确定选择的设备类别(图 4－4)。设备按技术或具体性能分类时可分为：起重机、输送机、无轨搬运车辆和有轨搬运设备。在一般情况下，物料搬运系统设备的典型选择表现如下。

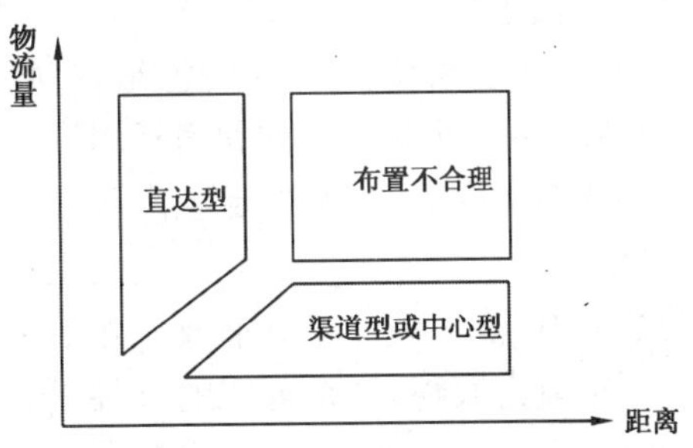

图 4－3 搬运路线选择

- 距离短，物流量小→简单的搬运设备(如二轮手推车)
- 距离短，物流量大→复杂的搬运设备(如狭通道带夹具的叉车)
- 距离长，物流量小→简单的运输设备(如机动货车)
- 距离长，物流量大→复杂的运输设备(如电子控制的无人驾驶车辆)

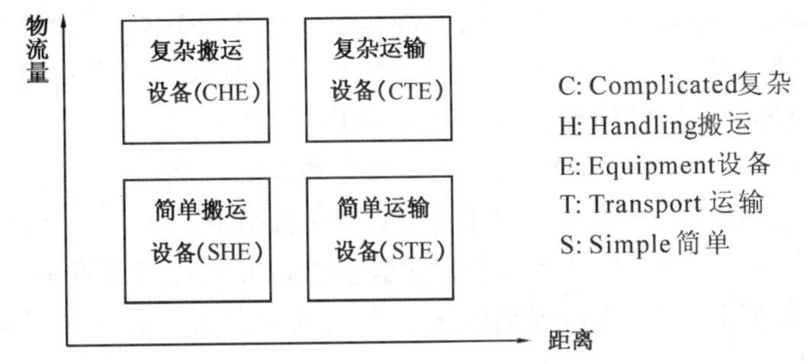

图 4－4 搬运设备选择

(2) 选择设备规模及型号的条件 根据设备的技术指标和物料特点选择设备规模及型号。

3. 搬运单元

它是指物料搬运时的基本装载方式，如散装、采用车箱、罐装等，单件采用单件包装、集装器具等。应根据物料的特点和设备来选择运输与搬运单元。

四、物料搬运的20条原则

规划原则 以获得系统整体最大工作效益为目标，规划所有的物料搬运和物料存储工作。

系统化原则 尽可能广泛地把各种搬运活动当作一个整体，使之组成相互协调的搬运系统。其范围包括供货厂商、收货、储存、生产、检验、包装、成品储存、发货、运输和消费用户等。

物流顺畅原则 在确定生产顺序与设备平面布置时，应力求物流系统的最优化。

精简原则 减少、取消或合并不必要的运动与设备，以简化搬运工作。

利用重力原则 在可能的条件下，尽量利用重力搬运物料，但应注意防止磕碰。

充分利用空间原则 最大可能地充分利用建筑物的整个空间。

集装单元化原则 尽可能地采用标准的容器与装载工具来集装物料搬运，以利搬运过程的标准化、集装化。

机械化原则 合理采用搬运机械设备和提高搬运机械化程度。

自动化原则 在生产、搬运和储存过程采用合理的作业自动化。

最少设备原则 考虑被搬运物料的各个方面的特点——包括物料的运动方式和采用的搬运方法，选择最少设备。

标准化原则 使搬运方法、搬运设备、搬运器具的类型、尺码标准化。

灵活性原则 在专用设备并非必要的情况下，所采用的搬运方法和搬运设备应能适应各种不同的搬运任务和实际应用的要求。

减轻自重原则 降低移动式设备的自重与载荷的比例。

充分利用原则 力求使人员与搬运设备得到充分利用。

维修保养原则 为全部搬运设备制定预防性保养和计划维修制度。

摒弃落后原则 当出现可提高效率的方法和设备时，合理更新陈旧设备与过时的方法。

控制原则 利用物料搬运工作改进对生产、库存和接订单发货等工作的控制管理。

生产能力原则 利用搬运设备促使系统达到所要求的生产能力。

搬运作业效能原则 以每搬运一件单元货物所耗成本的指标考核搬运作业

的效能。

安全原则 为保证搬运的安全，提供合适的方法和设备。

第二节 物料搬运设备及器具

一、物料搬运设备选择应考虑的因素

1. 搬运设备选择的基本思路

(1) 明确问题性质 弄清楚是否确实需要进行这个搬运步骤。

(2) 要有长远考虑 制定设备选择计划时应当有长远发展的眼光。

(3) 牢记系统化的概念 所选用的设备不仅仅局限于工厂某一角落，它要在整个生产系统的总目标下发挥作用。

(4) 简化原则 没有充分的理由时，不要盲目追求不必要的高级设备。

(5) 选用合适的规格型号 应尽量采用标准产品，而不采用价格比较昂贵的非标准设备。

(6) 考虑多方案的比较 不要局限于一种设备与搬运方法去完成某项搬运工作，要想到可能会有更好、更低廉的设备与搬运方法。

2. 搬运设备选择应考虑的因素

搬运设备选择时应考虑以下因素：设备的技术性能；设备的可靠性；工作环境的配合和适应性；经济因素，包括投资水平，投资回收期及性能价格比等；可操作性和使用性；能耗因素；备件及维修因素；与物料的适配程度；物料的运动方式。

物料运动方式与搬运装备选择的关系如表 4－1 所示。

表 4－1 物料运动方式与搬运装备选择

运动方式	搬运设备
水平式	卡车、连续运输机、小推车、滑道、缆索、索道
垂直式	各种提升机、起重机、卷扬机
倾斜式	连续运输机、提升机、料斗卷扬机、滑道
垂直及水平	叉车、起重机、升降机、提升机
多平面式	旋转起重机

二、物料搬运设备及器具

物料搬运设备及器具是机械化生产的主要组成部分，它的技术水平是搬

运作业现代化的重要标志之一。按搬运设备的作业特征，可将其分为两类：起重搬运设备和运输机械。

1. 起重搬运设备

包括起重机、起重电梯、叉车和搬运车等。

（1）起重机 常用的起重机有：电动梁式起重机、通用桥式起重机、门式起重机、固定旋转起重机、轮胎式起重机等。表4－2列出了主要起重机类型的特点与使用范围。

表4－2 起重机的特点与使用范围

类别	特 点	使用范围
电动梁式起重机	采用电葫芦为起升机构，具有重量轻、轮压小、范围大等特点	适用于小吨位起重量及工作不繁忙的场所
通用桥式起重机(吊钩式)	起升机构为卷扬小车，有单钩和双钩，起重量大，起升、运行速度范围广	适用于机械加工、修理、装配车间或仓库、料场，作一般装卸吊运作业
门式起重机	采用单梁或双梁结构，起升机构为通用小车，取物装置为吊钩	适用于露天一般物料的装卸搬运作业
固定转柱式旋转起重机	有一立柱作为臂架金属结构的组成杆件之一，随同臂架一起绕自己的轴心旋转90°～270°，起重量不超过5t	可安装在室内或室外有立柱的场合使用
固定定柱式旋转起重机	主柱与起重机臂架分开，能转360°，起重量一般不超过10t	可安装在室内、室外任何地方使用
汽车起重机	起重装置在标准或特制汽车底盘上，运行速度高，机动性能好，能直接与汽车编队行驶	适合于仓库、码头、货栈、工地等场所的装卸和安装工作
轮胎起重机	采用专用的轮胎式底盘，重心低，起重平稳，在使用短臂时，可在额定起升重量75%的条件下带负荷行驶，扩大了起重作业的机动性	适用于港口、车站、货场、工地等场所装卸和安装工作

在物料搬运中，主要根据以下参数进行起重机的类型、型号选择。

- 所需起重物品的重量、形态、外形尺寸等。
- 工作场地的条件(长×宽×高，室内或室外等)。
- 工作级别(工作频繁程度、负荷情况)的要求。
- 每小时的生产率要求。

(2)起重电梯 电梯是一种依靠轿厢沿着垂直方向运送人员或货物的间歇

性运动的提升机械。选择时，首先根据服务对象选择电梯类型(客梯、货梯)，然后再根据速度要求、起升高度、操作方式等选择电梯型号。

(3)叉车 又称铲车、装卸车，是一种能把水平运输和垂直升降有效地结合起来的装卸机械，有装卸、起重及运输等方面的综合功能，具有工作效率高、操作使用方便、机动灵活等优点。其标准化和通用性也很高，被广泛应用于车站、机场、码头、货栈、仓库、车间和建筑工地，对成件、成箱或散装货物进行装卸、堆垛以及短途搬运、牵引和吊装工作。叉车种类很多，结构特点和功能也各不一样。因此在使用时，应根据物料的重量、状态、外形尺寸及叉车的操作空间、动力、驱动方式进行合理选择，同时应考虑选择适当的托盘配合使用。

(4)小型搬运车 小型搬运车有手推车、手动托盘搬运车和手动叉车等。

① 手推车。手推车是一种以人力为主、在路面上水平输送物料的搬运车。其特点是轻巧灵活、易操作、回转半径小。它广泛应用于工厂、车间、仓库、站台、货场等处，是短距离输送轻型物料的一种方便而经济的输送工具。

② 手动托盘搬运车。手动托盘搬运车用来搬运装载于托盘(托架)上的集装单元货物，当货叉插入托盘(托架)后，上下摇动手柄，使液压千斤顶提升货叉，托盘(托架)随之离地。当物品搬运到目的地后，踩动踏板，货叉落下，放下托盘(托架)。它操作灵活、轻便，适合于短距离的水平搬运。

③ 手动叉车。手动叉车是一种利用人力提升货叉的装卸、堆垛、搬运的多用车。它操作灵活、轻便，用途广泛。

(5)无人搬运车及工业机器人

① 无人搬运车(自动导引车)。它可以自动导向、自动认址、自动程序动作，具有灵活性强、自动化程度高、可节省大量劳动力等优点，适用于有噪声、空气污染、放射性等元素有害人体健康的地方及通道狭窄、光线较暗等不适合驾驶车辆的场所，现已日益引起人们的关注并得到广泛应用。

② 工业机器人。工业机器人是一种能自动定位控制、可重复编程、多功能的、多自由度的操作机。它能搬运材料、零件或操持某些工具，以完成各种作业。目前已广泛地应用于产业部门，用得最多的是汽车工业和电子工业。从作业内容看，以工作堆垛、机床上下料、点焊(弧焊)以及喷漆最为普遍。

2. 运输机械

按其构造和使用特点分为：无轨道运输机械(重汽车、自卸汽车、拖车、工程专用汽车等)；有轨道运输机械(汽机车、内燃机车、电力机车、各种铁路车辆)；连续运输机械(带式输送机、螺旋输送机、斗式提升机等)；装卸与堆列机械(堆料机、堆取机等)。下面对几种主要运输机械加以简单介绍。

(1) 卡车 卡车是一种通用型载货汽车的通称，是主要的运输机械。在物料搬运中，配合装卸机械在厂内外进行运输工作，其类型、型号很多，选用时可根据需要在机电产品目录中选用。

(2) 拖车 拖车由牵引车牵引行驶，其运载能力强，适应尺寸大、重量大的货物运输，有全挂车和半挂车两种。一般由汽车牵引，也有用蓄电池搬运车或其他车辆牵引。

(3) 连续运输机 连续运输机在工作时连续不断地沿着同一方向输送散料或重量不大的单件物品，装卸过程无需停车。在流水作业生产线上连续运输机已成为整个工艺过程中最重要的环节之一，其优点是：生产率高，设备简单，操作简便。

常用的连续运输机有辊道式运输机、皮带输送机、链条输送机和悬挂运输机。

①辊道运输机。它由一系列排列规划的水平辊子组成。包装件、托盘等成件物料在辊道上输送，辊道可以有动力，也可以无动力。用人工推送时设备可有一定的倾斜度，依靠重力输送(注重防止碰撞)。若输送距离较长则可分成几段。

②皮带输送机。主要用来搬运成件或散装物料或搬运供总装用的部件，也可进行挑选、分类、检验、包装贴标签等作业。一般倾角大于16°要设置挡板。

③链条运输机。适用于运送单元物体，特别适用于矩形条板箱或纸板箱。在水平、倾斜或复合平面的装置中均有多种形式和广泛的应用范围。当装置较大时必须设小型板挡，以防后滑。

④悬挂式运输机(架空链式输送机)。能在三维空间中使用，可运送各种类型的物料。其温度范围可以很宽；能适应各种尺寸的物件，并具有不同的输送能力；还可以采用各种附件，如钩盘、斗、桶等，其使用范围几乎不受限制。另外，链条的全部长度均可利用，而大多数其他形式的输送机均有一非生产回程。

几种主要连续运输机械的规格范围与特征如表4-3所示。

(4) 物料搬运器具 物料搬运器具是人工与机械化之间的桥梁，它包括垫板、托盘、标准料箱、料架、料斗、装运箱、集装箱等。物料搬运过程中，器具的选用既要根据物料的不同采用多样形式，又要考虑标准化问题。集装单元化是物料搬运自动化的重要标志，它不仅使装运时间大为缩短，还减轻了搬运工人的劳动强度，提高了装运效率和搬运质量，也有利于提高现场管理水平。

表4-3　主要连续运输机械规格范围与特征

项目		输送能力（m^3/h）	输送物料	输送长度（m）	特征	
带式输送机	移动式	30~300	散状或成件物料	3~20	采用胶带作牵构件，结构简单，输送量大，输送距离长，输送物料范围广	装有走轮机构，调度灵活
	通用式	41~3000		20~2500		规格系列全，通用性强
刮板输送机	普通型	34~100（t/h）	粉状、粒状、块状物料	20~120	以链条作牵引构件，利用刮板沿着料槽运动输送物料，输送构件强度好，能耐冲击，可适应较差的工作条件，不宜输送易于碾碎的物料	
	弯曲型	40~700（t/h）				
埋刮板输送机	水平	12~124	粉状、粒状、小块状物料	80	以链条作牵引构件，利用刮板在封闭的矩形断面壳体中输送物料；可进行水平、垂直和Z型输送，也能组合布置、串接输送，多点加料卸料，工作时环境清洁；不宜输送有毒、易爆、易燃，磨损性、粘附性、悬浮性很强的物料	
	垂直	11~74		高度30		
	Z型	11~46		30 高度20		
斗式提升机	普通型（外斗式）	3.1~233	粉状、粒状、块状、物料	4~31.2	用胶带或链条作牵引构件，利用料斗在封闭箱内输送物料；具有占地面积小，提升高度大，密封性良好等优点	
	内斗式	25		6~29.1		
悬挂输送机	普通式	8~750（kg）	成件物品（零件、部件）		采用链条为牵引构件，利用挂钩悬挂工件或货物进行输送，具有灵活性，占地面积小，可进行远距离输送，能按工艺要求布置成具有立体空间的输送线路，完成人无法靠近的操作工艺	
	推　式	40~2000（kg）				
	地面式	320~1000（kg）				

托盘作为搬运器具的主要种类，是一种用于机械化装卸、搬运和堆放货物的集装工具，由两层铺板中间加以纵梁（或垫块）或单层铺板下设纵梁（或垫块、支腿）所组成。托盘按结构可分为平托盘、箱式托盘、柱式托盘、轮式托盘等；按材质可分为木托盘、钢托盘、铝托盘、胶合板托盘、波纹纸托盘、塑料托盘、复合材料托盘等；按使用寿命可分为一次用（消耗性）和多次用（循环性）两种；按使用范围可分为企业内部用和联运用两种。托盘规格尺寸标准化是托盘流通的前提。我国机械系统使用 JB3003-81 规定的 800×1000 与 500×800，载重量为0.5t、1.2t 的箱式和柱式托盘；JB3004-81 规定的 825×1100 与 545×825，载重量为0.5t、1.0t 的平托盘；1982 年我国颁布国家标准

(GB2934－82)，将联运托盘的平面尺寸定为800×1000、800×1200、1000×1200三种，载重量均为1.0t。

在工业企业中，托盘常与叉车配套使用，使物品在生产、储存、运输过程中实现机械化。它能最大限度地应用集装单元的原则，实现机械化搬运作业。托盘是实现物流过程机械化、合理化的一种重要工具。

第三节　物料搬运系统分析设计方法

一、主要内容

搬运系统分析(System Handing Analysis，SHA)是理查德·缪瑟提出的一种系统分析方法，适用于一切物料搬运项目。SHA方法包括：一种解决问题的方法，一系列依次进行的步骤和一整套关于记录、评定等级和图表化的图例符号。搬运系统分析过程如图4－5所示。

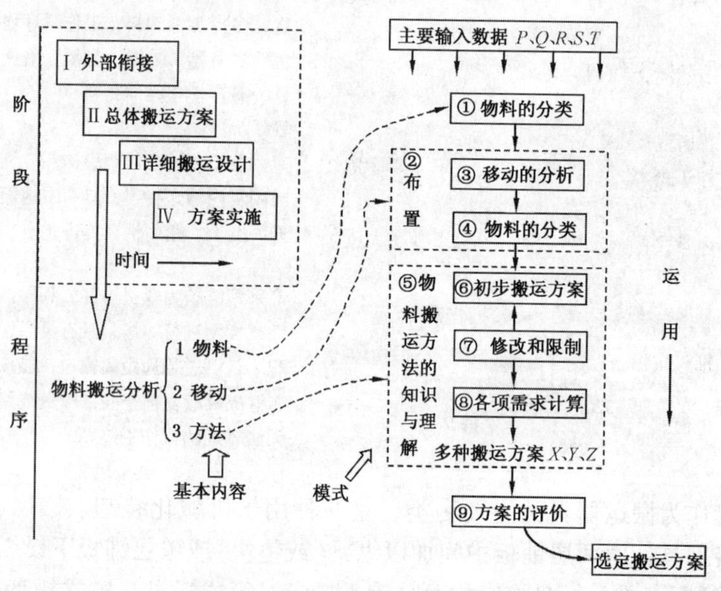

图4－5　物料搬运分析过程

1. 阶段结构

阶段Ⅰ·外部衔接　这个阶段要弄清所分析区域的物料进出情况。

阶段Ⅱ·编制总体搬运方案　本阶段拟定出各主要区域之间搬运物料方法。对物料的搬运路线、搬运设备及容器类型做出初步决策。

阶段Ⅲ·编制详细方案　这个阶段要考虑每个主要区域内部各工作地之间

的物料搬运，要确定详细的物料搬运方法。

阶段Ⅳ·方案实施 这个阶段要进行必要的准备工作，订购设备，完成人员培训，安排进度并安装具体的搬运设施。然后对所规划的搬运方法完成实验工作，验证操作程序，以确保在全部安装之后它能正常工作。

这四个阶段依次交叉进行，其中Ⅱ、Ⅲ阶段是工业工程师的主要任务。

2. 程序模式

物料搬运的程序模式是以物料、移动和方法三项为基础的。因此，物料搬运分析是：分析所要搬运的物料，分析需要进行的移动和确定经济实用的物料搬运方法。“SHA 的程序模式”是一个分步骤进行的程序，问题愈复杂，这个模式就愈有用。

3. 主要数据

主要输入数据有 5 个：*P*——物料（产品、部件、零件、商品）、*Q*——数量(销售量或合同订货量)、*R*——路线(操作顺序和加工过程)、*S*——后勤与服务(如库存管理、定货单管理、维修等)、*T*——时间因素(时间要求和操作次数)。

二、物料分类

1. 物料分类的主要依据

（1）物料的可运性 影响可运性的主要因素是物料本身的物理化学特性，外界的因素(如工位器具、托盘、货架和搬运设备等)也对可运性有重要影响。

（2）物流条件 其中包括生产工艺方面的要求，质量保证体系方面的要求(如精密件的搬运)、生产管理方面的要求(如生产中的间隙性、周期性、配套性、不均匀性等)、环保要求以及一些特殊要求(如贵重物品的控制)和法律管制品等。

2. 物料分类程序

根据物料的主要特征对所调查的物品进行经验判断，从而编制物料特征表(表 4 -4)，判断步骤如下：

- 列表标明所有的物品或分组归并的物品名称
- 记录其物理特征及其他特征
- 分析各类物料的各项特征，并在那些是主导的、起决定作用的特征下面划出标记线
- 确定物料类别，把那些具有相似的主导特征或特殊影响特征的物料归并为一类
- 对物料进行分类后(如用 a、b、c、d 表示)，即可编制物料特征表

表 4－4 物料特征表

厂 名： 项 目：
制表人： 参加人：
日期： 第＿页 共＿页

物料名称	物料实际最小单位	单位物料的物理特征							其他特征			
		尺 寸（单位：In①）			重量（单位：Ib②）	形 状	损伤的可能性（物料、人、设施）	状态（湿度、稳定性、刚度）	数量（产量）或批量	时间性	特殊控制	类别
		长	宽	高								
钢带	卷	直径 24，高 1			6～12	盘状	－	－	少	－	－	d
空纸袋	捆	28	18	24	48	矩形	易撕破	－	少	－	－	d
空桶	桶	直径 18，高 31			35	圆柱形	－	－	多	－	－	a
药物（20 种）	盒	6	6	12	8	矩形	－	－	很少	－	政府规范	d
油料豆	袋	32	16	8	96	矩形	－	－	中等	－	－	c
乳酸	酸坛	24	24	30	42	方形	严重	－	很少	－	－	d
黏性油	罐头	约 1 加仑			10	圆柱形	怕破裂	－	少	－	－	d
浓缩维生素	纸箱	6	12	6	20	矩形	－	要避热	少	－	－	d
备件	各种	各 种			各种	各种	有些	－	很少	急	－	d
润滑油	桶	直径 12，高 18			50	圆柱形	－	油腻	很少	－	－	d

注：① 1In 等于 0.0254m；②1Ib 等于 0.454kg

三、移动分析

设施布置决定了物料搬运的起点和终点之间的距离，它是选择任何搬运方法的主要因素。因此，我们选择的方案必须是建立在物料搬运作业与具体布置相结合的基础上。

1. 收集各种移动分析的资料

在开始分析各项移动时，需要掌握的资料包括：物料的分类；路线的起点、终点和搬运路径；物流的物流量和物流条件。

2. 移动分析方法

目前常用的移动分析方法有以下两种。

（1）流程分析法 这种方法是每次只观察一类物料，并跟随着它沿着整个生产过程收集资料（必要时跟随从原料库到成品库的全过程），然后编制出流程图表（或流程），如表 4－5 所示。当物料品种很少或是单一品种时，常采用该方法。

表 4 – 5　流程图表

本表所列单元与最终单元的关系		
本表所列单元	大小或重量	表列单元数/最终单元数
瓶	4　0z	1/1
纸箱(空)	4　1b	1/12
托盘(空)	386　1b	1/1008
纸箱(实)	11　1b	1/12
托盘(实)	924　1b	1/1008

厂名：海波药物公司　　项目：68 – 29

制表人：1. S　　参加人

日期：9月1日　　第 1 页　共 2 页

起点　进厂

终点　发运

☐ 现有的　☒ 建议的(方案代号)

方案摘要：叉车和托盘。从进厂直到成品库及发运。

本表所列流程：片剂装箱从空瓶进厂直至成品发运。

单位时间的最终单元数量

生产线速度　48 瓶/分

本表所列单元和每次荷载的单元数	作业符号	作业摘要	荷载的重量(1b)	每小时次数	距离(m)	备注
1. 纸箱(空)1		在载重卡车上	4			
2. 纸箱(空)1		装到托盘上	4			每托盘 0.25 人小时
3. 托盘(空)1		至验收站	386	12	50	
4. 托盘(空)1		在验收站				
5. 托盘(空)1		验收及过磅	386			
6. 托盘(空)1		在验收站				
7. 托盘(空)1		至装箱材料库	386	15	20	
8. 托盘(空)1		在装箱材料库储存				
9. 托盘(空)1		至装瓶及装箱	386	15	360	生产线速度为每分钟 4 纸箱
10. 瓶，12		瓶从纸箱取出，至装瓶生产线	40			
11. 瓶，—		把药片装瓶				
12. 瓶，		装入纸箱				
13. 纸箱(实)1		装入托盘上	11			
14. 托盘(实)1		至成品库	924	15	420	
15. 托盘(实)1		在成品库储存				
				共计	880	

“空”——未装成品

“实”——装有成品

（2）起讫点分析法 这种方法有以下两种不同的分析思路。

① 在物料品种数目不太多时。首先通过观察每次移动的起讫点收集资料，然后分析各条搬运路线，绘制出搬运路线表(表4－6)。

② 若物料品种数目多时。则对一个区域进行观察，收集运进、运出这个区域的一切物料的有关资料，编写物料进出表(表4－7)。

3. 编制搬运活动一览表

搬运活动一览表如表4－8所示。编制该表是为了把收集到的资料进行汇总，编制在一张表上，达到明了、全面地了解情况以及运用的目的。在表中要对每条路线、每类物料和每项移动的物流量及运输工作量进行计算，并按 A、E、I、O、U 进行等评级定。A：超高物流量，E：特大物流量，I：较大物流量，O：普通物流量，U：可忽略物流量。

表4－6 搬运路线表

起点<u>原料库</u>　　厂　名________　项　目________

终点<u>压力机车间</u>　　制表人________　参加人________

日　期________　第__页　共__页

物料类别		路线状况　距离　280m			物流或搬运活动		特定等级依据
名　称	类别代号	起　点	路　程	终　点	物流量(即单位时间的数量)	物流要求:(数量要求、管理要求、时间要求)	
钢　板	a	原料库(配有桥式起重机)	穿过露天场地到达	剪切机旁边(地方有限)	平均每天60张	必须与剪切计划步调一致	
托盘货物	b	物料从托盘上起运(有些托盘在托盘架上)	生产厂房，电梯至三层楼。有雨雪，冬天4个门	预焊接线(极为拥挤)	平均每天18托盘	与每天的油漆进度密切联系	
小　件	e	从料架和料箱中取下，放在存放区	夏天2个门。生产厂房的底层交通拥挤	分布在小件所用的三个不同的料架上	平均每天16001b；平均每天30种	共计120种零件；有些1天，有些2天，有些1周	
空　盒	j	堆放在地上，位置在原料库内的东北角		“无装配”件集合点	每天0～25盒；平均每天18盒	每天一次就行了，盖板松动是个问题	

表4－7 物料进出表

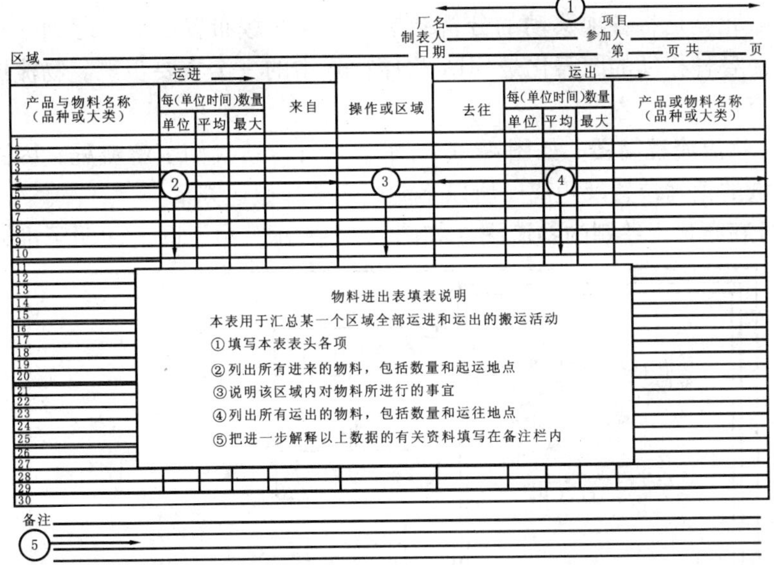

①

厂名＿＿＿＿ 项目＿＿＿＿

制表人＿＿＿＿ 参加人＿＿＿＿

区域＿＿＿＿ 日期＿＿＿＿ 第＿＿页 共＿＿页

运进							运出			
产品与物料名称（品种或大类）	每(单位时间)数量			来自	操作或区域	去往	每(单位时间)数量			产品或物料名称（品种或大类）
	单位	平均	最大				单位	平均	最大	
1										
2										
3										
4	②				③		④			
5										
6										
7										
8										
9										
10										
11										
12										
13										
14										
15										
16										
17										
18										
19										
20										
21										
22										
23										
24										
25										
26										
27										
28										
29										
30										

物料进出表填表说明

本表用于汇总某一个区域全部运进和运出的搬运活动

①填写本表表头各项

②列出所有进来的物料，包括数量和起运地点

③说明该区域内对物料所进行的事宜

④列出所有运出的物料，包括数量和运往地点

⑤把进一步解释以上数据的有关资料填写在备注栏内

备注＿＿＿＿

⑤

表4－8 搬运活动一览表

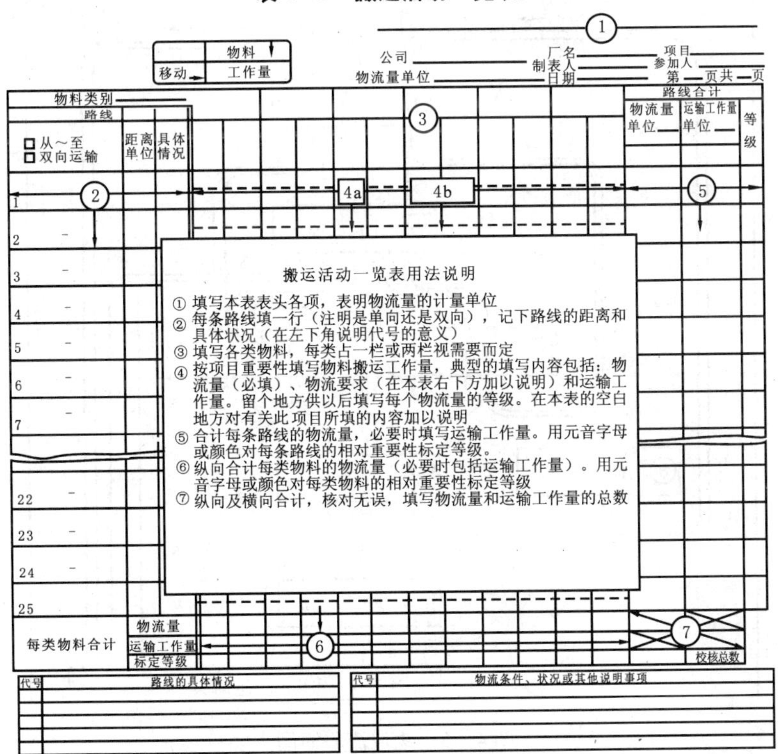

①

	物料
移动	工作量

公司＿＿＿＿ 厂名＿＿＿＿ 项目＿＿＿＿

物流量单位＿＿＿＿ 制表人＿＿＿＿ 参加人＿＿＿＿

日期＿＿＿＿ 第＿＿页共＿＿页

物料类别 / 路线	距离单位	具体情况	③								路线合计 物流量 单位＿＿	运输工作量 单位＿＿	等级
□从～至 □双向运输													
1 ②			4a		4b						⑤		
2 －													
3 －													
4 －													
5 －													
6 －													
7 －													
22 －													
23 －													
24 －													
25													
每类物料合计	物流量										⑦		
	运输工作量		⑥										
	标定等级											校核总数	

搬运活动一览表用法说明

① 填写本表表头各项，表明物流量的计量单位

② 每条路线填一行（注明是单向还是双向），记下路线的距离和具体状况（在左下角说明代号的意义）

③ 填写各类物料，每类占一栏或两栏视需要而定

④ 按项目重要性填写物料搬运工作量，典型的填写内容包括：物流量（必填）、物流要求（在本表右下方加以说明）和运输工作量。留个地方供以后填写每个物流量的等级。在本表的空白地方对有关此项目所填的内容加以说明

⑤ 合计每条路线的物流量，必要时填写运输工作量。用元音字母或颜色对每条路线的相对重要性标定等级。

⑥ 纵向合计每类物料的物流量（必要时包括运输工作量）。用元音字母或颜色对每类物料的相对重要性标定等级

⑦ 纵向及横向合计，核对无误，填写物流量和运输工作量的总数

代号	路线的具体情况

代号	物流条件、状况或其他说明事项

4. 各种移动的图表化

图表化就是将各项移动的分析结果标注在区域布置图上，起到一目了然的作用。各种移动的图表化是SHA程序模式中的一个重要步骤。物流图表化的方法有：

(1)物流流程简图　如图4－6所示，它可帮助我们了解流程，因图中无工作区域的正确位置及距离，所以不能用来选择搬运方案。

(2)在布置上绘制的物流图　如图4－7所示，由于图上注明了准确位置

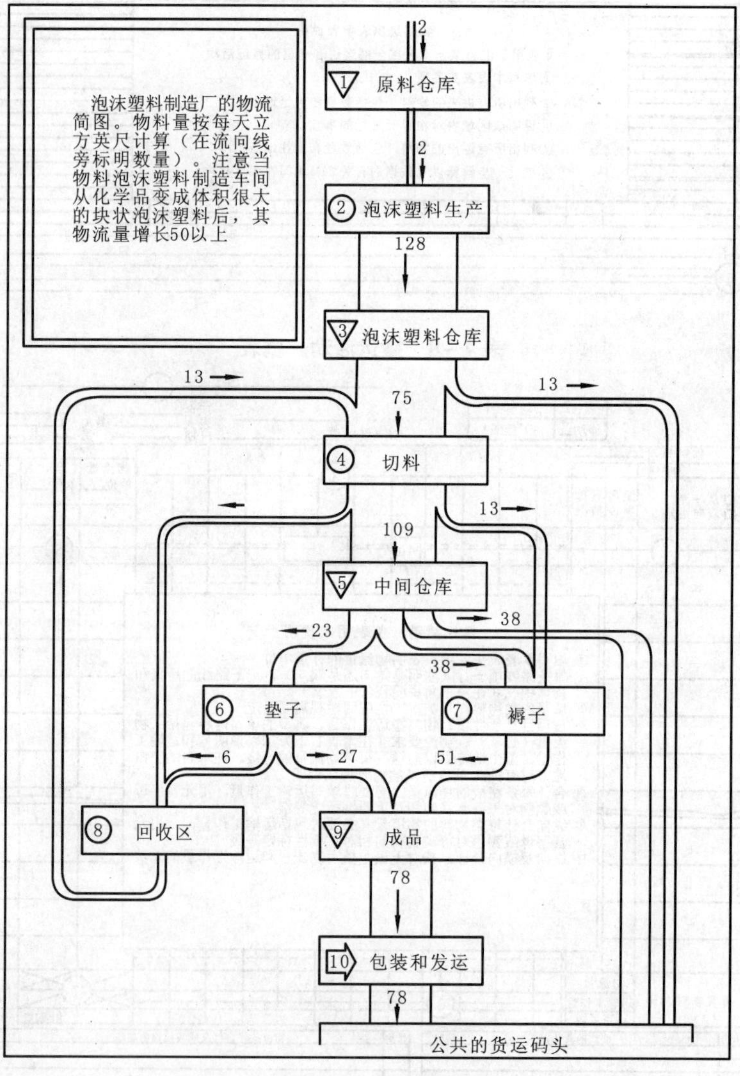

图4－6　物流流程简图

及距离，可用来选择搬运方案。

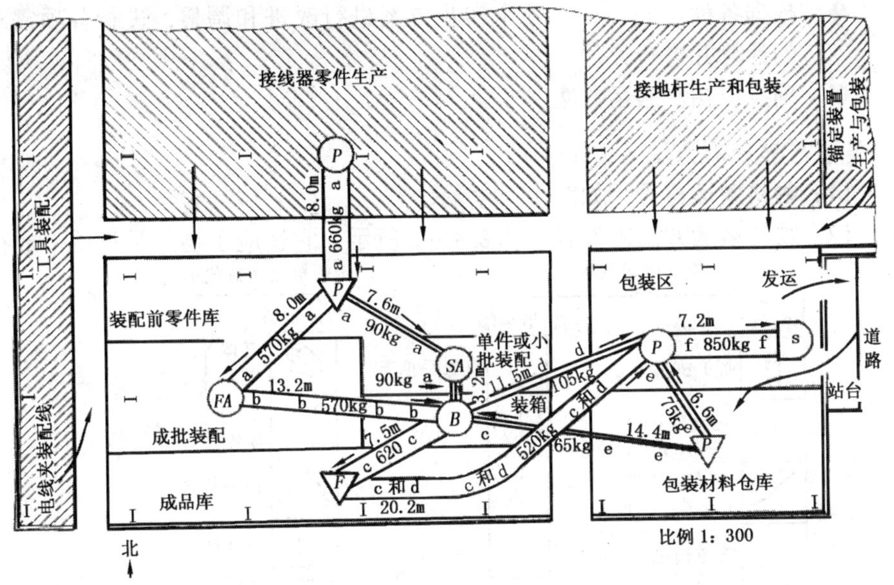

图 4－7　平面布置图上的物流图

(3) 坐标指示图　如图 4－8 所示，它是距离与物流量的指示图。

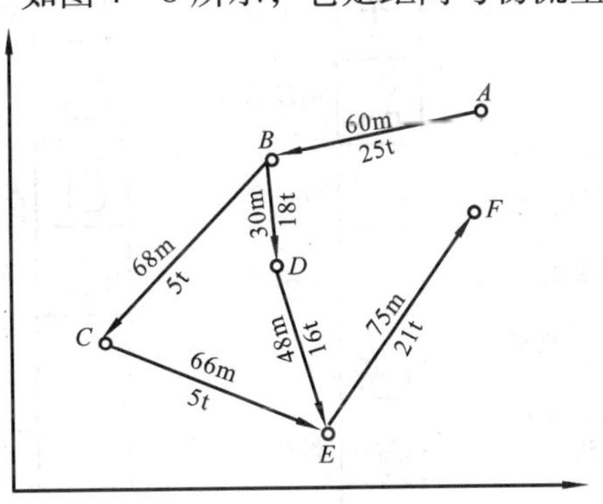

图 4－8　坐标指示图

四、搬运方案分析

企业搬运活动可以采用同一种搬运方法，也可以采用不同的方法。一般情况下，搬运方案都是几种搬运方式的组合。

1. 初步搬运方案分析

(1) 确定初步搬运方案的步骤

- 收集原始资料，包括物料的类型、物流量、物流路线和距离、设施设备的布置、机械设备的选用、时间要求和环境条件等

- 根据原始资料，设计出几个搬运方案
- 根据各种可能性，对几个初步方案进行改进和调整，进行各项需求的计算并进行评价
- 确定出初步搬运方案

2. 搬运方案分析方法

（1）物料搬运符号 如图 4－9 所示。

（2）物料搬运方法工作表 如表 4－9 所示，它适应于物料品种单一或很

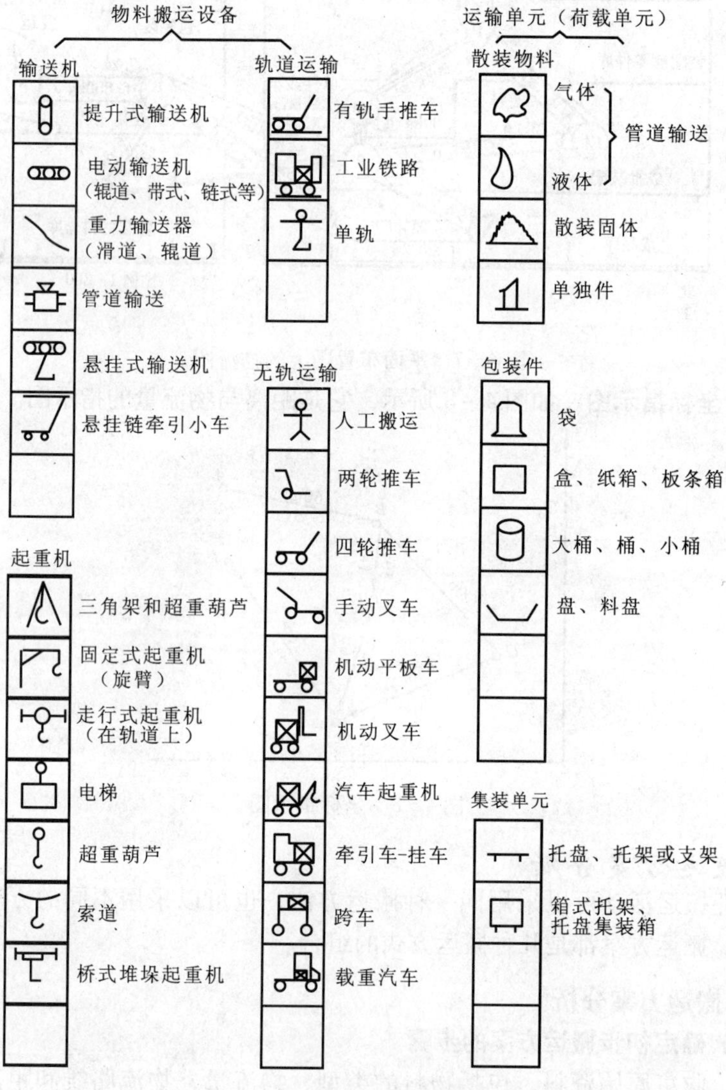

物料搬运设备

输送机
提升式输送机
电动输送机（辊道、带式、链式等）
重力输送器（滑道、辊道）
管道输送
悬挂式输送机
悬挂链牵引小车

轨道运输
有轨手推车
工业铁路
单轨

起重机
三角架和超重葫芦
固定式起重机（旋臂）
走行式起重机（在轨道上）
电梯
超重葫芦
索道
桥式堆垛起重机

无轨运输
人工搬运
两轮推车
四轮推车
手动叉车
机动平板车
机动叉车
汽车起重机
牵引车-挂车
跨车
载重汽车

运输单元（荷载单元）

散装物料
气体
液体
管道输送
散装固体
单独件

包装件
袋
盒、纸箱、板条箱
大桶、桶、小桶
盘、料盘

集装单元
托盘、托架或支架
箱式托架、托盘集装箱

图 4－9 物料搬运符号

少，而且在各路线上顺次流通无折返的情况。

(3) 系统化方法汇总表 它适应于物料品种和路线较多时(表4－10)。从该汇总表上，可以全面了解所有物料搬运的情况，还可以汇总各种搬运方法，综合各条路线以及各类物料的同类路线、设备和运输单元，也能把全部搬运规划汇在这张表上。

(4) 需求计算表 表4－11是需求计算表的一般形式。

3. 方案的修改和限制

初步确定的方案是否符合实际、切实可行，必须根据实际的限制条件进行修改。解决物料搬运问题，除了路线、设备和运输单元以外，还要考虑正确和有效地操作设备问题、协调和辅助物料搬运正常进行的问题(如生产和库存的协调)等等。

物料搬运方案中经常涉及到的一些修改和限制的内容

- 已确定的同外部衔接的搬运方法
- 既满足目前生产需要，又能适应远期发展或变化
- 和生产流程或设备保持一致
- 可以利用的现有公用设施和辅助设施
- 面积、空间对布置方案的限制条件
- 建筑物及其结构特征
- 库存制度以及存放物料的方法和设备
- 投资的限制
- 影响工人安全的搬运方法

修改后的几个初步搬运方案逐个进行说明和计算的内容

- 每条路线上每种物料搬运方法的说明
- 搬运方法以外的其他必要的变动说明，如更改布置、作业计划、生产流程、建筑物、公用设施、道路等
- 计算搬运设备和人员的需求量
- 计算投资费用和预期的经营费用

4. 方案的评价方法

评价分析方法有两类：一类为成本费用或财务比较，一类为无形因素比较。

① 成本费用或财务比较 (a)投资费用，包括基建投资和项目费用等；(b)经营费用，包括物料、人员、管理费用等。

表 4－9 物料搬运方法工作表

①厂名＿＿＿＿ 项目＿＿＿＿
制表人＿＿＿＿ 参加人＿＿＿＿
日期 月日＿＿＿＿ 第＿＿页 共＿＿页

路线	物料类别	建议的搬运方法 路线系统、搬运设备和运输单元	备注
⑩进厂 — ▽2 原料库	桶 a 袋 b 贵重物料 d	直接型—叉车—托盘 直接型—叉车—托盘 直接型—人工—纸箱	重建卸货站台
▽2 原料库 — ③ 造粒	桶 a 袋 b 贵重物料 d	直接型—叉车—托盘 直接型—叉车—托盘 直接型—人工—盘	主管人搬运
③造粒 — ⑤ 制成片剂	桶 a	渠道型[注]— 两轮手推车—桶	
③造粒 — 药水车间	桶 a	渠道型— 两轮手推车—桶	
⑥装瓶及装箱 — ▽8 成品库	纸箱 c	直接型— 叉车—托盘	堆放在货架上
▽8 成品库 — ⑨发运	纸箱 c	直接型— 叉车—托盘	

注：建议的渠道型路线系统按照下述路线：

造粒 ③→制成片剂 ⑤→装瓶及装配 ⑥→造粒

表 4－10 系统方案汇总表

	物料
移动	方案

公司＿＿＿＿ 厂名＿＿＿＿ 项目＿＿＿＿
制表人＿＿＿＿ 参加人＿＿＿＿
方案号＿＿＿＿ 日期＿＿＿＿ 第＿＿页共＿＿页

物料类别 / 路线	类别号＿＿ 说明＿＿	类别号＿＿ 说明＿＿	类别号＿＿ 说明＿＿	类别号＿＿ 说明＿＿	类别号＿＿ 说明＿＿	类别号＿＿ 说明＿＿
□从～至 □双向	代用 S E T	代用 S E T	代用 S E T	代用 S E T	代用 S E T	代用 S E T
1 —	□	□	□	□	□	□
2 —	□					□
3 —	□					□
4 —	□					□
5 —	□					□
6 —	□					□
7						
25 —	□	□	□	□	□	□
搬运方法的代用方案或第二方案	a b	a b	a b	a b	a b	a b

系统化方案汇总表用法说明

本表用于填写一个或多个物料搬运规划

① 填写本表表头各项

② 填写物料或产品类别号并加以说明，每类填写一大栏

③ 列出现在（或将来）物料移动的各条路线（单向或双向）。每条填一行，填明起迄点

④ 填写每条路线上每类物料的搬运方法，在相应小栏内填明路线系统的型式（S栏），搬运设备（E栏）和运输单元（T栏）。如有代用的第二方案，则在小方格内标明字母。在“代用”和“S”上面的横格内填写物流量，运输工作量等级或计算数据究竟填什么，在表头内注明

⑤ 填写搬运方法的代用方案或第二方案

⑥ 记载其他有关资料以进一步解释表内资料数据

备注：＿＿＿＿＿＿＿＿＿＿

表 4－11 需求计算表

厂名＿＿＿＿＿＿＿＿ 项目＿＿＿＿＿＿＿＿

制表人＿＿＿＿＿＿＿＿ 参加人＿＿＿＿＿＿＿＿

☐现有 ☒建议方法：叉车，直接型＿＿＿＿ 日期＿＿＿＿＿＿＿＿ 第＿＿页 共＿＿页

采运方法说明：用1t叉车和1000×1200托盘，司机从物料搬运小组长处接受指令，需要新任务时向他汇报。所有运件直接由起点运到终点

▽2 ⑪㉘三个区域有堆放托盘的场地

搬运说明	设备和运输单元计算	人员计算
③到⑦托盘 ③到⑤板条箱 ▽1到⑦托盘和板条箱 ▽2到③⑪⑭ ⇨17 托盘 到和由▽34托盘，板条箱 ⑨到⇨17 ⇨88紧急订货 到和由 ③托盘 ⑨⑦ ☐14到 ☐2 均为PM类	35 7 14 42 3 8 5 11 125次/日平均5min一个来回 由于停滞和季节性原因，另加80% 总计=1125min/日 叉车需要量=3台 投资（元）： 叉车3台91000 附具等21000 112000	每台叉车采用司机1人 =3个叉车司机 人工费用 6元/h 每台叉车年生产工时2000h 3×6×2000=36000元
	设备使用费（每年）（元）： 固定费用 ⓐ24500 可变费用 ⓑ18200 42700 注：未包括托盘费用	
注：ⓐ折旧、利息和杂项 ⓑ电力、维护、修理	共计 投资：112000 元 经营费：42700 元/每年	共计 人工费用36000元/年

② 无形因素比较 常用的方法有优缺点比较法和加权因素比较法。无形因素包括的内容很多，主要有：

- 与生产流程的关系及其服务的能力
- 搬运方法的通用性和适应性
- 灵活性（已确定的搬运方法是否易于变动或重新安排）和柔性（搬运方法是否便于今后拓展）
- 布置和建筑物扩充的灵活性是否受到搬运方法的限制
- 面积和空间的利用
- 安全和建筑物管理
- 是否便于管理和控制
- 可能发生故障的频率及对生产造成的中断、破坏和混乱的程度
- 能否适应生产周期时间的要求和对生产流程时间的影响
- 与仓库设施是否协调

● 同外部运输是否适应等

5. 搬运方案的详细设计

搬运方案的详细设计是在搬运方案初步设计的总体方案基础上，制定从工作地到工作地，或从具体取货点到具体缺货点之间的搬运方法。详细搬运方案必须与总体搬运方案协调一致。实际上，SHA 的方案初步设计阶段和方案详细设计阶段用的是同样模式，只是在实际运用中两个阶段的设计区域范围不同、详细程度不同。详细设计阶段需求大量的资料、更具体的指标和更多的实际条件。

五、SHA 模式程序图

通过前面的分析，得到的 SHA 模式程序图如图 4－10 所示。

六、系统布置设计与系统搬运分析的结合

1. 系统布置设计(SLP)和系统搬运分析(SHA)的相互关系

SLP 和 SHA 的关系极为密切，其密切性主要体现在以下方面。

(1) 二者具有共同的目标，其出发点都是力求物流合理化 SLP 重点在于空间的合理规划，使得物流路线最短，在布置时位置合理，尽可能减少物流路线的交叉、迂回、往复现象。SHA 重点在于搬运方法和手段的合理化，即根据所搬运物料的物理特征、数量以及搬运距离、速度频率等，确定合理搬运方法，选定合理的搬运设备，使搬运系统的综合指标达到最优。

(2) SLP 和 SHA 具有相互制约、相辅相成的关系 如前所述，良好的设施布置和合理的物料搬运系统相结合才能保证物流合理化的实现。在进行设施布置设计时，必须同时考虑到物料搬运系统的要求，如采用输送带作为主要物料搬运手段，则各种设施应该按输送带的走向呈直线分布；如采用叉车，则应考虑有适当的通道和作业空间。在进行设施布置设计时，如果对物料搬运系统中的临时储存、中间库、成品包装作业场地等未给以足够的重视，则可能造成投产后生产系统物料拥挤混乱的现象。总之，设施布置设计是物料搬运系统设计的前提，而前者则是通过完善搬运系统才能显示出其合理性。因此说，设施布置设计和物料搬运系统彼此关联紧密。

2. SLP 和 SHA 的方法

一般地，SLP 根据产品的工艺设计进行，即根据产品加工工艺流程的顺序，根据所选定的加工设备规格尺寸进行布置设计。而物料搬运系统，则以布置设计为前提选择适当的搬运设备及确定搬运工艺。由于二者之间的相辅相成关系，操作时应相互兼顾。

(1) 进行 SLP 时，尽量考虑到 SHA 的需要 SLP 的主要依据虽是产品加

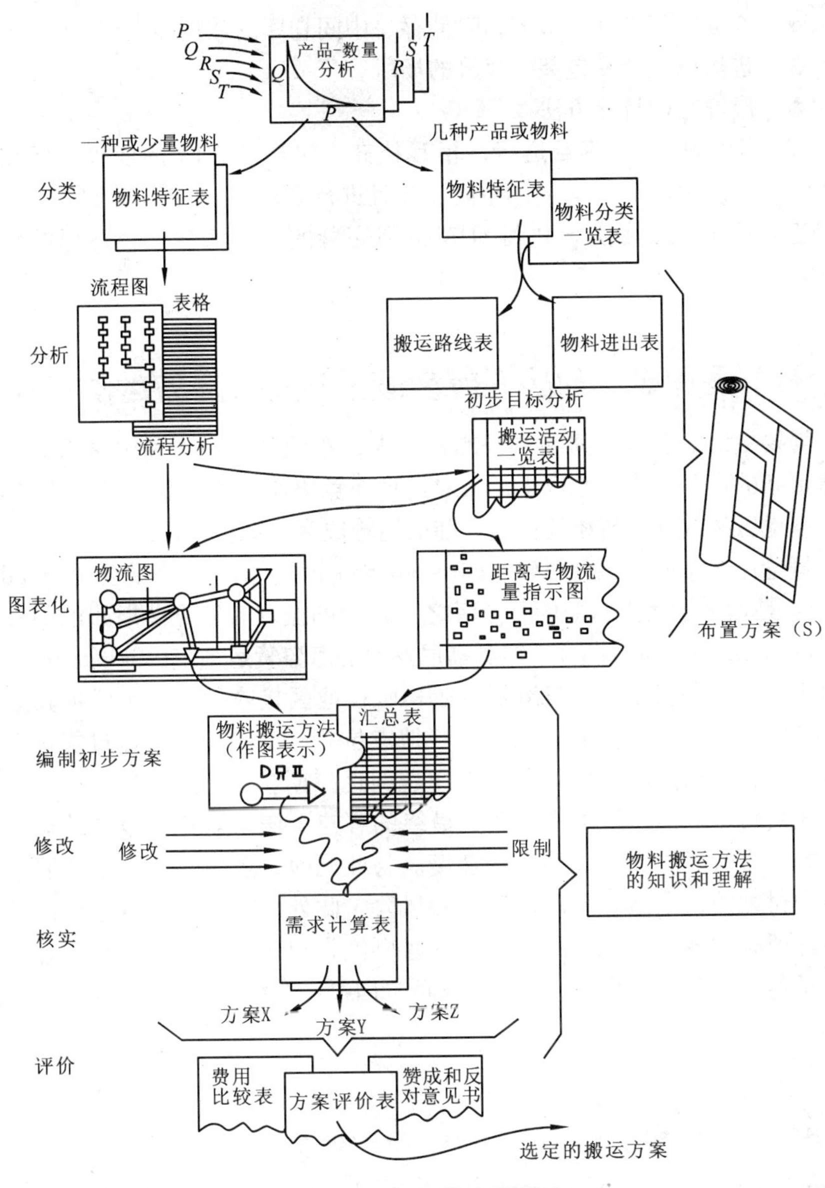

图 4－10　SHA 模式程序图

工工艺流程和加工设备的规格尺寸，但对尚未进行的物料搬运系统仍需考虑相关内容。因此，在进行 SLP 时，要考虑下述因素尽可能地为 SHA 创造一个良好的前提条件。

- 采用连续输送或搬运输送
- 采用传送带、叉车或是其他起重运输机械

- 作为物流缓冲环节的临时储存、中间仓库的数量和规模
- 进擇以及产品包装、存放的场所
- 废弃物的排除方法

(2) SLP 和 SHA 相互进行、相互补充 SLP 是 SHA 的前提，但在进行 SLP 设计时为 SHA 留出必要的空间，并且进行 SHA 设计后可对 SLP 进行必要的修正与补充，最终使 SLP 和 SHA 得到完善的结合实现比较理想的物流合理化。

案例● 地区联盟创造了横贯大陆的运输

需要更短的前置时间和更好的托运人，在地区承运人和国家承运人之间创建了新的竞争层次。地区承运人对这种新竞争所作的反映是形成战略联盟，在服务地区架起地区桥梁使横贯大陆的运输成为可能。

哥伦比亚东南货运公司(Southeastern Freight)、南卡罗来纳公司(South Caronlina)是地区承运人联盟的开拓者之一，它的盟友有德克萨斯州的中央货运公司(Central Freight Lines)、加利福尼亚州的海盗货运系统(Viking Freight System)等。在这种安排下，东南公司在其所在地区接收货运，然后将其运输到位于亚特兰大的整合中心。根据客户地点位置，由海盗公司接过货运，递送到洛杉矶，或由中心雇佣的承运人递送到达拉斯。一旦抵运达拉斯，中央货运公司就负责搬运，将货物递送到最终的客户。该联盟允许地区承运人按一体化方式进行运作，以加快递送速度。与此同时，还要实现出色的服务。在最后交付之前，东南公司承担责任和风险。此外，东南公司通过其信息系统来跟踪所有的装运。这样做的好处是客户仅收到一份提货单，而不管实际有多少承运人接手过这票货。东南公司负责向每一个承运人付费。

思考与练习 4.

- 物料搬运方法及选择的原则是什么？
- 物料搬运的基本原则是什么？
- 选择搬运设备应考虑的因素？
- 物料搬运器标准化、集装单元化的意义？
- SHA 的 4 个阶段、程序模式、三大内容。
- 参照一个企业，分析该企业在物流搬运系统中存在的问题并提出你的改进意见。

第五章 库存与库存管理

库存是一项巨大的、昂贵的投资。库存管理得好可以改善现金流，增加投资回报。然而，大多数公司(零售商、批发商和制造商)饱受周期性的库存管理之苦，大约每年都会制定应急的库存削减计划。但由于对库存管理技术缺乏全面理解，导致客户服务水平下降，计划最终被放弃。故此，对库存的理解和对库存管理与控制技术的全面掌握，有利于提高有效库存应用水平。

第一节 库存概念

库存(Inventory)是企业经济活动中的重要组成部分，它的存在具有双重性：一方面库存占用了大量的资金，减少了企业利润，甚至导致企业亏损；另一方面它能防止短缺，有效地缓解供需矛盾，使生产尽可能地均衡进行。因此，有效地管理与控制库存对企业十分重要。

一、库存定义

库存是指一个组织所储备的所有物品和资源。制造类企业的库存一般分为原材料、产成品、备件、低值易耗品、在制品等，而服务行业的库存指用于销售的有形商品及用于管理的低值易耗品。从物流系统观点看，流速为零的物料就是库存。库存是为满足未来需要而暂时闲置的资源，资源的闲置就是库存，与这种资源是否存放在仓库中没有关系，与资源是否处于运动状态也没有关系。例如汽车运输的货物处于运动状态，但这些货物是为了未来需要而暂时闲置的，这就是库存，是一种在途库存。

二、库存理论研究概况

1. 欧美方面

1915 年，哈雷斯(F · Harris)从极小化订购费用和存贮费用两个方面出发，提出了经济订购批量模型(Economic Order Quantity，EOQ)。1931 年雷曼德(Raymond)提出了生产批量模型，该模型适用于单品种、单工序的批量问题；马格(Magee)提出了多品种单一工序的批量优化模型，解决了生产进度的干涉问题；马克斯韦尔(Maxwell)对马格模型进行了修正，提出了有能力限制条件下的最优批量模型。对于批量问题和批量模型的研究，直到现在仍在进行中，如多阶段有能力约束的批量问题、多阶段离散批量及排产问题等等。

20世纪60年代，由于计算机的应用，美国出现了物料需求计划(Material Requirement Planning，MRP)。MRP从最终产品的需求出发，根据物料清单BOM(Bill of Material)将需求计划层层分解，从而实现在必要的时候，生产必要数量的产品。MRP不仅是一种新的库存管理方法，也是企业编制生产作业计划和进行作业控制的新方法，堪称生产计划与控制的一场革命。70年代末期，随着计算机在企业中的普遍应用，企业需要将生产、计划、供应、销售、财务、设备、技术等各方面的信息集成，实现共享，最大限度地利用企业资源，在这一需求的推动下，MRP系统进化为闭环MRP，进而发展成为制造资源计划系统(Manufacturing Resource Planning，MRP Ⅱ)，实现了管理职能的集成。1986年，美国学者提出了敏捷制造(Agile Manufacturing)的概念，其目的是使制造业能对持续变化的市场做出快速反应，高质量、低成本地提供产品和服务。进入90年代后，MRP Ⅱ进一步得到补充和完善，出现了企业资源计划(Enterprise Resource Planning，ERP)。

2. 日本方面

20世纪50年代初，日本丰田汽车公司探索并采用一种能更灵活地适应市场需求变化的作业计划与控制方法，经过20余年的探索，形成了从后到前的反工艺顺序为特征的通过看板管理实现准时化生产的丰田生产方式(Toyota Production System，TPS)。其后，美国人在总结了TPS的基础上，提出了精益生产方式(Lean Production，LP)，其本质是在生产经营活动中的各个环节消除一切浪费。

由此可见，当今世界库存理论与方法研究有两大流派：一类是以美国为代表的西方模式，另一类则是以日本为代表的东方模式。

3. 中国方面

目前，库存理论与方法研究在我国还处于起步阶段，虽然出现了一些成果，但主要还是吸收和消化国外的先进思想。我们相信，随着我国经济的发展和广大管理学者的共同努力，适合我国企业现状的、科学的、先进的库存理论和方法会不断涌现出来。

三、库存作用

库存既然是资源的闲置，就一定会造成浪费，增加企业的开支。但现在还要维持一定量的库存呢，这是因为库存有其特定的作用，归纳起来，库存有以下几方面的作用。

(1)缩短订货提前期 当制造厂维持一定量的成品库存时，客户就可以很快采购到他们所需的物品，从而缩短了客户的订货提前期，加快了社会生产

的速度，也使供应厂商争取到客户。

(2)满足需求的变化 在当代处于激烈竞争的社会中，外部需求的不稳定性是正常现象。生产的均衡性又是企业内部组织生产的客观要求，外部需求的不稳定性与内部生产的均衡性是矛盾的。要保证满足需方的要求，又使供方的生产均衡，就需要维持一定量的成品库存。成品库存将外部需求和内部生产分隔开，像水库一样起着稳定作用。

(3)分摊订货费用 需要一件采购一件，可以不需要库存，但不一定经济。订货需要一笔费用，这笔费用若摊在一件物品上，将是很高的。如果一次采购一批，分摊在每件物品上的订货费就少了。

(4)增强生产计划的柔性 库存能减轻生产系统要尽早生产出产品的压力，也就是说，生产提前期宽松了。在制定生产计划时，就可以通过加大生产批量使生产流程更加有条不紊，并降低生产成本。生产准备完成后，若生产批量比较大的话，将能使昂贵的生产准备成本得以分摊。

(5)保持生产连续性 在生产过程中维持一定量的在制品库存，可以防止生产中断。显然，当某道工序的加工设备发生故障时，如果工序间有在制品库存，其后续工序就不会中断。同样，在运输途中维持一定量的库存，可以保证供应，使生产正常进行。

(6)防止短缺 维持一定量库存可以防止短缺。

(7)保持生产运作的独立性 在作业中心保持一定量的原材料才能使该中心具有生产运作的柔性。因为每一次新的生产准备都要消耗一定的成本，而库存能减少生产准备次数。此外，装配线上各个工作站都是相互独立的，并且所花的作业时间不同，因此，有必要在工作站持有一些零件作为缓冲，可使平均生产产量处于平稳化、达到均衡生产。

(8)利用经济订货批量的好处 签订一份订单具有一定成本，而每张订单的订货量越大，所要签订的订单数就越少。同时大定单对降低运输费用也有好处——运送的数量越多，单位运输成本越少。

尽管库存有如此重要的作用，但生产管理的努力方向不是增加库存，而是不断减少库存。我们研究库存，是要在尽可能低的库存水平下满足需求。

四、库存成本

库存成本是指维持库存和不维持库存所花费的代价。库存成本包括以下四个方面。

(1)存储成本 也叫储存成本或持有成本，是指为保持库存而发生的成本，它可以分为固定成本和变动成本。固定成本与库存数量的多少无关，如仓库折旧、仓库职工的固定月工资等；变动成本与库存数量的多少有关，主

要包括四项内容：资本占用成本、存储空间成本、库存服务成本和库存风险成本。很明显，存储成本高则应保持低库存量并经常补充库存。

(2)生产准备成本 生产一种新产品要做以下工作：取得所需原材料、安排特定设备的调试工作、填写单子、确定材料及装卸时间、转移库中原来的材料等。这些工作产生的费用和时间损失构成生产准备成本。

(3)订购成本 是指向外部供应商发出采购定单的成本，包括提出请购单、分析供应商、填写采购订货单、来料验收、跟踪订货以及完成交易所必须的业务等各项费用。假定每次订货的成本是固定的，则每年的总订货成本受到一年中订货次数的影响，也就是受到每次订货规模的影响。随着订货次数的减少(即订货规模的扩大)，年总订货成本会下降。

(4)短缺成本 也叫缺货成本或亏空成本，是指由于库存供应中断所产生的损失。缺货成本取决于对缺货状况的反应。短缺成本包括延期交货成本、当前利润损失(潜在销售量的损失)和未来利润损失(商誉受损)等。

在确定向供应商订货的数量或者要求生产部门生产的批量时，应尽量使库存引起的总成本达到最小。

五、独立需求与非独立需求

在库存管理中，有必要弄清楚独立需求与非独立需求(independent and dependent demand)(也称相关需求)之间的区别。简单说来，独立需求中各物料的需求是互不相关的，例如一个工作地点可以生产相互无关的许多零件，用来满足一些外部需求。对于相关需求，任一物料的需求是对其他物资需求的直接结果，该物资通常是其高层次物料的一个部分。相关需求可以直接计算。在求得该物资高层次数量的基础上，该物资的需求量就可以简单地计算出来。例如，如果某汽车公司计划每天生产500辆汽车，显然它将需要2000个轮子和轮胎。在生产水平上，轮子与轮胎的需求是相关的，而汽车的需求是独立的——它来自公司外部的许多渠道，不是其他产品的一个部分，与其他产品的需求无关。

第二节 库存功能与原理

要阐明库存功能与原理，就要了解库存在一个制造企业或营销企业中的作用，要充分领会库存的重要性。表5-1介绍了一些企业对库存所承担的资产数量。随着新产品的增加，库存投资也增加，导致更高的库存配置。从资金负担数量和在总资源中的相对比例就可以知道，库存是企业具有重要意义的一个核心成本，即厂商的库存负担只要下降几个百分点，就能够急剧地提

高其利润。

表 5-1 一些企业库存承担的资产数量 （单位：百万美元）

公司	销售额	净收入	总资产	库存投资	库存占资产的比例(%)
Johnson & Johnson	13753	1030	11884	1742	14.70
RJR-Nabisco	15734	319	32041	2776	8.70
Dow Chemical	19971	276	25360	2692	10.06
Bergen Brunswig	5048	61	1412	548	38.80
Fleming Companies	12938	113	3118	959	30.80
Ace Hardware	1871	61	595	213	35.80
Kmart	37724	941	18931	8752	46.20
JC Penney	18009	777	13563	3258	24.00
Dillards	4714	236	4107	1106	26.90

注：资料来源：1992 Annual Reports

一、库存类型与风险

由于库存中投入了资金以及库存有可能成为陈旧物，因此，持有库存是有风险的。首先，已投入库存的投资无法用于改善企业已完成的其他物品或资产，作为选择，必须通过借贷支持库存的投资基金，由此增加了厂商的利息费用；其次，库存有可能被偷窃或成为陈旧物。库存根据企业性质可分为以下三类。

1. 制造

对于制造商来说，库存具有长期的性质。制造商的库存负担从原材料和零部件开始(其中包括在制品)，直至以制成品告终。此外，在销售前，制成品往往必须被转移到靠近批发商和零售商的仓库中去。虽然制造商拥有的产品品种可能要比零售商或批发商狭窄得多，但是，制造商的库存负担相对具有更深的层次和较长的时间。

2. 批发

批发商承受的风险与零售商相比虽然较狭窄，但具有更深层次和更长时间。批发商购买大批量的商品，然后小批量的出售给零售商。批发商的经济合理性来自其有无能力以小批量向零售客户提供来自不同制造商的分类商品。当产品具有季节因素时，批发商也会被迫在出售前就已采取库存措施，因而增加了风险的深度和持续时间。批发商库存的最大危害之一，是产品品种的扩大程度使库存风险的广度接近零售商的地步，而风险的深度和持续时间却

依然保持传统批发商的特征。此外，他们的零售客户通过将库存的责任推卸给批发商，使风险的深度和持续时间进一步加大。产品品种增值的压力，不同于其他任何一个因素，使一些普通的批发商望而却步，转而以专业化作业取而代之。

3. 零售

对于零售商来说，库存管理基本上属于买进和卖出之类的事务。零售商购买各种各样的产品并在市场的营销过程中承担风险。零售商承担的库存风险可以被看作很广，但不深。由于高额租金，零售商主要强调库存周转时间和直接的产品利率。周转时间用于衡量库存速度，为年销售量除以平均库存量的比率。尽管零售商在各种产品上承担着一定的风险，但他们在每一种产品上的风险并不深，并通过使制造商承担越来越大的库存责任来降低风险。在营销渠道上通过库存进行“备份”的做法，已导致零售商要求批发商和制造商按组合产品的装运进行快速递送。专业零售商与大型综合商场形成鲜明对照，他们所经历的库存风险的范围一般较小，因为他们所处理的产品品种较狭窄。然而，专业零售商在库存的深度和持续时间方面却必须承担更大的风险。如果一个单一的企业打算在不止一个层次上进行作业，那他就必须准备承担额外的库存风险。例如，经营一个地区仓库的食品连锁店，因与批发商的作业有关，他所承担的风险就大大超过正常的零售作业。当一个企业的垂直一体化达到一定程度时，就必须在各个层次的营销渠道上进行库存管理。

二、库存功能

理想的库存过程应该是在订货一旦确定后就应按照客户的规格制造产品，这就是所谓的订货型(make-to-order)作业，其特点是具有客户定制化的设备。这种系统无须按未来销售量预计储存材料或制成品。库存是资产配置的一个重要领域，应该对资金投入提供最低限度的报酬。但是，由于缺乏先进的衡量办法，使之难以评估服务层次、作业效率和库存水平之间的交替换位，因此，大多数企业承担的平均库存都超过其基本需要。如果仔细地审查库存负担中表现出来的以下四个主要功能，就能更好的了解这种普遍性。

1. 地域专业化

库存的第一个功能就是单一的作业单位可以进行地域专业化(geographical specialization)。由于诸如能源、材料、水资源和劳动力等的需要，经济的制造地点往往与主要市场的距离相差甚远。例如，轮胎、电池、动力传送器和各种弹簧等是汽车装配中的重要零部件，专家的意见一般都倾向于其库存地点应位于材料原产地附近，这样可最大程度地缩短运输距离。这种战略导致

生产地域的分隔，达到能经济地生产每一个汽车零部件的目的。然而，地理上的分隔需要内部的库存转移，将各种零部件完全综合到最后的装配中去。地理上的分隔使一个企业可以在制造单位和配送单位之间实行经济上的专业化。当地域专业化被利用时，库存就会以材料、半成品或在制品的形式被引入到物流系统中去。除了每个地点需要一个基本库存外，还必须使用转移中的库存把制造和配送联系在一起。虽然地域专业化难以衡量，但通过它获得的经济利益补偿预期大于所增加的库存成本和运输成本。

2. 分离

库存的第二个功能是分离(decoupling)。它通过在生产作业之间储存在制品，使单一的制造工厂内最大程度地提高作业效率。各种分离过程允许各种产品按大于市场需求的经济批量进行制造和配送。在对产品生产需要之前就进行储备的仓库库存，允许以最低限度的运费成本按大批量托运配送到客户手中。在营销方面，分离使不同时间制造的产品可以按一个门类进行出售，于是，库存的分离功能就等于给企业的不确定生产提供了"缓冲"，或者说是给加了个"衬垫"。因此，分离功能不同于地域专业化：前者是在单一的地点增加作业效率，而后者则包括了多重地点。

3. 平衡供求

库存的第三个功能是平衡(balancing)，它关系到消费和制造之间的时间。平衡的库存缓解了供给对需求的可得性。最引人注意的平衡例子就是季节性生产和全年消费，或者是季节性消费和全年生产。各种库存的平衡可以把制造以经济的方式与各种消费联系在一起。在管理上要协调制造和需求中的时间差，涉及到难以制定生产计划的问题。当需求集中在一个非常短暂的销售季节时，制造商、批发商和零售商会被迫在销售高峰期还没有到来之前就已采取了库存。由于几乎所有的产品或多或少都具有季节性变动因素，因此，库存储备可以使产品的大批量消费或大批量生产无视季节性因素。库存的平衡功能需要在季节储备中投入大量的资金，同时期望在季节销售中得到充分的补偿。在制定计划时，至关重要的问题是要确定储备多少库存以享受最大限度销售，并能以最低限度的风险转换到下一个销售季节。

4. 不确定因素的缓冲

安全储备(safety stock)功能或缓冲储备(buffer stock)功能关系到库存需求或库存补给的变化。为此，大量的库存计划都致力于确定安全储备的规模。事实上，大多数库存过剩就是产生于库存计划的不恰当。对安全储备的要求产生于未来销售量和库存补给的不确定性。只要有不确定因素的存在，就必

须保持库存状态。在某种意义上，制订安全储备计划就类似于购买保险。安全储备可以防止两种类型的不确定因素：第一种不确定因素与在完成周期中库存需求量超过预测数有关；第二种不确定因素涉及到在完成周期内自身运作过程中的延误。例如，客户要求按已定计划增减的单位数，就是有关需求不确定因素的例子。完成周期的不确定性产生于接受订货、订单处理或运输服务等方面的延误。

地域专业化、分离、平衡供求以及用安全储备缓冲不确定因素等，是库存的四个功能。这些功能确定了特定的系统所必须的对库存进行的投资，以期能实现管理部门的目标。在给定某种具体的制造战略或营销战略条件下，只有当这四个库存功能在同一层次上发挥作用时，已计划的库存和已承诺的作业才有可能被减少。凡超过最低层次的库存都表现为过度承诺。在最低限度的层次上，已投资的库存要实现地域专业化和分离功能，只有通过改变设施地点和作业过程来进行调整。最低层次的库存需要依赖于对季节性需求的估算来平衡供给与需求。随着经验的积累，管理部门可以相当准确地预计在高需求量期间实现边际销售量所需的库存。于是，季节性库存计划就可以在该经验的基础上形成。库存对安全储备的承诺最能代表厂商的表现。这类承诺通常具有作业性质，一旦发生差错或政策有变就能够迅速地进行调整。管理部门可以通过各种技术的帮助来计划安全储备方面的承诺。当企业已形成垂直一体化时，它必须在多层次的配送上对库存进行管理。一体化厂商实施库存管理的性质很复杂，因为它需要制订多层次的政策并进行多层次的控制。无论库存需求是处于制造层次、批发层次或零售层次，还是处于单一层次，库存管理部门使用的都是相同的基本技术和基本原理。

三、与库存有关的定义

1. 库存政策

库存政策(inventory policy)由一系列指导方针组成，关系到购买或制造些什么，何时购买或制造以及购买或制造多少等。它还包括有关库存安置以及在工厂和配送中心布置等方面的决策。在整个库存管理中，如何开发良好的库存政策是一个最困难的问题。

2. 服务层次

服务层次(service level)是管理部门具体明确的一个目标，它规定了库存功能必须要有能力实现的各种完成目标。服务层次可以被明确为订货周期时间(order cycle time)、个案完成率(case fill rate)、产品线完成率(line fill rate)、订货完成率(order fill rate)或者上述各项的任意组合。完成周期是客户

发出购买订单与收到相应的装运交付之间的时间。个案完成率规定了按需订货个案数或单位数的百分比；产品线完成率是指能够全部完成的订货产品线的百分比；订货完成率是指客户的订单能够全部完成的百分比。

3. 平均库存

平均库存(average inventory)通常是由物流设施中储备的材料、零部件、在制品和制成品构成。从库存政策的观点来看，每一个物流设施都必须确定其适应的库存水平。平均库存由周期库存、安全储备库存和中转库存等组成。

(1)周期库存 周期库存(cycle inventory)又称基本储备(base stock)，是补给过程中产生的平均库存的组成部分。在完成周期之初，库存储备处于最高水平，日常的客户需求不断地"抽取"库存，直至该储备水平降低为零。在库存储备还没有降低为零之前，一项补给定货就会启动。补给订货总计称作订货批量(order quantity)，在订货过程中必须持有的平均库存被称作基本储备。

(2)安全储备库存 平均库存的第二个组成部分是库存储备，以防止不确定因素对每个物流设施的影响，这部分的库存被称作安全储备(safety stock)。安全储备库存仅被用于在补给周期末，当不确定因素已导致更高的预期需求或导致完成周期更长的预期时间的时候。

(3)中转库存 中转库存(transit inventory)代表着正在转移或等待转移的、储备在运输工具中的库存。这部分的库存总计被称作中转库存或供应线库存(pipeline inventory)，它是实现补给订货所必须的。

第三节 库存系统

库存系统为库存物资的管理和控制提供了组织机构和经营策略。该系统负责物资的订购和接收：决定订购时机，对订购什么、订购多少和向谁订购等事项进行追踪。该系统必须回答以下问题：供应商收到订单了吗？货物已经发出了吗？日期正确吗？是否建立了再订货及退还不必要商品的程序？等等。

一、模型分类

1. 基本库存模型

独立需求的两种基本库存模型是：定量订货模型(也称经济订购批量，EOQ 或 Q 模型)和定期订货模型(也有称做定期系统、定期盘点系统、固定定货间隔系统以及 P 模型)。定量订货模型是"事件驱动"，而定期订货模型是

“时间驱动”。也就是说，定量订货模型是当达到规定的再订货水平的事件发生后，就进行订货，这种事件有可能随时发生，主要取决于对该物资的需求情况。相比而言，定期订货模型只限于在预定时期期末进行订货，是由时间来驱动的。运用定量订货模型时（当库存量降低到再订购点 R 时，就进行订货），必须连续监控剩余库存量，因此，定量订货模型是一种永续盘存系统，它要求每次从库存里取出货物或者往库存里增添货物时，必须刷新记录以确认是否已达到再订购点，而在定期订货模型中，库存盘点只在盘点期发生。

2. 三种简单的库存系统

（1）任意补充系统（Optional Replenishment System） 任意补充系统强制系统以某一固定频率（例如每周一次）对库存进行盘点。当库存水平下降到某一数量以下时订购一个补充量。该系统采用定期订货模型（P 模型）。应用该系统时，根据需求、订购成本和短缺损失计算出最高库存水平 M，再根据每一个订单需要花费的时间和资金，求出最小订购批量 Q；每当盘点库存时，就用 M 减去现有库存量 I，令 $(M-I)$ 等于 q；如果 q 大于或等于 Q，则订购 q，否则在下一次库存盘点之前不订购。

用数学语言表示如下：$q=M-1$。如果 $q \geqslant Q$ 则订购 q；否则不订购。

（2）双箱系统（Two－Bin System） 在双箱系统中，物资从一箱获得，另一箱的库存数量刚好等于再订购点的库存数量。该系统采用的是定量订货模型（Q 模型）。在该系统中，一旦第二箱的库存被拿到第一箱，则意味着要发放订单了。实际上，两箱可能搁在一块儿，两者之间只要有东西隔开就行。双箱系统操作的关键是库存分为两部分，在一部分没有用完之前另一部分保持不动。

（3）单箱系统（One-Bin System） 单箱系统对库存进行周期性的补充，以固定的时间间隔（例如一周）将库存补充到预定的最高水平。单箱系统与任意补充系统不同，任意补充系统的库存使用量要超过某一最小数时才进行下一次订购，而单箱系统则是周期订货、周期补充。单箱系统采用的也是定期订货模型（P 模型）。

二、定量订货模型

1. 基本模型

定量订货模型中要求规定一个特定的订购点 R（再订购点），当库存水平达到这一点就应当进行再订购且订购批量为 Q。库存水平定义为当前库存量加上已定购量减去延期交货量。图 5－1 中关于 Q 与 R 的“锯齿形效果”表明，当库存水平下降到 R 点时，就应进行再订购。该订购的货物将在提前期 L 期

末收到，且L在这个模型中保持不变。

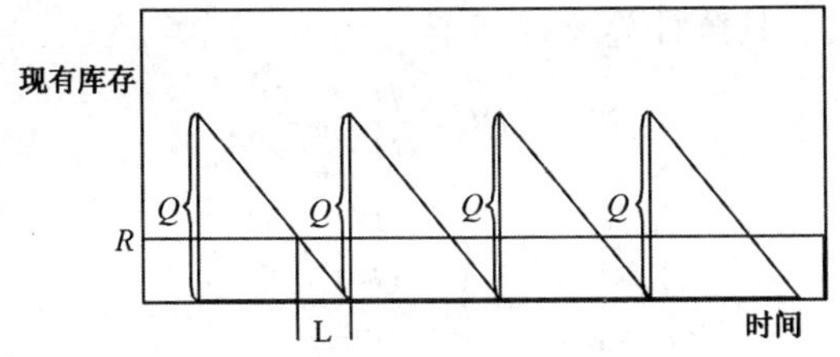

图5－1 定量订货模型

图5－1以及对求解最优订购量的讨论都是基于以下一些假设，这些假设虽然与现实有些不符，但它们为我们提供了一个研究的起点，并使问题简单化。

- 产品需求是固定的，且在整个时间内保持一致
- 提前期(从定购到收到货物的时间)是固定的
- 单位产品的价格是固定的
- 存储成本以平均库存为计算依据
- 订购或生产准备成本固定
- 所有产品的需求都能满足(不允许延期交货)

库存模型建立过程如下：

(1)确定成本公式 年总成本＝年采购成本＋年订购成本＋年存储成本

即
$$TC = DC + \frac{D}{Q}S + \frac{Q}{2}H \tag{5-1}$$

式中 TC——年总成本；D——需求量(每年)；C——单位产品成本；Q——订购批量(最佳批量称为经济订购批量 Q_{opt})；S——生产准备成本或订购成本；H——单位产品的年平均存储成本。

在等式右边，DC 指产品年采购成本，$(D/Q)S$ 指年订购成本，$(Q/2)H$ 是年存储成本。这些成本之间的关系如图5－2所示。

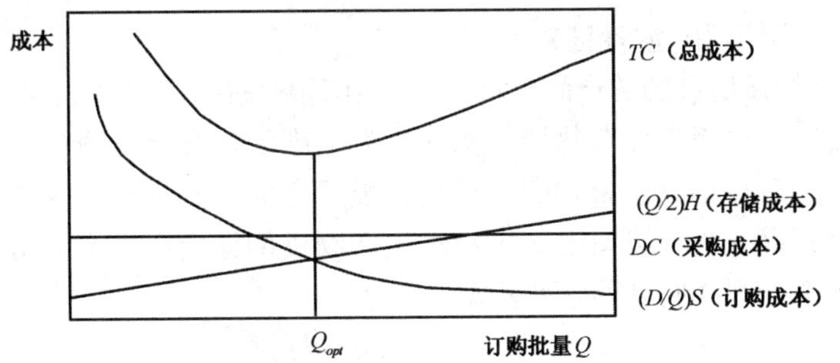

图5－2 基于订购量的年产品成本

(2) 确定最佳订购批量 Q_{opt} 在图5-2中，曲线斜率为零的点是总成本最小的订购批量 Q_{opt}。具体计算过程如下

$$TC = DC + \frac{D}{Q}S + \frac{Q}{2}H$$

$$\frac{dTC}{dQ} = 0 + \left(-\frac{DS}{Q^2}\right) + \frac{H}{2} = 0$$

$$Q_{opt} = \sqrt{\frac{2DS}{H}} \tag{5-2}$$

由于该模型假定需求和提前期固定，且没有安全库存，所以再订购点 R 为

$$R = \bar{d}L \tag{5-3}$$

式中 $\bar{d}$——日平均需求量(常数)；L——用天表示的提前期(常数)

例5-1 求经济订购批量和再订购点，已知年需求量 $D=1\ 000$ 单位；日平均需求量 $\bar{d}=1\ 000/365$；订购成本 $S = 5$ 元/次；存储成本 $H = 1.25$ 元/单位年；提前期 $L = 5$ 天；单价 $C = 12.50$ 元/单位。求最优定购批量。

解：最优订购批量为

$$Q_{opt} = \sqrt{\frac{2DS}{H}} = \sqrt{\frac{2\times 1\ 000\times 5}{1.25}} = \sqrt{8\ 000} = 89.4(\text{单位})$$

再订购点为 $$R = \bar{d}L = \frac{1\ 000}{365}\times 5 = 13.7(\text{单位})$$

通过取整，制定如下库存政策：当库存水平降至14单位时，应订购数量为89单位的产品，年总成本(元)为

$$\begin{aligned} TC &= DC + \frac{D}{Q}S + \frac{Q}{2}H \\ &= 1\ 000\times 12.50\ \frac{1\ 000}{89}\times 5 + \frac{89}{2}\times 12.5 \\ &= 12\ 611.81 \end{aligned}$$

2. 边生产、边使用的定量订货模型

式5-1假设所订购的产品成批到达，但实际往往并非如此。在许多情况下都是边生产、边消耗库存物资。例如，为了满足铝合金窗的订购必须购买铝合金板，然后将铝合金板切断、焊接，最后完成全部订单。供应商每周送一次货或更频繁一些。假如用 d 表示对生产物资的固定需求率，用 p 表示该物资的生产率，则我们可得以下公式

$$TC = DC + \frac{D}{Q}S + \frac{(p-d)QH}{2p} \tag{5-4}$$

同样，对 Q 求导，并使其等于零，可得

$$Q_{opt}=\sqrt{\frac{2DS}{H}\times\frac{p}{(p-d)}} \tag{5-5}$$

该模型如图 5 -3 中所示，我们可以看出现有库存量往往少于订购量 Q。

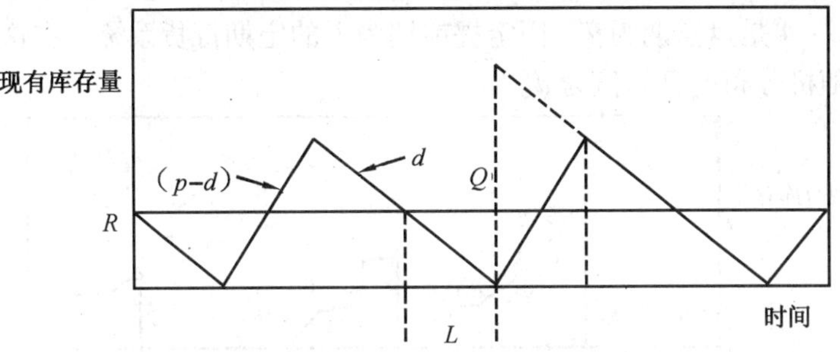

图 5 - 3　边生产、边使用的定量订货模型

例 5 -2　产品 X 是某公司库存中的标准项目，该产品最后一道装配线每天都运转。产品 X 的某一部件（称为部件 X_1）在另一个部门以 100 件/天的生产率生产。装配线对部件 X_1 的使用率为 40 件/天。已知如下数据：日使用率 d =40 件；年需求量 D =10 000（40 件 ×250 个工作日）；日生产率 p =100 件；日生产准备成本 S =50 元；年存储成本 H =0. 50 元/件；部件 X_1 的成本 C =7 元/件；提前期 L =7 天，求部件 X_1 的最优订购批量。

解： 最佳订购量与再订购点计算如下

$$Q_{opt}=\sqrt{\frac{2DS}{H}\times\frac{p}{(p-d)}}=\sqrt{\frac{2\times10\ 000\times50}{0.50}\times\frac{100}{100-40}}=1\ 826(\text{件})$$

$$R=dL=40\times7=280(\text{件})$$

以上的计算结果表明：当 X_1 的库存量降到 280 件时，就应该进行批量为 1 826件的订购。在日产量为 100 件/天的情况下，需生产 18. 26 天，并且能为装配线提供45. 65 天(1 826/40)的需求量。从理论上说，该部门将有 27. 39 天作别的工作而不生产部件 X_1。

三、定期订货模型

在定期订货系统中，库存只在特定的时间进行盘点，例如每周一次或每月一次。当供应商走访客户并与其签订合同或某些客户为了节约运输费用而将它们的订单合在一起的情况下，必须定期进行库存盘点和订购。另外一些公司实行定期订货系统是为了促进库存盘点。在定期订货系统中，不同时期的订购量不尽相同，订购量的大小主要取决于各个时期的使用率，它一般比定量订货系统要求更好的安全库存。定量订货系统是对库存连续盘点，一旦库存水平到达再订购点，立即进行订购。相反地，标准定期订货模型是仅在盘点期进行库存盘点。它有可能在刚订完货时，由于大批量的需求而使库存降至零，并只有在下一个盘点期才被发现，造成在整个盘点期 T 和提前期 L 发生缺货。所以安全库存应当保证在盘点期和提前期内不发生缺货。

下面讨论既定服务水平下的定期订货模型

图 5-4 是盘点期为 T，固定提前期为 L 的定期订货系统。在这种情况下，需求是随机分布的且均值为 $\bar{d}$。

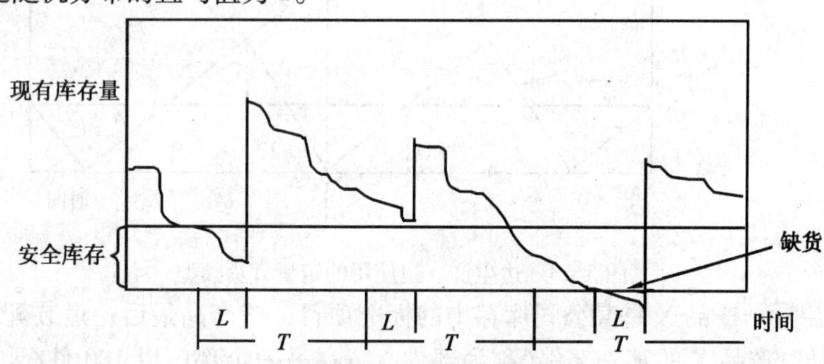

图 5-4　定期订货模型

在定期订货系统中，在盘点期(T)进行再订购，此时，安全库存为

$$安全库存 = z\sigma_{T+L} \tag{5-6}$$

订货量 q 为　订货量 = 盘点期和提前期内的平均需求 + 安全库存 - 现有库存

即

$$q = \bar{d}(T+L) + z\sigma_{T+L} - I \tag{5-7}$$

式中　q——订购量；T——两次盘点的间隔期；z——既定服务水平下的标准差倍数；σ_{T+L}——盘点周期与提前期之间需求的标准差；I——现有库存(包括已订购尚未到达的)。

注意：需求量、提前期、盘点期等可以使用任意时间单位，只要整个公式中的单位保持一致即可。

四、MRP 及其订货模型

MRP 是美国企业自 20 世纪 60 年代开始，在国内外激烈的市场竞争的压力下，借助日益发展的计算机技术，在探索生产与库存管理规律的实践中开发出的一套具有代表性的、完整的计算机辅助企业管理技术与方法。这里，将深入讨论 MRP 中订购批量，并简要介绍闭环 MRP、MRPII 及 ERP。

1. 物料需求计划 MRP(Material Requirement Planning)

(1)MRP 的内涵　60 年代中期，美国 IBM 公司的约瑟夫·奥列基博士(Dr. Joseph A. Orlicky)提出了将产品中的各种物料分为独立需求和相关需求两种类型，并按时间段确定不同时期的物料需求，从而产生了解决库存物料管理的新方法，这就是物料需求计划 MRP。MRP 是根据产品结构层次的从属关

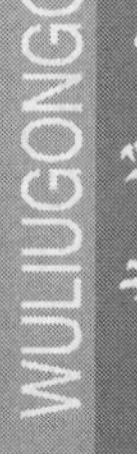

系，以产品的零件为计划对象，以完工日期为计划基准倒排计划，按提前期长短区别各个物料下达订单的优先级，从而实现在需用的时刻把所有物料配套备齐，不需用的时刻则后备物料，不要过早积压，达到减少库存量和降低资金占用的目的。图 5－5 是 MRP 系统的逻辑流程图。

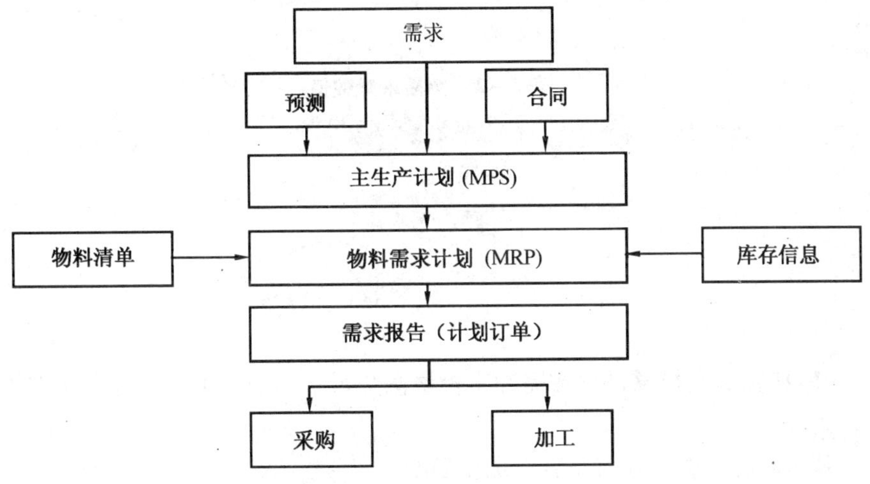

图 5－5　MRP 系统逻辑流程图

(2) MRP 的基本任务　首先从最终产品的生产计划(独立需求)导出相关物料(原材料、零部件等)的需要量和需要时间(相关需求)；再根据物料的需求时间和生产(订货)周期来确定其开始生产(订货)的时间。

(3) MRP 的基本内容　编制零件的生产计划和采购计划。然而，要正确编制零件计划，首先必须落实产品的出产进度计划，就是主生产计划(Master Production Schedule，MPS)，这是 MRP 展开的依据。MRP 还需要知道产品的零件计划和库存数量才能精确计算出零件的采购数量。因此，基本 MRP 的依据是主生产计划：物料清单(BOM)，库存信息。

2. MRP 系统中的订购批量

MRP 系统中批量确定是一个复杂困难的问题。批量是 MRP 中计划订单下达和接收的零件数量：对于生产零件，批量就是一次生产的数量；对于购买零件，批量则是向供应商订货的数量。批量一般要满足一个或多个时区的零件需求。多数确定订购批量的方法，被用来解决与满足 MRP 计划过程中产生的净需求相关的准备或订货费用、保管费用的平衡问题。虽然使用批量技术会明显增加 MRP 系统生成计划的复杂性，但是许多 MRP 系统还是根据广泛使用的技术，提供了一些计算订购批量的可供选择的方法。当对每种物料进行完全的需求分解时，所计划的零件数量将是非常大的。下面通过一个一般

的例子，介绍4种确定批量的方法：按需确定批量法（Lot for lot，L4L）、经济订购批量法（EOQ）、最小总费用法（Least total cost，LTC）和最小单位费用法（Least unit cost，LUC）。

考虑如表5－2所示MRP批量问题，其中标明了8个计划周的净需求量的数值。

表5－2　净需求量数值

每项成本（元）			订货或准备成本（元）			每周库存保管费率	
10.00			47.00			0.5%	
每周净需求量							
1	2	3	4	5	6	7	8
50	60	70	60	95	75	60	55

（1）按需确定批量法　按需确定批量法是最常用的方法。这种方法有如下特点：

- 订购批量恰好与净需求量相匹配
- 产出的量恰好就是每周的需求量，而不会产生剩余转到未来时区
- 保管费用最小
- 准备费用和能力限制可忽略不计

表5－3列示了按需确定批量法的计算过程。

表5－3　一个按需订购批量的MRP系统

周	净需求量（单位）	订货量（单位）	期末库存	保管费（元）	准备费（元）	总成本（元）
1	50	50	0	0.00	47.00	47.00
2	60	60	0	0.00	47.00	94.00
3	70	70	0	0.00	47.00	141.00
4	60	60	0	0.00	47.00	188.00
5	95	95	0	0.00	47.00	235.00
6	75	75	0	0.00	47.00	282.00
7	60	60	0	0.00	47.00	329.00
8	55	55	0	0.00	47.00	376.00

（2）经济订购批量法　前面我们已经提到经济订购批量（EOQ）是一个平衡准备费用和保管费用的方法。在经济订购批量模型中，要么需求保持均衡，

要么必须确定安全库存以满足要求变化。经济订购批量模型使用年需求总量、准备或订货费用以及年保管成本的估计值，经济订货量并不是针对像 MRP 这样的系统设计的。应用于 MRP 的批量方法假设零件需求是使用离散时区的，因而只对时区末的库存计算保管费用，而不像经济订购批量模型那样随平均库存变化。EOQ 假设在一个时区里零件被连续使用，由 EOQ 产生的订购批量并不总覆盖整个时区。MRP 系统中，经济订购批量可通过下列式子计算得出。

根据 8 周确定年需求量如下。

$$D=\frac{50+60+70+60+95+75+60+55}{8}\times 52=3\ 412.5(\text{单位})$$

年保管费用　　$H=0.5\%\times 10\times 52=2.6(\text{元})$

准备费用　　$S=47(\text{元})$

因此　　$Q_{opt}=\sqrt{\frac{2DS}{H}}=\sqrt{\frac{2\times 3412.5\times 47}{2.6}}=351(\text{单位})$

从表 5－4 中可以看出，MRP 系统中采用的经济订货量（EOQ）为 351 单位。第 1 周的经济订货量足以满足从第 1 周到第 5 周的全部需求以及第 6 周的部分需求。然后第 6 周制定的另一经济订购批量可以满足第 6 周到第 8 周的需求。注意：根据经济订购批量计划，在第 8 周末会有部分库存留到第 9 周。

表 5－4　MRP 系统中经济订购批量

周	净需求量	订货量（单位）	期末库存	保管费（元）	准备费（元）	总成本（元）
1	50	351	301	15.05	47.00	62.05
2	60	0	241	12.05	0.00	74.10
3	70	0	171	8.55	0.00	82.65
4	60	0	111	5.55	0.00	88.20
5	95	0	16	0.80	0.00	89.00
6	75	351	292	14.60	47.00	150.60
7	60	0	232	11.60	0.00	162.20
8	55	0	177	8.85	0.00	171.05

(3) 最小总费用法　最小总费用法（LTC）是一个动态确定订购批量的方法，其原理是比较不同订货量所对应的保管费用和准备（或订货）费用，从中选择使两者尽可能接近的订购批量。表 5－5 上半部分确定了所对应的最小费用订购批量。计算最小总费用订购批量的过程就是按周数的变化比较批量的订货费用和保管费用。例如，第 1 周的订货量可以满足第 1 周的需求，也可以满足第 1 周和第 2 周的需求，还可以满足第 1～3 周的需求。正确的批量选

择是使订货费用和保管费用尽可能接近的订购批量。在表 5 -5 中，最好的批量是 335 单位，因为此时保管费用是 38 元，订货费用是 47 元，两者最接近。这个订购批量可以满足第 1 周到第 5 周的订货需求。

在第一周我们下达了一个可以保证前 5 周需求的订购批量，现在是第 6 周，我们的问题是，从现在开始我们应提供未来多少周的订货量。从表 5 -5 中可以看出，从第 6 周到第 8 周需求所对应的订货费用和保管费用是最接近的。应当注意，这里的订货费用和保管费用还是相差很大，这是因为我们的例子仅仅扩展到第 8 周，如果计划期更长一些，第 6 周的订货量很可能还能满足第 8 周以后的一些时区的需求，这是最小总费用法和最小单位费用法的一个局限，即这两种方法都受到计划展望期长度的影响。

表 5 -5 下半部分列出了最终运行的批量和总成本。

表 5 -5　MRP 系统的最小总费用法

周	订货量(单位)	保管费(元)	订货费(元)	总费用(元)
1	50	0.00	47.00	47.00
1 ~2	110	3.00	47.00	50.00
1 ~3	180	10.00	47.00	57.00
1 ~4	240	19.00	47.00	66.00
1 ~5	335	38.00	47.00	85.00
1 ~6	410	56.75	47.00	103.75
1 ~7	470	74.75	47.00	121.75
1 ~8	525	94.00	47.00	141.00
6	75	0.00	47.00	47.00
6 ~7	135	3.00	47.00	50.00
6 ~8	190	8.50	47.00	55.50

周	净需求量(单位)	订货量(单位)	期末库存(单位)	保管费(元)	准备费(元)	总成本(元)
1	50	335	285	14.25	47.00	61.25
2	60	0	225	11.25	0.00	72.50
3	70	0	155	7.75	0.00	80.25
4	60	0	95	4.75	0.00	85.00
5	95	0	0	0.00	0.00	85.00
6	75	190	115	5.75	47.00	137.75
7	60	0	55	2.75	0.00	140.50
8	55	0	0	0.00	0.00	140.50

(4)最小单位费用法　最小单位费用法(LUC)也是一个动态订购批量的方法。这种方法将每个试验批量的订货费用和库存保管费用相加，再除以该订

购批量的总单位数量，选择单位费用最小的那个批量作为订购批量。表5－6中的上半部分列出了满足从第1周到第8周的订购批量的单位成本。当第1周订货为是410单位时，单位费用最小，订货量可以满足从第1周到第6周的需求。第7周的订货量可以满足直到计划期末的需求。

表5－6 MRP系统的最小单位费用法

周	订货量(单位)	保管费(元)	订货费(元)	总费用(元)	单位费用(元)
1	50	0.00	47.00	47.00	0.9400
1～2	110	3.00	47.00	50.00	0.4545
1～3	180	10.00	47.00	57.00	0.3167
1～4	240	19.00	47.00	66.00	0.2750
1～5	335	38.00	47.00	85.00	0.2537
1～6	410	56.75	47.00	103.75	0.2530
1～7	470	74.75	47.00	121.75	0.2590
1～8	525	94.00	47.00	141.00	0.2686
7	60	0.00	47.00	47.00	0.7833
7～8	115	2.75	47.00	49.75	0.4326

周	净需求量(单位)	订货量(单位)	期末库存(单位)	保管费(元)	准备费(元)	总成本(元)
1	50	410	360	18.00	47.00	65.00
2	60	0	300	15.00	0.00	80.00
3	70	0	230	11.50	0.00	91.50
4	60	0	170	8.50	0.00	100.00
5	95	0	75	3.75	0.00	103.75
6	75	0	0	0.00	0.00	103.75
7	60	115	55	2.75	47.00	153.50
8	55	0	0	0.00	0.00	153.50

(5)选择最佳的订购批量 8周的总成本，采用按需确定批量法是376元；经济订购批量法是171.15元；最小总费用法是140.50元；最小单位费用法为153.50元。显然，最小费用是由最小总费用法确定的140.50元。最小单位费用法的好处是：这种方法的分析理论更加完全，而且考虑到订货量增加时，订货或准备费用变化的情况。如果订货或准备费用保持不变，采用最小总费用的计算相对简单容易一些。

3. 闭环 MRP、MRPⅡ及 ERP

（1）闭环 MRP MRP 可以将产品生产计划变成零部件投入生产计划和外购件、原材料的需求计划，但是没有考虑企业内部资源是否有能力切实实现上述计划。为了使 MRP 制定的计划切实可行，人们将 MRP 发展成了闭环 MRP。闭环 MRP 不单纯考虑物料需求计划，还将与之有关的能力需求、车间生产作业计划和采购等方面的情况考虑进去，使整个问题形成闭环。图 5-6 是闭环 MRP 的逻辑流程图。

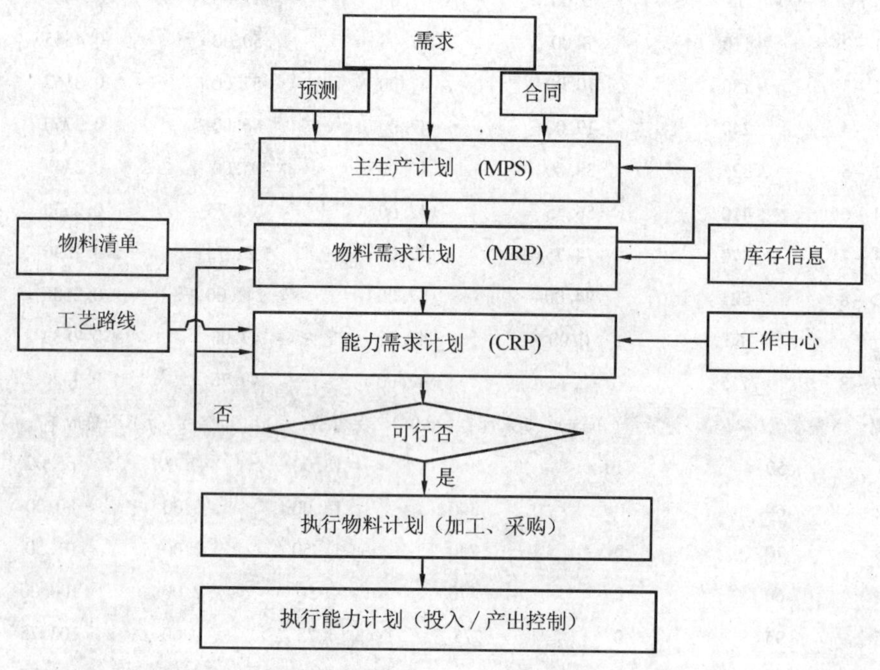

图 5-6 闭环 MRP 逻辑流程图

（2）MRPⅡ 企业的经济效益最终要用货币形式来表达，因此，企业都希望 MRP 系统能够反映财务信息。在这一需求的推动下，闭环 MRP 在 20 世纪 70 年代末期发展成 MRPⅡ。MRPⅡ将市场信息、财务信息、工程数据、生产与库存信息有效地集成在一起，实现了管理职能的集成。图 5-7 是 MRPⅡ的逻辑流程图。

与闭环 MRP 相比，MRPⅡ扩展了以下功能。

- 把企业的财务管理、成本控制与物料需求计划结合在一起，通过数据共享和实时反馈，加强了对企业资金和产品成本的控制
- 增加了企业的长远规划，并将经营规划、销售规划、生产规划纳入统一管理之下

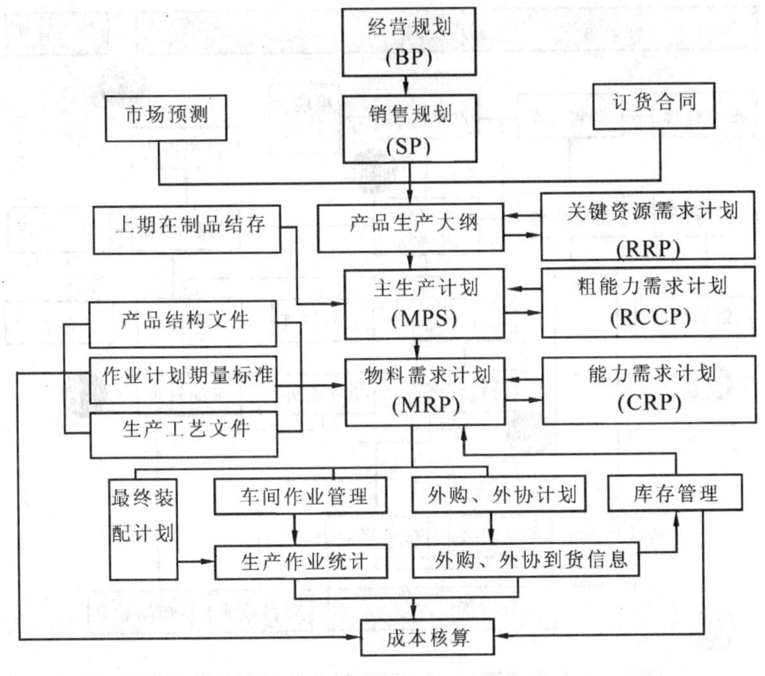

图 5－7　MRP Ⅱ的逻辑流程图

- 增加了销售管理功能，建立了销售与客户、订单及报价、应收账务管理等系统，对销售业务进行统一管理，并将销售与市场方面的信息及时反馈给其他系统
- MRP Ⅱ具有模拟功能，能够根据不同的决策方针模拟出各种未来将会发生的结果，因此，它也是上层管理机构的决策工具
- MRP Ⅱ的所有数据来源于企业的中央数据库，各系统在统一的数据环境下工作，实现了信息的集成

(3) ERP　为了提高企业在国际市场上的竞争力，MRP Ⅱ在实践中得到了不断的发展和完善，从而进入 ERP 阶段。图 5－8 以用户 ERP－U8 为例给出了生产制造系统的 ERP 总体结构。

MRP Ⅱ进入 ERP 阶段主要体现在以下四个方面：(a)融合其他现代管理思想和方法(如 JIT、TQM、OPT、TOC 等)来完善自身系统；(b)根据现代企业管理发展的需要，开发了集成式的 MRP Ⅱ计划系统，如生产厂与分销网点信息集成的分销资源系统(Distribution Resource Planning，DRP)，总厂同配套厂信息集成的多工厂管理系统 MS(Multiplan System)，生产商、批发商和零售商实现信息共享的 ECR(Efficient Consumer Response)系统等；(c)运用计算机技术发展的最新成果，改善 MRP Ⅱ的系统功能和用户界面；(d)同其他管理

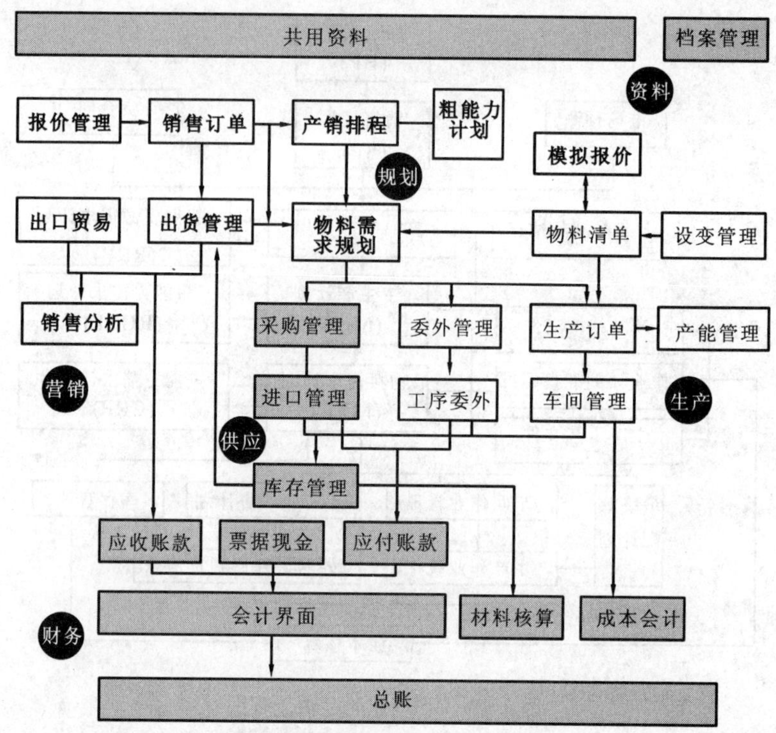

图 5－8　ERP－U8 生产制造系统的总体结构

系统和生产技术接口，实现更大范围的信息集成。

(4)实施 MRPII/ERP 的意义　事实上，ERP 所能带来的巨大效益确实对很多企业具有相当大的诱惑力。根据美国生产与库存控制学会(APICS)统计，使用 MRPII/ERP 系统可以为企业带来如下经济效益：库存下降 30% ~50%；延期交货减少 80%；采购提前期缩短 50%；停工待料减少 60%；制造成本降低 20%；管理人员减少 10%，生产能力提高 10% ~15%。

第四节　库存管理

一、库存控制

库存控制的责任是要测量特定地点现有库存的单位数和跟踪基本库存数量的增减。这种测量和跟踪可手工完成，也可通过计算机技术完成。其主要的区别是速度、精确性和成本。

为了实施期望的库存管理，必须经常检查库存水平并与有关库存参数进行对照，确定何时订货以及订多少货。库存控制的特点可以是连续的，也可以是定期的。与此同时，我们还将介绍修正方法。

1. 连续检查

连续的库存控制用于检查日常的库存状态，以确定补给需要量。要利用控制系统，所有库存单位都必须对库存的精确性负责，一般需要借助计算机来实施连续检查。连续检查过程是通过再订货点和订货点批量来实施的，如已讨论的那样

$$P_{OP连} = D \times T + S_S \tag{5-8}$$

式中 $R_{OP连}$——用单位数表示的连续检查再订货点；D——用单位数表示的平均日需要量；T——用天数表示的平均完成周期；S_S——用单位数表示的安全储备或缓冲储备。

可用 *EOQ*、*EOQ* 延伸等方法来确定订购批量。

表 5－7　需求量、完成周期和订货批量样本

平均日需求量	20 单位
完成周期	10d
订货批量	200 单位

为便于说明，我们假定不存在不确定因素，因此，也不需要安全储备。表5－7概括了需求量、完成周期和订货批量等方面的典型数字，用该表数字为例，则

$$R_{OP连} = D \times T + S_S = 20\text{ 个单位/d} \times 10\text{d} + 0 = 200\text{ 单位}$$

连续检查要将现有库存与已购库存的合计与产品的再订货点进行比较。现有库存(on-band inventory)是指实际储存在特定的配送设施中的数量；已订购库存(on-order inventory)是指已向供应商订购的数量。如果现有库存加上已订购库存的数量低于已确定的再订货点，那么，库存控制过程将启动，再次补上订货。在数学上，这种状况可以被描述为：如果 $I_{现} + Q_o \leqslant R_{OP连}$，则订购批量为 Q。式中：$I_{现}$ 为现有库存；Q_o 为向供应商订购的库存；Q 为订货批量单位数。

对于前例，现有库存和已订购库存的合计低于或等于 200 个单位时，要下达的补给订货数为 200 个单位。既然再订货点等于订货批量，那么，前例中的补给装运将恰好在下一个补给订货启动时到达。连续检查系统的平均库存水平可用下式计算

$$\bar{I} = Q/2 + S_S \tag{5-9}$$

式中 $\bar{I}$——用单位数表示的平均库存。

前例中的平均库存可以计算为 $\bar{I} = Q/2 + S_S = 200/2 + 0 = 100$ 个单位

再订货的形式产生于以下两种假设：一是当达到再订货点时，库存控制下的产品项目将发出购买订单；二是控制方法能对库存状态进行持续监控。如果这两种假设得不到满足，则确定连续检查的控制参数($R_{OP连}$和 Q)必须重新予以修正。

2. 定期检查

定期库存控制是按有规律的时间间隔，如每周或每月，对产品项目的库存状态进行检查。对于定期检查来说，必须将基本的再订货点调整到两次检查之间的间隔时间内。计算定期检查再订货点的公式如下

$$R_{OP定} = D(T + P_{检}/2) + S_S \quad (5-10)$$

式中 $R_{OP定}$——定期检查再订货点；$P_{检}$——用天数表示的检查周期；

既然库存状态的计算要在特定的时间内完成，那么，在定期检查前，任何产品项目都有可能下降到期望的再订货点以下。因此可以设想，在定期计算接近检查时间之前，库存有可能下降到理想的再订货状态以下。假定检查周期为 7 天并使用类似于前例的条件，那么，$R_{OP定}$的结果如下

$$R_{OP定} = D(T + P_{检}/2) + S_S = 20(10 + 7/2) + 0 = 270 \text{ 个单位}$$

对定期检查来说，平均库存公式如下

$$\bar{I} = Q/2 + (P_{坚} \times D)/2 + S_S$$

式中 $P_{坚}$——用天数表示的坚持周期；

对于前例来说，平均库存的计算结果如下

$$\bar{I} = Q/2 + (P_{坚} \times D)/2 + S_S = 200/2 + (7 \times 20)/2 + 0 = 170 \text{ 个单位}$$

由于定期检查引入了时间间隔，定期控制系统一般需要比连续控制系统有更大的平均库存。

3. 控制系统修正

为了适应特定的形式，基本的定期控制系统和连续控制系统已发生了变化并进行了组合。最常见的是补给水平系统和可选补给系统。先对系统做简要讲解，以说明出于控制目的的系统范围。补给系统(replenishment system)的目标是建立一种固定订货间隔系统，它可以提供短期间隔的定期检查。由于库存的完整状态类似于连续概念，因此，该系统确定了再订货点的上限或补给水平。将检查周期加到前置时间上去，目标补给水平(TGT)就可以被确定为

$$T_{GT} = S_S + D(T + P_{检}) \quad (5-11)$$

式中 T_{GT}——补给水平。于是，一般的补给规则就变成

$$Q = T_{GT} - I_{检} - Q_{o} \quad (5-12)$$

式中 $I_{检}$——检查期间的库存状态。

假定检查周期 $P_{检}$ 为 5 天，平均期望销售量 $D_{期}$ 为 20 个单位/d，零安全储备，同时补给周期 $T_{补}$ 为 10 天，则

$$T_{GT} = D_{期}(T_{补} + P_{检} + S_S) = 20(10+5)+0 = 300 \text{ 个单位}$$

既然补给周期长于检查周期，就必须考虑未交付的订货。假定在检查时有一批应交未交的订货为 100 个单位，并且目前的库存为 50 个单位，于是

$$Q = T_{GT} - I_{检} - Q_o = 300 - 50 - 100 = 150 \text{ 个单位}$$

在目标补给系统下，确定订货规模无需参考订货水平，强调的是将库存水平维持在最高限度以下，这是目标水平的上限水平。之所以将最高限度作为一种上限水平保护，是因为库存决不会超过补给水平，并且只有将启动补给订货与随后的检查周期之间没有可销售的单位时，才能到达补给水平。这些条件下，平均库存表示为：

$$\bar{I} = (D \times P_{坚})/2 + S_S \tag{5-13}$$

目标补给系统的变化是可选补给系统(optional replenishment system)，它有时被称为(s, S)系统或极大、极小系统。可选补给系统类似于目标水平补非系统，它以订货批量的变量替代特定的订货批量。然而，可选补给系统引入调整机制，限制可变订货批量的下限。结果，库存水平永久保持在上、下限之间。上限的存在是为了确定最大限度的库存水平，而下限则可保证补给订货将至少等于最高水平(S)与最低水平(s)之间的差额。基本的订货规则表示为：　　如果 $I_{检} + Q_o < s$，则 $Q = S - I_{检} - Q_o$

式中　s——最低限度的储备水平；S——最大限度的储备水平。

最低限度的水平，或(s)水平，类似于 R_{OP}。当存在不确定因素时$s = D \times T$

当存在需求不确定因素和完成周期不确定因素时，最低储备水平(s)中必须增加安全储备的最低数。极大、极小系统可以以产品的绝对单位数、供给天数，或两者的结合来运用。在绝对单位数的情况下，极大值和极小值都可以按照具体的单位数来确定。例如，假定极小值和极大值分别为 100 和 400 单位数，则产生的补给规则是：如果 $I + Q_o < 100$，则 $Q = 400 - I_{检} - Q_o$

式中的符号含义与上述说明相同。如果库存和目前已订购的数量分别为 75 和零，产生订货数为 325$(Q = 400 - 75)$。极大、极小系统也可使用参数“供给天数”来实施。例加，极小值可以被明确为 10 天供给期等。对于每一种补给检查来说，供给天数与当前预测值相乘成为具体的单位数。供给天数方法需依赖预测，所以会对需求变化做出反应。

二、库存计划

库存计划方法利用共同的信息基础，在多个地点或在增值链的各阶段中协调库存需求。在工厂仓库层次会发生计划活动，以协调库存配置和向多个

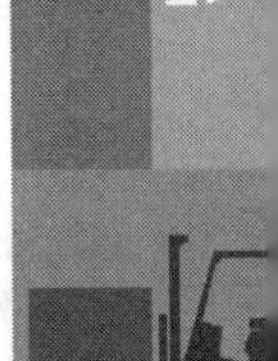

配送中心递送产品。为协调诸如制造商和零售商之类多个渠道伙伴之间的库存需求，也会发生计划活动。计划方法有两种：公平份额分配和配送需求计划。

公平份额分配(fair share allocation) 是一种简化的库存管理计划方法，用以向每一个配送设施提供公平的或“公平份额”的可得库存，这些可得库存来自诸如工厂仓库之类的共同货源。图 5－9 说明了由 1 个共同工厂仓库向 3 个配送中心提供服务的网络结构、当前库存水平和日常需求量。

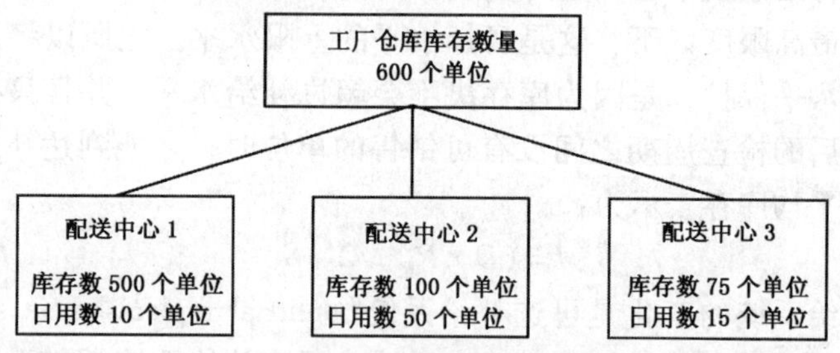

图 5－9　公平份额分配的案例

利用公平份额分配规则，库存计划者就可以确定库存的数量，该数量能够向每一个配送中心分配来自工厂仓库的可得库存。为说明本例子，假定在工厂仓库保留 100 个单位的库存是合乎需要的，因此，500 个单位是可得的分配数。用于确定共同供给天数的计算公式如下

$$DS=\frac{AQ+\sum_{j=1}^{n}I_j}{\sum_{j=1}^{n}D_j}$$

式中　DS——配送中心库存的共同供给天数；AQ——工厂仓库可分配的库存单位数；I_j——用单位数表示的配送中心 j 的库存；D_j——配送中心 j 的日需求量。

在本例中，$DS=\frac{500+(50+100+75)}{10+50+15}=9.67$(天)

所以，公平份额分配规定，每一个配送中心应达到 9.67 天的储备。分配给每一个配送中心的数量由下式确定：$AQ=(DS-I_j/D_j)\times D_j$

式中　A_j——分配给配送中心 j 的存货数量。

本例中，分配给配送中心 1 的数量为：$A_1=(9.67-50/10)\times 10=46.7$，约为 47 个单位。

依此类推，分配给配送中心 2 和分配中心 3 的数量分别确定为 383 个单位和 70 个单位。

虽然公平份额分配可以在多个地点协调库存，但它没有考虑各地点的特殊因素，诸如完成周期、经济订货批量或安全储备等方面的差异，因此，该方法在管理多阶段库存的能力方面受到了限制。

配送需求计划 可很好地解决公平份额分配在管理多阶段库存能力方面受限制的问题，但由于该方法比较复杂，在此我们就不做介绍了，若读者对其感兴趣，可参考其他书籍。

三、服务业的库存控制

现通过百货商店和汽车服务代理处两个例子来说明服务性行业如何对库存进行控制。

1. 百货商店的库存政策

存储保管单元(Stock keeping unit，SKU)是用来识别库存物资的通用术语。SKU 可以识别每种物资及它的制造厂家和进价。即便是很小的百货商店，SKU 的数目也是很大的。例如，若日用百货店的毛巾从 3 个厂家进货，每个厂家的毛巾都是 3 种质量水平、3 种尺寸和 4 种颜色，那么共有毛巾 108 种。即便毛巾只以三件一套形式销售，用来辨别毛巾套件的 SKU 数目也有 36 种。商店的类型不同，SKU 的数目也不同。有的一家商店 SKU 数目达到千余件。对于这么多的物资，单靠手工分别计算每种物资的经济订货批量是不行的。那么，百货商店如何对库存保持记录并适时补充？一般来说，家用器皿商店的物资可以分为主要商品和促销商品。每一大类又可细分为若干小类，如炊具和餐具等，并且物资也按单价进行细分。家用器皿商店一般从分销商订货可以减少订单数量，加快发运时间(缩短了进货提前期)。进一步来说，分销商的销售人员每周会到家用器皿商店去了解情况，盘点所供应的商品和数量。结合商店预先设立的补充水平，分销商的销售人员就可以替商店发出订单，这样节省了家用器皿商店盘点库存和订货时间。家用器皿商店向分销商订购的提前期一般为 2～3 天，因此，安全库存很低。商店所需的订购量为提前期的需求量再加上分销商销售人员两次来访问间隔期间的预期需要量。

由于商店的商品数量众多，通常不用常规办法来估计各物资的缺货情况并建立安全库存，而是按商店物资的总价值来对物资进行控制，因此，补足水平是根据资金使用情况来确定的。通过规划、每家商店都制定了每月的库存价值计算。通过编制库存平衡表、月度销售表以及已订购物品清单，商店就可以确定计划采购资金(计划采购资金是预算中尚未使用的部分)。这笔资金是进货人员未来一月可用的资金总额。当预期需求增长时(如圣诞节、母亲节等)，商店要增加采购部门的资金供给，从而增加了可用的计划采购资金。于是随着需求量的增加，商店的某种产品的补充量也相应提高，从而增大了

现有库存。实际上，计划采购资金在月初的几天就花去了很多。然而，采购人员总想留下部分资金用于专门采购，或者用于采购流动性强的商品。需要促销的家用器皿是采购人员单独(或按类别)进行控制的。

2. 汽车维修配件的库存维持

从事汽车服务的企业，往往向少数几个分销商购买大部分零部件。新车特约经销商则从汽车制造商那儿购买大量的配件。特约经销商对汽车零部件的需求来源于两个方面：一是广大的公众需要；二是代理商内部不同部门的需求，例如服务部门或车身修理部。这里问题是如何确定数千种配件的订购量。以国外为例，一个中等规模的汽车特约经销商可能储存价值为50万美元的零件。由这个行业的性质决定，资金用途的选择度很大，因此，资金的机会成本是很高的。例如，经销商可以提供租车服务，签订自己的合同，可以存储更多的新车，或者可以开设附属店，如轮胎店、房屋式拖车销售店、旅游车销售店等，所有这些都存在着很高的潜在回报。因此，这就要求特约经销店既要保证一定的服务水平，同时还要尽量减少零部件库存。在一些经销店仍然采用手工方式处理订货的同时，许多经销店已经用上了汽车制造商提供的计算机系统和软件包。不论是手工处理方式还是计算机处理方式，ABC分类法都大有用武之地。昂贵的和周转量大的零件要经常盘点，经常订购；价值低的零件，则采用订购间隔周期长、批量大的订购方法。经常订购的缺点是在零件上架以及登账方面要浪费大量的时间。

由于使用的计算机系统种类繁多，例如，在月度订货系统中，对所需的物资进行清点并将现有的物资存储量输入计算机。上月的库存量加上本月的进货量再减去现有的库存量就可以确定月度使用量。一些计算机程序采用指数平滑法进行预测，还有一些则采用加权平均法。计算机的输出结果有重要的参考价值，因为它把各零件的名称、价格、订购量以及现有库存量等信息作了汇总。输出的结果本身就可以作为订购单送给分销商或供应厂家。这种方法非常简便，因而具有吸引力，一旦预测权重确定之后，所要做的仅是各项物资的现有存储量。因此，发出一个订单不需要做很多计算，准备工作也非常少。

案例● 家具制造商利用MRPII 缩短提前期

对于一个制造商来讲，例如哈伯(Harpers)公司，“公司的销售额持续增长，而利润在不断减少”的事实，既包含了最好的消息也包含了最坏的消息。1988年1月，哈伯公司位于加利福尼亚托兰斯市(Torrance)的制造处于一种极

为艰难的阶段，这个工厂生产一种无支撑的办公家具，从原材料到投放市场的周期(又称为提前期)通常是12周。而它的竞争对手——何曼·米勒(Herman Miller)公司、斯蒂尔斯(Steelcase)公司以及华尔斯(Haworth)公司，已经能够仅用6周的时间就将原材料制成标准化的组合家具，如当时已普遍使用的清淡柔和色彩、带迷宫格的家具。

哈伯公司的董事与经理们做了许多其他的公司仅仅是谈论而不去做的事情。

第一个成功因素 最大的可预见性是哈伯公司成功的第一个因素。哈伯公司决定制造成本降低15%，一个途径就是将提前期减少到3周或更少，而新的工业标准是6周。

第二个成功因素 公司决定将生产设计和开发的提前期缩短到6个月，进而取代哈伯公司先前一直津津乐道的3年时间，这对一个专注于市场导向的公司来说是一个很关键的阶段。

这些不是很容易就能做到的。哈伯公司的物料需求系统(MRP)是自己开发的，没有预测功能。对此，哈伯公司的执行副总裁及总经理怀斯纽斯基说："此系统没有真正的订单处理与财务的集成，生产工厂内也没有库存系统。"为此他们制定了一个详尽的目标计划，以与哈伯公司的降低生产成本和缩短提前期的崇高目标相结合。

- **第一是市场目标** 公司决定采纳引起公司兴趣的"定制解决方案"，例如，将工程师们从绘图板转到计算机上去。怀斯纽斯基根据定制家具"4周内发货"的要求，确定了一个两周的设计提前期。
- **第二是获得"柔性生产"机制的目标** 这个系统应该能够增加或减少一些用以满足客户特殊要求的可选特征。

能令这个整体系统工作的就是制造资源计划系统(MRPII)。哈伯公司审查了一下它的硬件需求，把选择范围缩小到数字设备公司(DEC)与IBM，并确定在IBM平台上可以有更多的方案，于是选择了当时最新的IBM AS/400系统。选择MRPII软件成了一场在IBM、芝加哥的系统软件(Systems Software Associates)公司、芝加哥的安达信(Anderson)咨询公司，以及盘索菲系统(Pansophic Systems)公司之间的竞争。安达信咨询公司的Mac - Pac获得了胜利，部分原因是由于它包含了一个成为Expert产品配置器的专家系统，它可用来提高订货的精确度及反应时间。

1990年10月以前，这个系统被安装并开始运行。

哈伯公司目前还未达到其3周的生产提前期的目标，但是20%的家具在2周内可以交货，其余部分则需4周。

思考与练习5

- 试述服务型企业与制造型企业的独立与相关需求。
- 已知库存数据如下：年度需求量为3000单位，每单位成本为6.00元；库存储存成本百分比为15%；每次订货成本为21.00元，求：①经济订货批量EOQ；②总订货成本；③库存维持成本。
- 试述MRPⅡ降低库存的方法。
- 试述库存控制的常用方法。
- 试述在制品管理方法。
- 企业在什么条件下用定量定货模型，而不用定期定货模型？定期定货有哪些缺点？
- MRP系统中需求的来源是什么？这些需求是独立的还是相关的？它们作为系统的输入是如何使用的？
- 商店的卫星天线销售看好，现在希望确定天线的定货数量。有关数据如下：年需求量估计为1000件，单件的年存储成本为100元，每次的订购成本估计为25元。请用EOQ模型确定天线的订购数量。
- 某刀具厂为某零售商店生产刀具。该零售店每日销售刀具5把，该厂每日能生产刀具10把。刀具厂的生产准备成本为100元，每把刀具的年存储成本为10元。刀具厂和零售店每年营业250天，请问该厂刀具的生产批量最好为多大？
- 某公司生产电闸和继电器所用的铜接头，该公司希望以最小的成本来订购满足生产需要的铜。铜的价格如下：2499千克以下，每千克0.82元；2500千克至4999千克，每千克0.81元；5000千克以上，每千克0.80元。年存储成本为单价的20%，年需求量是50000千克，订购成本是30元/次，试确定铜的采购批量。
- 一种物料的定货费用是100元，每周每单位的保管费为0.5元。根据下表给出的净需求量，说明下述各种方法确定的订购批量：按需订货法、经济订货量法及最小费用法，并确定每一种方法的总成本。

周	1	2	3	4	5	6	7	8
净需求量	10	30	10	50	20	40	50	30

第六章　物流配送与仓储

本章首先介绍配送的概念和流程以及配送合理化原理；再介绍配送中心的种类、配送中心的基本作业流程和配送中心的管理系统；接着描述了配送中心规划与设计的内容，并就规划与设计中的选址与布局、设施设备选择、信息系统设计和系统总体设计等相关问题进行了具体分析；最后分析了仓储的功能，阐述了仓储设计原理，并对自动化仓库及其设计原则与设计程序进行了说明。

第一节　配送

一、配送概念

所谓配送就是按照用户的订货要求，在物流结点(仓库、商店、货运站、物流中心等)进行分货、配货，并将配好的货物以合理的方式送交收货人的过程。准确把握配送概念应注意以下几个要点。

1. 配送应以用户要求为出发点

配送是从用户利益出发、按用户要求进行的一种活动，在整个配送活动中，用户占主导地位，配送企业居服务地位。因此，在观念上必须明确“用户第一”、“质量第一”的原则，从用户利益出发，在满足用户利益基础上取得本企业的利益。不能利用配送损害客户利益或控制用户，更不能利用配送做为部门分割、行业分割、割据市场的手段。

2. 配送是一种“中转”形式

配送是从物流结点至用户的一种特殊送货形式。从事送货的是专职流通企业，而不是生产企业。因此，一般送货尤其从工厂至用户的送货往往是直达型，是企业生产什么、有什么就送什么。配送则是企业需要什么送什么，为此就必须在一定中转环节筹集这种需要，从而使配送必然以中转形式出现。

3. 配送是“配”和“送”有机结合的形式

配送利用有效的分拣、配货等理货工作，使送货达到一定的规模，以利用规模优势取得较低的送货成本。如果不进行分拣、配货，有一件运一件，需要一点送一点，配送与一般的送货就没有区别，也就没有任何优势可言。因此追求整个配送的优势，分拣、配货等项工作是必不可少的。

4. 配送要选择合理的方式

不同的配送方式会产生不同的配送成本。在存在满足用户需要的多个可选择方案时，应选择最合理的方式，以最小的成本完成配送活动。此外，配送是按照用户要求进行的活动，但有时受用户本身的局限，“用户要求”实际会损失其自身或双方的利益。此时，若过分强调“按用户要求”显然是不妥的。配送者必须以“要求”为依据，正确引导用户，共同选择合理的配送方式，实现共同受益。

5. 配送是一种现代物流体制形式

配送的实质是送货，但却不同于一般送货。一般送货可以是一种偶然的行为，而配送却是一种固定的形态；一般送货往往只是推销商品的一种手段，配送则是内涵更为丰富的一种流通服务方式，是大生产和专业分工在流通领域的体现，是一种有确定组织、确定渠道，有一套装备和管理力量、技术力量，有一套制度的体制形式。

二、配送流程

配送流程是完成配送任务所必须的配送组织程序。按照是否需要在配送过程中对货物进行加工，可将配送流程分为以下两大类：一般配送流程和有加工功能的配送流程。

1. 一般配送流程

一个完整的一般配送流程通常由进货、储存、理货、配货、配装、送货、交货等环节构成，其结构如图 6－1 所示。

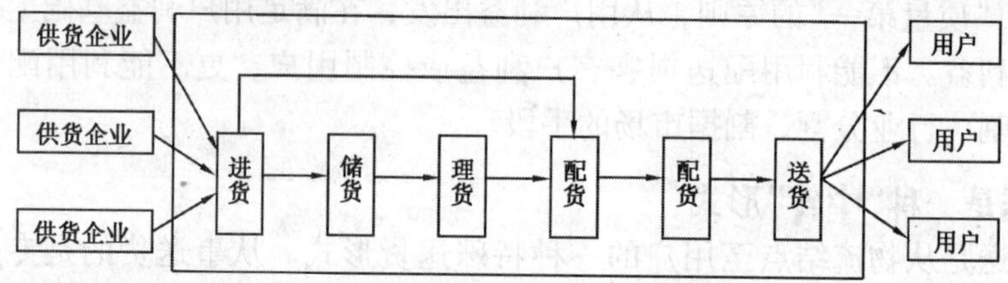

图 6－1　一般配送流程

进货　是指从各生产企业或流通企业按用户需要品种大批量地购进货物。进货作业必须筹集资源，通过订货、购货、运输，把订购的货物集中到配送仓库或配货区域，以便按用户要求做好配货准备，同时完成对物资的检验、交接和结算工作。

储存　是为保障配送活动的连续进行，防止缺货所建立的一定的货物储备。库存货物的品种结构、数量、存储时间必须进行科学控制，既要保证用户的配送需要，又不造成积压浪费和增加资金占用。货物储存应存取方便，便于

分货、配货作业，以提高配送效率。

理货与配货 是按用户的需要将存储货物分拣出来，将货物配齐，放到发货场所进行必要的包装，做好配装、运送的准备。

配装 是对多用户、多品种、小批量物资的配送装车作业。其目的是为提高车辆满载率、装车安全和运送效率。配装时应注意互相有影响的货物不能混装，装车物资重心要低、放置紧密，充分利用车辆的载重量和容积，做到轻重搭配，方便沿途卸货。

送货 是通过一定的运输方式及时将配装货物安全送到用户处。送货时要集中车辆调度，组合最佳路线，采取巡回送货方式，以提高运输的效率。

一般配送流程既适合于各种包装、非包装或混装等种类较多、规格复杂的中、小件货物的配送，也适用于多品种、小批量、多批次、多用户的货物的配送，适用范围较广。在一些特殊情况下，某些货物受性能、状态制约，不适宜与其他货物混运、混放；某些货物单品种配送批量很大，不需要配装就可以达到满载，对于这类货物的配送，其流程没有理货、配货、配装等作业环节，而只需直接装车送货。像煤炭、燃油以及大批量的钢材、木材、水泥等均属于这种类型。有些货物不设库存，实行“四就”配送，即就(生产)厂、就港(站)、就车(船)、就库直接配送方式，其流程就没有储存、理货、配货、配装等作业环节。由于这些配货方式可减少倒装转运次数和环节，提高货物周转次数和效率，减少物资损耗。因此，对大批到站、到港物资，凡用户明确，一般应采用就站、就港直接装车发送；对本地生产的大批量货物、危险品货物一般应采用就厂装车配送。

2. 有加工功能的配送流程

这一类型的货物配送系统，因配送加工的组织形式和加工内容不同而形成多种配送流程，其中包括：储存前加工(进货后直接加工)；储存后加工(进货后先储存，然后再按需加工)；加工后直接送货；加工后先储存再送货等相互组合而成的多种形式。因此，可将各种加工配送流程组合在如图 6－2 所示的同一加工配送流程图中。

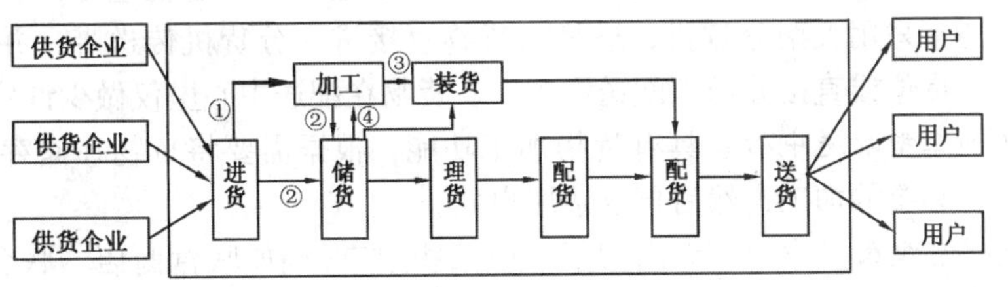

图 6－2　加工配送流程

三、配送合理化原理

配送活动是要付出成本的。合理的配送应当是以一定的配送成本获得尽可能高的客户服务水平，或在一定的客户服务水平下付出最小的配送成本。实现配送合理化应符合以下基本原理。

（1）标准化原理 尽可能多地采用标准零部件和模块化产品，以减少因品种多变而导致的附加配送成本。

（2）合并原理 充分利用车辆等运输工具的容积和载重量，将能够组合在一起的货物进行合理的配装，降低单位货物的配送成本。

（3）差异化原理 按产品的特点和销售水平设置产品的库存和运输方式及储存地点，满足不同客户服务水平的需要。

（4）延迟原理 通过合理安排贴标签、包装、装配和发送等活动，将产品外观、形状及其生产、组装、配送等尽可能推迟到接到客户订单后再确定，以避免因供需脱节造成库存过多或过少所导致的配送成本增加。

第二节 配送中心概述

一、配送中心的种类

配送中心是按照用户的要求进行货物配备（集货、加工、配货），并将货物送达用户的现代流通设施。由于服务内容和范围不同，配送中心有多种不同形式并可从不同角度予以分类。

（1）按其核心职能进行划分 可将配送中心划分为储存型配送中心、流通型配送中心、加工型配送中心、供应型配送中心和销售型配送中心。

①储存型配送中心。采用集中库存形式，库存量较大。一些具有较强储存功能的生产企业成品销售配送中心、原材料及零部件供应配送中心以及从事大范围配送的流通企业配送中心，均属于这种类型。

②流通型配送中心。基本上没有长期储存功能，仅以暂存或随进随出方式进行配货、送货，其典型方式是大量货物整进并按一定批量零出。这种配送中心通常采用大型分货机，进货时货物直接进入分货机传送带，并被分送到各用户货位或直接分送到配送汽车上，货物在配送中心里仅做少许停滞。

③加工型配送中心。具有货物加工功能，根据需要将货物在储存前或储存后进行必要的加工，然后再送达用户处。

④供应型配送中心。专门为某个或某些用户（例如联营商店、联合公司）组织供应。如为大型连锁超级市场组织供货或代替零件加工厂对装配厂配送零件等。

⑤销售型配送中心。以销售为目的，以配送为手段。主要有三种类型：一是生产企业将自身产品直接销售给消费者的配送中心；二是流通企业做为本身经营的一种方式，建立配送中心以扩大销售；三是流通企业和生产企业联合的协作性配送中心。

(2) 按其服务范围划分 可将配送中心划分为城市配送中心和区域配送中心。

①城市配送中心。以城市范围为配送范围。由于城市范围一般处于汽车运输的经济里程，这种配送中心通常采用汽车进行配送，并可直接配送到最终用户。这种配送中心往往和零售经营相结合，由于运输距离短，反应能力强，因而从事多品种、少批量、多用户的配送较有优势。

②区域配送中心。以较强的辐射能力和库存准备，向省(州)际、全国乃至国际范围的用户提供配送服务。这种配送中心规模较大，一般而言，其用户和配送批量也较大，而且往往是配送给下一级的城市配送中心，或配送给营业所、商店、批发商和企业用户，虽然也从事零星的配送，但不是主体形式。

(3)按其专业化程度划分 可将配送中心划分为专业配送中心和柔性配送中心。

①专业配送中心。专业配送中心有两个含义：一是指配送对象、配送技术属于某一专业范畴，并在此专业范畴内有一定的综合性，即综合某一专业的多种货物进行配送的配送中心；二是指以配送为专业化职能，基本不从事经营的服务型配送中心。

②柔性配送中心。配送用户不固定，且不局限于某一专业方向，对用户要求有很强的适应性。能随时变化、不固定供需关系并能改变和扩展配送用户。

二、配送中心基本作业流程

配送中心基本作业流程如下。

(1) 接收订单 配送中心发挥配送功能开始于客户的询价和业务部门的报价，当双方就相关问题达成一致后，业务部门即可接收客户的订单。

(2) 订单处理 接单后，业务部门要查询出货日的库存状况、装卸货能力、流通加工负荷、包装能力以及配送负荷等情况，设计出满足客户需求的配送操作。当配送中心受到约束而无法按客户要求交货时，业务部门还需进行协调。由于配送中心不随货收款，因此在订单处理时，需要查核公司对客户的信用评价。此外还需处理退货数据，统计该时段的订货数量，以安排调货、分配出货程序及数量。另外，业务部门需要制定报价计算方式，制定客

户订购最小批量、订货方式或订购结账截止日期。

（3）采购订货 接受订单后，配送中心需向供货厂商订购或向制造厂商直接要货。采购部门先统计出商品需求数量并查询供货厂商交易条件，然后根据所需数量及供货厂商提供的经济订购批量提出采购单或出厂提货单。采购单发出后则进行入库进货的跟催阶段。

（4）入库进货 开出采购单或出厂提货单后，入库进货管理员即可根据采购单上预定入库日期进行入库作业调度和入库月台调度。在商品入库当日，入库管理员进行入库资料查核和入库质量检验，当质量或数量不符时立即进行适当修正或处理，并输入入库数据，同时制作入库商品统计表以稽核供货厂商催款。入库管理员可按一定方式指定卸货及托盘堆放。对于退回商品的入库还需经过质检、分类处理然后登记入库。商品入库后有两种作业方式：一为商品入库上架，等候出库需求时再出货；二为直接出库。此时管理人员需按照出货需求将商品送往指定的出货码头或暂时存放地点。

（5）库存管理 包括仓库区管理及库存控制。仓库区管理包括：商品在仓库区域内摆放方式、区域大小、区域分布等规划和仓储区货位的调整及变动；商品进出仓库的控制包括：先进先出或后进先出，进出货方式的制定，商品所需搬运工具、搬运方式的确定，包装容器使用与包装容器保管维修等；库存控制包括：按照商品出库数量、入库所需时间等来制定采购数量及采购时间并建立采购时间预警系统，制定库存盘点方法，定期负责打印盘点清单，并根据盘点清单内容清查库存数、修正库存账目并制作盘盈、盘亏报表。

（6）分拣理货 为了满足客户对商品不同种类、不同规格、不同数量的需求，配送中心必须有效分拣货物，按计划理货。在出库日，当库存数满足出货需求量时，即可根据需求数量打印出库拣货单及各项拣货指示，进行拣货区域的规划布置、工具选用及人员调派。出货拣取不只包括拣取作业，还需补充拣货架上商品，使拣货不至于缺货，这包括补货量及补货时点的制定、补货作业调度、补货作业人员调派。

（7）流通加工 这是最直接提高商品附加值的一项作业，不过它并不是所有配送中心普遍具有的功能。流通加工作业包括商品的分类、过磅、拆箱重包装、贴标签及商品组合包装。

（8）出货集货 完成商品拣取及流通加工作业后，就可以进行商品出货作业。出货作业包括根据客户订单为客户打印出货单据，制定出货调度，打印出货批次报表、出货商品上所需地址标签及出货核对表。由调度人员决定集货方式、选用集货工具、调派集货作业人员，并决定运输车辆大小与数量。由仓库管理人员或出货管理人员决定出货区域的规划布置及出货商品的摆放

方式。

(9) 装车配送 包括商品装车并进行实际配送，完成这些作业需要事先规划配送区域，安排配送路线，按配送路线选用的先后次序来决定商品装车顺序，并在商品配送途中进行商品跟踪、控制及配送途中意外状况的处理。

(10) 制作账单 商品出库后销售部门可根据出货数据制作应收账单，并将账单转入会计部门作为收款凭据。

(11) 绩效管理 高层管理人员通过各种考核评估来实现配送中心的效率管理，并制定经营方针和策略。考评的信息来源包括各种相关数据及报告，如出货销售统计数据、客户对配送服务的反映报告、配送商品次数及所需时间报告、配送商品的失误率、仓库缺货率分析、库存损失率报告、机具设备损坏及维修报告、燃料耗材等使用量分析、外雇人员成本分析、机具和设备成本分析、退货商品统计报表、人才使用率分析等。

上述作业环节及其控制活动共同构成了一个完整的物流配送中心作业流程。

三、配送中心的设施设备

配送中心的设施设备包括：作业设施、公用设施以及配送中心各个作业环节的设备。

(1) 配送中心的作业设施 包括卸货验收区、储存保管区、配货(理货)区、发运区、加工区、停车场、办公室等多种建筑物，其主体结构是储运场所及设施。卸货验收区是卸货、清点、检验、分类、入库等工作的活动场所，其主要设施是入库站台。立体仓库是储存保管区的建筑，它是存放货物的区域，是储存保管和养护作业的场所。对货物进行配货与配装的理货作业通常是在理货场进行的。分装、切裁、混装、包装等加工作业则在加工区厂房进行。处理营业事务和内部指挥管理的办公室集中于某一区域或分散设置。

(2) 配送中心的公用设施 包括给排水设施、电力设施、供热与燃气设施和绿化设施等。给水设施负责提供配送中心生产、生活、消防等所需用水，包括原水的取集、处理以及成品水输配等各项工程设施。排水设施包括负责收集、输送、处理和排放配送中心的污水(生活污水、生产废水)和雨水的各项工程设施。电力设施包括供电电源、输配电网等。供热设施包括集中热源(热力站)、供热管网等设施和热能用户使用设施。燃气设施包括燃气供应源、燃气输配设施和用户使用设施。绿化设施包括草坪、花圃等。

(3) 配送中心的设备 包括储存、搬运、拣货、装卸、流通加工、管理与办公等设备。储存设备用于存储货物，主要包括各种货架、储运箱、托盘等。搬运、装卸与拣货设备用于移动和拣取货物，主要包括手推车、拖车、

叉车、输送机、升降机、堆垛机、起重机、板台、滑台等。流通加工设备用于货物的分装、切裁、混装、包装等，主要包括裹包机、装盒机、钉箱机、打带机、条码列印机、钢印设备、拆箱机、称重机、地磅等。管理与办公设备包括计算机、电话通信设施、文件资料处理与保管设施（复印机、装订机、文件柜等）、办公桌椅等。

四、配送中心管理系统

配送中心的管理系统一般由销售发货系统、仓库管理系统、采购进货系统、财务会计系统和经营管理系统五大部分组成。

(1) 销售发货管理系统　其功能包括：对外，提供客户服务，自客户处取得订单、进行订单处理、安排拣货、发货、最终将商品送至客户手中。对内，进行订单需求统计，作为库存管理的参考；在商品发货后将应收账款、账单转入会计部门做转账用；最后将各项内部数据提供给经营管理系统作为考核参考，并由经营管理系统处取得各项经营指示。销售发货管理系统包括以下子系统：定单管理系统、销售分析与销售预测、拣货规划系统、发货排程计划、出货配送系统、退换货作业和客户管理。

(2) 仓库管理系统　其功能包括商品检验、入库、商品在库储存移动、流通加工、出库等。仓库管理系统包括出入库管理、储位管理维护、包装流通加工规划、库存控制、盘点作业等子系统。

(3) 采购进货系统　其功能包括：对外，根据需求向供货厂商下订单，收货/退货。对内，提供相关采购信息，辅助采购决策；提供到货记录，作为财务部门的结算依据；最后将各项内部数据提供给经营管理系统作为考核参考，并由经营管理系统处取得各项经营指示。采购进货系统包括供应商管理、采购订货资料处理、进货作业系统、采购时间管理等子系统。

(4) 财务会计系统　其功能包括：对外，根据采购部门提供的商品到货记录核查供货厂商的催款单，并支付货款；根据销售部门提供的出货单制作应收账款催款单，并收取货款。对内，提供相关分析报表及报告辅助决策；编制各种财务报表提供给经营绩效管理系统作为参考。财务会计系统主要包括财务系统、人事工资管理系统、应收账款系统、应付账款系统、物流成本分析系统及物流计费管理系统等子系统。

(5) 经营管理系统　其功能是制定各种经营政策以指导各系统运营，并从各系统汇集相关运营信息，考核其绩效。经营管理系统包括运营管理系统、配送资源计划系统和绩效管理系统三个子系统。

五、建立配送中心的意义

配送中心是联结生产与消费的流通环节，它利用空间和时间创造效益。

配送中心的建立为整个物流系统带来了更多的经济利益和服务利益，具体表现如下。

(1) 完善了社会物流功能体系 配送中心可以在一定范围内将干线运输、支线运输与搬运和仓储等环节统一起来，使整个输送过程得以优化和完善。配送中心还可对货物进行适当加工，以衔接产需，合理利用资源。

(2) 提高了物流系统的服务水平 配送中心的专业化客户服务和集中储存，使其能够有效调节库存，减少客户采购工作量并快速对客户需求做出反应，进而提高整个物流系统的效率。

(3) 降低了企业的经营成本 借助于配送中心的集中仓储与准时配送，企业可以减少库存甚至实现“零库存”，从而减少储备资金的占用，改善财务状况。

(4) 提高整个物流系统的经济效益 配送中心的专业化优势，使其能够通过大批量进货、集中发送等方式获得规模经济效益，使单位产品的储存、运送、管理等流通费用大幅降低，从而提高了整个物流系统的经济效益。

第三节 配送中心规划与设计

一、配送中心规划

配送中心的规划是指以物流学原理为依据，运用系统分析的观点，采用定量与定性相结合的方法，对拟建的配送中心进行的总体、长远发展计划的过程。配送中心的规划既包括对拟建的单个配送中心和由多个配送中心组成的配送网络的新建规划，也包括对现有物流系统向配送中心转型的改造规划，但不同类型的规划侧重点不同。对新建单个配送中心而言，配送中心的选址问题是整个规划的关键所在；对新建由多个配送中心组成的配送网络而言，系统构造和网点布局则是整个规划的核心问题；至于对现有物流系统的改造，如何充分利用现有设施，通过流程改造和企业重组实现向现代配送中心的转变，无疑是整个规划的重点问题。在对配送中心进行规划的过程中要遵循以下几个原则。

(1) 系统工程原则 要把配送中心看作一个开放的系统，通过分析和预测物流量，把握物流的最合理流程以及合理地确定配送中心的选址，使配送中心的各种职能及其与供应商、客户的连接均衡、协调地运转。

(2) 价值工程原则 要以尽可能低的物流成本满足客户对配送的准确性、及时性和低缺货率等方面的高质量的服务需求。由于配送中心建设需要的投资额巨大，因此必须对其进行可行性研究，通过对多个方案的比较筛选，选

择获得最大企业效益和社会效益的方案。

（3）科学化原则 通过合理选择、组织和使用各种先进的物流机械化、自动化设备，以及采用计算机进行物流管理和信息处理，实现工艺、设备、管理的科学化，以充分发挥配送中心多功能、高效率的特点，大大加速商品的流转，提高经济效益和现代化管理水平。

（4）发展原则 建筑物的规划、信息处理系统的设计以及机械设备的选用，要具备一定的扩展能力，以适应未来物流量扩大和经营范围拓展的需要。在规划设计第一期工程时，应将第二期工程纳入总体规划，并充分考虑到扩建时业务工作的需要。

配送中心的规划是一个十分复杂的过程，通常包括以下几个步骤：

前期准备 通过一系列的调研，收集相关的资料数据，其中包括当前和未来配送服务需求、配送中心建设的内部资源和外部条件约束、配送中心功能定位及作业流程、潜在用户的数量、规模与分布等等。

确定系统目标 根据对调研结果的分析，确定配送中心在近期、中期和长期不同阶段的发展目标。

功能规划 依据系统目标对配送中心的功能要素加以分析，结合配送需求的形式确定配送中心的功能定位，选择配送中心所应具备的功能。

选址规划 根据客户需求、用地条件、运输条件、公用设施及相关法规等约束条件，按照一定的标准，采用定性与定量相结合的方法，对配送中心的地址做出选择。

作业流程规划 根据配送中心的功能，结合商品特征和客户需求确定具体的作业流程。

设施设备规划 运用系统分析的方法，对配送中心的建筑模式和空间布局、设备选择与安置等做出规划。

信息系统规划 根据配送中心内部作业与外部客户服务的需要，构建内部管理信息系统和网络平台。

二、配送中心的选址与布局

配送中心选址与布局不仅是配送中心规划的重要问题，而且是涉及到诸多因素的非常复杂的问题。因此，在选址与布局的过程中，需要将定性分析和定量分析结合起来，或采用综合集成的方法进行选址工作。配送中心选址的具体步骤如下。

1. 选址约束条件分析

影响配送中心选址的因素包括：

（1）自然环境因素 包括气象条件、地质条件、水文条件和地形条件等。

(2) 经营环境因素 包括经营环境(顾客分布现状及预测、业务量增长率等)、商品特征(种类、储存与运输有无特殊要求等)、物流业务种类、物流费用、服务水平(配送范围及距离、发送频率、发货周期)等。

(3) 基础设施状况 包括交通条件(与铁路货运站、港口码头、机场和公路货运站等运输据点的距离)、公共设施状况等。

(4) 其他因素 包括企业筹资能力、用地条件(是否需要征地、征地的地价及可接受地价的土地分布)、国家的相关法律和法规(环境保护、土地用途限制等)以及周边状况等。

2. 资料收集整理

选址过程中必须掌握以下资料。

(1) 业务量资料 包括供货企业至配送中心间的运输量、向用户配送的货物数量、配送中心保管货物的数量和配送路线的业务量等。

(2) 费用资料 包括供货企业与配送中心间的运输费用、配送中心与用户之间的运输费、与设施和土地有关的费用及人工费、业务费等。

(3) 其他资料 包括顾客位置分布图、供应商位置分布图、备选地址的配送路线及距离等。

3. 地址筛选

根据前两个环节所提供的数据和约束条件，对备选地址进行初步筛选。

4. 定量分析

运用量化手段，对备选地址进行评选。常用的定量方法有以下几种。

(1) 解析技术 这是一种物流地理重心方法，它根据距离、重量或两者的结合，通过在坐标上显示，以配送中心位置为变量，用代数方法来求解配送中心的坐标。这种方法适用于单个配送中心的选址。

(2) 线性规划 这是一种最优化技巧，也是一种广泛使用的战略和战术物流计划与设计工具，它一般是在一些特定的约束条件下，从许多可行方案中挑选出一个最佳的方案。

(3) 启发式规划 通过对最初给出的初次解反复修正，使之逐步达到近似最佳解的方法，对多个配送中心组成的配送网络进行规划。

(4) 仿真技术 它通过模拟仿真(如电脑的三维显示技术)选扯与设计中的实际条件，来确定配送中心的选址与设计。目前仿真技术主要有两种：一种是静态仿真；另一种是动态仿真。

5. 结果评价与检验

按照先前确定的约束条件及物流节点选址的一般原则，进一步对选定的

地址进行检验与评价，最终选定配送中心的位置。物流节点选址的一般原则是选择符合以下条件的城市和地区设置物流节点。

- 经济发展中心
- 各种交通方式重叠和交汇
- 物流资源较优
- 土地开发资源较好
- 能够支持产业发展需要
- 符合区域物流特点
- 有利于整个物流网络的优化
- 有利于各类节点的合理分工、协调配合
- 地区管理和人才资源较好

三、设施设备规划

配送中心的设施设备规划包括配送中心的建筑模式与空间布局以及设备选择等。

1. 配送中心空间布局

配送中心的内部作业区域主要包括接货验收区、储存区、理货区、发运区、加工区和办公区。配送中心作业区的规划设计主要包括以下环节。

（1）设施确认 对与设计规划相关的要素进行确认，以确定设施规划的约束条件。需要确认的设施主要包括码头墙体窗口、仓库门、柱跨度、天花板净高、地面负荷承重、消防设施、温度控制范围和排水系统等。

（2）确定入货口和出货口的位置 主要有三种类型可供选择：进出货共用一个码头的集中型；进出货码头位置相临的中间型；进出货码头相互独立且分散于厂房四周的分散型。

（3）确定固定区域和固定设施 包括办公室、员工休息室、公共设施、防火设施、堆高机充电、维修站、打包机等。

（4）确定仓库扩展方向 根据配送中心的建筑和设施条件以及对未来业务量和可能作业方式的预测，确定扩建方向和预留扩建空间。

（5）确定扩展方案的作业区 包括扩建后仓库的进出口、作业区位置、设备等。

（6）确定主要作业动线 根据作业流程设计主要动线。

（7）定义高频作业区域 包括收货及上架、分拣、装车出货等，将其设置在与入货口和出货口相邻且靠近存储区的位置。

（8）定义低频作业区域 低频作业包括处理空托盘、处理退货或调拨商品回存储区、处理剩余商品、商品隔离、商品存储维护、贴标签、包装、休

息等，将其置于离出货区较远的地方。

（9）确定主通道位置 以主要动线和搬运设备的最小转弯半径为主要参数，力求将主要动线直线化和最短化。

（10）确定存储方法和副通道 根据商品的物理特性确定存储方法和存储作业工具，并据此确定副通道的位置和宽度。

2. 配送中心建筑物设计

（1）选择建筑物形式 主要有钢筋混凝土结构和轻钢结构两种结构，二者各有利弊。前者建筑成本较低，但施工周期长，空间利用率较低，不利于自然采光和设施安装，且扩展性差；后者空间利用率高，容易做夹层结构，作业动线流畅，但需定期维护。

（2）确定仓库楼层净高 其参数选择的是天花板净高，即存储区域从地面向上至障碍物（如建筑照明、喷淋系统、空调与排风管等设施）的距离。通常单层仓库的天花板净高为10m。

（3）计算地面负荷能力 根据所保管货物的种类、比重、货物码垛高度和使用的装卸机械计算所需的地面负荷强度和地面平整度。其中，仓库地面负荷强度通常要求在280kg/cm^{2}以上，地面水平精确度为1%。

（4）确定柱跨度 柱跨度是从一根柱子的中线到另一根柱子中线之间的距离。确定柱跨度必须考虑存储设备和托盘的尺寸。

（5）设计通道 通道包括库区外通道和库内通道，库内通道包括：主通道、存储通道、人行通道、电梯通道和其他通道。其中主通道连接进出门口和各作业区域，它与码头方向平行，宽度为两辆堆垛机宽度加0.9m；存储通道为主通道连接各作业区域的通道，其垂直或平行于主通道，宽度通常与堆垛机的转弯半径相等；人行通道只用于员工进出特殊区域，宽度通常为0.75～1m；电梯通道用于出入电梯，宽度至少与电梯相同；其他通道为公共设施、防火设备或紧急逃生所需的进出通道。通道设计应以直线为原则，并形成最佳作业动线和实现最小的空间占用率。

3. 配送中心设备选择

如前所述，配送中心的设备包括：储存、搬运、拣货、装卸、流通加工、管理与办公等设备。其中储存设备主要包括各种货架、储运箱、托盘等；搬运、装卸与拣货设备主要包括手推车、拖车、叉车、输送机、升降机、堆垛机、起重机、板台、滑台等；流通加工设备主要包括裹包机、装盒机、钉箱机、打带机、条码列印机、钢印设备、拆箱机、称重机、地磅等；管理与办公设备包括计算机、电话通信设施、文件资料处理与保管设施（复印机、装订机、文件柜等）、办公桌椅等。

配送中心的设备选择与设计包括确定货架的类型及高度、层数、行数、长度和宽度等相关参数，以及其他设备的具体类型、规格、型号及主要性能参数等。在选择设备的过程中，通常需要考虑以下因素。

（1）配送商品的特性 商品包装规格、重量、储位数量、储存单位等。

（2）商品的存储要求 存储密度、储位管理要求等。

（3）商品加工需要 所需进行的加工作业内容等。

（4）出入库数量 存储频率、存取数量、存取单位、存取原则等。

（5）设备之间的匹配 搬运与拣选设备同存储设备类型与空间位置的配合等。

（6）建筑结构 建筑可用高度、梁柱位置、防火设施、出入口位置等。

（7）投资成本 购置各种设备的成本及设备使用维护所需的费用等。

软硬件设备系统的水平常常被看成是配送中心先进性的标志。但通过配备高度机械化、自动化的设备来追求先进性，往往意味着要花费巨额的投资。因此，欧洲物流界认为“先进性”应该是合理配备，能以较简单的设备、较少的投资，实现预定的功能。应该强调思想和方法都具有先进性的方法。从功能方面来看，设备的机械化、自动化程度不是衡量先进性的最主要因素。结合我国资金不足、人工费用便宜、空间利用要求不严格等实际状况，对于配送中心的建设，也应该贯彻软件先行、硬件适度的原则。也就是说，计算机管理信息系统、管理与控制软件的开发，要瞄准国际先进水平；而机械设备等硬件设施则在满足作业要求的前提下，更多选用一般机械化、半机械化的装备。

四、信息系统规划与设计

在配送中心运作的各个环节，信息流始终伴随着物流活动而存在。能否对配送活动的信息予以准确、及时的反映，并据此改进配送中心的管理工作和提高对客户需求的响应速度，直接关系到配送中心的运作效率和经济效益。因此，配送中心信息系统的规划与设计是配送中心设计中不容忽视的重要环节。

1. 配送中心规划与设计的目标

（1）实时监控运作过程 通过对相关信息的反馈，及时反映物流活动现状。

（2）调节供给与需求 压缩库存，防止缺货，实现库存合理化。

（3）提高客户响应速度 提高装卸作业和运输配送效率，缩短发货周期。

（4）降低物流成本 合理规划配送资源，降低配送成本。

2. 配送中心信息系统的功能

(1) 作业管理 随时(或定时)反映整个物流系统的运作状况，保证业务活动的正常进行。内容包括：

① 接受订货。从客户处接受订单。

② 指示发货。处理订单信息，并向配送中心的终端传送发货指令(对于由多个配送中心组成的配送网络，要选择就近的配送中心发货)。

③ 分拣配送。组织拣选、分拣，安排配送计划并发出作业指令。

④ 应收账款管理。在商品发货后将应收账款账单转入会计部门做转账用。

⑤ 日常库存管理。依照订货信息进行预测，并根据发货信息进行实际库存管理。

⑥ 补充库存。根据需要提出进货计划，向供货厂商下订单，收货/退货，并提供到货记录，作为财务部门的结算依据。

⑦ 信息交流。与客户和供应商等外系统联网(或联机)，进行信息交流。

(2) 经营管理 全面反映经营状况，改善经营绩效。内容包括：

① 核算物流成本。

② 评价经营业绩。

(3) 决策支持 优化物流作业，提高运作效率。内容包括：

① 预测市场销售。分析市场信息，预测服务需求。

② 规划配送资源。合理规划人员、设施、设备等资源。

③ 编制最优化的作业单。优化运输路线，计算装载效率，选定配送车辆等。

④ 优化存货管理。确定合理库存规模，防止缺货和压货等。

3. 配送中心信息系统的功能模块

为实现上述功能，配送中心的管理信息系统应包括现场监控系统、管理信息系统和经营决策系统三部分。其具体结构如图 6－3 所示。

五、系统总体设计

配送中心总体设计就是根据配送中心所在位置的地形、地质条件，以及配送中心业务性质、规模大小、设施设备、对外运输方式等确定各建筑物、构筑物之间的相对位置，并合理设置交通运输线路和附属工程的过程。

1. 基本原则

(1) 安全 要从仓库选址做起。一方面要考虑储存物品的安全；另一方面要考虑所储物品对周围环境的安全。若配送中心储存物为易燃易爆物品，一般应在城郊建址，并位于城市主导风向的下风处，注意保证周围环境的安

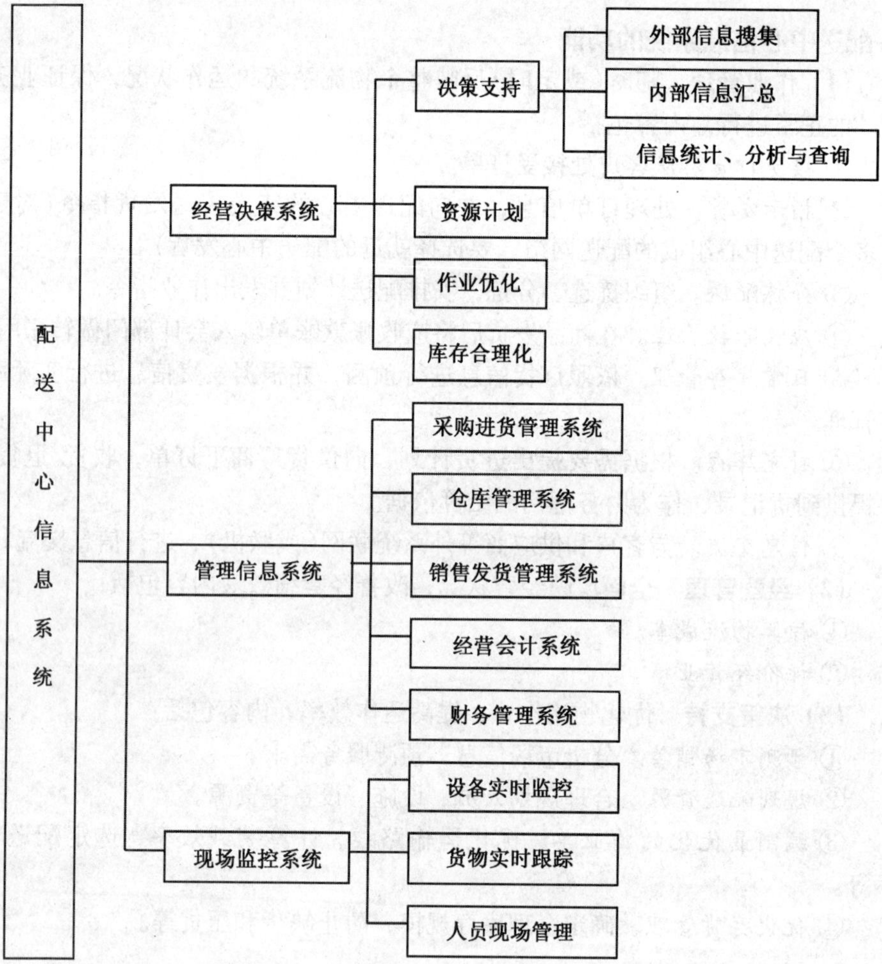

- 配送中心信息系统
  - 经营决策系统
    - 决策支持
      - 外部信息搜集
      - 内部信息汇总
      - 信息统计、分析与查询
    - 资源计划
    - 作业优化
    - 库存合理化
  - 管理信息系统
    - 采购进货管理系统
    - 仓库管理系统
    - 销售发货管理系统
    - 经营会计系统
    - 财务管理系统
  - 现场监控系统
    - 设备实时监控
    - 货物实时跟踪
    - 人员现场管理

图 6－3　配送中心信息系统功能模块框架

全。在总体设计时，应按危险品火灾危险程度分区、分类隔离储存。在总体设计时也应给予充分重视，如室外消防器材一般应沿配送中心主要通道两旁设置，距离不超过100m。

（2）适用　总体设计要能满足配送中心的使用要求。既要方便收发货和保管、养护工作，又能保证商品迅速进出。在总体设计时应寻求仓库吞吐量的最大化。吞吐量是衡量配送中心总体设计适用与否的标志或技术经济指标，它指在一定时期内配送中心的进库和出库货物的数量总和。

（3）经济　一方面，总体设计应使布局紧凑，既能保证建筑物之间必要的防火间距，又能节省用地，以减少建设投资；另一方面，总体设计要有利于各种设施、设备效能的充分发挥，保证各种设施设备的有效利用，提高劳

动效率和配送中心的经济效益。

2. 基本要求

（1）平面布局要合理 平面布局要符合配送中心的作业流程，方便各项作业，有利于提高作业效率。配送中心的业务环环相扣，因此，各项作业场所要根据货物流向设置，使各个作业环节密切衔接，才能防止货物堵塞，加速收发货和其他作业。

（2）提高搬运效率 尽可能减少入库货物及仓储人员的运动距离，以提高搬运效率，节约仓储费用。

（3）减少土方工程量 建筑物的布置要尽量利用地形，减少土方工程量。

（4）物流方便 车辆进出要方便，宜进出分道，互不干扰；进出库货流与库内流动的货流应尽量避免交叉。

（5）保证安全 总体设计应有利于整个仓库的安全，满足防火的需要。

3. 总体设计的一般步骤

（1）按仓库设施的功能分区布置 仓库一般划分为主要作业区、辅助作业区和行政生活区三个部分。三个区既要有适当的隔离，有利于仓库的安全，又要有方便联系的路线，以利于管理。

（2）绘制物流流程图 物流流程图是将物流情况形象地反映在平面上，给人以直观的感觉。物流图要求能清楚地表明货物类别、物流量的大小、物流的起点和终点。同时还要避免物流的迂回、交叉以及往复运输，避免货物在运输中的混乱、路线过长等现象。对照物流流程图，分析每个作业场所的利用程度，比如收货场地、验收场地、配送场地对每类物品来说都必须经过，而对储存保管场地、分类场地、流通加工场地、包装场地或有特殊要求的作业场地就不一定所有物品都经过。根据各作业场所的利用程度，确定场地的大小。或采取集中作业，可以把两个场地合并为一个场地，也可以按货物品种设置多个场地。靠近性分析是指从物流流程的角度或管理的角度分析各项设施之间是否需要靠近以及靠近的重要程度，据此确定设施的相对位置。

（3）确定各项设施的面积和防火间距 由于不同货物所需要的保管条件不同，因此，必须根据储存货物的品种数量设置相应的库房和货场。各项设施的面积根据作业量计算。库房之间应根据建筑物的耐火等级、所储存的商品性能确定防火间距。

（4）确定物流路线的面积 各项设施的位置一经确定，物流路线也随之决定。根据运输车辆及装卸机械类型可确定线路的宽度。

（5）绘制仓库的总平面布置图 各项设施的面积和道路所占面积确定后，再按照它们之间的相对位置，即可做出配送中心的总体设计，绘制出中心的

总平面布置图。

第四节　仓储管理

一、仓储功能

1. 仓储系统的作用与作业方式

仓储系统是物流系统的子系统，作为供应和消费的中间环节，它能起到缓冲和平衡供需矛盾的作用。仓储系统的作业一般包括收货、存货、取货、发货等环节。

（1）收货　运货车辆停靠后，通过升降平台将载货车辆与站台连接，再用托盘搬运车或叉车等设备完成卸车作业。卸车后需要核对货物的品名、数量和检查货物是否完好无损。一般还需要把货物整齐地码放在仓库内部专用的托盘上或货箱内。在现代化仓库的收货处一般都设有计算机终端，用来输入收货信息。有时需要计算机打印出标签或条形码贴在货物或托盘上，以便在存储过程中识别和跟踪。

（2）存货　存货是仓储的主要功能。存货之前首先要确定存货的位置。采用人工管理库存时，为了便于查找和避免出现差错，通常都采用分区存放或固定货位存放的原则，即每一种货物都固定不变地存放在某区域。这种存放方式管理简单，但容易出现货位闲置，导致货位利用率降低。采用计算机管理库存时，则可以根据实际情况灵活地设定存取原则和确定货物的存放位置，通过存取位置优化来提高仓库的利用率和减少存取时间。存货作业通常用叉车或巷道堆垛机来完成。对所存的货物，仓库应保持所规定的保管环境，如温度、湿度等。有时还需要配备相应的设备，对库存货物进行必要的维护保养（如清洗、涂油、重新包装等）或加工处理（如分割、配货等）。

（3）取货　根据不同的情况可以有不同的取货原则。最通常采用的原则是先入先出。如果同一种货物多次存入仓库，则取货时要把最早存入的货物取出。从取货的数量上，可以分为整托盘取货和零星拣取两种。前者一般采用机械化或自动化方式，后者则多由人工完成。

（4）发货　发货的对象可分为单一用户和多个用户。当用户需要的是多种货物时，在发货前通常需要配货和包装。向多个用户发货时，一般需要多个站台。在自动化程度较高的仓库，拣出的货物通过运输机运到发货区。货物上或装有货物的托盘或货箱上贴有条形码和装箱单。自动识别装置在货物运动过程中阅读条形码，识别该货物属于哪一个用户。信息输入到计算机中，计算机随即控制分选运输机上的分岔机构把货物拨到相应的包装线上，包装

人员按装箱单核查货物的品种和数量，确认无误后装箱封口。然后码放成托盘单元，由叉车完成装箱任务。

2. 仓储的功能

仓储的功能体现在由于仓库的使用而带来的经济利益和服务利益两方面。

（1）经济利益 当利用一个或多个仓储设施能直接降低物流的总成本时，即产生了仓库的经济利益。这意味着，如果一个物流系统增加一个仓库能够使运输总成本下降的金额大于该仓库的固定成本和变动成本，即该仓库的使用能够使该物流系统的总成本下降，则该仓库在经济上是合理的。具体而言，仓库的基本经济利益来源于以下四个方面：整合、分类、加工/延期、堆存。

① 整合。整合仓库把来自一系列制造企业、需送往某一特定客户的材料，整合成单一的一票装运，从而有可能实现最低运输费率，并减少客户在收货站台处发生拥塞。整合仓库可以把从制造商到仓库的内向转移和从仓库到客户的外向转移都整合成更大的装运。图 6 –4 说明了仓库的整合流程。

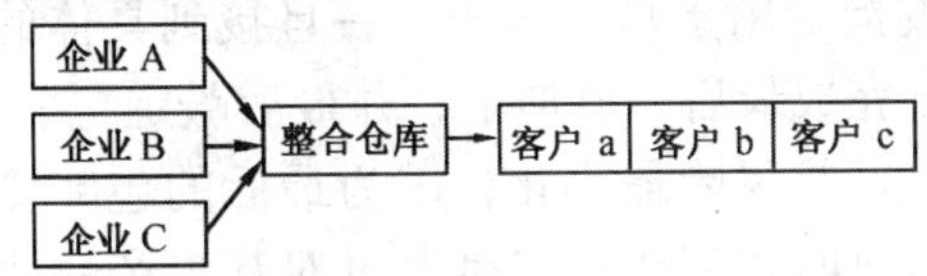

图 6 –4 整合流程

为了提供有效的整合装运，每一个制造企业都必须把仓库用作货运储备地点，或者用作产品分类和组装设施。因为整合装运的主要利益就是把几票小批量装运的物流流程结合起来，联系到一个特定的市场地区。整合仓库可以由单独一家厂商使用，也可以由几家厂商联合起来共同使用出租方式的整合服务。通过这种整合方案的利用，每一个单独的制造商或托运人都能够享受到物流总成本低于其各自分别直接装运时物流成本的利益。

② 分类。分类仓库和交叉站台仓库的作业与整合仓库作业相类似。分类仓库把来自工厂的客户组合订货分类或分割成个别订货，装运给个别客户，图 6 –5 说明此种分类流程。由于长距离运输转移的是大批量装运，因此运输成本相对较低，进行跟踪也不太困难。

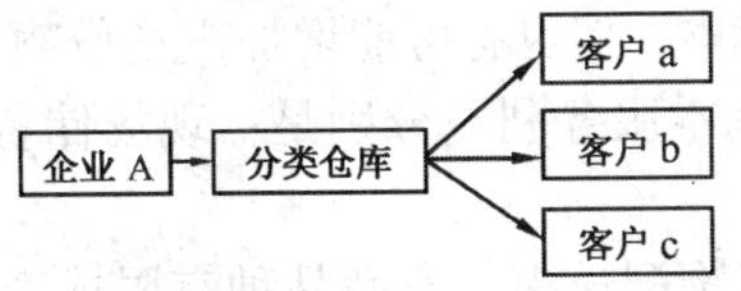

图 6 –5 分类流程

交叉站台设施具有类似功能。零售连锁店广泛采用交叉站台作业补充快速转移的商店存货(图 6 –6)。在这种情况下，交叉站台先从多个工厂运来整车货物，然后按客户或地点进行分类，穿过"站台"装上指定的拖车，运往零售店。交叉站台的经济性体现在从制造商到仓库的满载运输，以及从仓库到客户的满载运输。由于所有车辆都进行充分装载，能更有效地利用站台设施，使站台装载利用率达到最大限度。同时，由于产品不需要储存，因而降低了在交叉站台设施处的搬运成本。

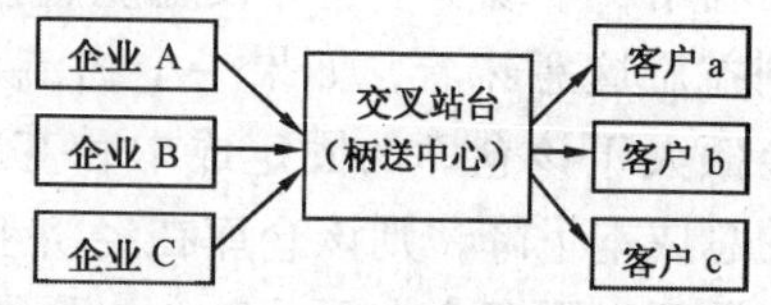

图6-6　配送分类流程

③ 加工/延期。仓库通过承担加工或参与少量的制造活动，使产品延期或延迟生产。具有包装能力或粘贴标签能力的仓库可以把产品的最后一道生产一直推迟到知道该产品的需求时为止。例如，没有贴上标签的罐头产品，意味着该产品还没有被指定用于具体客户，一旦接到具体的客户订单，仓库即刻给产品加上标签，完成最后一道加工，并最后敲定包装。加工/延期提供了两个基本经济利益：一是风险最小化，因为最后的包装要等到敲定具体的订购标签和收到包装材料时才完成；二是通过对基本产品使用各种标签和包装配置，可以降低存货水平。降低风险与降低存货水平相结合，往往能够降低物流系统的总成本。

④ 堆存。该仓储服务的直接经济利益从属于这样一个事实：对于所选择的业务，季节性储存至关重要。仓库的堆存能支持市场营销活动，提供存货缓冲，使生产活动在受到材料来源和需求等限制的条件下提高效率、降低成本。

（2）服务利益　当一个仓库主要根据服务条件证明其存在是否合理时，支持它的理由便是整个物流系统在时间和空间方面能力得到的改进。在这种情况下，物流系统通过仓库获得的主要是服务利益，其物流成本不一定会降低。对以这种理由进行的投资，其报酬比较难于量化，因为它涉及到成本与服务的交换。例如，一个物流系统安排一个仓库服务于某个特定的分市场，这种做法也许会增加成本，但也有可能增加市场份额、增加收入和增加毛利。通过仓库实现的五个基本服务利益分别是：现场储备、配送分类、组合、生产支持以及市场形象。

①现场储备。在实物配送中，产品品种有限或产品具有高度季节性的制造商经常使用现场储备这种服务。他们不是按照年度计划在仓库中安排各种存货，而是直接从制造工厂进行装运，并通过在战略市场中获得提前存货的承诺，从而大大减少递送时间。利用仓库设施进行现场储备，可以在季节销

售的最旺季节到来之前，把各种存货堆放到最接近关键客户的各种市场中去。例如，农产品供应商常常向农民提供现场储备服务，在销售季节期间把农产品定位在更接近对服务敏感的市场中。销售季节过后，剩余的存货被撤退到中央仓库中。

②配送分类。按照对客户订货的预期，制造商、批发商或零售商利用提供配送分类服务的仓库，对产品进行组合储备。这种配送分类可以代表来自不同制造商的多种产品，也可以是由客户确定的各种配送分类。现场储备与配送分类之间的区别在于仓库利用的程度和持续时间的不同。采用现场储备战略的厂商通常会在大量的小仓库里临时堆放品种分类较狭窄的产品，并在有限期间内指定具体市场；而提供配送分类服务的仓库通常具有广泛的产品品种，局限于一些战略地区，并且全年发挥作用。

③组合。除了涉及到几个不同制造商的装运外，仓库组合类似于仓库分类过程。当制造企业在地理上被分割开时，通过长途运输组合，有可能降低整个运输费用和仓库需要量。在典型的组合运输条件下，从制造工厂装运整卡车产品到批发商处，每次大批量装运可以享受尽可能低的运输费率。产品到达组合仓库后，可以按照客户要求或市场需求，选择每一种产品的运输组合。通过运输组合进行转运，在经济上通常可以得到特别运输费率的支持，即给予各种转运优惠。在仓库组合概念下，内部的产品也可以与定期储存在仓库里的产品相结合。组合之所以被分类为服务利益，是因为存货可以按照客户的精确分类进行储备。

④生产支持。生产支持仓库向装配工厂提供稳定的零部件和材料供给。由于存在较长的采购前置时间或使用过程中的重大变化，对向外界采购的项目进行安全储备完全必要。对此，大多数总成本解决方案都建议经营一个生产支持仓库，以经济而又适时的方式，向装配厂供应加工材料、零部件和装配件。

⑤市场形象。尽管市场形象利益也许不如其他服务利益明显，但是常常被营销者看作是地方仓库的一个主要优点。市场形象因素基于这样一种观点，即：地方仓库比距离更远的仓库对客户需求反应更敏感，提供的递送服务也更快。因此，地方仓库将会提高市场份额，并有可能增加利润。

二、仓库设计原理

无论是手工作业的小仓库或是自动化设施的大仓库，其基本设计原理都相同，内容包括：设计标准、搬运技术及积载计划。

1. 设计标准

仓库设计标准应体现实际的仓库设施特征和储存货物运动。在设计过程

中要考虑的三个因素分别为：设施中的楼层数、利用高度以及货物流程。

(1)楼层数 仓库设计常常被限制为单一楼层，其储存物资不必上下移动。

(2)利用高度 无论仓库设施的规模如何，仓库设计应该充分考虑楼层最大允许使用的高度，最大限度地利用有效的立体空间。尽管现代自动化多层仓库设施可以利用的有效高度达100ft(1ft = 0.3048m)，但大多数仓库的高度一般均在20～30ft之间。通过使用装货架或其他硬件设施，可以将产品存放到建筑物的最高限度。仓库的最大有效高度受设备能力及防火安全规章限制。

(3)货物流程 仓库设计在考虑储存货物流程时，无论是否存放货物，都应使产品能够直接在整个仓库设施中流动。一般而言，这种要求意味着仓储作业应在仓库建筑物的一端接收产品并存放在中间，在另一端进行装运。图6－7说明了该流程的基本原理，即直线式的产品流程可以使仓库的拥塞和混乱降到最低程度。

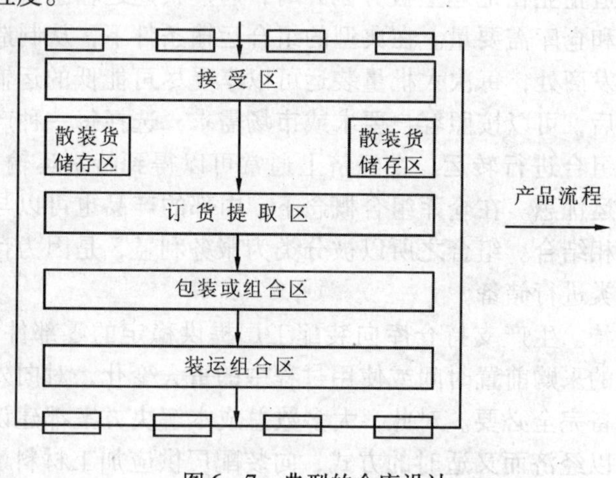

图6－7 典型的仓库设计

2. 搬运技术

仓库设计要充分考虑材料搬运技术的效果和效率，而效果和效率的实现与移动连续性和移动规模经济有关。移动连续性意味着用一辆材料搬运机或一部材料搬运设备进行更长时间的移动，比用几辆搬运机对同样的移动做许多次单独、短距离的分割移动要好得多。可以想像，在搬运机之间交换产品或者将产品从一件设备转移到另一件设备上，会浪费作业时间并增加货物损坏的可能性。因此，一般在仓库中首选次数少但距离长的移动。移动规模经济是指所有仓库活动应尽可能搬运和移动最大的数量。仓库活动指移动诸如托盘或集装箱之类的成组货物，而不是移动单票货物。成组或成批货物的移动意味着有可能在同一时间必须移动或选择多种产品或订货。尽管该做法因

必须考虑多种产品或多种订货，有可能增加单票货物的移动复杂性，但使用这种原理可以减少大量活动并因此降低仓储成本。

3. 积载计划

积载计划是根据库存货物的特征和存取搬运要求以及仓库的空间特征绘制的一个计划受载图，因此又称其为货物积载图。仓库设计应考虑产品特征，尤其是产品的流量、重量和积载特征。在确定仓库积载计划时，主要关心产品流量。一般，销售量高或吞吐量大的产品应置于移动距离最短的位置，例如主要通道附近或低的装货架上；相反，低流量储存产品可以安排在离主通道较远的位置或在堆放架的高层上。图6－8即为根据产品移动安排的积载计划。积载计划还应包括具体的产品战略，它取决于储存产品的重量和积载特征。一般而言，相对较重的产品应安排在离地面较低的位置，以便升举重件货物的劳动强度和风险降到最低程度；而散装产品或低密度产品则需要广阔的积载场地，以便于有开阔的地面空间或高层的堆放架可供其使用。此外，较小型产品还需要利用货架堆放，而综合积载必须考虑和关注每一种产品的具体特征。

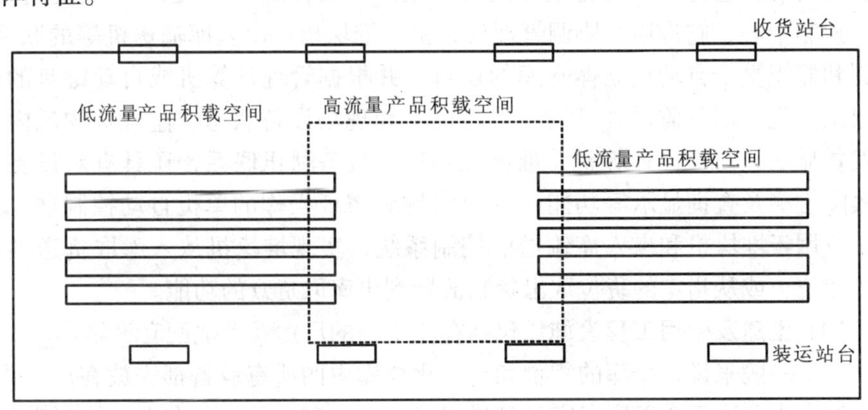

图6－8　根据产品移动安排的积载计划

三、自动化仓库系统

1. 自动化仓库系统及其构成

自动化仓库系统(Automatic Storage & Retrieval System，AS/RS)，又称自动存取系统，是指不直接进行人工处理而使用自动化搬运和输送设备存储及取出货物的仓库系统。它通常由货物储存系统、货物存取和传送系统、计算机控制和管理系统以及土建及相关公用配套设施系统等部分组成，并可以直接与其他生产系统相连接。

(1) 货物储存系统　货物储存系统由立体货架的货格(托盘或货箱)组成。

按高度分为高层货架(12m 以上),中层货架(5～12m)、低层货架(5m 以下)。货架按照排、列、层组合而成立体仓库储存系统。

(2) 货物存取和传送系统 货物存取和传送系统承担货物存取、出入仓库的功能,它由有轨或无轨堆垛机、出入库输送机、装卸机械等组成。其中出入库输送机可根据货物的特点采用传送带输送机、机动辊道、链传动输送机等,将货物输送到维垛机上下料位置和货物出入库位置。装卸机械承担货物出入库装车或卸车的工作,一般由行车、吊车、叉车等装卸机械组成。

(3) 计算机控制和管理系统 根据自动化立体仓库的不同情况,采取不同的控制方式。有的仓库只采取对存取堆垛机、出入库输送机的单台 PLC 控制,机与机无联系;有的仓库对各单台机械进行联网控制;更高级的自动化立体仓库的控制系统采用集中控制、分离式控制和分布式控制,由管理计算机、中央控制计算机和对堆垛机、出入库输送等进行直接控制的可编程序控制器械组成控制系统。管理计算机是自动化立体仓库的管理中心,承担入库管理、出库管理、盘库管理、查询、打印及显示、仓库经济技术指标计算分析管理功能,它包括在线管理和离线管理。中央控制计算机是自动化立体仓库的控制中心,它沟通并协调管理计算机、堆垛机、出入库输送机等的联系;控制和监视整个自动化立体仓库的运行,并根据管理计算机或自动键盘的命令组织流程,以及监视现场设备运行情况和现场设备状态、监视货物流内及收发货显示,与管理计算机、堆垛机和现场设备通讯联系,还具有对设备进行故障检测及查询显示等功能。直接控制是 PLC 操作的单机自动控制器,它直接应用于堆垛机和出入库输送的控制系统,实现堆垛机从入库取货送到指定的货位,或从指定的货位取出货物放置到出库取货盒的功能。

(4) 土建及公用工程设施 包括存储货物的厂房及其他配套设施。

厂房 一般来说,仓库的货物和自动化仓库中的所有设备都安放在厂房内,厂房的大小取决于仓库库存容量和货架规格。厂房内通常还有中央控制室(机房)、办公室、更衣室、工具间等辅助区域。厂房的选址,厂房基础的形式,墙体、屋面、地面、内墙、辅房、门窗、沟道等的形式、所用材料、施工方法等都应符合国家和地方专门的标准和规定,以达到实用、安全、方便和美观的效果。

消防系统 由于仓库库房一般比较大,货物和设备比较多而且密度大,仓库的管理和操作人员又较少,因此自动化仓库大都采用自动消防系统。它由传感器(温度、流量、烟雾传感器等)不断检测现场温度、湿度等信息,当超过危险值时,自动消防系统发出报警信号,并控制现场的消防机构喷出水或二氧化碳粉末等,以达到灭火的目的。消防系统也可以由人工强制喷淋,即

手动控制。在消防控制室内设置有火警控制器，能接受多种报警信号，它的副显示器一般设在工厂的消防站内，同时向消防站报警。

照明系统 自动化仓库的照明系统包括日常照明、维修照明和应急照明，以保证仓库内的管理、操作和维护人员能正常地进行生产活动。考虑到人的工作和活动情况，库房内各区域应有适当的照明及相应的控制开关。仓库中运行的各种设备可以不需要照明。存储感光材料的黑暗库不允许存储物品见光，照明系统应特殊考虑。

通风及采暖系统 通风和采暖的要求是根据所存物品的条件提出的。对设备而言，自动化仓库内部的环境温度一般在 -5 ~45℃即可。系统设施通常有厂房屋顶及侧面的风机、顶部和侧面的通风窗、中央空调、暖气等。对散发有害气体的仓库可设离心通风，即将有害气体排到室外。

动力系统 自动化仓库一般不需要气源，只需动力电源即可。配电系统应采用三相四线制供电，中性点可直接接地，动力电压为交流 380V/220V，50Hz，根据所有设备用电量的总和确定用电容量。配电系统中的主要设备有：动力配电箱、电力电线、控制电缆和电缆桥架等。在为具体设备供电时，可能还需增加稳压或隔离设备。

其他设施 包括给排水设施、避雷接地设施和环境保护设施等。给水主要指消防水系统和工作用水。排水是指工作废水、清洁废水及雨水系统。雨水系统可采用暗管排放，经系统管线排入附近的河中。立体仓库属于高层建筑，应设置避雷网防直击雷，其引下线不应少于 2 根，间距不应大于 30m。电气设备不带电的金属外壳及穿线用的钢管、电缆桥架等均应可靠接零；工作零线、保护零线均与变压器个性点有可靠的连接；为了防止静电积聚，所有金属管道应可靠接地。根据《中华人民共和国环境保护法》等有关法规，必须对生产过程中产生的污物及噪声采取必要的措施。

2. 自动化仓库系统的特点（优点）

同传统的普通仓库相比，自动化仓库系统具有以下几个特点。

（1）采用多层货架存储货物 自动化仓库系统的货架通常是几层或十几层，有的甚至达几十层。存储区向高空的大幅度发展，使仓库的空间得到充分利用，节省了库存占地面积，提高了空间利用率。立体仓库的单位存储量可达 $7.5t/m^2$，是普通仓库的 5 ~10 倍。同时，多层货架储存还可以避免或减少货物的丢失和损坏，有利于防火、防盗。

（2）使用自动设备存取货物 自动化仓库系统使用机械和自动化设备，不仅运行和处理速度快，而且降低了操作人员的劳动强度，提高了劳动生产率。这种非人工直接处理的存取方式，能较好地适应黑暗、低温、易爆及有

污染等特殊场所货物存取的需要。此外，该系统能够方便地纳入企业整体物流系统，有利于实现物流的合理化。

(3) 运用计算机进行管理和控制 计算机能够准确无误地对各种信息进行存储和处理。使用计算机管理可减少货物和信息处理的差错，即时准确地反映库存状况。这样，不仅便于及时清点和盘库，有效利用仓库的储存能力，合理调整库存，防止货物出现自然老化、生锈、变质等损耗，而且能够为管理者决策提供可靠的依据，有利于加强库存管理。同时，通过自动化仓库信息系统与企业生产信息系统的集成，还可实现企业信息管理的自动化。

基于上述特点，使用自动化仓库能够给企业带来减少土地占用和土建投资费用、降低库存成本、加快储备资金周转、提高劳动生产率，以及有效控制存货损失和缺货风险等诸多利益。实践证明，自动化仓库的使用能够产生巨大的经济效益和社会效益。

3. 分类

自动化仓库系统可以从以下不同的角度加以分类。

(1) 按建筑形式分类 可分为整体式仓库和分离式仓库。

整体式自动化仓库 是指库房与货架合为一体的仓库，即货架不仅用于储存货物，而且作为库房建筑物的支撑结构。

分离式自动化仓库 是指货架与库房相互独立、将货架建于库房内部的仓库。后者可由现有的建筑物改建而成，也可将其中的货架拆除，使建筑用于其他用途。

(2) 按货物存取形式分类 可分为单元货架式仓库和拣选货架式仓库。

单元货架式仓库 是一种最常见的结构，货物先放在标准容器或托盘上，再用带伸缩货叉的巷道堆垛机、高架叉车等搬运设备装入仓库货架的单元货格中，出入库都以整个单元为单位进行操作。

拣选货架式仓库 是根据出库提货单的要求从货物单元中拣选出一部分出库。拣选方式有自动和人工两种。人工拣选又分两种，一种是巷道内分拣，即仓库工人乘坐拣选式堆垛起重机或叉车到需要取货的货格前，从货格中取出所需数量的货物出库，又称“人到货前拣选”；另一种是巷道外分拣，即用一般的巷道堆垛机或其他搬运设备将所需货物单元整个搬出巷道，送到分拣区，由工人拣选所需的数量货物，然后再将货物单元运回原处，又称“货到人处拣选”。

(3) 按货架构造形式分类 可分为单元货格式仓库、贯通式仓库、移动式货架仓库和旋转式货架仓库。

单元货格式仓库 由于适应性较强而被广泛使用。其结构是：货架沿仓库

宽度方向分成若干排，每两排为一组，各组间有巷道供堆垛起重机或其他起重机作业，同时，每排货架沿仓库长度方向分为数列，沿垂直方向分为若干层，从而分成大量货格，用以储存货物。在多数情况下，每个货格存放一个货物单元(一个托盘或一个货箱)。在某些情况下，如货物单元比较小或货架为钢筋混凝土材料时，为充分利用货格空间，减少投资，一个货格内也可存放二三个货物单元。

贯通式仓库 在单元货格式仓库中，巷道占据了大约1/3的面积。为提高仓库空间利用率，在某些情况下可以取消货架之间的通道，将货架并在一起，使同一层、同一列的货物相互贯通，形成能依次存放多货物单元的通道。在通道一端，由一台入库起重机将货物单元装入通道，而在另一端由出库起重机取货，这种仓库被称为贯通式仓库。根据货物单元在通道内移动方式的不同，贯通式仓库又可进一步划分为重力式货架仓库、输送机式货架仓库和梭式小车式货架仓库。在重力式货架仓库中，存货通道被设计成坡道。入库起重机装入通道的货物单元能够在自重作用下，自动地从入库端向出库端移动，直到通道的出库端或者碰上已有的货物单元停住为止。位于通道出库端的第一个货物单元被出库起重机取走之后，位于它后面的各个货物单元便在重力作用下依次向出库端移动一个货位。由于在重力式货架中，每个存货通道只能存放同一种货物，因此它适用于货物品种不太多而数量又相对较大的仓库。输送机式货架仓库存货通道是水平的。货物单元从入库端到出库端的移动依靠通道内设的输送机实现。这种货架结构比较复杂，维护也不太方便，采用较少。梭式小车式货架仓库的工作方式，是由梭式小车在存货通道内往返穿梭似地搬运货物。要入库的货物由起重机送到存货通道的入库端，然后由位于这个通道内的梭式小车将货物送到出库端或者依次排在已有货物单元的后面。出库时，由出库起重机从存货通道的出库端叉取货物。通道内的梭式小车则不断地将通道内的货物单元依顺序一一搬到通道口的出库端上，给起重机"喂料"。这种货架结构比重力式货架要简单得多。梭式小车可以由起重机从一个存货通道搬运到另一通道。必要时，这种小车可以自备电源。

移动式货架仓库 移动式货架易控制，安全可靠。每排货架由一个电动机驱功，由装置于货架下的滚轮沿铺设于地面上的轨道移动。其突出的优点是提高了空间利用率，一组货架只需一条通道，而固定型托盘货架的一条通道，只服务于通道内两侧的两排货架。因此在相同的空间内，移动式货架的储存能力比一般固定式货架高得多。敞开式移动货架其传动机构设于货架底座内，操作盘设于货架端部，外形简洁，操作方便。货架的前后设有安全分线开关，一遇障碍物整个货架立即停止。封闭式移动货架，当不需要存取货物时，货

架移动到一起后，全部封闭，并可全部锁住。在各货架接口处装有橡皮封口，也称为封闭式货架。它的最大优点是在封闭时确保货物安全，同时又可防尘、防光。一般情况下，把一端货架固定，其他货架都可移动。它的移动方式有电动的，也有手动的，或者电动和手动两用。

移动式货架在存取货物时需移动货架，因此存取货物时间要比一般货架长，还需要有移动和驱动装置。移动式货架仓库虽然储存密度大，但工作用期长，主要适用于出入库不频繁的场合。电动的移动式货架单元可以达 30m 长，10m 高，但要注意货架单元的长度或高度不宜超过轮距的 6 倍。可用于储存制成品、原材料等。手动的移动式货架尺寸和载重量均受到限制，常用于储存小件物品或图书资料等。

旋转式货架仓库 旋转式货架设有电力驱动装置(驱动部分可设于货架上部，也可设于货架底座内)。货架沿着由两个直线段和两个曲线段组成的环形轨道运行，由开关或用单片机控制。存取货物时，把货物所在货格编号由控制盘按钮输入，该货格则以最近的距离自动旋转至拣货点停止。拣货路线短，拣货效率高。旋转式货架的货格样式很多，一般有提篮状、盆状、盘状等，可根据所存货物的种类、形状、大小、规格等不同要求选择。货格可以由硬纸板、塑料板制成，也可以是金属架子。透明塑料密封盒则适于储存电子元件等有防尘要求的货物。旋转式货架适用于小物品的存取，尤其对于多品种的货物更为方便，它储存密度大，货架间不设通道，易管理，投资少。由于操作人员位置固定，故可采用局部通风和照明来改善工作条件，可节约大量能源。如果仓库的空间利用不作为主要问题，而以便于拣货和管理库存为目的，宜采用该种货架形式。水平循环货架仓库的货架本身可以在水平面内沿环形路线来回运行。每组货架由数十个独立的货柜构成，用一台链式输送机将这些货柜串联起来，每个货柜下方有支承该轮，上部有导向滚轮，输送机运转时，货柜便相应地运动。需要提取某种货物时，操作人员只需在操作台上给出指令，相应的一组货架便开始运转。当装有该货物的货柜来到拣选口时，货架便停止运转。操作人员可从中拣选货物，货柜的结构形式根据所存货物的不同而变更。水平循环货架仓库对于小件物品的拣选作业十分合适。这种仓库简便实用，能够充分利用建筑空间，对土建没有特殊要求。在作业频率要求不高的场合是很适用的。垂直循环货架仓库与水平循环货架仓库相似，只是把水平面内的环形旋转改为垂直面内的旋转。这种仓库的货架本身是一台垂直提升机，提升机的两个分支上都悬挂有货格，提升机根据操作命令可以正转或反转，使需要摄取的货物降落到最下面的取货位置上。这种垂直循环式货架特别适用于存放长的卷状货物，像地毯、地板革、胶卷片、电

缆卷等。这种货架也可用于储存小件物品。

(4) 按在生产和流通中的作用分类 可分为生产性仓库和流通性仓库。

生产性仓库 是指工厂内部为了协调工序和工序、车间和车间、外购件和自制件间物流的不平衡而建立的仓库，它能保证各生产工序间进行有节奏的生产。

流通性仓库 是一种服务性仓库，它是企业为了调节生产企业和用户之间的供需平衡而建立的仓库。这种仓库进出货物比较频繁，吞吐量较大，一般都和销售部门有直接联系。

(5) 按自动化仓库与生产连接的紧密程度分类 可分为独立型、半紧密型和紧密型仓库。

独立型仓库 也称为“离线”仓库，是指从操作流程及经济性等方面来说都相对独立的自动化仓库。这种仓库一般规模都比较大，存储量较大，仓库系统具有自己的计算机管理、监控、调度和控制系统，又可以为存储型和中转型仓库。配送中心也属于这一类仓库。

半紧密型仓库 是指它的操作流程、仓库的管理、货物的出入和经济性与其他企业(或部门，或上级单位)有一定关系，而又未与其他生产系统直接相联。

紧密型仓库 也称为“在线”仓库，是那些与企业内其他部门或生产系统直接相联的立体仓库，两者间的关系比较紧密。有些立体仓库可自动接收来自包装线的物品及信息，有些可在柔性生产线计算机的统一指挥下直接接送板材、半成品物料及其信息。

4. 自动化立体仓库的设计

自动化立体仓库设计原则 自动化立体仓库系统的设计原则是根据实际经验和一般设计要求给出的。遵循这些原则能够提高效率并获得相应的效益。然而这些原则并非一成不变，在某些特定场合下，有些原则可能会相互冲突。为了做出最好的设计，设计者必须具有优秀的判别能力，对这些原则进行选择和修改。

牢记设计目标 在设计过程中，必须始终牢记设计目标，从而避免其他次要因素的干扰。

保持物料向前移动 保持物料始终向最终目的地移动，尽量避免返回、侧绕和转向。直接从起点到终点的路线是最经济、最快捷和最有效的。

物料处理次数最少 不管是以人工方式还是自动方式，每一次物料处理都需要花费一定的时间和费用。应通过复合操作，或减少不必要的移动，或引入能同时完成多个操作的设备，来减少物料处理次数。

使用合适的设备 应选择能完成特定任务最廉价而有效的设备。

最少的人工处理 人工处理是昂贵的并且容易产生错误，因此应尽量采用机械设备来减少对人工处理的需要。

安全性原则 设计的物流系统应能保护人、产品和设备不受损伤。在系统设计中必须考虑防撞、防掉落和防火等措施。

简化原则 尽量使用以低成本能完成工作的最简单的系统。一般来说，系统越简单，操作和维护成本越低，可靠性越高，系统响应速度越快。

高利用率原则 应尽量减少设备的空闲时间，实现故障时间最小化和运行时间最大化。

灵活性原则 系统应能满足未来的需求和变化。由于系统的经济性通常会限制其灵活性，因此，需要在现在和未来需要之间做出平衡。

容量富余原则 设计者和管理者应能根据发展规划预测出未来要增加的容量，并使系统能够满足现在和不久的将来的需要。

自动化原则 最大限度地应用自动化控制进行操作。恰当的自动控制能减少差错，降低使用成本，提高仓库利用率和产量。

降低使用成本原则 要预测系统的使用费用，并尽可能使其处于较低的水平。

利用有效空间原则 建设自动化仓库需要大量土地、基础和各种设施，要投入大量经费，因此要充分利用库房内外的空间存储物料，避免空间的浪费。

有效维护原则 系统要能有效维护且维护费用低廉。有效维护指日常保养和快速修理。

复合操作原则 尽量把几种操作合并在一起进行，以减少操作数量。

简化流程原则 因为每种操作都需要一定的费用，因此要尽量减少操作。

人机工程学原则 应符合人机工程学原理，使系统中的人(管理、操作和维护人员)安全、舒适、方便和不易犯错误。

最短移动距离原则 以物料和设备最短的移动距离达到希望的目的。

易于管理和操作原则 操作方便、灵活，易于管理。

充分利用能量原则 应充分利用系统中的能量，尤其是重力产生的能量。

标准化原则 标准化的设计、产品、设备和货物单元能为制造者和使用者带来极大的方便。

超前规划原则 规划要有预见性，以减少不必要的浪费，并使系统具有很强的适应性。

低投资原则 以最少的资本投入，获得最大的经济效益。

低操作费用原则 保持日常的低成本操作，以降低操作费用。

上述每一条原则看起来都很简单，也比较容易实现，但要兼顾每一条原则，并将其加以综合运用，却要困难得多。只有具备较高的理论水平和丰富的实践经验，并对使用者的要求具有深入的了解，才能使系统达到最佳状态，发挥最大作用。

自动化仓库系统设计程序 自动化仓库系统是一个复杂的综合系统，其设计应遵循一定的程序。该程序通常包括以下几个主要阶段，各个阶段都有其要达到的目标。

需求分析(准备阶段) 在这一阶段里要提出问题，确定设计目标并确定设计标准。通过调研搜集设计依据和数据，找出各种限制条件并进行分析。另外，设计者还应认真研究工作的可行性、时间进度、组织措施以及影响设计过程的其他因素。调研的原始资料主要包括：库存货物的名称、特征(易碎性、污染性、避光性等)、外形尺寸、平均库存量、最大库存量、每日出入库数量、出入库频率等；建库现场的地形、地质条件、地耐力、风雪载荷、地震情况以及其他环境条件；入库货物的来源、包装形式、搬运方式、出入库货物的去向及运输工具、整个企业的管理水平、企业的发展规划对仓库的要求及影响等。

确定货物单元形式及规格 根据调查和统计结果列出所有可能的货物单元形式和规格，运用ABC分析等方法，比较选择经济合理的方案。在确定货物单元时，应尽量采用标准推荐的尺寸，以便与其他物料搬运和运输机具相匹配。

确定自动化仓库的形式和作业方式 在上述工作的基础上确定仓库形式，一般多采用单元货格式仓库。对于品种不多而批量较大的仓库，也可以采用重力式货架仓库或者其他形式的贯通式仓库。根据出入库的工艺要求(整单元或零散货出入库)决定是否需要拣选作业。如果需要拣选作业，则需确定拣选作业方式。

选择机械设备并确定其参数 立体仓库的起重输送设备有很多种，它们各有特点。在设计时，要根据仓库的规模、货物形式、单元载荷和吞吐量等选择合适的设备，并确定它们的参数。对于起重设备，根据货物单元的重量选定起重量，根据出入库频率确定各机构的工作速度。对于输送设备，则根据货物单元的尺寸选择输送机的宽度，并恰当地确定输送速度。

建立模型 建立模型主要是指根据单元货物规格确定货位尺寸、仓库总体尺寸和仓库的整体布置；还要确定高层货架区和作业区的衔接方式，可以选择采用叉车、运输小车或者输送机等运输设备；按照仓库作业的特点选择出入口的位置。

确定存取模式 在立体仓库中存取货物有两种基本模式：单作业模式和复合作业模式。单作业就是堆垛机从巷道口取一个货物单元送到选定的货位，然后返回巷道口(单入库)；或者从巷道口出发到某一个给定的货位取出一个货物单元送到巷道口(单出库)。复合作业就是堆垛机从巷道口取一个货物单元送到选定的货位A，然后直接转移到另一个给定货位B，取出其中的货物单元，送到巷道口出库。应尽量采用复合作业模式，以提高存取效率。

核算仓库工作能力(出、入库作业周期) 仓库总体尺寸确定之后便可核算货物出、入库平均作业周期，以检验是否满足系统要求。为了提高出入库效率，可以使用双工位堆垛机采用一次搬运两个货物单元的作业方式。堆垛机的载货台上有两组货叉，它们可以分别单独伸缩，以存取两个货物单元，提高作业效率。或者将货架设计成两个货物单元深度(双深位)，堆垛机的货叉也相应增长1倍。货叉伸出一半时可叉取一个货物单元，全部伸出后可叉取多处的货物单元。采用这种方式还可使货物堆存密度提高10%～20%。

提出对土建及公用工程的设计要求 要根据工艺流程的需要提出对仓库的土建和公用工程的设计要求。其内容主要包括：确定货架的工艺载荷，提出对货架的精度要求；提出对基础的均匀沉降要求；确定对采暖、通风、照明、防火等方面的要求。

选定堆垛机的控制方式 根据作业形式和作业量的要求确定堆垛机的控制方式，包括手动控制、半自动控制、摇控和全自动控制。手动控制是指货物的搬运和储存作业由人工完成或人工操作简单机械完成。这种方式多数在调试或事故处理状态下使用。半自动控制是指货物的搬运和储存作业有一部分由人工完成。整个仓库作业活动可以通过可编程序控制器(PLC)或微型计算机控制。摇控是将仓库内的全部作业机械(如堆垛机和运输设备等)的控制全部集中到一个控制室内，控制室的操作人员通过电子计算机进行仓库作业活动的远距离控制。出入库频率比较高，规模比较大，特别是比较高的仓库，使用全自动控制方式可以提高堆垛机的作业速度，提高生产率和运行准确性。高度在10m以上的仓库大都采用全自动控制。全自动控制指装运机械和存放作业都通过各种控制装置的控制自动进行操作，电子计算机对整个仓库的作业活动进行控制。这是正常运行方式下使用的控制方式。

选择管理方式 随着计算机功能不断强大，价格不断下降，对于大、中型仓库越来越普遍地采用计算机进行管理，并在线调度堆垛机和各种运输设备的作业。计算机管理是效率比较高、效果比较好的管理方式。

运用计算机管理主要有两种控制系统形式：集中控制方式和分层分布控制方式。对于比较小的系统，由于其数据量少，功能要求低，实时控制易于

实现，因此可采用集中控制方式。从所使用的硬件数量来看，它设备较少，物理上容易实现，但对设备的可靠性要求高，因为一旦设备发生故障，将影响整个系统的运行。分层分布式控制系统的一大优点就是全部系统功能不集中在一台或几台设备上。因此，即使某台或几台设备发生故障，对其他设备也不会产生影响或影响很小，而且控制方式也是分层次的。系统既可在高层次上运行，也可在低层次下运行。正因为如此，这种控制系统的结构目前在国内外使用较多，它适合应用于大规模控制的场合。另外，对系统中的主要设备可采取多种备份措施，例如加热备份、及时备份和冷备份等。

提出自动化设备的技术参数和配置 根据设计确定自动化设备的配置和参数，例如，确定选择什么样的计算机（主频速度、内存容量、硬盘容量、系统软件和接口能力等），堆垛机的速度、高度以及电动机功率和调速方式等。

案例● 沃尔玛连锁成功案例

2000年，沃尔玛营业额首次超过通用汽车（GM），成为全世界最大的企业。1996年进军深圳的沃尔玛目前在此已开设了6家连锁分店，它在中国的采购额以每年20%的速度递增，中国已经成为沃尔玛全球最大的供应国之一。据统计，2003年沃尔玛采购中国产品总额已超过100亿美元，其中95%以上来自深圳本土，其销售额以每年200亿美元的速度增长。在深圳设立全球采购中心，意味着沃尔玛不仅能在这里采购到质量、包装、价格等方面均具竞争力的优质产品，而且深圳顺畅、便捷的物流系统及发达的海陆空立体运输网络，特别是华南地区连接世界市场的枢纽港地位，将为沃尔玛集团的全球扩张赢得更多的时间，带来更多的便捷。沃尔玛被惊叹为世界零售业的一大奇迹，其正成为供应链时代的新主宰——链主。这一奇迹究竟又是如何发生的呢？

让我们首先简单地回顾一下沃尔玛的历史：1962年由美国山姆·沃尔顿开设；20世纪70年代发展到276家连锁店；1983年成立第一家仓储式商店——山姆会员店；1988年成立第一家沃尔玛超市；1996年沃尔玛进入中国深圳，其后在中国建立15个商场；2000年从中国采购商品总额超过100亿美元；2001年沃尔玛在全球设立24个采购点，将全球采购总部由香港搬到深圳；2002年停止采购外包，年销售额1900亿美元的商品全部交给深圳这个全球采购总部及所属的采购网络负责。

信息技术与零售业务

沃尔玛所有的成功都是建立在利用信息技术整合优势资源、信息技术战

略与零售业整合的基础之上。早在20世纪60年代中期，山姆·沃尔顿只拥有几家商店的时候，他就已经清醒地认识到：要在现有的基础上扩大经营规模，只有密切追踪信息处理技术的进步。在信息技术的支持下，沃尔玛能够以最低的成本、最优质的服务、最快速的管理反应进行全球运作。1974年，公司开始在其分销中心和各家商店运用计算机进行库存控制。1983年，沃尔玛的整个连锁商店系统都用上条形码扫描系统。1984年，沃尔马开发了一套市场营销管理软件系统，这套系统可以使每家商店按照自身的市场环境和销售类型制订出相应的营销产品组合。1985～1987年，沃尔玛安装了公司专用的卫星通信系统，该系统的应用使得总部、分销中心和各商店之间可以实现双向的声音和数据传输，全球4000家沃尔玛分店也都能够通过自己的终端与总部进行实时的联系。这一切的优势都来自于沃尔玛积极地应用最新的技术成果。通过采用最新的信息技术，员工可以更有效地做好工作，更好地做出决策以提高生产率和降低成本。在沃尔玛的管理信息系统中最重要的一环就是它的配送管理。

20世纪90年代沃尔玛提出了新的零售业配送理论：集中管理的配送中心向各商店提供货源，而不是直接将货品运送到商店。其独特的配送体系，大大降低了成本，加速了存货周转，形成了沃尔玛的核心竞争力。沃尔玛的配送系统由以下三部分组成：

(1)高效的配送中心 沃尔玛的供应商根据各分店的订单将货品送至沃尔玛的配送中心，配送中心则负责完成对商品的筛选、包装和分检工作。沃尔玛的配送中心具有高度现代化的机械设施，送至此处的商品85%都采用机械处理，大大减少了人工处理商品的费用。

(2)迅速的运输系统 沃尔玛可以保证货品从仓库运送到任何一家商店的时间不超过48小时，相对于其他同业商店平均两周补发一次，沃尔玛可保证分店货架平均一周补两次。通过迅速的信息传送与先进的电脑跟踪系统，沃尔玛可以在全美范围内快速地输送货物，使各分店即使只维持极少存货也能保持正常销售从而大大节省了存贮空间和存货成本。

(3)先进的卫星通讯网络 1983年，沃尔玛建立了自己的卫星通讯系统，通过这个系统，每天可直接把销售情况传送给5000家供应商。任何一家沃尔玛商店都具有自己的终端，并通过卫星与总部相连，在商场设有专门负责排货的部门。沃尔玛每销售一件商品，都会即时通过与收款机相连的电脑记录下来，每天都能清楚地知道实际销售情况。沃尔玛各分店、供应商、配送中心之间建立的卫星通讯网络系统使沃尔玛的配送系统完美无缺。这套系统的应用，使配送中心、供应商及每一分店的每一销售点都能形成在线作业，在

短短数小时内便可完成“填妥订单—各分店订单汇总—送出订单”的整个流程，大大提高了营业的高效性和准确性。管理信息系统的应用使沃尔玛有关各方可迅速得到所需的货品层面数据、观察销售趋势、存货水平和订购信息甚至更多。

信息技术战略与经营整合

沃尔玛零售业的经营与信息技术战略很好地相结合整合，使我们看到信息技术始于战略，而非系统。只有明白信息技术为企业业务所带来的影响，并由此做出信息技术决策，才能产生最佳方案。因此，公司不应把“我们需要多少信息技术业务”当做首要的问题来考虑，相反，最应该探讨的问题是：“信息技术能为我们带来什么，我们该如何利用信息技术创造商业价值”。成功的企业着重于将信息技术资源投入到战略应用中，而不是将其投入到大量低价值的维护与运作事宜中。

沃尔玛(中国)的管理信息系统

沃尔玛中国有限公司的管理信息系统来自强大的国际系统支持。沃尔玛在全球拥有3000多家商店、40多个配销中心、多个特别产品配销中心，它们分布在美国、阿根廷、巴西、加拿大、中国、法国、墨西哥、波多黎各等国家。公司总部与全球各家分店和各个供应商通过共同的电脑系统进行联系。它们有相同的补货系统、相同的EDI条形码系统、相同的库存管理系统、相同的会员管理系统、相同的收银系统。这样的系统能从一家商店了解全世界商店的资料。

- 电脑系统给沃尔玛采购员的资料：保存2年的销售历史，电脑记录了所有商品：具体到每一个规格、不同颜色单品的销售数据，包括最近各周的销量、存货多少。这样可使采购员知道什么品种该增加、什么品种该淘汰；好销的品种每次进多少才能满足需求又不致积压。
- 电脑系统给商店员工的资料：单品的当前库存、已订货数量、由配销中心送货过程中的数量、最近各周的销售数量、建议订货数量以及Telxon终端所能提供的信息。Telxon终端是一个无线扫描枪，它在国外已开始武装超市、百货商店、家庭中心。它大小如一本32K书，商场员工使用它扫描商品的条形码时，能够显示价格、架存数量、库存数量、在途数量及最近各周销售数量等。扫描枪的应用，使商场人员丢下了厚厚的补货手册，对实施单品管理提供了可靠的数据，而且高效、准确。
- 电脑系统给供应商的资料：与提供给采购员的数据相同，这样详实的数据使生产商能细致地了解哪些规格、哪种颜色的产品好销，然

后按需组织生产。

思考与练习6

简答以下各题：

- 配送的概念和要点。
- 配送的流程。
- 配送合理化原理。
- 配送中心的种类。
- 配送中心的基本作业流程。
- 配送中心的管理系统。
- 配送中心规划与设计的内容。
- 配送中心的选址与布局。
- 配送中心的设施设备选择。
- 配送中心的信息系统设计。
- 配送中心的系统总体设计
- 仓储的功能。
- 仓储设计原理。
- 自动化仓库的设计原则。
- 自动化仓库设计程序。

第七章　物流信息系统

第一节　物流信息概述

一、信息的概念与特点

1. 信息的概念

信息(Information)，广义地讲，它是物质和能量在时间、空间上定性或定量的模拟型或其符号的集合。信息的概念非常广泛，从不同的角度对信息可下不同的定义。在物流活动过程中，信息通常指的是物质流动过程中产生的信息、情报、数据和知识等。历史上信息对物流活动的重要性并没有得到充分重视，目前信息技术的发展已经使得人们物流信息限定信息传递的媒体和途径，通过计算机网络传递的信息，包括文字、数据、表格、图形、影像、声音以及内容能够被人或计算机察知的符号系统，才属于物流信息的范畴。

2. 信息处理的特点

相对于传统信息处理，现代信息技术的发展使得信息处理具有以下显著的特点。

（1）实效性强　传统的信息处理，由于传递速度慢、传递渠道不畅，经常导致“信息获得了但也失效了”。因此，早期的物流信息处理是批处理方式，积累一周甚至一个月的订单统一时间处理，而网络技术支持下的信息则可有效地避免这种情况。通过来自顾客的电子邮件或电子数据交换(EDI)随时可以处理定单，由于网络信息更新及时、传递速度快，只要信息收集者及时发现信息，就可以保证信息的实效性，显然信息的实效性可能更能实现物流的较低成本和及时的交付。

（2）准确性高　信息质量的问题会给物流作业带来许多问题。定单信息的不准确会增加额外的物流成本，而物流预测是利用大量过去的、目前的信息估计未来的趋势，不准确的信息会引起存货的短缺或过剩。利用现代技术进行信息的收集，绝大部分是通过网络的方式获得的。在这个过程中，减少了信息传递的中间环节，从而减少了信息的误传和更改，有效地保证了信息的准确性。

（3）适于存储检索　现代物流处理中涉及的信息量是非常大的，如果仍然使用传统的信息载体，把它们都存储起来难度相当大，而且不易检索。利

用现代信息技术，信息可以方便地从因特网下载到自己的本地计算机上，通过计算机进行信息管理。而且，在各个物流中心，也有相应地信息存储系统，可以方便地根据顾客的需求进行信息的检索、收集或通过对大量信息的分析达到主动控制物流的目的，可以及时、快速地反应。

对于物流管理活动来说，信息是其生命，是整个物流系统的重要部分。信息流反映了一个物流系统的动态，不及时、不准确的信息和作业过程中的延迟都会削弱物流的表现，而现代信息技术的发展，使得大量甚至海量信息的快速存储与检索成为可能，这些为物流活动中的预测与订货管理作业提供了便利的基础。

二、信息的类型与管理

1. 信息的类型

信息的分类标准非常多，比如企业信息按照信息来源的不同可以划分为内部信息和外部信息。内部信息包括企业内部的产品信息、工艺信息、设备信息、库存信息、财物信息、销售信息、人员信息等，外部信息包括市场信息、商品信息、竞争对手信息、支付信息、信誉、政策法规等多方面的内容。此外还应该看到，对信息进行加工和处理后得到的仍然是信息。信息是企业组织经营决策和管理决策的重要依据。通过对信息的获取和分析，管理者获得对运营过程的了解，相关信息掌握得越多，对运营状况的了解越详细、越深入，决策的准确性就越高，实施的效果就越好。信息在组织的经营活动中有着非常重要的地位和作用。

2. 信息的分级

因为不同的信息对不同用户的使用价值(效用)不同，这里我们从信息功能所支持的物流管理活动来看，可以将它们粗略地分为以下三个等级。

第一级：业务系统级的信息 这些信息主要用于启动和记录物流活动的最基本层次，如记录顾客定货情况、安排存货任务、价格制定、调度物流作业、资金支付及信息查询等。这一级的信息是物流活动的最基本信息，是对整个物流活动起到支持作用的信息。这类信息的特点是：大多为结构化信息，便于计算机化处理、网络快速传递和进行批量处理。

第二级：战术层的信息 属于管理控制范畴的信息。主要是监督和控制及反馈的过程，包括一些综合性的信息报告，来评估过去完成的业务情况，如仓储的成本情况、存货的周转情况、每单位的运输成本、每工时生产量及其供应比率和顾客的满意度等，以便来反馈目前存在的问题并能对下一步的业务活动的控制起到辅助作用。需要注意的是：某些管理控制的信息是有非常

明确定义的，如成本核算；而另外一些如顾客满意度信息则很难测量，但是物流信息中有很大比例的这种类型的外部信息，这样第二级的信息属于半结构化的信息，需要大量信息的采集和处理分析过程并需要模型的支持。

第三级：战略级的信息 主要是进行决策分析和制定战略计划。决策分析的信息主要用于协助管理人员鉴别、评估和比较物流战略和策略上的可选方案，如库存货物管理、车辆调度作业计划、成本效益分析等。决策分析的主要目的是评估未来策略上的可行方案，是在现有信息基础上挖掘知识，需要专业的技能和较高的知识基础，最终使得信息的使用价值较高。而第二级的管理控制主要侧重于信息的控制和反馈，主要为提高效率服务的。制定战略计划是决策分析的下一步，包括企业的长期规划、企业之间的战略联盟关系的建立、市场竞争的战略计划等。这些战略计划的制定是在前两级信息的基础上和决策分析的支持下辅助实现的，这里人的作用仍然是最重要的。图7－1给出了层次性的物流信息特点及其相应的信息系统。

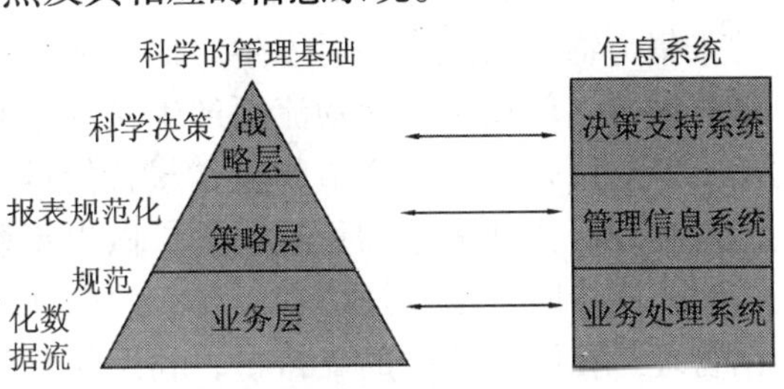

图7－1 物流信息的层次性

一般企业经营管理活动中存在着三个对象：人、财、物。这三个对象贯穿企业经营管理活动的各个阶段。其中，人是劳动者，具有创造能力，是企业管理活动和生产实践活动的主体；财与物是构成企业经营管理系统的物资条件，财是企业运营过程中所需要的资金，物是生产制造所需要的原材料、在制品和产成品的总称。企业管理活动的对象同时具有时间和空间的特性。企业管理也因为三个对象所具有的时空特性而变得异常复杂。

3. 信息流、资金流和物流之间的关系

在企业生产经营活动中，人、财、物三个对象以各自特有的形式参与其中，形成与之相对应的信息流、资金流和物流。信息流、物流、资金流是企业生产经营活动的三个基本组成要素。在由采购、生产、仓储、销售等环节构成的企业生产经营活动中，物流从上游向下游流动，资金流从下游往上游流动，而信息的流动则是双向的。在每一个环节，信息流、物流和资金流都呈现不同的形态，承载着不同的内容和价值。在企业管理活动中，信息流是核心，物流是保障，而资金流则是实现的手段。三者之间的有效互动构成了完整的企业管理模型。物流是指商品在空间和时间上的位移，包括采购配送、生产加工和仓储包装等流通环节中的物流情况，它以满足顾客的需求服务为

目标，尽量消除物流过程中各种形式的浪费，追求物流过程的持续改进和创新。物流的时间和空间特征是企业物流的主要特性。企业物流贯穿于企业生产和经营的全部过程，在企业价值链的每一个环节，都蕴含着物流运作给企业带来的价值。在“物流”这一概念尚处于萌芽时期，经济学家彼德·杜拉克就预言：物流是企业“降低成本的最后边界”，是企业的“第三利润源泉”。随着先进的物流技术和信息技术的发展，使得企业生产流程的进一步优化成为了可能，企业从物流、信息流合理流动的角度出发，对其运营过程进行根本思考和重新设计，以求对企业运作的关键性指标如成本、质量服务和速度等方面有更大的改进。总体来说，物流运作对企业的价值体现在运输成本、劳动生产和仓储管理水平、物流生产效率、物流服务水平（维护客户诚信度）等方面，而基于互联网的信息技术和物流信息系统是实现上述物流价值的基本手段。

物料的采集、传递和加工处理的过程，就是信息的形成过程，因此信息流的采集与物流的过程同时发生。信息流是物流过程的流动影像，物流是信息流的载体。信息流伴随物流而产生又反过来可以影响物流，因而快速反馈的信息能够用来控制和调节物流，这就使得决策层不仅能了解结果，而且也能了解过程，实现信息的可追溯性，做出正确的判断和实时的决策。当信息流与物流同步时，也就是两者实现有效的融合后，管理层可实现对操作层的透明管理。在网络技术的支持下，利用信息流整合物流，信息处理方面的专业化优势以及其相应减法的分销渠道层级成为企业利润的新源泉。

信息管理是企业管理的主要内容和实质。管理过程就是决策的过程，由于信息流是对企业物流和资金流过程的记录和反映，企业管理需要增强对信息流的监控能力，以增强获取有效信息的能力，从而制订出有效、可行的运营策略和管理策略。一般来说，决策效果的质量建立在信息的广度、深度上。在目前的技术条件下，当企业能够通过网络建立良好的信息流通渠道后，实现物流、信息流、资金流的商业环境就成为了现实。

三、物流信息管理

企业管理过程对信息流的控制体现在信息搜集、鉴别整理、分析处理（决策）过程。物流企业中对信息流的控制体现在对物流信息的收集分析过程。

1. 物流信息的概念

物流信息（Logistics Information）指的是反映物流各种活动内容的知识、资料、图像、数据和文件的总称，包括物流活动中的主要商务管理过程：接收订单、订单处理、仓库管理、末端配送以及每一环节的异常处理及进行物流内部和外部的业务结算的过程，如资金结算并提供报表以及各种统计资料；

最后还有质量服务信息，如质量监察、用户投诉处理、货件的跟踪查询和客户关系管理等。而在物流活动的管理与决策中，如运输工具的选择、运输路线的确定、每次运送批量的确定、在途货物的追踪、仓库的有效利用、最佳库存数量的确定、库存时间的确定、订单管理、如何提高配送水平等，都需要详细和准确的物流信息，因为物流信息对出入库管理、流通加工、在库管理和配送管理等物流活动具有支持保证的功能。更广泛一点讲，物流信息不仅包含与物流活动相关的信息，还包含与其他流通活动相关的信息，如商品交易信息和市场信息等。商品交易信息是指与买卖双方的交易过程有关的信息，如销售和购买信息、订货和接受订货信息、发出货款和收到货款信息等；市场信息是指与市场活动有关的信息，如消费者的需求信息、竞争者或竞争性商品的信息、促销活动信息、交通通讯等基础实施信息等。广泛意义上的物流信息不仅能起到整合从供应商到最终消费者的整个供应链的作用，而且在应用现代信息技术的基础上还能实现整个供应链活动的效率化。

2. 物流信息的分类

具体地我们把物流信息分为以下几类。

(1) 采购信息　采购信息伴随配送中心的采购活动产生，由配送中心向供应商发出。采购活动为后序的各项物流活动的开展提供了可能。采购单及相应的反馈信息构成采购信息，它是基本的物流信息。

(2) 进货信息　下达完采购单之后，是商品实物的真实流动，伴随商品的入库，进货信息产生。进货信息与采购信息关联密切。它详细记载到达商品的品种、数量、重量、规格、金额及供应商等情况。进货信息是制度采购计划的重要参考依据。

(3) 库存信息　这是表示库存商品的数量、结构、状态的信息。库存商品是构成商品供应资源的组成部分。库存信息也是制定采购计划、确定经济订货批量的重要依据。

(4) 订货信息　订货信息是由连锁门店向配送中心提出的，它详细反映了门店对要货商品的品种、规格、数量等的需求。正是订货信息触发了配送中心的物流运转过程，没有订货，配送中心就没有采购、加工、配送；没有订货，配送中心与仓库就没有了区别。

(5) 流通加工信息　流通加工过程产生相应信息，这些信息反映商品再加工的情况。流通加工活动是由连锁门店的要求促成的。

(6) 分拣配货信息　该信息往往由订货信息汇总而来，用于事前控制分拣配货活动并反馈该活动的完成情况。它有助于实现准确、高效的配送服务。

(7) 发货信息　它是商品实物流动的信号，标志着配送活动的开始。发

货信息反映了物流的形态、方向、规模以及与之相适应的各种运输手段，它与分拣配货信息内容有重叠。

（8）运输信息 运输信息反映了运输人员、运输车辆及运输路线优化等的详细情况。它常常夹杂在其他信息中，反映物流的具体运动形式。

（9）物流总控信息 物流活动中，控制是必不可少的管理手段。物流作业信息经汇总、分析、提炼，形成有关物流活动的各种控制和管理信息，用以指导协调物流活动，保证物流的正常、高效运做。

3. 物流信息的特点

信息的流动是双向的。采购信息、库存信息、发货信息等经管理人员的汇总、分析，可以产生物流总控信息及合理的物流决策；而将物流总控信息反馈给采购、库存、发货等有关部门，又能很好地控制各物流作业的实施效果。物流总控系统成为调节各物流环节的中枢系统。物流信息相比较其他企业管理信息，如产品研发信息、生产加工信息、人力资源信息等，具有以下特殊的特点。

来源多样性 物流信息不仅包括企业内部的物流信息（如采购信息、库存信息等），还包括企业间的物流信息和与物流活动有关的基础实施的信息。企业竞争优势的获得需要供应链各参与企业之间相互协调合作，协调合作的手段之一是信息的及时交换和共享。许多企业把物流信息标准化和格式化，利用EDI在相关企业间进行传送，实现信息分享。另外，物流活动还往往利用道路、港湾、机场等基础实施，同时为了高效完成物流活动，必须掌握与基础实施有关的信息，如在国际物流过程中必须掌握报关所需信息、港湾作业信息等。从宏观角度看，国民经济计划、财政信贷等情况也是物流信息的来源。

量大快变性 物流信息随着物流活动以及商品交易活动的展开而大量发生。多频度、小数量的配送方式使库存、运输等物流活动的信息大量增加。零售商应用POS系统读取销售时点的商品品种、价格、数量等即时销售信息，并对这些销售信息加工整理，通过EDI向相关企业传送。同时为了使库存补充作业合理化，许多企业采用电子订购系统。随着企业间合作倾向的增强和信息技术的发展，物流信息量在今后将会越来越大。同时，多频度、小数量的配送以及利用POS系统的即时销售使得各种作业活动频繁发生，从而要求物流信息不断更新而且更新的速度越来越快。

处理的复杂性 物流信息不能像其他信息那样，可以直接指导实践活动。它通常要经过反复的研究和处理，才能成为有实用价值的信息。而在大量的多种信息面前，分析其与物流活动的相关程度，再把处理后的信息拿去指导物流活动，这也是一个复杂的过程，这种复杂性是由物流信息来源的多样化

造成的。

内外关联性 来自于物流过程的各种信息之间存在十分密切的联系。如采购信息和库存信息之间存在一定的数量关系，订货信息和分拣配货信息、发货信息之间又存在因果关系等等。物流信息与商流信息、生产信息等同样存在密切的联系。物流系统的这种联系性特征是研究物流与商流的关系、物流与生产的关系以及物流各系统之间关系的基础，是建立物流信息系统的基础。

4. 信息在物流活动中的作用

信息在物流活动中具有十分重要的作用，通过对物流活动中信息的收集、传递、存储、处理、输出等，成为决策依据，对整个物流活动起到指挥、协调、支持和保障的作用，其主要表现如下。

（1）沟通联系的作用 物流系统是由许多个行业、部门以及众多企业群体构成的经济大系统，系统内部正是通过各种指令、计划、文件、数据、报表、凭证、广告、商情等物流信息，建立起各种纵向和横向的联系，沟通生产厂、批发商、零售商、物流服务商和消费者，满足各方的需要。因此，物流信息是沟通物流活动各环节之间联系的桥梁。

（2）引导和协调的作用 物流信息随着物资、货币及物流当事人的行为等信息载体进入物流供应链中，同时信息的反馈也随着信息载体反馈给供应链上的各个环节，依靠物流信息及其反馈可以引导供应链结构的变动和物流布局的优化；协调物资结构，使供需之间平衡；协调人、财、物等物流资源的配置，促进物流资源的整合和合理使用等。

（3）管理控制的作用 通过移动通信、计算机信息网、电子数据交换（EDI）、全球定位系统等技术实现物流活动的电子化，如货物实时跟踪、车辆实时跟踪、库存自动补货等，用信息化代替传统的手工作业，实现物流运行、服务质量和成本等的管理控制。

（4）缩短物流管道的作用 为了应付需求波动，在物流供应链的不同节点上通常设置有库存，包括中间库存和最终库存，如零部件、在制品、制成品的库存等，这些库存增加了供应链的长度，提高了供应链成本。但是，如果能够实时地掌握供应链上不同节点的信息，增加供应链管道的透明度，如知道在供应管道中，什么时候、什么地方、多少数量的货物可以到达目的地，那么就可以发现供应链上的过多库存并进行缩减，从而缩短物流管道，提高物流服务水平。

（5）辅助决策分析的作用 物流信息是制定决策方案的重要基础和关键依据，物流管理决策过程的本身就是对物流信息进行深加工的过程，是对物流活动的发展变化规律性认识的过程。物流信息可以协助物流管理者鉴别、

评估并比较物流战略和策略后的可选方案，如车辆调度、库存管理、设施选址、资源选择、流程设计以及有关作业比较和安排的成本—收益分析等，在物流信息的帮助下做出科学的决策。

（6）支持战略计划的作用 作为决策分析的延伸，物流战略计划涉及物流活动的长期发展方向和经营方针的制订，如企业战略联盟的形成、以利润为基础的顾客服务分析以及能力和机会的开发和提炼，作为一种更加抽象、松散的决策，它是对物流信息进一步提炼和开发的结果。

（7）价值增值的作用 物流信息本身是有价值的，而在物流领域中，流通信息在实现其使用价值的同时，其自身的价值又呈现增长的趋势，即物流信息本身具有增值特征。另一方面，物流信息是影响物流的重要因素，它把物流的各个要素以及有关因素有机地组合并联结起来，以形成现实的生产力和创造出更高的社会生产力。

四、物流信息系统

1. 物流信息系统的概念

在物流范畴内，建立的信息收集、整理、加工、储存、服务工作系统，称为物流信息系统，是一个从采购到配送全过程进行控制的信息管理系统，同时也是物流管理人员及其他企业管理人员提供战略及运作决策支持的人机系统。它是企业管理信息系统的一个重要子系统。建立物流信息系统，提供迅速、准确、及时、全面的物流信息是现代企业获得竞争优势的必要条件。图7－2给出了物流信息系统的概念模型。

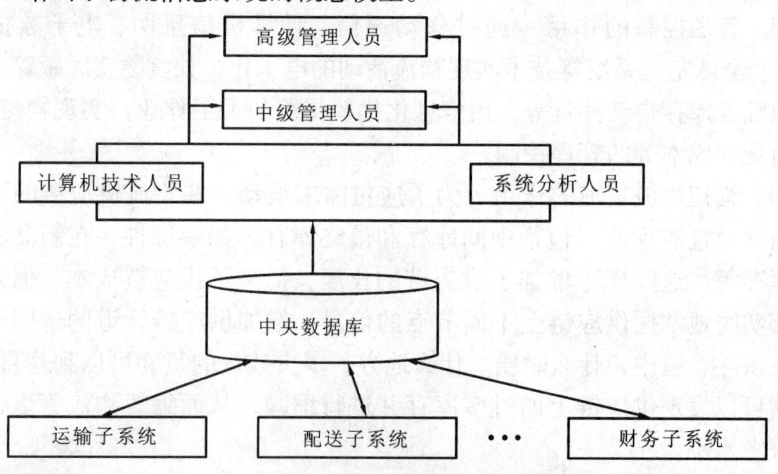

图7－2 物流信息系统的概念模型

配送中心的不同作业流程和不同作业层次之间通过信息流紧密地联系在

一起，因而在配送中心，总存在着对物流信息进行采集、传输、储存、处理、显示和分析的物流信息系统。物流信息系统是支持物流合理化，提高物流效率，降低物流费用的重要基础设施。物流信息系统的使用主要是为了提高对顾客的服务水准和降低物流总成本。具体说来，是为了缩短从接受订货到发货的时间，使接受订货和发货更为省力；库存适量化(压缩库存并防止脱销)；提高装卸搬运和运输的效率；提高订单处理的精度；防止配送出现差错；调整需求和供给；提供信息咨询。

2. 物流信息系统的功能

物流信息系统的功能主要体现在以下几方面。

(1) 及时掌握动态真实的库存情况，负责人、财、物的日常管理工作 通过计算机网络或其他方式及时掌握库存数量、库存能力、配送能力、在途数量和门店需求、接发货能力、结算状况等信息，便于进行库存管理和订发货管理。

(2) 制定配送计划 合理调配运力，选定发货路线和运输车辆，制定最优发货计划并响应发出发货指令。

(3) 反馈及结算 有效监控和反馈订单执行情况，并以此为根据通知有关部门进行结算。

(4) 与系统外部衔接 与系统外部相互沟通、交流信息，及时掌握外部相关市场信息，向有关供应商发出采购通知、运输、储存要求等信息。同时，通过对大量市场信息进行整理和分析，系统地进行市场调查和市场预测，使企业在复杂激烈的市场竞争中随时掌握第一手资料。

(5) 为物流过程中的各种决策活动如采购计划、销售计划、供应商的选择、顾客分析等提供决策支持 充分利用计算机的强大功能，有效统计客户和货物信息，汇总和分析物流数据，进而做出更好的进、销、存决策，增加对企业的内部挖掘和外部利用。

3. 物流信息的管理

物流的信息管理就是对物流信息的收集、整理、存储、传播和利用的过程，也就是将物流信息从分散到集中、从无序到有序、从产生、传播到利用的过程。同时对涉及物流信息活动的人员、技术、工具等各种要素进行管理，实现资源的合理配置。

4. 物流信息化

物流信息化主要包括两个方面，即设施自动化和经营网络化。设施自动化是指货物的接收、分拣、装卸、运送、监控等环节以自动化的过程来完成。

设施自动化涉及的技术非常多，如条形码技术、全球卫星定位技术、地理信息系统技术等，通过这些自动化的技术设施，可以实现货物的自动识别、自动分拣、自动装卸、自动存取，从而提高物流作业效率。经营网络化是指将网络技术运用到物流企业运行的各个方面，它包括企业内部管理上的网络化和对外联系上的网络化。只有拥有了完善的企业内部网和外部网，货物运行的各种信息才能及时反馈到内部网的数据库上，这样网络上的管理信息系统就可以对数据进行自动分析和安排调度，自动排定货物的分拣、装卸以及运送车辆、线路的选择等；企业的外部网一般都与因特网对接，用户在因特网上就可以下定单、进行网上支付，并且对自己的货物随时可以进行查找跟踪。而要做到这点就必须对信息的收集、存储、加工、传递、显示等方面有关的技术、方法和规程进行标准化，只有这样才能保证信息在整个物流过程中畅通。物流信息化的发展在国外已经相当成熟，世界上一些发达国家已形成了适合本国国情的现代化物流流通体系。它们的各个物流中心都完全实现了计算机自动控制系统，并且计算机总控室设有总机，与各工厂、商店、批发商社、用户和物流中心的各个分机系统都联成网络，形成自动处理与传输的信息系统。同时还建立了计算机辅助仓库设计、仓库业务的计算机处理系统及企业调度统计分析系统等等。

我国的物流信息化工作近年来也得到了飞速发展，许多大的物流企业已经建设或正在建设它们的信息系统，并建立起一定规模的网络体系，同时借助于EDI技术、全球定位技术和地理信息系统等的帮助，已经取得很明显的经济效益。但是，从总体上说，信息化的程度比发达国家还差得很远，主要存在着以下的差距。

(1)物流管理体制不够健全 目前物流信息化的工作还处在各个企业分散实施，部分企业决策者对信息化的作用认识不足的阶段，因此，造成物流管理体制不够健全。不少企业的领导对信息化重视不够，信息化意识不强，理念陈旧，存在“短视”行为。认为信息化是技术工程，是技术部门的事，与管理无关。因此，即使有信息系统，也不能发挥其最大效益。

(2)缺乏复合型的人才，企业培训力度不够 目前虽然已经注意到培养物流人才的问题，并开始进行这方面的宣传和培训工作，如许多大学开始设立物流专业，而一些团体协会，如中国交通运输协会也引入国外的物流资质认证考试。但短期内专业物流人才和复合型人才的缺乏还是会对物流企业的进一步发展带来影响。

(3)物流信息化支持的配套环境还没有形成 物流的信息化需要发展配套的物流信息系统网络，及其和相关企业，如制造商、客户，还有连锁店、

海关、银行等建立相联系的网络，这就需要统一规范、统一标准、统一信息的格式。但目前我国企业产品生产的各种编码不标准、不统一，造成企业内部存在“信息孤岛”、系统不集成、资源不共享的局面。同时，大多数行业缺乏统一的信息化技术标准及服务规范，造成我国企业信息化应用水平不高、综合效益发挥不出来；另外，信息化公共支撑环境建设滞后于应用系统建设与开发，因此，物流信息化的建设难以推进和成功。

第二节　物流信息系统

一、物流信息系统的基本功能

物流的信息化管理随着物流行业的发展壮大日益为从业者和管理信息系统提供商所重视。在欧美等发达国家，物流的产值已经占到国民生产总值相当大的部分。其中物流信息管理系统对此行业的贡献不容忽视，因此中国要成为强大的物流中心，构筑现代物流信息管理系统是其中重要内容之一。

信息是能反映事物内在本质的外在表现，如图像、声音、文件、语言等，是事物内容、形式和发展变化的反映。物流信息则是物流活动的内容、形式、过程及发展变化的反映。现代物流信息在物流活动中起着神经系统的作用，即“牵一发而动全身”。这主要通过它以下几项基本功能来实现。

（1）市场交易活动功能　交易活动主要记录接货内容、安排储存任务、作业程序选择、制定价格以及相关人员查询等。物流信息的交易作用就是记录物流活动的基本内容。其主要特征是：程序化、规范化交互式，强调体现整个信息系统的效率性和集成性。

（2）业务控制功能　物流服务的水平和质量以及现有资源的管理，这里需要信息系统做相关的控制，同时需要建立完善的考核指标体系来对作业计划和绩效进行评价和鉴别。这里强调体现信息系统作为控制机制并加强控制力度的作用。

（3）工作协调功能　在物流运作中，加强信息的集成与流通，有利于工作的时效性，并提高工作的质量与效率，减少劳动强度系数。这里，物流信息系统也发挥了重要作用。

（4）支持决策和战略功能　物流信息管理协调工作人员和管理层进行业务活动的评估，并进行成本—收益分析，从而更好地进行决策。强调体现物流信息管理系统支持决策和战略定位作用。

二、物流信息系统的结构与特点

1. 物流信息系统的结构

物流信息系统的结构按集成的复杂度分为以下四种：第一种是简单业务职能式的信息系统，即按业务的职能结构原则来组织的信息系统，如物流配送信息系统，仅有物流配送方面的信息管理功能，包括订单处理、配送方案选择、查询仓储等。这种系统结构简单，较容易实现，但因为是从局部功能出发，没有考虑全局的总体功能，所以其总体性能差，集成度不高，扩展性能差。第二种是横向综合的信息系统，也就是同一组织级别上的几个职能部门的数据予以综合，如把物流运输、物流配送、物流仓储这几个物流活动中主要的业务功能模块组合在一起建立的信息系统，它是一种横向综合的信息系统。它的优点是与业务关联密切的同类信息集中管理，有效地克服了信息的冗余性，提高了业务信息利用的效能。第三种是纵向综合的信息系统，它考虑的是不同层次的管理业务按职能综合起来的信息系统。因为按照信息的层次性，分为业务级信息、策略级信息和战略级信息，组织这样的信息系统，便于实现上、下级之间的沟通，实现正确的控制、监督和决策。无论是横向综合的信息系统还是纵向综合的信息系统，它们只是一个方向上的信息综合，实现了信息一定程度上的集成，相对职能式信息系统，系统功能有很大提高，但还存在很多缺点，如数据接口过多、造成复杂度提高、数据转换不顺畅、影响生产效率等。第四种是综合性的信息系统(矩阵式的信息系统)，它是从整个企业角度出发建立的信息系统，指的是把同一组织级别上和不同层次上的数据进行全面集成的信息系统，也就是不仅横向综合而且纵向综合的信息系统。这种系统可以实现信息集中管理，还可以实现信息的充分共享，因此它不仅可以实现物流活动中的所有业务管理活动，还可以起到控制、协调和分析、支持决策的作用。

2. 物流信息系统的特点

对于综合性的物流信息系统，图7－3给出了概念模型。从概念模型可以看出，一个综合性的物流信息系统从横向角度出发，应集成各个不同业务职能的信息，包括订货、运输、配送、仓储、加工、质量、财务和人力资源等方面。同时在纵向上对于不同层次上的业务部门和人员，要的又是不同类型的信息。数据文件层是实现将收集、加工的物流信息以数据库的形式或文件形式进行存储管理的功能；业务处理层是对发生在物流业务活动过程中的合同、票据、报表等业务表现方式进行日常处理；策略运用层是针对中、高级管理人员进行业务活动的控制、监督和协调，包括仓库作业计划、最优路线

选择、控制与评价模型的建立，根据运行信息检测物流系统的状况等；最后是战略计划层，目标是建立各种物流系统分析模型，辅助高级管理人员制定各种物流战略计划。

应用软件	订货管理	运输管理	配送管理	仓储管理	质量管理	物流加工	财务控制	人力资源	信息管理	公用程序
战略计划层										模型
策略运用层										公共应用软件
业务处理层										
数据文件层										

图7－3　物流信息系统结构的概念模型

3. 物流信息系统的功能

物流的不同层次通过信息流紧密的结合起来。无论任何结构的物流系统，从技术角度讲，都存在对物流信息进行采集、传输、存储、处理、显示和分析的过程。物流信息系统具有以下基本功能。

（1）数据的收集和录入　物流信息系统首先要做的是记录下物流内外的相关数据，集中起来并转化为物流信息系统能够接受的形式输入到系统中。

（2）信息的存储　数据进入系统后，经过加工整理，成为支持物流系统运行的物流信息，这些信息可能暂时或永久保存。

（3）信息的传播　信息来源于物流系统内外，又为不同的物流职能所用，因此物流信息系统必须克服空间障碍进行信息传输。

（4）信息的处理　将输入的数据加工成物流信息，是信息系统最基本的目标。信息处理可以是简单的查询、排序，也可以是复杂的模型求解和预测。信息处理能力的强弱是衡量物流信息系统能力的一个重要方面。

（5）信息的输出　为各级人员提供信息是物流信息系统的责任，为了便于理解，输出的形式和内容应该易读易懂，直观醒目，这是评价系统的重要标准之一。

三、物流信息系统的类型

物流信息系统因其主要功能的不同，可以分为很多种类，常见的有：运输信息系统、库存信息系统、配送信息系统和综合信息系统等。

（1）运输信息系统　主要指处理各种运输信息的计算机作业系统。该系统应当具有揽货功能、查询功能、分析功能、结算功能。而实现这些功能需要通过信息系统与移动通信、定位系统配合应用。

（2）订货与进货信息系统 这是商流与物流交叉的物流信息系统，主要根据商业贸易的结果，进行订货、进货、结算等作业，以及对进货时间、地点、方式等的直接组织管理。订货与进货信息是物流信息系统的一个子系统，该子系统突出的特点是与外界系统如商业系统、工业系统等有密切的联系，信息交换功能应是这一系统的主要功能，EDI 技术的不断完善将对这一系统的功能完善有直接的推动作用。

（3）仓储信息系统 仓储信息系统主要是掌握各个仓库的库存及库存量变化情况、仓储作业记录与库存管理，分类物质仓储情况、用户库存控制服务。仓储信息系统需建立在计算机应用和现代通信技术的基础上，逐步形成仓储 EDI 系统，扩展仓储信息的功能体系。

（4）配送信息系统 配送信息系统往往需要具有仓储信息系统的功能，并根据用户需求信息提供货物咨询、订购、物质配送服务；具有能够查询库存、制定配送方案的能力；具有完成调度配送车辆、查询与结算等功能。货物配送服务信息系统是国外企业开发较多、成效十分显著的物流信息系统，它直接决定着配送经营的效率与效益和经营部门对市场信息的了解程度，可以使经营者掌握市场的占有率并具有一定的控制能力。

（5）综合信息系统 上述各种物流信息系统都是相互关联、相互作用的，在运用之中可得到进一步发展并形成综合性的物流信息系统，又称作综合信息系统。从国外建立的综合信息系统来看，主要有物流费用管理信息系统、进销存综合信息系统、运输集散信息系统、计算机在线经营系统等。从物流费用管理系统分析，它能够从横向掌握各个环节、各个项目的物流系统；能够掌握并调度（调配）运费计算条件、物流方式、物流数量和运输工具等；能进行相关的经营分析、优化分析以及实行自动控制功能。综合物流信息系统可采用的现代技术基础主要有：计算机技术、全球移动通信技术、全球定位系统并与相应的基础设施配套。

也就是说，综合性的物流信息系统一般需依托于物流中心的建立，将货物集散中心、物流信息中心、物流控制中心的职能形成一体。

四、物流信息系统设计原理与设计过程

1. 信息管理系统的设计方法

信息管理系统的设计方法包括：结构化生命周期法、原型法和面向对象的开发方法等。

（1）结构化生命周期法 这是一种应用广泛、技术成熟的方法，图 7－4 给出了结构化生命周期法的开发步骤。其特点如下。

①*根据用户需要开发*。先明确用户需求，根据需求设计系统，完全从用

户角度考虑。按阶段进行，保证系统的开发质量，减少开发的盲目性。

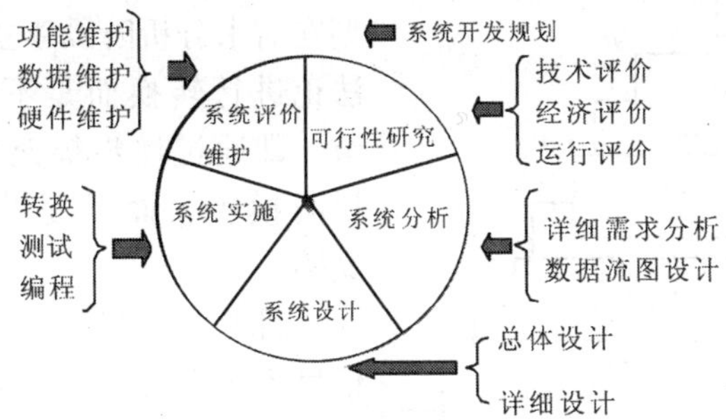

图 7－4　结构化生命周期法开发步骤

②运用系统的分解和综合技术使复杂的系统简化。从上向下的分解将系统分成既相互独立又相互联系的功能子系统，只到分解成只有极少功能的模块，目的是使功能简化，便于设计和实施。已经调试的模块可以合并成子系统，子系统又可以合并成一个完整的信息系统，达到完成总体功能的目标。

③强调阶段成果审定和检验制度。此法的开发阶段划分明确，只要相关人员认可，才能作为下一阶段工作的依据，不然将不能进一步工作。

(2)原型法　此法是在明确客户的需求后，先建造一个原始模型系统，在一定时间内根据客户的需求不断地进行原始模型的运行、修改，直到能够达到客户的需求为止。其基本思想如图 7－5 所示。它大概可以分为以下三个阶段。

①确定用户的基本需求。了解客户的需求，并确定哪些是可以做到，哪些是做不到的，同时估算模型开发的成本费用。

②利用原型来认清客户的需求。明确尚不能满足的需求，一方面记录系统的不足；另一方面借势诱导，彻底搞清用户的真正需求。

③修正和改进系统。

(3)面向对象的开发方法　结构化生命周期法和原型法属于传统的结构化信息系统开发方法，因为传统的结构化信息系统开发方法的分析和设计分离，而且设计模型和分析模型不同，造成系统设计和系统分析两阶段脱节，在设计过程中一切修改都是针对设计文档，而需求文档没有相应进行同步修改，因此，在设计过程或设计完成以后，分析文档没有用处，需求文档和设计文档很难保持一致。面向对象的开发方法是借助于面向对象的程序设计思想，通过对客观世界中客观实体的对象、类的抽取和综合，并由消息进行传递来组合形成一个模拟的系统。面向对象的开发方法吸收传统信息系统开发的方法，也是由系统规划、面向对象的系统分析(OOA)、面向对象的系统设计(OOD)和面向对象的系统编程(OOP)及其系统的维护评价组成。不同于传统的信息

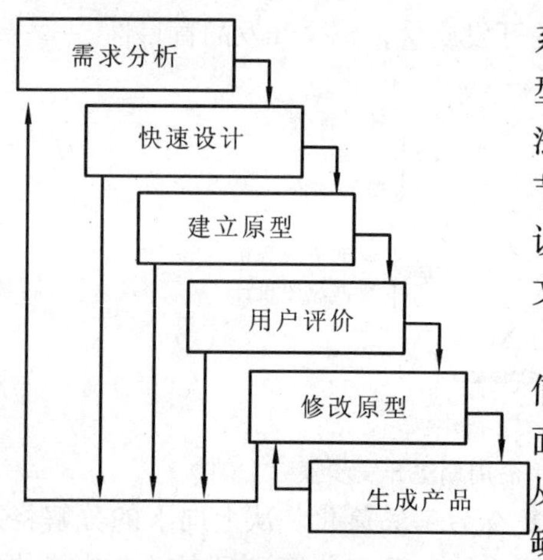

图 7-5　原型法开发步骤

系统开发方法，使用 OO 方式，系统模型在需求分析阶段建立，不是像传统方法论进行转换而是不断优化，添加细节，即通过逐步扩充原始的需求规格说明模型，而不是将它转换为设计文档。

目前国内发展了许多面向对象的信息系统开发方法，但还不是很成熟。面向对象方法是从对象或类出发，即从模拟的、需求的局部出发，故容易缺乏统一规划，陷入局部优化的信息模型。因此，主要是解决过渡问题，信息系统的开发常采用把传统信息系统开发方法和面向对象开发方法综合的策略。可选的面向对象信息系统开发策略如表 7-1 所示。表中给出了传统的结构化开发方法和面向对象开发方法的各种综合开发策略，并说明了各种开发方法的难点。目前第一种方法即结构化的分析和结构化的设计配合面向对象的程序设计还是占有一定优势的，在信息系统的开发中被广泛应用。但随着面向对象开发方法思想的逐步成熟，纯面向对象的开发策略在不久的将来会取代结构化方法而成为主流开发模式。除了以上所介绍的信息系统开发方法，另外还有计算机辅助软件工程(CASE)方法等，这里不再赘述。

表 7-1　传统信息系统开发方法同面向对象开发方法的综合策略

系统分析	系统设计	系统编程	开发方法的理解
结构化	结构化	对象编程	目前很多系统还是属于结构化分析而且应用得不错，不过使用的开发工具已经是面向对象的，为此使用战术上的对象编程策略，将设计模型中的数据和过程实现封装
结构化	对象	对象编程	从设计到实现比较简单，可以按照设计模型构建对象
对象	结构化	传统 3/4 代语言	从设计到实现比较简单，不过从分析到设计需要历经一个封装到拆解的过程
对象	对象	传统语言	还是一个设计模型到实现模型的转换问题
对象	对象	对象	纯面向对象问题

一般地，完整的物流信息系统应该包括两部分：一个是集中的物流信息管理系统，负责信息管理和服务；另一个是分布的企业物流客户系统，负责企业内部的物流信息进行管理制作与发布、检索。无论哪一种信息系统的开

发过程，其设计活动都包含五种部件，分别为：硬件，即参与系统使用的计算机设备；软件，即参与系统开发使用的软件；数据，涉及进行数据管理的数据库管理系统(DBMS)及其外围；还有人员的培训和机构建立、变化和准备及其相关人事分配；最后是过程移交，包括培训材料、用户文档和再现帮助向导等。

建立物流信息化系统是物流运做的必要条件，对于优化资源配置，提高经济运行质量，吸引外资，促进改革发展，提高竞争力有重大意义。

2. 物流信息系统的信息分析

物流系统是多种功能要素相互联系、相互作用的集合。对于物流信息系统的分析阶段，目标就是要了解物流系统各部分的内在联系，进一步完整掌握现行系统的现状，分析各部分的功能以及同外部环境的影响作用，为进行系统分析阶段的逻辑模型的建立打下基础。其分析的步骤如图 7－6 所示。

详细调查 → 系统逻辑模型 → 新系统逻辑模型

图 7－6　物流信息系统的分析步骤

详细调查阶段的目的是在前面物流信息系统规划的基础上，为建立系统的逻辑模型所进行的第一步。通过各种调研方法，如发调查表收集意见、召开调查会、面谈、阅读资料和深入实际等方式对原系统进行分析。首先是对组织结构的调查，搞清楚组织内部的层次结构和它们之间的相互关系；其次是业务流程调查，包括各个部门的具体职能，其业务流程情况、工作现状、工作方式和存在问题，同时还需要特别注意业务流程中的例外事件处理、一些特殊要求，如权限、环境、数量、时间等情况。业务流程调查部分是一个复杂的过程，是一个对企业或组织目前业务现状进行剖析的过程。为了进行明确业务流程的过程，在这个阶段常采用一些图表工具，如业务流程图，来全面表示系统业务处理概况的整个过程，并成为开发人员和工作人员进行交流的重要工具。通过直观的图表工具的分析，更能帮助分析企业管理流程的合理性问题；最后，在详细调查阶段，要注意进行数据的收集工作。数据是信息系统中处理的主要产品，因此详细调查阶段的另一任务是在业务调查过程中注意收集所有数据，包括确定每个数据项的名称、别名、类型、长度、取值范围、数据量的大小、各用户对数据项定义是否矛盾；还要确定数据项的联系，如逻辑关系、时序关系等和确定数据处理的权限及数据操作的频繁程度；最需要注意的是要明确数据来源，弄清有否冗余来源、矛盾值、剔除不必要的中介指标等问题，保证原始数据的正确性。

详细调查之后，就进入系统分析中建立系统的逻辑模型阶段。结构化的

系统分析阶段一般通过一些图表工具实现这个过程，包括：数据流程图、数据字典、数据立即存取图和处理逻辑的表达工具等，图 7－7 给出了这些图表工具的关系。逻辑模型中的数据流程图是根据详细调查中得出的业务流程图进行设计的，它具有概括性和抽象性。概括性是指它能表示出整个系统的数据处理、数据流向和数据存储过程；而抽象性是指数据流程图中仅有数据出现，仅表示出了数据的来源、流向、处理、存储等，不能出现计算机无法处理的物质和资金等实物。因此数据流程图是系统分析的总体模型描述，根据具体业务的复杂度，可以进行分解，逐级细化为各层的数据流程图。其他的图表工具是对数据流程图的进一步补充。数据字典可以对流程图中出现的所有数据元素进行进一步解释，而处理逻辑的表达工具采用决策树、决策表等形式实现具有二义性数据处理的逻辑描述，数据立即存取图是依据数据库管理的原则实现对用户进行立即查询的数据描述。所有这些图表的完整描述建立了系统的逻辑模型。

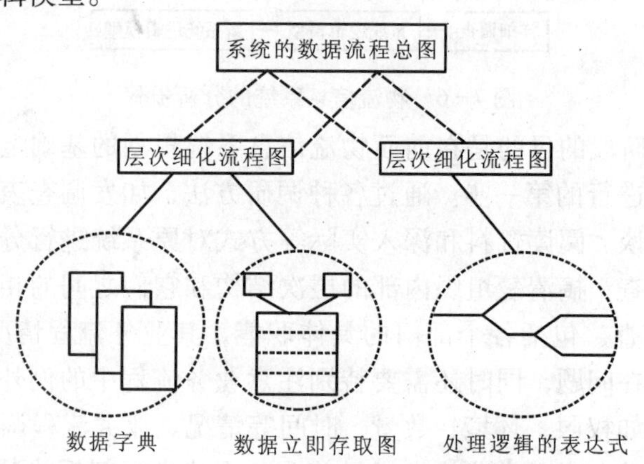

图 7－7　系统分析阶段逻辑模型的建立

下面以物流信息系统中配送信息系统的需求分析为例来说明信息分析的过程。物流配送主要是把生产者或者批发商供应的商品、存储、分装，再根据连锁店各分店的要求，送货上门，它负责仓储、运输、存货控制、物资搬运和订单处理等活动，把分散的产品实体活动转变为系统的物资活动，协调了产销的系统，缩短了中间流通的渠道，使适销对路的产品以适当的批量、在需要的时刻达到它的地点。物流配送具有运输、保管、装卸、包装以及加工和情报功能，其目标可以简称为“5S”：服务性(Service)、速送性(Speed)、空间的有效利用(Space saving)、规模适当化(Scale optimization)和库存调整(Stock control)。在设计物流配送信息系统时，要把从生产到消费过程中的货物量作为一贯流动的物流量来看待，依靠缩短其间的路线以及作业的合理化、

现代化等手段，谋求总成本最低，因此必须充分考虑以下因素数据描述：客户、对象商品的种类、品目、商品数量、大小、年度目标的业务规模、价格、商品流向、通路、服务水品标准(速送、商品质量保持等)、不同的季度、月、周、日、时业务量的波动特点、物流成本。

因为配送的对象、品种、数量等较为复杂，为了做到有计划地组织配送活动，应当按照一定的工作程序进行。配送组织工作的基本程序和内容包括以下内容。

(1) 拟定配送计划 拟定配送计划供调度部门执行，主要内容有：拟定配送计划的主要依据，包括订货合同副本，确定用户订货的品种、规格、数量、送货时间、送达地点、接货人、接送货方式等；仓储配送合同，用户在配送中心仓储的货品情况及用户使用配送服务的要求，包括配货的品种、规格、配送服务要求和其他服务要求；电话预约合同，资信好的长期客户可以采用电话与计算机联合作业的固定程序，输入用户配送的品种、规格、其他配送方式及要求，随时存入信息系统以供配送调度使用；配送车辆、装卸设备、相关专用工具等情况；运输条件，与道路运输有关的要求、运达地点、作业环境、气候等内容；各配送据点的货物品种、规格、数量及分布等情况。

(2) 确定并落实计划的主要内容 充分掌握上述必要信息之后，可将物流配送计划送至总调度进行具体落实。首先按日排定各用户所需物资的品种、规格、数量、送货时间、送达地点、接货人等；按用户需要的时间，确定配送作业准备的提前期；确定每天从各配送点发运的物资品种、规格、数量；按计划的要求选择配送服务的具体组织方式；列出详细配送计划表供审批、执行和备案。

(3) 下达配送计划 配送计划确定之后，就要向各配送据点下达配送任务，依此调度运输车辆、装卸及各相关作业班组与人员，并将货物送达时间、品种、规格、数量通知用户，使用户按计划准备好接货工作。

(4) 做好配货和进货组织工作 按配送计划做好配送工作，并及时做好补充进货的组织工作。

(5) 配送发运 理货部门按计划将各种所需的货物进行分类，标明到达地点、用户名称、配送时间、货物明细等，并按流向、距离将各类货物进行配载，并将发货明细表交给驾驶员或随车送货人。

(6) 费用结算 车辆按指定的计划送到用户，由用户在回执上签字，完成配送工作后，即可通知财务部门结算。若采用计算机在线配送信息系统，则可使得上述过程大大简化。

3. 数据库的设计步骤

物流信息系统建设中一个重要的设计过程是数据库的设计。数据库方法

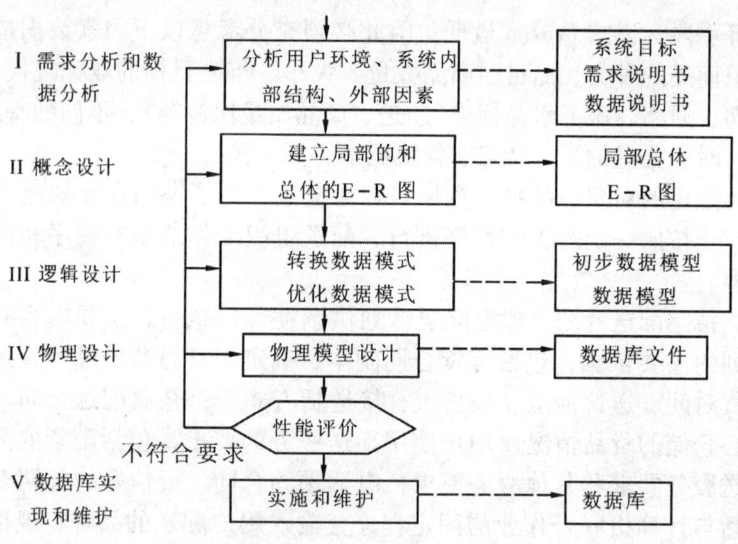

图7-8　数据库设计的步骤

是一种组织数据更有效率和效益的方法。在这种方法中，相关数据集合可由多个应用程序共享，而不是分别有各自独立的数据文件，每个应用程序使用数据库中相关或联系的数据集合。正是数据库系统的优点，信息系统建设中数据库的设计是重要的一个环节。实际需求中的许多数据如客户、订单、库存、员工及其生产计划、供应商等，可做为信息系统的输入存入数据库中，然后用这些数据库中的数据支持事务处理系统的日常业务处理，如开单、库存追踪及下订单，这些数据还可由管理信息系统生成各种报表或由决策支持系统用以提供辅助管理决策所需的信息。根据用户的需求分析设计一个数据库结构的过程称为数据库设计，也就是把给定的业务处理环境中存在的各种数据流、事务流和状态流等，按实际应用处理的要求，从感性认识抽象到信息模型直至抽象成已经选定的某个数据库的具体数据结构的过程，使得这一结构建立起既能反映现实世界中信息之间的联系、满足应用系统各个业务处理要求，又能被某个DBMS所接受、能够实现系统目标的系统。无数的信息系统开发经验表明：数据库设计是一个具有特定规律性的过程，是一个“分阶段法”的开发方法，这种方法比较符合人们的思维过程，并可实现数据库设计的工程化，可实现数据库开发的整个生命周期过程。图7-8给出了数据库设计阶段的各个步骤。数据库开发从起始的需求分析、概念设计、逻辑设计、物理设计到系统的实施和维护是一个数据库的生命周期。因为用户的需求是不断变化的，数据库系统在实施后，可能会由于新的需求，又重新开始进行需求分析、设计、实施等，所以数据库的开发过程是一个周而复始的过程，

每一个生命周期的结束也就标志着下一个生命周期的开始。下面我们简单介绍一下数据库设计的每一阶段工作内容。强调指出的是：在设计过程的每一阶段结束时，一般都有检查点，以便使设计中的错误能在早期发现并及时予以纠正。整个设计过程的各个阶段并非“线性”进行，而是迭代式的逐步求精的，必要时，尚需返回到前面的阶段并重复前面的步骤。

第三节　信息技术在物流中的应用

从对信息资源的广义理解来看，信息技术也是信息资源的一个重要组成部分。随着人类从工业社会过渡到信息社会，物流管理中信息技术的应用也越来越多。信息技术的发展为企业物流管理提供了新的管理手段，促进了物流管理水平的提高。信息技术正在不断地提高运行速度和能力，同时又在降低成本。信息技术已被视为提高生产率和竞争力的主要来源。下面介绍物流管理中几种重要的信息技术。

一、电子数据交换 EDI

1. 电子数据交换 EDI 的概念

EDI(Electronic Data Interchange)技术是指商业贸易伙伴之间，将按标准、协议规范化和格式化的经济信息通过电子数据网络，在单位的计算机系统之间进行自动交换和处理，俗称“无纸交易”。EDI 是电子商业贸易的一种工具，将商业文件如订单、发票、货运单、报关单和进出口许可证按照统一规定的标准格式，通过通信网络传输，在不同企业的计算机系统之间进行数据交换和自动处理，图 7 -9 给出了 EDI 应用的图示。EDI 通讯主要采用增值网(Value Added Network，VAN)方式，VAN 是指通过利用(一般是租用)通讯公司的通讯线路，连接分布在不同地点的计算机终端形成的信息传递交换网络。EDI 的目的是通过企业间的信息传递交换网络，实现票据处理、数据加工等事务作业的自动化、省力化、及时化和正确化，同时通过有关信息(如销售信息、库存信息)的共享，实现经营活动的效率化。EDI 的主要功能表现在电子数据传输和交换、传输数据的存证、文书数据标准格式的转换、安全保密、提供技术咨询服务、提供信息增值服务等。

EDI 最初由美国企业应用在企业间的采购业务活动中，其后 EDI 的应用范围从采购业务向其他业务扩展，如 POS 销售信息传送业务、库存管理业务、发货送货信息和支付信息的传送业务等。它的特点是：

- 在企业如制造商、供应商、物流公司和银行等单位之间传输商业数据文件的一种技术

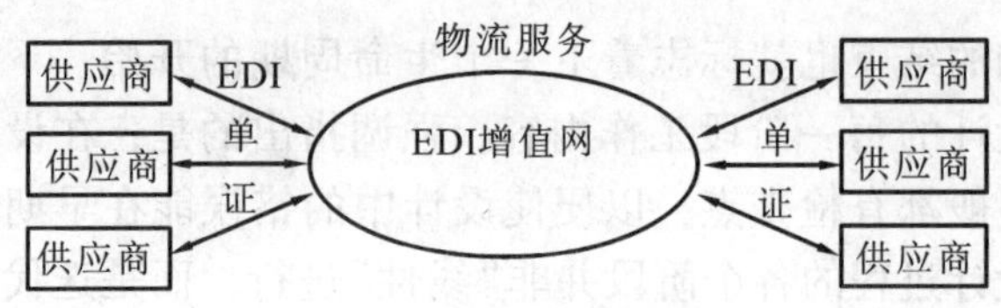

图 7-9　EDI 技术的应用

- 不同于 EMAIL 或传真，传输的数据采用格式化的标准文件形式并具有格式检验功能
- 通过数据通信网络一般是增值网和专用网来传输，具有相当的安全保密功能
- 数据是从计算机到计算机自动传输，不需要人工介入操作

2. 构成 EDI 的三个基本要素

（1）通信网络　EDI 通信主要采用增值网（VAN）的方式，可利用公用电话交换网（PSTN）、分组交换网（PSPDN）、综合业务数字网（ISDN）以及各种网络的广域网（WAN）、城域网（MAN）和局域网（LAN）来建立增值网络。通信网络是 EDI 实现的基础。

（2）基于计算机的应用系统　除了计算机硬件的支持作用外，EDI 需要专门的软件支持，包括信息格式转换软件、翻译软件和通信软件组成。转换软件将计算机系统的文件转换成翻译软件能理解的中间文件，或将反向操作；翻译软件将中间文件翻译成 EDI 标准格式，或反之；通信软件将要发送的 EDI 标准格式文件外层加上通信地址信息，送到 EDI 交换中心信箱或从信箱将需接收的文件取回，计算机应用系统能实现将 EDI 传递的单证等经济信息进行自动处理。图 7-10 给出 EDI 计算机处理的流程图。

（3）EDI 标准是 EDI 实现的关键　因为 EDI 以商定好的报文格式形式进行数据传输和信息交换，所以制定统一的 EDI 标准至关重要。EDI 报文必须按照国际标准进行格式化，目前最广泛采用的 EDI 国际标准是 UN/EDIFACT 标准。主要包括基础标准、代码标准、报文标准、单证标准、管理标准、应用标准、通信标准和安全保密标准等若干方面。

EDI 在物流中的运用主要是指产品供应商、物流企业以及其他相关单位之间，通过 EDI 系统进行物流数据交换，并以此为基础实施物流作业活动。物流 EDI 的优点在于供应链参与各方基于标准化的信息格式和处理方法通过 EDI 共同分享信息，提高流通效率，降低物流成本。例如，对于连锁门店来说，应用 EDI 系统可以大大降低进货作业的出错率，节省进货商品检验的时间和成本，迅速核对采购与到货数据，易于发现差错。

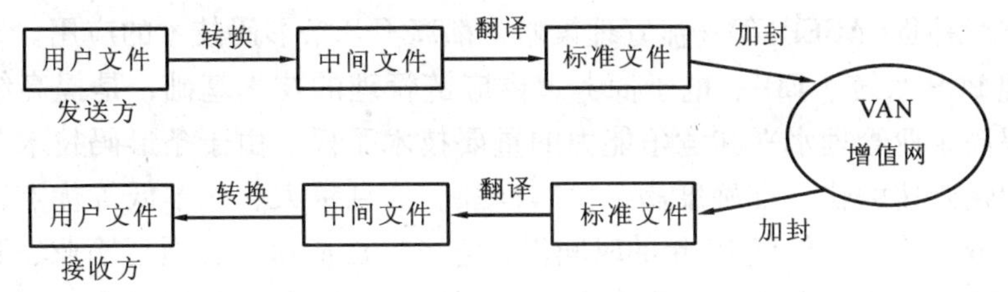

图 7－10　EDI 的计算机处理流程图

二、条形码技术

1. 条形码技术的概念与分类

条形码技术（BAR CODE）是在计算机的应用实践中产生和发展起来的一种自动识别技术。它是为实现对信息的自动扫描而设计的，是实现快速、准确而可靠地采集数据的有效手段。条形码技术的应用解决了数据录入和数据采集的"瓶颈"问题，为物流管理提供了有利的技术支持。条形码是由一组规则的条空及对应字符组成的符号，用于表示一定的信息。条形码技术的核心内容是通过利用光电扫描设备识读这些条形码符号，来实现机器的自动识别，并快速、准确地把数据录入计算机进行数据处理，从而达到自动管理的目的。条形码技术的研究对象主要包括标准符号技术、自动识别技术、编码规则、印刷技术和应用系统设计等五大部分。根据使用目的不同可分为以下两种：商品条形码，是以直接向消费者销售的商品为对象、以单个商品为单位使用的条形码；物流条形码，是物流过程中的以商品为对象、以集合包装商品为单位使用的条形码。

2. 条形码的特点与使用

条形码主要有以下几个特点。

（1）简单且成本低　条形码的制作相对容易，扫描操作也比较简单，同时设备结构简单，成本低廉；

（2）采集的信息量大且快　利用条形码扫描，一次可以采集十几位字符的信息，而且可以通过选择不同码制的条形码来增加编码的长度，使录入的信息量成倍增加；另外，使用条形码扫描，其录入信息的速度是键盘录入的 20 倍；

（3）数据录入出错率低　采用条形码扫描录入，其误码率仅为百万分之一，甚至是光学字符识别技术的百分之一。

借助于条形码、POS 系统和 EDI 等现代技术手段，企业可以随时了解商品在供应链上的位置，即时作出反应。在欧美发达国家兴起的有效客户信息反馈（Efficient Customer Response，ECR）、快速反应（Quick Response，QR）、

自动连续补货(ACEP)等物流管理策略，都离不开条形码技术的应用。条形码是实现POS系统、EDI、电子商务、供应链管理的技术基础，是提高结算效率、提高企业管理水平和竞争能力的重要技术手段。由于条形码技术具有易操作、输入速度快、准确度高、可靠性强、信息量大、成本低等优点，因此发展十分迅速。在仅仅40年的时间里，它已广泛应用于交通运输业、商业贸易、生产制造业、仓储业等生产及流通领域，不仅在国际范围内为商品提供了一套完整的代码标识体系，而且为物流管理的各个环节提供了一种通用的语言符号。

三、全球定位系统GPS

GPS(Global Positioning System)最早是由美国军方在20世纪70年代初的“子午仪卫星导航定位”技术上发展起来的，是具有全球性、全能性(陆海空)、全天候性优势的导航定位、定时、测速系统。GPS由三大子系统构成：空间卫星系统、地面监控系统和信号接收系统。GPS在物流领域的应用主要体现在以下几个方面。

(1)货物跟踪 GPS计算机信息管理系统可以通过GPS和计算机网络实时地收集全路列车、机车、车辆、集装箱及所运货物的动态信息，实现对陆运、水运货物的跟踪管理。只要知道货车的车型、车号或船舶的编号，就可以立即从铁路网或水运网中找到该货车或船舶，知道它们现在所处的位置，距离运输目的地的里程以及所有装运货物的信息。运用这项技术可以大大提高运营的精确性和透明度，为货主提供高质量的服务。

(2)与GIS结合解决物流配送 物流包括订单管理、运输、仓储、装卸、送递、报关、退货处理、信息服务及增值业务。全过程控制是物流管理的核心问题。供应商必须全面、准确、动态地把握散布在全国各个中转仓库、经销商、零售，以及汽车、火车、飞机、轮船等各种运输环节之中的产品流动状况，并据此制定生产和销售计划，及时调整市场策略。因此，对大型供应商而言，没有全过程的物流管理就谈不上建立有效的分销网络；对于大型连锁零售商而言，没有全过程的物流管理就谈不上建立供应配送体系；对于第三方物流服务商、仓储物流中心，没有面向全过程的物流管理服务就很难争取到客户的物流业务；对于普通用户而言，没有快速、准确、安全、可靠的物流配送服务，网上采购和网上购物几乎是不可想象的。

(3)物流配送 物流配送的过程主要是货物的空间位置转移的过程，在物流配送过程中，要涉及到货物的运输、仓储、装卸、送达等业务环节，对各个环节涉及的问题如运输路线的选择、仓库位置的选择、仓库容量设置、合理装卸策略、运输车辆调度和投递路线选择等进行有效管理和决策分析，有

助于物流配送企业有效地利用现有资源、降低消耗、提高效率。

事实上，仔细分析上述各个环节存在的问题就可以发现，上面的问题都涉及到地理要素和地理分布。正如上面所说，凡是涉及到地理分布的领域都可以应用 GIS 技术，GPS /GIS 技术是全过程物流管理中不可缺少的组成部分。

四、地理信息系统 GIS

地理信息系统 GIS(Geographic Information System)是在 20 世纪 60 年代开始迅速发展起来的地理学研究的新成果，是由地理学、计算机科学、测绘遥感学、城市科学、环境科学、信息科学、空间科学和管理科学融为一体的新兴学科。GIS 系统以地理空间为基础，利用地理模型的分析方法及时提供多种空间、动态的地理信息，从而为有关经济决策服务。GIS 在物流领域应用，便于企业合理调配和使用各种资源，提高运营效率和经济效益。GIS 的作用主要体现在：一是定位作用，研究的对象位于何处，周围环境如何，研究对象相互之间的地理位置关系如何；其次是条件问题，有哪些地方符合某项事物(或业务)发生(或进行)所设定的特定经济地理条件；三是趋势，研究对象或环境从某个时间起发生了什么样的变化，今后演变的趋势如何；四是模式，研究对象的分布存在哪些空间模式；最后是模拟，如果发生假设条件时，研究对象会发生哪些变化，会引起怎样的结果。GIS 最明显的作用就是能够把数据以地图的方式表现出来，把空间要素和相应的属性信息组合起来就可以制作出各种类型的信息地图。GIS 不仅是一种查询信息的方法，也是一种挖掘信息模式的技术。由于上述原因，越来越多的商业领域已把 GIS 作为一种信息查询和信息分析工具，GIS 技术本身也融入了这些商业领域的通用模型，因而 GIS 技术在各个商业领域的应用无论是在深度上还是在广度上都处于不断发展之中，事实上，GIS 技术可以应用在任何涉及到地理分布的领域，其经济管理方面的应用潜力巨大，现在还远未挖掘出来。

GIS 在物流领域中的应用主要是指利用 GIS 强大的地理数据功能来完善物流分析技术，合理调整物流路线和流量，合理设置仓储设施，科学调配运力，提高物流业的效率。目前，已开发出了专门的物流分析软件用于物流分析。完整的 GIS 物流分析软件集成了车辆路线模型、最短路径模型、网络物流模型、分配集合模型和设施定位模型等。车辆路线模型用于研究解决在一个起始点、多个终点的货物运输中，如何降低物流作业费用并保证服务质量的问题。包括决定使用多少车、每辆车的行使路线等；网络物流模型用于解决寻求最有效的分配货物路径问题，也就是物流网点布局问题，如将货物从 n 个仓库运到 m 个商店，每个商店都有固定的需求量，因此需要确定由哪个仓库提货给哪个商店，使得运输代价最小。分配集合模型可以根据各个要素的相

似点把同一层上所有或部分要素分为几组，用以解决确定服务范围和销售市场范围等问题，如某一公司要设立 x 个分销点，要求这些分销点要覆盖某一地区，而且要使每个分销点的顾客数目大致相等。设施定位模型可用于确定一个或多个设施的位置，在物流系统中，仓库和运输线共同组成了物流网络，仓库处于网络的接点上，接点决定着线路，如何根据供求的实际需要并结合经济效益等原则，在既定区域设置多少仓库，每个仓库的位置、规模以及仓库之间的物流关系，运用此模型均能很容易得到解决。

五、数据管理技术

在人类社会中，人们每时每刻都在接收着各方面的信息，决策自己的行动，以实现某种目标。过去，由于科学技术水平低，人们社会活动的广度和深度都比较小，仅靠人工处理信息，凭经验做出决策，就能够适应社会生活的需要。现在，随着科学技术的飞速发展和社会生产力的极大提高，人们进行信息交流的深度和广度不断增加，信息量急剧增长，传统的信息处理与决策方法已不能适应社会的需要，就需要一种更为现代化的电子设备辅助人们进行大量信息的处理工作，包括信息的采集、处理、存储、传输和利用等问题，而计算机技术和通讯网络技术的突飞猛进为实现这种信息的管理提供了可能。但是怎样利用这些先进的技术来进行信息的管理呢？这就是数据管理技术的主要内容。

信息的载体是数据，信息通过数据来表征自己，但数据本身没有任何含义，只是一串抽象的符号。例如：1024 这是一个抽象的数字，但如果我们解释说这是某大楼 1024 房间，并且我们正在寻找这个地址时，这个数字对我们来说就变成了信息，也就是说，信息是经过解释后，对人们有用的数据。这里数据的意义并不限于数字、文字、声音、图像、光信号、电信号及磁场的强弱等。信息的具体表现形式是数据，则信息的处理也就是数据的处理，再加之计算机是电子设备，不是人，它可以辅助人们进行大量的数据处理功能，而数据的解释决策功能只能由人来做。因此，利用计算机技术来辅助人们进行信息处理，实事上就是数据处理。数据处理就是把来自科学研究、生产实践和社会经济活动等领域中的原始数据，用一定的设备和手段，按一定的使用要求，加工成另一种形式的数据。一般，数据处理的主要目的有三个：一是把数据转换成便于观察分析、传送或进一步处理的形式；二是从大量的原始数据中抽取、推导出对人们有价值的信息以作为行动和决策的依据；三是科学地保存和管理已经过处理（如校验、整理等）的大量数据，以便人们能方便而充分地利用这些宝贵的信息资源。由此可见，数据处理的实质就是为人们提供信息、进行决策服务的。

事实上，数据处理只是数据管理的一种技术手段。从一个实际应用中收集并抽取出所需要的大量数据之后，科学地组织这些数据并将其存储在计算机中，然后高效地处理、使用、维护这些存储在计算机中的数据，来完成各种各样需求的功能，这一整套管理的过程，称为数据管理。简言之，数据管理是指如何对数据进行分类、组织、编码、存储、检索和维护等功能的整体。具体包括：

数据收集 根据系统自身的需求和用户的需要收集相关的数据

数据编码 为了使收集的信息适用于计算机处理的形式，要设计各种代码来描述自然界中的各种实际数据，这种将实际数据采用代码表述的方法称为数据的编码

数据的筛选、分组和排序

数据的组织 将具有某种逻辑关系的一批数据组织起来，按一定的存储表示方式配置在计算机的存储器中，目的是使计算机处理时能够减少时间、空间的浪费

数据的运算 指进行各种统计的算术运算和逻辑运算

数据存储 把数据定期或不定期进行长期保存到其他外设上去，如保存到磁带里等

数据检索 满足用户的各种查询请求，这是数据处理中的主要功能

数据输出 设计出满足用户需要的各种报表、单据等，并在相关介质上进行输出

由此可见数据处理是数据管理的最基本内容，也是信息管理的主要功能。一般数据处理不涉及复杂的数学计算，但要求处理的数据量很大。针对大量数据的情况，数据管理任务非常繁重和复杂，因此需要一个通用、高效而又使用方便的管理软件，而数据库技术正是为这一目标研究、发展并完善起来的专门技术。数据库是统一管理的相关数据的描述及其他们之间联系的描述，能为多用户共享，具有最小的数据冗余度且具有较高的数据独立性和维护性。数据库管理系统（Data Base Management System，DBMS）是管理和控制数据库访问的系统软件，它为用户或企业的应用程序提供对数据库的建立、查询、更新及各种数据控制。数据库管理系统总是基于某种数据模型，可以分为层次型、网状型、关系型和面向对象型、关系对象型等等。目前，常用的DBMS有ORACLE、INFORMIX、SYBASE、DB2、SQL SERVER、VF等。

在物流信息系统开发过程中，数据库设计和网络系统是其基础部分，若基础设计有问题，例如数据库设计的不合理或没有正确反映出组织信息流之间的关联关系等等，则建立在它们上面的物流信息系统必然会有许多隐患。

因此，一个物流信息系统是否能正确反映一个组织的信息流、总体目标和处理要求，关键之一是其数据管理的能力。根据用户的需求分析设计一个数据库结构的过程称为数据库设计，也就是把给定的业务处理环境中存在的各种数据流、事务流和状态流等，按实际应用处理的要求，从感性认识抽象到信息模型直至抽象成已经选定的某个数据库的具体数据结构的过程，使得这一结构建立起既能反映现实世界中信息之间的联系、满足应用系统各个业务处理要求，又能被某个 DBMS 所接受、能够实现系统目标的系统。一般数据库开发从起始的需求分析、概念设计、逻辑设计、物理设计到系统的实施和维护是一个数据库建立的生命周期，物流信息系统开发过程的数据管理功能也遵循此过程。

六、多媒体技术

多媒体技术不是多种媒体技术的简单集合，而是以计算机为中心把处理多种媒体信息的技术集成在一起，是用来扩展人与计算机交互方式的多种技术的综合。多媒体技术是一种把声音、正文、图像、图形、动画和视频多种媒体的信息，通过计算机进行数字化加工处理，再和通讯技术相结合形成的一门综合技术。它是综合的、跨学科的边缘交叉学科。简单地说：多媒体就是以计算机为核心联结并控制，运用文字、图形、影像、动画、和声音等媒体的系统，它能使信息在不同界面流通，具有传输、转换及同步的功能。其主要特点是媒体综合化而有机地形成一个整体，进行加工处理，再综合地表示出来，改善了信息的表达方式，增强了理解能力，把人们的各种感官有机地组合起来，以获取相关信息，从而吸引人的注意力，大大地改善了人机的界面。

多媒体计算机要求具有存储容量大、速度快、频带宽、实时性、能处理多种媒体的硬软件环境。近年来，计算机、通信和视频等相关技术的发展，为多媒体技术的发展提供了必要的技术手段。目前多媒体技术已经为人机之间的信息交流提供了全新的手段，包括：高保真度的声音、二维和三维动画、活动影像等。在传统的信息传递、处理活动中，人们主要通过静态的文字或用有声的语言来传递信息，但随着多媒体技术的发展，后来又增加了图画作为手段。但随着商务处理活动中信息量的不断增大，同时又需要快速地、更好地理解一个新信息，这时，显然仅仅一维的语言文字信息是不够的，必须还有图像，最好是视频图像。一幅画胜过千言万语，它最直观、最能一目了然，而动态的视频图像和动画则更生动、更逼真、更接近客观世界的原形，更能反映事物的本质和内涵。也就是说，若能通过多种感官用多种信息形式向人提供信息，是最好的表达方式。多媒体技术正是具有这种能力的一种技

术。多媒体技术在物流活动中的作用主要表现如下。

- 多媒体计算机的交互性有利于激发物流作业过程中的信息理解和认知主体作用的发挥
- 超文本功能可实现对物流信息如物流路径、车辆搭配、货物流量搭配等最有效的组织与管理
- 多媒体技术为物流分析活动中提供外部多角度、多层面的分析，有利于快速获取有效信息，辅助决策
- 多媒体技术可以提高信息获取的速度，起到正确判断的作用

七、数据挖掘技术

数据挖掘是对大型数据库、数据构件库和其他大型信息资源中标识知识含义的那些类型的、自动的或便捷的提取，也可以称为数据库中的知识发现（Knowledge Discover in Database，KDD），是从大量数据中提取出可信、新颖、有效并能被人理解的模式的高级处理过程。数据挖掘是一个跨学科的知识领域，汲取了数据库技术、人工智能、机器学习、神经网络、统计学、模式识别、知识库系统、知识获取、信息检索、高性能计算、数据可视化等方面的成果。数据挖掘所能解决的典型商业问题包括：数据库营销（Database Marketing）、客户群体划分（Customer Segmentation & Classification）、背景分析（Profile Analysis）、交叉销售（Cross-selling）等市场分析行为，以及客户流失性分析（Churn Analysis）、客户信用记分（Credit Scoring）、欺诈发现（Fraud Detection）等等。

数据挖掘具有以下的作用：

（1）数据总结 数据总结的目的是对数据进行浓缩，给出它的紧凑描述。数据挖掘主要关心从数据泛化的角度来讨论数据总结。数据泛化是一种把数据库中的有关数据从低层次抽象到高层次上的过程。

（2）分类 分类的目的是得出一个分类函数或分类模型（也称作分类器），该模型能把数据库的数据项映射到给定类别中的某一个。

（3）聚类 聚类是把一组个体按照相似性归类，即“物以类聚”。它的目的是使得属于同一类别的个体之间的距离尽可能地小，而不同类别的个体间的距离尽可能地大。

（4）关联规则 关联规则是形式如下的一种规则，“在购买面包和黄油的顾客中，有90%的人同时也买了牛奶”（面包＋黄油＋牛奶）。关联规则发现的思路还可以用于序列模式发现。用户在购买物品时，除了具有上述关联规律，还有时间或序列上的规律。

数据挖掘是指一个完整的过程，该过程从大型数据库中挖掘先前未知的、

有效的、可实用的信息，并使用这些信息做出决策或丰富知识。数据挖掘与传统分析工具不同的是数据挖掘使用的是基于发现的方法，运用模式匹配和其他算法决定数据之间的重要联系。

数据挖掘环境如图 7－11 所示。

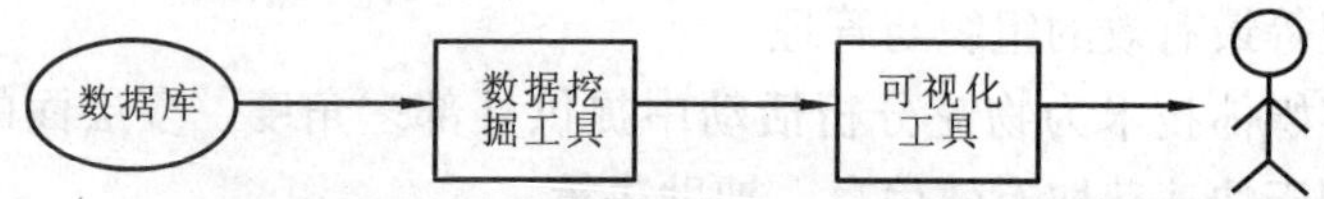

图 7－11　数据挖掘环境框图

数据挖掘与传统的数据分析（如查询、报表、联机应用分析）的本质区别是：数据挖掘是在没有明确假设的前提下去挖掘信息、发现知识。数据挖掘所得到的信息应具有先前未知、有效和实用三个特征。先前未知的信息指该信息是预先未曾预料到的，既数据挖掘是要发现那些不能靠直觉发现的信息或知识，甚至是违背直觉的信息或知识，挖掘出的信息越是出乎意料，就可能越有价值。信息的有效要求挖掘前要对被挖掘的数据进行仔细检查，保证它们的有效性，才能保证挖掘出来的信息的有效性。从某种程度来讲，科学数据的有效性与其他数据相比往往是能得到保证的。最为重要的是要求所得的信息是有可实用性，即这些信息或知识对于所讨论的业务或研究领域是有效的、有实用价值的和可以实现的。常识性的结论，或被人们或竞争对手早已掌握的或无法实现的事实都是没有意义的。

图 7－12 描述了物流活动中数据挖掘的基本过程和主要步骤。在数据挖掘中被研究的物流业务对象是整个过程的基础，它驱动了整个数据挖掘过程，也是检验最后结果和指引分析人员完成数据挖掘的依据和顾问。图 7－12 中各个步骤是按一定顺序完成的，当然整个过程中还会存在步骤间的反馈。数据挖掘的过程并不是自动的，绝大多数的工作需要人工完成。

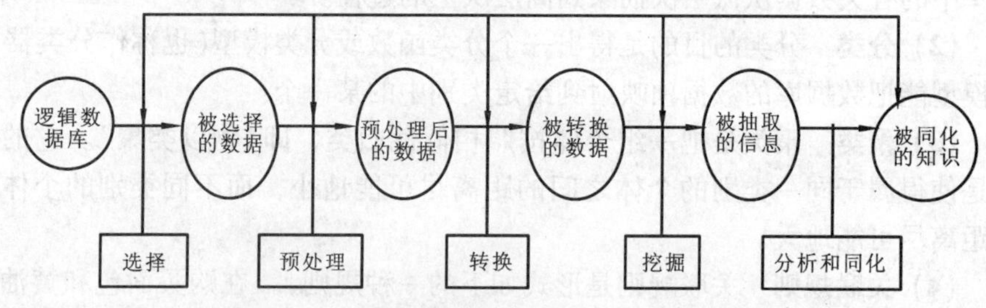

图 7－12　物流活动中数据挖掘过程的一般步骤

一般数据挖掘过程中各步骤的大体内容如下：

确定业务对象　清晰地定义出物流活动中的业务问题，认清商业银行数据

挖掘的目的是数据挖掘的重要一步。挖掘的最后结构是不可预测的，但要探索的问题应是有预见的，为了数据挖掘而数据挖掘则带有盲目性，是不会成功的。

数据准备 利用物流信息系统中数据库中的数据及其相关的其他信息数据。

数据的选择 搜索所有与物流业务对象有关的内部和外部数据信息，并从中选择出适用于数据挖掘应用的数据。

数据的预处理 研究数据的质量，为进一步的分析做准备，并确定将要进行的挖掘操作的类型。

数据的转换 将数据转换成一个分析模型，这个分析模型是针对挖掘算法建立的，建立一个真正适合挖掘算法的分析模型是数据挖掘成功的关键。

数据挖掘 对所得到的经过转换的数据进行挖掘，除了完善从选择合适的挖掘算法外，其余一切工作都能自动地完成。

结果分析 解释并评估结果，其使用的分析方法一般应作数据挖掘操作而定，通常会用到可视化技术。

知识的同化 将分析所得到的知识集成到物流业务信息系统的组织结构中去。

八、Web 技术

Web 技术是 Internet 上提供的一种服务，是 Internet 上应用最广泛的一种工具。具体地说，Web 技术是基于 Internet、采用 Internet 协议的一种体系结构，通过它可以访问遍布于 Internet 主机上的链接文档。它的内容保存在 Web 服务器中，用户通过浏览器来访问，即浏览器/服务器结构。Web 技术的特点是：

(1) 超媒体信息系统 Web 上的文档(网页)是一种超文本信息。所谓超文本就是用户在阅读文本信息时，可以从其中的一个文档跳到另一个文档，文档之间按非线性方式组织的。不仅能连接到其他文本文件，还能连接到声音、图像和影视信号文件等超媒体信息。Web 浏览器的应用程序可以访问这些信息，如 Microsoft Internet Explorer 就是一个 Web 浏览器，它可以搜索、查看和下载 Internet 上的各种信息。“超文本”的加入使得 Web 很快成为一片能自由航行的信息海洋。

(2) 分布式系统 超媒体文档可以存放在不同的 Web 站点上，通过超链接加以指向，使得物理上放置在不同位置上的信息在逻辑上一体化，Web 就是 Internet 上超媒体信息的集合。

(3) Web 网页的动态性和交互性 早期的 Web 网页大多是静态的，随着诸多面向网络服务的语言如雨后春笋般涌现，如 Jscript、VBScript 等描述语

言，HTML、SGML、XML 等置标语言，特别是 Sun 公司发明的 Java 语言，更是号称与平台无关；微软也公布了它在 Visual Studio. Net 软件包的开发工具 C#(C sharp) 语言，这些语言的出现开始引起编程方法的变化，例如出现“面向构件”或“面向 Web 服务”的方法。这是新一代的程序设计方法，优点就是大大提高了 Web 的动态性和交互性，提高了 Web 系统智能性、互操作性和灵活性，更能满足实际应用的需要。

Web 技术使得许多企业突破了传统的业务流程和运作模式，使厂家、商家和消费者通过互联网实现了开放式联结，不仅企业内部的各个环节，包括制造商、物流中介、顾客和银行等上、下游合作伙伴，在业务上都能通过网络相互协调、直接沟通，共同转向以服务增值为中心的流通过程管理。同样地，Web 技术也促进了以物流服务为核心的运输、配送、包装、加工等业务的发展。物流业是以顾客为中心的运营方式，顾客的需求更新是随时变化的，为适应这种快速变化用户需求，必须以现代化的信息搜集、分析手段为基础，基于 Web 技术的电子商务运用新的业务模式和信息技术手段可以有效地实现这个要求。

案例● 美国联合包裹服务公司(UPS)的电子商务物流系统

美国联合包裹服务公司(UPS)是一家百年老字号，也是美国经济的支柱企业。近一个世纪的运作，他们已由一家拥有技术的货车运输公司演变成拥有货车的技术型公司。这是一个突破性的变革，成功来自于 UPS 在数字时代来临时紧紧抓住了发展电子商务这一良机，实现了由传统物流企业向电子物流企业的跨跃。商业界人士评价，当经济的原动力已从实物的传递转向大规模的信息电子化传递时，真正的赢家将是 UPS 这样两者兼具的公司。

早在 20 世纪 80 年代，UPS 就决定创立一个强有力的信息技术系统。最近 10 年中，该公司在技术方面投入 110 亿美元，配置主机、PC 机、手提电脑、无线调制解调器和蜂窝通讯系统等，并招聘了 4000 名程序工程师及技术人员。这种投入，不仅使 UPS 实现了与 99% 的美国公司和 70% 的美国居民之间的电子联系，同时也实现了对每件货物运输即时状况的掌握。UPS 总裁兼首席执行官吉姆·凯里在解释传统供应链与电子供应链的区别时说：电子供应链改变了传统供应链的运行方向。在传统供应链中，供应商是将货物沿着供应链向最终用户的方向推动。这样的系统需要在仓库里贮存货物，尽管这种做法并不合算。而电子供应链主张的仅仅是及时生产顾客所需的产品，而不需在仓贮上耗费巨资。

UPS能够对每日运送的1300万个邮包进行电子跟踪。例如一个出差在外的销售员在某地等待某些样品的送达，他可以通过在UPS安排的网络系统中输入UPS运单跟踪号码，即可知道货物在哪里。当需要将货物送达另一个目的地时，可再次通过网络以及附近的蜂窝式塔台，找出贷物的位置并指引到最近的投递点。UPS的司机是公司大型电子跟踪系统中的关键人物，他们携带了一块电子操作板，称作DLAD(运送信息获取装置)，可同时捕捉和发送运贷信息。一旦用户在DLAD签收了包裹，信息将会在网络中传播。寄件人可以登录UPS网站了解货物情况。同时，司机行驶路线的塞车情况或用户需即时提货等信息也可发送给DLAD。除利用网络对货件运送与监控外，利用其网络，公司还可以开拓新的综合商务渠道，既做中间商，又当担保人。通过送货件、担保及运货后向收件人收款成为商务社会链中一个重要链接点。

UPS在电子商务领域内取得的业绩继续受到全球的广泛认可。目前，该网站已采用16种语言提供服务，又提出了一系列服务强化软件，并与惠普、Oracle和Worldtalk等著名电子商务公司建立了联盟。2003年10月，联合包裹服务公司(UPS)宣布：为了大力削减成本，正在投资2000万美元开发新的物流软件，这套软件集成了邮政编码的信息，它能制定出包裹装载到货车上的最佳方案，用以提高交货的效率。同时，这套软件还与包含客户信息以及美国门户服务信息的数据库相连接，能够产生新的货物标签，其中包含客户可能忘记填写的信息，例如邮政编码等，从而将包裹进行自动分类排序，能够以最有效的顺序进行装载。这套软件系统预计将减少大量的错误，并将大大缩短货车发送包裹的时间。UPS每天在全球各地处理的包裹达1300万件，由于货车装载地更为精确，公司每年将减少1亿英里的运输距离，从而有望节省1400万加仑的汽油。据预测UPS所有的机构将于2005年全面采用这一物流系统。

讨论题

▲ 电子商务物流系统相比较传统的物流系统有哪些不同？起到什么作用？

▲ 联合包裹服务系统采用了哪些先进的电子商务物流技术？

▲ 目前联合包裹服务系统将开发什么软件系统？其目标是什么？

思考与练习7

■ 什么是信息？信息和数据的区别以及信息的特性是什么？

■ 物流信息的三层次是什么？分别对应什么信息系统？对应的信息处理有什么

特点?

- 物流在信息管理中的作用是什么?
- 什么是物流信息?其内容、特点和作用分别是什么?
- 物流信息系统的概念组成包括哪些内容?物流信息化对我国物流产业有哪些重要性?
- 物流信息系统的结构组成和各个子系统的功能是什么?
- 物流信息系统有哪些设计方法?
- 在物流信息系统开发中,从传统的结构化分析阶段转向结构化设计阶段时,系统的需求规格说明文档会发生什么变化?
- 信息系统开发方法中,面向对象方法与传统的结构化开发方法有什么不同?
- 对需求规格说明文档来说,宁可要一种改善模型而不要一种转换模型的好处是什么?
- 列出并简明扼要地描述在信息系统设计活动中的五种部件。
- 原型化有哪些优缺点?
- 讨论每种可行的综合信息系统开发策略。
- 哪种综合性(结构化和面向对象信息系统)开发策略最好?
- 物流信息系统中使用哪些信息技术?
- 条形码和GIS分别应用在物流信息系统的什么功能中?采用这些技术在哪些应用方面提高了效率?

第八章　现代物流管理模式

现代物流(Logistics)与传统物流(Physical Distribution)在于业务范围的延伸和管理方法的创新。本章将从现代生产物流管理、现代物流服务管理、物流绩效评价以及现代物流系统概述等四个方面进行论述。

第一节　现代生产物流管理

现代生产物流管理是建立在信息论、系统论与控制论的科学基础上的。从系统论观点出发，要求物流系统能及时地提供完整、准确的信息，通过对此类信息的处理，掌握物流状况，从而控制物流。现代生产物流系统是通过计算机及其网络，将生产物流系统的有关信息进行获取，进而传递、交换并做相应的储存。计算机及其网络的运用为缩短物流时间、节约物流成本提供了技术上的可能性。从控制论角度出发，按照预定的目标或标准、根据检测到的信息，有效地控制了物流活动。

一、现代生产物流管理职能的演变及基本功能

1. 现代生产物流管理职能的转变

由于现代生产物流适应现代生产的要求，需要更加系统化和柔性化。因此，在物流管理职能上也发生了相应的转变。

(1) 从分散管理变为集中管理　传统的生产物流是分散的、个体化的、孤立的。每一个物流操作完全是简单地按照需要执行命令。例如，把原材料从仓库运送到加工机床旁，操作工人往返完成着同一操作。在分散管理中，物流系统没有统一的计划，缺乏统一的协调，物流系统各部分独立运作，相互间没有信息沟通。现代生产物流则实行集中管理，将物流系统视为沟通各个设备的整体网络。物料在网络上运行，达到各设备(网络的结点)后，其运行不因网络的结点而中断。网络化的集中管理，使物流系统构成一个有机的整体。

(2) 从执行型管理变为包括执行在内的决策型管理　传统的物流管理只是依附于生产加工的一种执行型管理。例如，当机床需要物料时，物流系统负责提供物料，而所提供的物料的数量与时间完全由机床的需求来决定。物流系统的目标仅仅是完成生产加工所提出的任务，其本身没有、也不需要有决策。现代生产追求的是企业的整体效益，而生产加工的效益与物流的效益

具有同等重要的地位。管理者不再单纯地追求加工过程中的快速与高效，而是把加工制造与物流作为一个整体来计划、组织和控制，物流系统的目标从单纯的执行生产加工命令变为以提高物流系统的整体效益为目标并与之相适应的管理，从执行型管理变为包括执行在内的决策型管理。

（3）从封闭型管理变为开放型的管理 分散、独立和个体化的生产物流是一种封闭型的管理。生产物流单纯完成生产加工提出的各个单项任务。企业在市场竞争中，为适应市场需求随时变更的计划与目标无法直接反映到生产物流中来。现代生产以多品种、小批量为主要特点。柔性化生产、大规模的生产要求生产有极强的应变能力和极快的响应速度。只有这样，才能保证企业在竞争中立于不败之地。这就要求生产物流的管理与企业的经营计划、产品生产计划乃至产品的销售都息息相关。封闭型的管理被代之以开放型的管理。

（4）应用计算机及其网络进行物流管理 现代生产物流管理的基础和依据是大量的物流信息，其中有数据、图表和各种指令。它们反映物流过程有关的输入、输出物流的结构、流向、流量、库存量、物流费用等。这些数据不断传输和反馈，形成信息流。应用信息系统可以将这些数据进行快速的处理，并能找出信息之间的相互关系。

物流信息处理应能迅速、正确、完整地收集、传送、存储、处理和分析物流数额，以便及时了解和掌握物流进程，正确决策、协调各业务环节，从而有效地计划和组织物资的流通。显然，依靠人工方法完成上述工作是不可能的。在网络和数据库环境支持下的计算机技术成为现代生产物流信息处理的有效工具。

2. 现代生产物流管理的控制

（1）立体仓库的管理控制

库存管理 根据立体仓库原库存情况和来自底层的出/入库完成信息，管理立体仓库库存信息。

入库管理 决定各种入库申请的响应顺序；根据控制层发来的入库申请或入库条形码信息为待入库物料分配货位，形成入库任务。

出库管理 根据缓冲站(加工缓冲站和工位缓冲站)发来的需料申请，结合当前库存情况，形成出库任务。也可以根据日滚动生产计划确定初始发料或为次日生产的出库安排形成出库任务。

出/入库协调 对出库任务与入库任务进行优化组合，把满足条件的出库任务和入库任务组合成出/入库联合作业任务。

（2）运输作业的调度 根据运输任务的紧急程度和调度原则，决定运输

任务的优先级别(从众多的物料需求申请中决定响应顺序)，根据当前运输任务的执行情况形成运输指令和最佳运输路线。

(3) 物流系统状态的监控

物流系统状态信息的采集 接收控制层发回的状态报告；运输命令完成后取消和修改报告。

物流系统状态的监测 对控制层发回的报告进行分类整理，在屏幕上用图形显示各缓冲站的状态、立库状态和运输设备状况等。

异常情况的处理 检查判别物流系统状态中的不正常信息，根据不同情况提出处理方案。

人机交互 管理人员可查询当前系统状态数据，直接干预系统运行，处理异常情况。

(4) 系统运行情况的统计分析

立体仓库运行情况的统计分析 统计堆垛机利用率、出/入库任务量和货位利用率。

运输小车运行情况的统计分析 统计各回路小车的利用率。

缓冲站情况的统计分析 统计提出送料申请后的平均响应时间和最长响应时间。

(5) 系统数据维护 提供库存数据及系统运行数据的维护功能。物流系统有三种运行方式：自动运行、半自动运行和手动控制运行。当采用手动控制后，可能会造成数据库中的数据与实际情况不符，此时需要提供一个界面来修改数据，这就是数据维护。当生产线发出产品变化信息时，也会提出数据维护的需要。

3. 物流管理系统基本功能

(1) 功能分析 现代生产物流的管理包括物料管理、物流作业管理、物流系统状态监控及物流信息管理。这些管理又是通过立体仓库、平面仓库和缓冲站的管理实现的。现代生产物流管理的具体内容如下。

①物料管理。管理生产中所需要的各种物料，如毛坯、工具、半成品、废品和成品等。物料管理具体体现为库存管理，即对出库和入库进行管理并协调出库与入库，以保证有足够的物料供应生产。

②作业管理。根据生产加工的需要，计划和调度各种运输设备，规划运输线路，使所需的物料及时、通畅地运达指定位置。这里既包括作业计划，也包括作业控制。

③状态监控。即监测生产物流系统进行过程中的物流状态。生产物流系统设置各种检测装置，对系统的物流设备状态、物料状态、物流线路等进行

检测，通过模拟屏或计算机屏幕实时显示各种状态，以掌握物流实际运行的情况。在出现故障的情况下，及时采取措施，排除故障，保障系统正常进行。

④信息管理。对生产管理系统和各种信息进行采集、处理、传输、统计和报告。上述主要的管理功能并非截然分开，它们之间有着密切的联系，其中信息管理是现代生产物流管理的核心和基础。

无论是物料管理、状态监控还是作业管理都离不开物流信息。生产物流过程实际上是物料流动与信息流动的过程。物料流动中，物料的数量、物理位置和品种的变化是按照实际加工需要来进行的。信息流动过程中，信息的采集、处理和传输则服务于管理的需要。也可以说，在生产物流系统运行中物质实体的流动是目的，而为达到这一目的，所进行的管理是以信息为基础的。

(2)有关管理软件结构 物流直接为生产服务，其管理系统所接受和处理的实时信息是并发的、随机性大、种类多且相互独立。因此，如果用单进程方式顺序执行，不仅影响效率，而且几乎不可能做到不丢失信息。物流管理软件的设计应保证信息处理的可能性，同时此类软件结构力求清晰，操作简便。为此，现代物流管理软件应用多进程并发的方式进行管理，即对不同的信息接口都设有专门的进程进行信息接收和处理。

二、现代生产物流系统数据库

1. 物流管理系统的信息流特点

(1)绝对数量多 从采购到生产直至成品销售，既有资源信息和过程信息，也有历史信息。每次信息的处理活动，都涉及到大批量的信息输入和输出问题。

(2)分布广泛 物流所及之处就是信息所及之处，信息所及之处有时甚至超过物流的范围。

(3)物流信息具有传递性 有些信息的传递路径很长，而这些具有传递性的信息也正是要求共享的信息，共享程度与传递路径成正比。

(4)物流信息的一致性 物流信息的一致性要求很高，以便满足多方使用。

在物流管理系统中，信息流的管理是关键。数据库是信息管理和信息共享的重要手段。数据库用于物流管理的优越性已逐渐被人们所认识。现代生产物流的信息管理是为生产服务的，因此，它要求信息管理要保证准确性、实时性和共享性。

2. 物流系统数据库特点

物流系统作为现代生产的一部分，不仅要完成生产加工的物料实时输送，

还要负责将采购的毛坯入厂并将销售的产品出厂。所有这些信息除生产线直接下达的调度指令外，都要通过共享数据库进行上传下达。因此，物流系统数据库在物流管理上起着举足轻重的作用。与现代生产系统中其他数据库相比较，物流系统数据库的最大特点是动态性和共享性。

3. 数据库的设计方法和建立数据库的原则

数据库设计是指对于一个给定的应用环境，提供一个确定最佳数据模型与处理模式的逻辑设计，以及一个确定数据存储结构与存取方法的物理设计，建立起既能反映现实世界信息和信息联系，满足用户数据要求和加工要求，又能被某个数据库管理系统所接受，同时能实现系统目标并能有效存取数据的数据库。物流系统数据库的设计包括以下几步：建立物流系统信息模型；设计物流系统数据库的数据结构；设计物流系统数据库的物理结构；实现物流系统数据库。

4. 物流数据库的管理与应用

物流系统数据库的管理包括安全管理、完整性与一致性实现、磁盘空间管理、数据库的维护，以及数据库系统的启动、停车、运行监控及性能调整等内容。

(1) 安全管理 物流数据库的安全性是指保护数据库以防止不合理的使用。系统的安全性保护措施是否有效是现代数据库系统的主要性能指标之一。数据库系统的安全措施有两类：一是存取权限控制；二是使用日志来监视数据库的活动。存取权限控制包括：数据库级、表级、列级、行级。数据库级的安全性是指对用户权限的控制和管理。表级的安全管理是指对表操作的权限的管理，例如，从表中删除一个数据记录、在表中查询数据记录、修改表中的数据等操作，根据用户的需要和管理制度的规定分别授予用户上述操作权限。列级及行级的安全管理是指对表中某行或某列的操作权限管理。

(2) 完整性与一致性管理 物流数据库一般是为多用户服务的。当两个或两个以上的用户同时访问同一个数据库时，如果至少有一个用户对部分数据进行修改或删除操作，就可能出现数据的不一致现象。这种不一致将会破坏数据库的一致性和完整性。通过适当的并发控制可以解决和避免这一现象发生。这种并发控制的做法是：一个用户封锁所要修改的数据，限制其他用户对这一数据的修改。当然，随之而来的是可能出现死锁现象。现代数据库技术开发出的数据库系统不仅提供了多种类型的封锁，并具有预防和解决死锁的功能。

(3) 数据库的恢复 数据库恢复是指数据库系统能从故障中恢复过来的能力，不同的故障应有不同的恢复手段。对于事务级的故障，由于整个系统

仍然完好，只要在系统状态下执行一定的动作，就可以排除这种错误造成的干扰。例如，在发生死锁时，只要按照某一策略选择一个与死锁有关的事务，令其逐步退出，直至解决死锁。对于系统级故障，缓冲区的数据已丢失，外存上的数据一般也丧失了一致性，这时可通过备份和日志来恢复数据库。对于介质故障或其他灾害带来的破坏，需要通过存放在其他介质上的副本来恢复数据库。

(4) 数据库的应用 物流系统数据库的建立主要是用来满足两方面的应用要求：一是实现物流系统信息的共享；二是满足物流系统控制和管理的要求，即为物流系统控制管理软件提供必要的信息。为方便使用，对于某些复杂的、频繁的操作，可以在数据库建立的同时根据需要将它们编写成专用性的接口子程序。例如：形成入厂入库单子程序、形成出厂出库单子程序、修改货位状态子程序、形成双日计划欠料单子程序、显示缓冲站使用记录子程序等。这些接口子程序是用户在数据库管理系统的支持下，根据物流系统的需要所进行的应用层开发。有了这些接口子程序，在物流系统的管理中才有可能方便地发挥物流系统数据库的作用。

三、生产物流计划与控制

1. 企业生产物流计划的内容和意义

生产物流计划是指为保证生产顺利进行而编制的生产物流供应计划，是企业计划期内生产物流供应活动的行动纲领。它是和企业的物流能力、物料需求、制造需求、采购需求等紧密联系在一起的。在我国现阶段市场经济体制下，市场对资源配置起基本的作用，竞争体制、供求体制、价格体制调节着市场的运行。原材料、设备、动力等生产物流的购进都受到市场因素的影响，市场的波动通过影响生产物流的购进而影响产品的生产成本和竞争能力，因此，如何在市场经济的环境下做好企业的生产物流供应工作，将越来越成为企业生产活动的重要环节。

(1) 企业生产物流计划的内容 企业生产物流计划主要包括以下内容。

① 确定企业计划期的生产物料需用量；

②确定生产物料的消耗定额；

③清查企业的库存资源，经过综合平衡编制物料需求计划并组织实现。

(2) 企业生产物流计划的意义 一个科学合理的生产物流计划，对提高生产物流管理的工作效率具有以下几点意义。

①生产物流计划是订货和采购的依据。企业生产经营所需的生产物流种类繁多，数量不一，规格复杂，只有事先做好周密计划，才能尽可能地避免错订、错购、漏订、漏购等问题的发生。

②生产物流计划可以作为监督生产物流合理使用的标准。生产物流计划设置了一些考核指标，以衡量供应部门、生产车间、仓库管理、运输等部门的工作质量和效率。几个重要的考核指标是：计划准确率、订货合同完成率、库存生产物流周转率、库存生产物流削价或报废的损失率等。工作中需经常对照检查这些指标，考核企业生产物料使用的有效性，从而使企业能更充分利用资源，发挥生产物流的更大效能，有效地降低成本。

③生产物流计划有助于存货控制和生产物流配送。生产物流计划包括生产物料的分配和配送计划。通过运用相应的控制工具和管理方法(如分销需求计划)，可以更好的协调生产与市场之间的关系，即从顾客需求出发，控制从材料到产成品之间的计划和综合。

2. 生产物流计划的编制和执行

(1) 生产物流计划的编制 企业生产物流计划按计划期的长短可分为年度生产物流计划、季度生产计划和月份生产计划。三者之中，年度生产物流计划是企业全年生产物流供应工作的依据和基础；季度生产物流计划是在年度计划的基础上编制的，是由年度到月度、由长期到短期的中间环节，由企业物资部门在季节到来之前 10 天左右时间编制；月份生产物流计划是季度计划的具体，其任务是把季度、年度生产计划中规定的指标，按照月、旬具体地安排到车间、班组，层层落实，保证企业生产计划的完成。这里，重点介绍年度生产物流计划的编制，其他计划的编制可参照年度计划。

①审核数据计算指标。编制计划时，对有关的数据和资料要进行认真的审核，特别要注意的是：生产部门的生产物资需求量是否合理，需要时间是否恰当，生产物料定额是否先进可靠等。

②综合平衡。生产物流计划和其他计划，如生产计划、运输计划、资金使用计划、库存计划等构成一个企业的计划管理体系，各计划之间存在着相互依存、相互制约的关系。因此，企业的生产物流计划与企业其他计划要进行综合平衡。

③编制计划。生产物流供应计划一般由生产物流核算表、代购生产物流表和文字说明这三部分组成。

生产物流部门在编制年度生产物流计划时，要考虑一些不确定因素的影响，虽不能预见到全年、全季度的所有变化，但可以增强计划抗突发事件的能力。在生产物流计划的实施过程中，会出现某些不确定的偶然事件，从而破坏年度和季度生产物流计划中原有的平衡。这时，就通过月份生产物流计划来进行调整，月份计划就是从长期到短期，从概括到具体，积极应变，实现组织供需平衡的过程。

(2) 生产物流计划的执行与检查

①生产物流计划的执行。执行计划的重点在于资源，要积极组织力量通过订货、采购、委托加工、协作等形式保证生产物料供应。执行生产物流计划的方法主要有以下两种。

内部经济合同 企业内部采取生产物料供应部门与用料单位签订内部经济合同的方法，明确双方的经济责任。计划范围内的供应不到位或不及时，由生产物流供应部门负经济责任，以加强生产物流计划的严肃性。

定额承包 生产物料供应部门可以对生产用主要原料、燃料和材料按消耗定额承包给生产单位。在完成生产任务的前提下，如果节约留用，则按规定提取奖金，如果超出消耗定额，则按规定扣发奖金，以此来促使生产部门关心生产物流的节约，降低消耗，提高经济效益。

②生产物流计划的检查。在生产物流计划执行的过程中，要不时对计划的执行情况进行检查。主要检查的内容有：计划需用量与实际耗用量的对比；生产物料到货衔接情况、供货合同执行进度和情况；生产物料消耗定额执行情况；生产物料节约使用等情况。相应的，检查的方法有全面检查与专题检查、经常检查与定期检查，统计资料对比与现场分析，以及在计划期结束后进行的生产物料核销检查等等。

③生产物流计划的修订。生产物流供应计划在执行过程中，要根据执行情况和外部条件的变化而进行相应的调整。一般计划调整的原因有：生产计划的变动；设计变动；工艺变动；由于生产物流计划本身的不准确性而需要进行的修订等。对生产物流供应计划进行修订时，通常采用的方法有：定期修订，多在订货前修订；经常修订，指对随时可能发生的变化进行局部性的、较小的修订；专项修订，指当实际进程与原计划任务相差较大时进行的修订。

3. 生产物流控制概述

在实际的生产物流系统中，由于受系统内部和外部各种因素的影响，计划与实际之间会产生偏差，为了保证计划的完成，必须对物流活动进行有效的控制。因此，物流控制是物流管理的重要内容，也是物流管理的重要职能。

(1) 控制系统的组成要素 控制系统的组成要素如下。

①控制对象。控制对象是由人、设备组成的一个系统单元，通过施加某种控制或指令，能完成某种变化。在生产物流系统中，物流过程是主要的控制对象。

②控制目标。控制目标是系统预先确定的力争达到的目的，控制的职能就是随时或定期对控制对象进行检查、发现偏差、进行调整，以利于目标的实现。

③控制主体。在一个控制系统里，目标已定，收集控制信息的渠道也已畅通，就需要一个机构来比较当前系统的状态与目标值的差距，如果差距超过容许的范围，则制定纠正措施，下达指令。这样的控制机构就成为控制主体。

（2）生产物流控制的方式 生产物流有两种基本的控制方式：负反馈控制方式和前反馈控制方式。负反馈控制是控制主体根据设立的目标发布控制指令，控制对象根据下达的命令执行规定的动作，将系统状态信息传递到控制主体，经过与目标比较确定调整量，通过控制对象来实施(图8－1)。负反馈控制的特点是根据当前状态决定下一步行动，由于从信息收集到调整实施有一定的时间滞后，因而在某种情况下就可能影响目标的实现。负反馈控制的另一个特点是稳定性好，其总趋势是保持系统的平衡状态。前反馈控制方式是根据对系统未来的预测，事先采取措施应估计将发生的情况。这种控制方法带有主动性(图8－2)。从图8－2中可以看出，除了缺少信息收集这一环节外，几乎与负反馈过程相同。但前反馈控制主体中有预测功能，它是靠系统长期运行以后加以总结得到的。实际上，对于一个复杂的物流系统，预测不可能完全正确，还可能有事先无法估计到的随机干扰，因此在实际生产物流过程中很少采用单独的前反馈控制方式，通常采用由负反馈和前反馈相结合的复合控制系统。

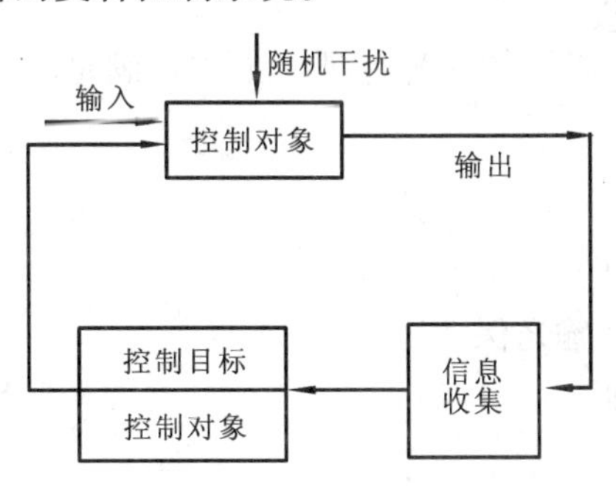

图8－1 负反馈过程示意图

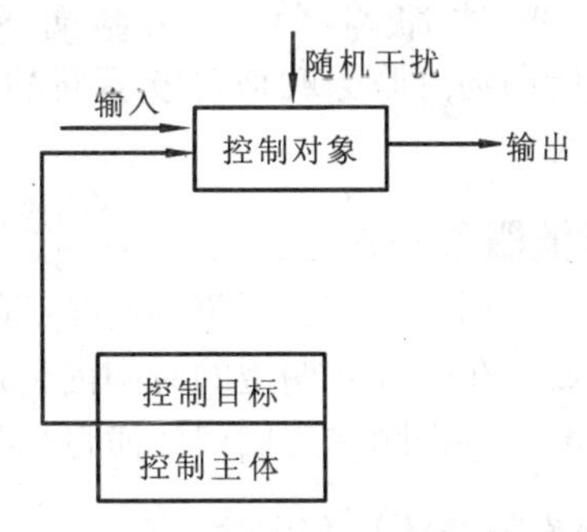

图8－2 前反馈示意图

4. 生产物流控制的内容和程序

（1）控制内容 生产物流控制的具体内容有：

① 进度控制。物流控制的核心是进度控制，即物流在生产过程中的流入、流出的控制以及物流量的控制。

② 在制品管理。在生产过程中对在制品进行动态、静态以及占有量的控制。在制品控制包括实物控制、信息控制。有效控制在制品，对及时完成作

业计划和减少在制品积压有重要意义。

③ 偏差的测定及处理。在生产过程中按预定时间及顺序检查计划执行的结果，掌握计划量与实际的差距，根据发生的原因、差距的内容及其严重的程度，采取不同的处理方法。

(2) 控制程序

① 制定期量标准。期量标准应合理与先进并随着生产条件而变化。

② 制定计划。依据生产计划制定相应的物流计划。

③ 物流信息的收集、传送、处理。

④ 短期和长期调整。

第二节　现代物流服务管理

现代物流服务管理以顾客满意为第一目标。所谓物流服务就是对顾客商品利用可能性的一种保证。物流服务在企业经营管理中的地位越来越重要，它连接着厂家、批发商、零售商和消费者，是提高企业商场竞争力的重要手段。本节重点阐述物流服务的概念、构成要素，物流服务管理的目的、准则、作用，基本的物流服务能力以及物流服务联盟等。

一、物流服务的构成要素和内容

所谓物流服务就是对顾客商品利用可能性的一种保证，本质是满足顾客的需求。

1. 物流服务构成三要素

- 拥有顾客所期望的商品(备货保证)
- 在顾客所期望的时间内传递商品(输送保证)
- 符合顾客所期望的质量(品质保证)

2. 物流服务项目和内容

物流服务就是围绕上述三要素展开。物流服务项目和具体内容如表 8－1 所示。

二、物流服务的重要作用

1. 物流服务是企业销售差别化战略的重要一环

在细分化市场营销时期，物流服务已成为企业销售差别化战略的重要一环。长期以来，物流并没有得到人们的高度重视，在大众营销阶段，由于消费呈现出单一、大众化的特征，经营是建立在规模经济基础上的大量生产、大量销售，因而，物流机能只是停留在商品传递和保管等一般性业务活动上，

表8-1　物流服务项目与内容

项　目	内　容
储货库存服务率	所有品种可以立即取货 B级、C级商品不能立即取货*
接受订货截止时间	接受订货截止时间 截止后延长时间
交货日期	当天 第二天 第三天
订货单位	散货 打 箱、盒 托盘 卡车
交货频度	一日一次 周一次 月一次
指定时间	指定时间 指定时间带
紧急发货	
保持物流质量	保管、运送过程中的品质劣化，物理性损伤 配送错误、数量错误
提供信息	交货期的回答 库存及断档信息 重新进货、到货日期、运送过程中的商品信息

* 货物按其重要性程度从高到低依次可分为A、B、C三级。

物流从属于生产和消费，从而成为企业经营活动中的附属职能。但是，进入细分化市场营销阶段后，市场需求出现多样化和分散化，而且，发展变化十分迅速。在这种状况下，企业经营较以前任何时期都要艰巨，即只有符合各种不同类型、不同层次的市场需求，并且迅速、有效地满足其欲望，才能使企业在激烈的竞争和市场变化中求得生存和发展。而差别化经营战略中的一个主要内容是顾客服务上的差异，因此，作为顾客服务重要组成部分的物流服务也相应具有了战略上的意义，也就是说，物流服务是差别化营销的重要方式和途径。

2. 物流服务对经营绩效的重大影响

物流服务水准的确立对经营绩效具有重大影响。决定物流服务水准是构筑物流系统的前提条件，在物流开始成为经营战略重要一环的过程中，物流服务越来越具有经济性的特征，即物流服务有随市场机制和价格机制变化而变化的倾向，或者说，市场机制和价格机制的变动通过供求关系既决定了物流服务的价值，又决定了一定服务水准下的成本，因此，物流服务的供给不是无限制的，否则，过高的物流服务势必损害经营绩效，不利于企业收益的稳定。因而，制定合理或企业预期的物流服务水准是企业战略活动的重要内容之一，特别是对于一些例外运输、紧急输送等物流服务，需要考虑成本的适当化或者各流通主体相互分担的问题。

3. 物流服务对降低流通成本的重要意义

物流服务方式的选择对降低流通成本具有重要意义：低成本战略历来是企业营销竞争中的重要内容，而低成本的实现往往涉及到商品生产、流通的全过程，除了生产原材料、零部件、人力成本等各种有形的影响因素外，物流服务方式等软性要素的选择对成本也具有相当大的影响力。合理的物流方式不仅能提高商品流通效率，而且能从利益上推动企业发展，成为企业利润的第三大来源。特别值得注意的是，最近由于价格竞争的加剧，一些大型零售业为降低商品购入和调拨物流成本，改变原来的物流系统，转而实行由零售主导的共同配送、直送、JIT 配送等新型物流服务，以支持零售经营战略的展开。这从一个侧面显示了物流服务的决策已成为企业经营战略不可分割的重要内容。

4. 物流服务是有效联结的重要手段

物流服务是有效联结供应商、厂商、批发商和零售商的重要手段。美国营销专家菲力浦·科特勒在《市场营销原理》一书中指出：随着现代社会经济全球化、网络化的发展，现代企业的竞争不是单个企业间的竞争，而是一种网络间的竞争；现代企业的竞争优势不是单一企业的优势，而是一种网络优势。因此，企业经营网络的构造是当今竞争战略的主要内容，物流服务作为一种特有的服务方式，一方面以商品为媒介，打破了供应商、厂商、批发商和零售商之间的隔阂，有效地推动商品从生产到消费全过程的顺利流动；另一方面，物流服务通过自身特有的系统设施，不断将商品销售、在库等重要信息反馈给流通中的所有企业，并通过知识、诀窍等经营资源的蓄积，使整个流通过程能不断协调地对应市场变化，进而创造出一种超越单个企业的供应链价值。

三、物流服务管理的目的

物流服务管理的目的是以适当的成本实现高质量的顾客服务。一般来讲，

服务质量与成本是一种彼长此消的关系，物流服务质量提高，物流成本就会上升，可以说两者间的关系适用于收益背反原理，无限度提高服务水平，会因为成本上升的速度加快，反而使服务效率没有多大变化，甚至下降。具体来看，物流服务与成本的关系有以下四种类型。

服务不变，成本降低型 在物流服务不变的前提下考虑降低成本。不改变物流服务水平，通过改变物流系统来降低物流成本，这是一种尽量降低成本来维持一定服务水平的办法，亦即追求效益的办法。

服务提高，成本增加型 为提高物流服务，不惜增加物流成本。这是许多企业提高物流服务的做法，是企业在特定顾客或其特定商品面临竞争时所采取的具有战略意义的做法。

服务提高，成本不变型 积极的物流成本对策，即在成本不变的前提下提高服务水平。在给定成本的条件下提高服务质量，这是一种追求效益的办法，也是一种有效地利用物流成本性能的办法。

服务较高，成本较低型 用较低的物流成本，实现较高的物流服务，这是增加销售，提高效益，具有战略意义的办法。

企业应通盘考虑：商品战略和地区销售战略；流通战略和竞争对手；物流成本、物流系统所处的环境，以及物流系统负责人所采用的方针等具体情况，再作出决定，选择企业所适合的服务类型。

四、物流服务管理的基本准则

物流服务管理的基本准则有以下几条。

1. 向市场导向转变

物流服务水准的确定不能从供给方的理论出发，而应该充分考虑需求方的要求，即从产品导向向市场导向转变。产品导向型的物流服务由于是根据供给方自身所决定的，一方面难以真正对应顾客的需求，容易出现服务水准设定失误；另一方面也无法根据市场环境的变化和竞争格局及时加以调整。而市场导向型的物流服务正好相反，它是根据经营部门的信息和竞争企业的服务水准相应制定的，因此，既避免了过剩服务的出现，又能及时进行控制。在市场导向型物流服务中，通过与顾客面谈、顾客需求调查、第三方调查等方式寻求顾客最强烈的需求愿望，是决定物流服务水准的基本方法。

2. 转向一般消费者群

在决策物流服务要素和服务水准的过程中，需要注意服务的顾客对象应该向一般消费者群转化。例如，厂商的物流服务如果只安排面向批发商的输送，在库管理系统显然是不充分的。在流通渠道逐渐多样化、零售力量逐渐

增大的过程中，还应该确立面向零售业，特别是大型零售业、连锁店等的服务系统和服务设施，开展符合零售要求的输送、库存服务(如多频度配送等)。

3. 制定多物流服务组合

随着客户所属行业和业态多样化的发展，顾客的需求不可能千篇一律，因此，制定多物流服务组合十分必要。如今，对顾客提供统一物流服务的企业很多，这不利于物流服务的效率化。物流服务对于企业来讲也要考虑有限经营资源的合理配置，也就是说，在决定物流服务时，应根据顾客的不同类型采取相应的物流服务，一般来讲，根据顾客经营规模、类型和对本企业贡献度来划分，可以采用支援型、维持型、受动型的物流服务战略。对本企业贡献度大的企业，由于具有直接的利益相关性，应当采取支援型策略，而对本企业贡献小的顾客，要根据其规模、类型再加以区分，经营规模小或专业型的顾客，由于存在进一步发展的潜力，可以采取维持型战略，以维系现有的交易关系，为将来可能开展的战略调整打下基础；相反，经营规模小且属综合型的顾客，将来进一步发展的可能性较小，因此，在服务上可以采取受动型策略，即在顾客要求服务的条件下才开展服务活动。物流服务的确定除了考虑顾客型外，还与所经营的商品类型相关，亦即一般商品与战略商品的物流服务应当有差异，这可以根据市场营销中产品组合矩阵来确定物流服务的形式。产品发展前景较好的明星产品，应积极采用较高的物流服务推动产品销售，问题型产品则要根据产品分析的结果采取选择性服务，亦即收缩性的物流服务，而那些已处于销售的衰退期或淘汰期的产品，可以停止物流服务，撤出相应的市场。

4. 开发差异化物流服务

企业在制定物流服务要素和服务水准的同时，应当保证服务的差别化，即与其他企业物流服务相比有鲜明的特色，这是保证高服务质量的基础，也是物流服务战略的重要特征。要实现这一点，就必须具有对比性的物流服务观念，即重视了解和收集竞争对手的物流服务信息。

5. 注重物流服务的发展性

顾客服务的变化往往会产生新的物流服务需求，因此在物流服务管理中，应当充分重视研究物流服务的发展方向和趋势。例如，虽然以前就已经开始实施在库、再入货、商品到达时期、缺货信息、在途信息、货物追踪等管理活动，但是，随着交易对象如零售业业务的简单化和效率化革新、EDI 的导入、账单格式统一、商品入货统计表制定等信息服务，已成为物流服务的重要要素。

6. 重视物流服务与社会系统的吻合

物流服务不完全是一种企业独自的经营行为，它必须与整个社会系统相吻合，物流服务除了要考虑调达物流、企业内物流、销售物流外，还要认真研究旨在保护环境、节省能源、资源的废弃物回收物流，因此，物流服务的内容十分广泛，这是企业社会市场营销发展的必然结果，即企业行为的各个方面都必须符合伦理和环境的要求，否则，经济发展的持续性难以实现。除此之外，为了缓和交通混乱、道路建设不足等问题，如何实施有效的物流服务，也是物流在与社会系统相结合的过程中必须考虑的重要问题。

7. 建立能把握市场环境变化的物流服务管理体制

物流服务水准根据市场形势、竞争企业的状况、商品特性以及季节的变化而变化，因此，在物流部门建立能把握市场环境变化的物流服务管理体制十分必要。在欧美，由于顾客服务中包含了物流服务，因此，相应的管理责任也是由顾客服务部门承担。对于我国来讲，在企业中确立能收集物流服务的相关信息，提供顾客满意的物流服务，并不断发展提高其管理组织与责任体制等方面显得尤为迫切。当然，根据发达国家实践的经验，如果物流服务的管理仅由物流部门单独进行，失败的可能性较大，有效的体制应该是包括生产、销售、物流在内的综合管理体制。

8. 物流中心的建设与完善

物流中心作为物流服务的基础设施，其建立和完善对于保障高质量的物流服务是必不可少的，这是因为物流中心的功能表现为通过集中管理订货频度较高的商品使进货时期正确化，提高在库服务率，同时由于缩短商品在库期间，提高了在库周转率，商品出入库增多。除此之外，物流中心在拥有对应多品种、小批量商品储存功能的同时，还具有备货、包装等流通加工机能，能够实施适当的流通在库管理和有效的配送等物流活动，这些都是高质量物流服务的具体表现。

9. 构筑信息系统

要实现高质量的物流服务，还必须建立完善的信息系统，这种信息系统的机能除了接受订货，迅速、完好地向顾客传递商品外，更重要的是通过送货期回复、商品物流周转期缩短、备货保证、信息处理时间缩短、货物追踪等各种机能确保不劣于竞争对手的物流服务。

10. 不断对物流服务的绩效进行评价

物流服务的实施情况应每隔一段时期定时进行核查，特别需要关注的是，销售部门或顾客是否存在对物流现状的抱怨，有没有错误配送，事故破损是

否严重，此外，是否向顾客做过调查，所设定的服务水准是否得以实现，在物流成本上应保持多大的合理性等等问题。总之，对物流服务绩效进行评价的目的在于不断适应顾客需求的变化，及时制定出最佳的顾客服务组合，因此，定期了解顾客满意度，改善物流系统是物流服务中的关键要素。

五、基本物流服务能力

基本物流服务能力由可得性能力、作业完成能力、可靠性能力三个方面构成。

1. 可得性能力

可得性能力是指当顾客需要存货时所拥有的库存能力。可得性能力可以通过各种方式实现，最普通的做法就是按预期的顾客订货进行存货储备。于是，仓库的数目、地点和储存策略等便成了物流系统设计的基本问题。存货储备计划通常是建立在需求预测基础上的，而对特定产品的储备战略还要结合其是否畅销、该产品对整个产品线的重要性、收益率以及商品本身的价值等因素考虑。存货可以分为两类：一类是取决于需求预测并用于支持基本可得性的基本储备；另一类是满足超过预测数的需求量并适应异常作业变化的安全储备。可得性能力的一个重要方面就是厂商的安全储备政策。安全储备的存在是为了调整预测误差，并在安全储备的补给期间对交付延迟进行缓冲。一般说来，防止缺货的期望越大，安全储备需要也越大；安全储备的负荷越大，平均存货的数量也越大。在市场需求高度变化的情况下，安全储备的构成有可能占到厂商平均存货的一半以上。许多厂商开发了各种物流安排方案，以提升其满足顾客存货需求的能力。一家厂商可以经营两个仓库，其中一个指定为主要服务地点，而另一个作为次要或后援的供给来源。主要仓库是厂商用于输出其绝大多数产品的地点，以便利用自动化设施、效率及其所处地点的优势。一旦主要仓库发生缺货并且情况继续恶化时，就可以利用次要仓库或后援仓库。使用次要仓库或后援仓库的厂商，应尽可能在最大程度上向其顾客开放后援仓库，这是因为有时候主要地点只有顾客订货的一部分产品，而次要地点却能够满足其剩余的需求，在这种情况下，除非这两部分的订货在交付前能够组合在一起，否则，分开交付会使顾客感到不便。需要指出的是，由于厂商已尽了额外的努力保持存货可得性，而不是延期交付部分订货，这一事实本身会转变成一种积极的形象，说明厂商为满足顾客需求尽心尽力。事实上，满足可得性，除了库存，还要考虑生产（或补充库存）的能力和快速响应能力。要高水平地实现存货可得的一致性需要进行大量的精心策划，而不是在销售量预测的基础上给各个仓库分配存货。事实上，其关键是要实现对首选顾客或核心顾客高水平的存货可得性，同时使整个存货储备和仓库设

施维持在最低限度。

2. 作业完成能力

作业完成能力涉及到物流活动对所期望的完成时间和可接受的变化所承担的义务。

(1) 速度 完成周期的速度是指从一开始订货时起至货物装运实际抵达时止的这段时间。我们必须以顾客的身份来考察厂商在这方面所承担的义务，因为根据物流系统的设计，完成周期所需的时间会有很大的不同，即使在今天高水平的通信和运输技术条件下，订货周期也可以短至几个小时或长达几个星期。当然，供应商对存货可得性和作业速度这两方面的最高承诺是顾客存货委托。在委托安排中，产品是按照顾客预期的业务需要进行存货的。虽然从顾客的角度来看委托存货是一种理想的方式，但对供应商来说却是一种花费昂贵的做生意方式。因此，供应商的存货委托安排一般仅限于一些至关重要的产品，即如果在它们确实需要时得不到将会导致失效或低效、诸如机器零件和急救医疗供应品等。顾客存货委托情况一般都出现在企业与企业之间的营销和健康卫生行业中。与为顾客维持安全储备相比，它的不同之处是，一个供应商之所以愿意接受顾客的存货委托往往是出于他在该业务关系中的力量对比。对供应商的递送委托更具代表性的业务安排，是建立在顾客各种期望基础上的完成周期的速度。在紧急情况下，供应商会通过当地仓库进行特别递送，或者通过通宵运行的高度可靠的运输企业在几小时内完成所要求的递送服务。这种业务关系通常是按照顾客的具体要求，围绕着能促进物流作业效率所期望的完成周期形成的。换句话说，如果这种加速会导致提高价格或实际的物流成本的话，并不是所有的顾客都需要或希望最大限度地加速。如何确定完成周期的时间往往与存货需求有着直接关系。一般来说，计划的完成速度越快，顾客所需的存货投资水平就越低。完成周期时间与顾客存货投资之间的这种关系居于以时间为基础的物流安排之首。

(2) 一致性 虽然服务速度至关重要，但大多数物流经理更强调一致性。一致性是指厂商在众多的完成周期中按时递送的能力。一般说来，可得性与一旦需要就可以进行产品装运的存货能力有关；完成周期的速度则与持续地按时递送特定订货所必须的作业能力有关；所谓一致性，却是指必须随时按照递送承诺加以履行的处理能力。由此看来，一致性的问题是物流作业最基本的问题。

(3) 灵活性 作业灵活性是指处理异常的顾客服务需求的能力。厂商的物流能力直接关系到在始料不及的环境下如何妥善地处理问题。需要厂商灵活作业的典型事件有：修改基本服务安排，例如一次性改变装运交付的地点；

支持独特的销售和营销方案；新产品引入；产品逐步停产；供给中断；产品回收；特殊市场的定制或顾客的服务层次；在物流系统中履行产品的修订或定制，诸如定价、组合或包装等。在许多情况下，物流优势的精华就存在于灵活能力之中。厂商的整体物流能力取决于在适当满足关键顾客的需求时所拥有的“随机应变”能力。

(4)故障预防与恢复能力 无论厂商的物流作业有多么完美，故障总是会发生的，而在已发生故障的作业条件下继续实现服务需求往往是十分困难的，因此，厂商应制订一些有关预防或调整特殊情况的方案，以防止故障发生。厂商应通过合理的论证来承担这种应付异常情况的义务；而其制订的基本服务方案应保证高水平的服务，实现无故障和无障碍计划，为此，厂商要有能力预测服务过程中可能会发生的故障或服务中断，并有适当的应急计划来完成恢复任务。当实际的服务故障发生时，顾客服务方案中的应急计划还应包括对顾客期望恢复的确认以及衡量服务一致性的方法。

3. 可靠性能力

物流质量与物流服务的可靠性能力密切相关。物流活动中最基本的质量问题就是如何实现已计划的存货可得性及作业完成能力。除了服务标准外，质量上的一致性涉及到能否迅速提供有关物流作业和顾客订货状况的精确信息。研究表明，厂商有无提供精确信息的能力是衡量其顾客服务能力最重要的一个方面。顾客通常讨厌意外事件，如果他们能够事前收到信息的话，就能够对缺货或延迟递送等意外情况做出调整。因此，有越来越多的顾客表示，有关订货内容和时间的事前信息比完美订货的履行更加重要。除了服务可靠性能力外，服务质量的一个重要的组成部分是持续改善。类似于厂商内部的其他经理人员一样，物流经理人员也关心如何尽可能少地发生故障以完成作业目标，而完成作业目标的一个重要方法就是从故障中吸取教训，改善作业系统，以防再次发生故障。

实现物流质量的关键是对物流活动进行衡量。在顾客眼中，存货的可得性和作业绩效等是至关重要的，然而，高水准的作业绩效只能通过严格地对物流活动的成败进行精确地衡量才能维持。

六、物流增值服务

1. 物流增值服务的含义

增值服务是指独特的或特别的活动，使厂商们能够通过共同努力提高其效率和效益。增值服务能够巩固业务上已做出的安排，表现为零缺陷承诺的各种可选方案，成为厂商与顾客休戚与共的一种方式。增值服务的最终结果，

独特地创造了顾客定制化的销售点促销包装，以支持顾客的产品营销战略，而仓库服务公司则能够按低于两家主要配料供应商的成本提供增值活动。用独特的方法提供专门化服务的这种能力，是厂商利用专门化服务提供者来承担增值作业的趋向之所以能够发展的一个主要原因。这类提供者能够实现规模经济并保持最基本的灵活性，同时使有关的营销公司可以把精力主要集中在关键的业务需求上。

2. 增值服务的范围

增值服务的范围涉及到大量刺激性的业务活动。承担增值服务的专业人员可以区别为五个主要的完成领域，即以顾客为核心的服务，以促销为核心的服务，以制造为核心的服务，以时间为核心的服务以及基本服务等。

(1) 以顾客为核心的服务 以顾客为核心的增值服务向买卖双方提供利用第三方专业人员来配送产品的各种可供选择的方式。例如，美国 UPS 公司开发了独特的服务系统，专门递送纳贝斯克食品公司的“P1anters-Life Savers”快餐产品到批发商店，而不是通过传统的烟糖配送商提供递送服务。又如，Exel 配送公司属下的一个部门创造性地建立了一种订货登记服务，为刚出世的婴儿安排将 P&G 公司的一次性尿布送货到家。对仓库来说，还普遍流行一种做法，即提供“精选—定价—重新包装”服务，以便于按仓储、俱乐部和便利店等要求独特配置，以配送制造厂商的标准产品。最后一个有关以顾客为核心的服务例子就是如何来履行。履行是由以下这些活动构成：处理顾客向制造商的订货，直接送货到商店或顾客家，按照零售店货架储备所需的明细货品规格持续提供递送服务。这类专门化的增值服务，可以被有效地用来支持新产品的引入以及基于当地市场的季节性配送。

(2) 以促销为核心的服务 以促销为核心的增值服务涉及到独特的销售点展销台的配置，以及旨在刺激销售的其他范围很广的各种服务。销售点展销可以包含来自不同供应商的多种产品，组合成一个多结点的展销单元，以便于适合特定的零售商店。在有选择的情况下，以促销为核心的增值服务还对储备产品的样品提供特别介绍，甚至进行直接邮寄促销。许多以促销为核心的增值服务包括销售点广告宣传和促销材料的物流支持等。在许多情况下，促销活动中所包括的礼品和奖励商品由专业服务机构来处理和托运。

(3) 以制造为核心的服务 以制造为核心的增值服务是通过独特的产品分类和配送来支持制造活动的。既然每一位客户的实际设施和制造装配都是独特的，那么从理想状态来说，配送和引入内向流动的材料和部件应进行顾客定制化。例如，有一家仓储公司使用多达 6 种不同的纸箱重新包装一种普通消费者洗碗盘用的肥皂，以支持各种促销方案和各种等级的贸易要求。又如，

有的厂商将外科手术的成套器具按需要进行装配，以满足特定医师的独特要求。此外，有家仓储公司切割和安装各种长度和尺寸的软管，以适合个别顾客所使用的不同规格的水泵。如此等等，仅是列举的几个有关增值服务的例子，它们在物流渠道中都由专业人员承担。这些专业人员能够把产品的最后定型一直推迟到接收顾客定制化订单时止。虽然，雇用专业人员承担增值服务与如果将这些活动结合进高速度的制造过程中成为其中一个组成部分相比，意味着单位成本将提高，但是，由专业人员提供增值服务能够大大减少与生产不正确产品有关的预期风险。因此，以制造为核心的服务，与其说是在预测基础上生产独特的产品，倒不如说是对基本产品进行了修正，以适应特定的顾客需求，其结果是改善了服务。

(4)以时间为核心的服务 以时间为核心的增值服务涉及到专业人员在递送前对存货进行分类、组合与排序。对以时间为核心的增值服务来说，它的一种流行形式就是准时化(JIT)供给仓库。在准时化概念下，供应商向位于装配工厂附近的JIT供给仓库进行日常的递送；一旦某时、某地产生了需要，供给仓库就会对多家卖主的零部件进行精确的分类、排序，然后递送到装配线上去。其目的是要在总量上最低限度地减少在装配工厂的搬运次数和检验次数。例如，俄亥俄州马里斯维尔本田汽车公司就是使用这类JIT服务来支持其装配线的。又如，Exel配送公司把食品制造商的产品混合起来，按Shaw公司的零售食品店的要求进行精确的分类。虽然从概念上说，这个例子多少有点牵强附会，但这种按顾客要求对产品重新进行分类组合的混合服务，可以使制造商和Shaw公司都排除或避免了大量的仓储。总之，以时间为核心的服务，一个主要特征就是排除不必要的仓库设施和重复劳动，以期最大限度地提高服务速度。

(5)基本服务 除了独特的或传统的增值服务形式外，还可以由专业人员来执行厂商全部或部分的基本服务方案。各种范围很广的服务都可以通过专业人员来提供，以支持任何的或所有的物流需求。有许多公司不仅承担运输服务和仓储服务，而且还提供一系列附加的创新服务和独特服务，诸如存货管理、订货处理、开票和回收商品处理等，覆盖了物流供应链的全域；有许多厂商还提供全套的物流服务，向托运人提供类似于包干的物流服务。

第三节 物流绩效评价

一、绩效评价概述

1. 物流系统绩效评价的意义

（1）物流系统绩效评价的意义 物流系统的管理在实施过程中需要耗费大量的人力、物力和财力，受到来自管理、组织和产品的风险，因此，必须进行严格的核算和绩效评价，才能实现企业资源和社会资源的最大化应用。有效的绩效评价体系，可以为物流系统在管理过程中解决以下四个方面的问题。

- 评价企业原有的物流系统，发现原有物流系统的缺陷不足并提出改进措施
- 评价新构造的物流系统，监督和控制物流系统的运营效率，充分发挥物流系统管理的作用
- 作为物流系统业务流程重组的评价指标，建立基于时间、成本和绩效的物流系统优化体系
- 寻找物流系统约束和建立有效的激励机制的参照系，同时建立节点企业和标杆物流系统体系的基准

（2）控制指标的选取 20 世纪 50 ~ 60 年代，由于客户需求大于供给，企业的主要任务是以最低的成本生产出尽可能多的产品，以实现利润最大化为战略目标。在这种情况下，企业以财务指标作为绩效评价的惟一指标。进入 20 世纪 70 年代，随着卖方市场向买方市场的转变以及市场竞争的加剧，企业管理的重心也逐步由成本管理向客户关系管理发展。从 20 世纪 80 年代后期开始，人们开始对企业绩效指标评价体系进行综合的评价。

（3）传统的绩效评价指标的缺陷 传统的绩效评价指标具有以下缺陷。

- 鼓励短期行为，例如为了获取短期利润最大化，企业决策者常常推迟资本投资，从而造成企业发展后劲不足
- 缺乏战略性考虑，无法提供产品质量、客户响应度和柔性等方面的信息
- 鼓励局部优化而不是全局优化
- 鼓励管理人员千方百计地寻找最小化标准偏差，而不是寻求持续的改进方案
- 只提供历史绩效信息，无法预测未来的绩效发展趋势，应用范围受到限制

使用财务数据评价企业绩效，忽略了机会成本和货币时间价值，相对于财务指标，非财务指标有以下优点：

- 评价更加及时、准确，易于度量
- 与企业的目标和战略相一致，可以有效地推动企业的持续改进
- 具有良好的柔性，能够适应市场和企业周围环境的变化
- 能够全方位、多角度地描述企业的经营状况

正是传统财务指标的缺陷和非财务指标的优点，才推动了现代绩效评价体系的建立和完善，形成了一个多尺度、全方位的标准体系。

2. 现代物流管理绩效评价指标选取

目前，有关非财务指标选取方面的研究很多，形成多种绩效评价指标的选取方法，下面介绍几种绩效评价指标的选取方法。

第一种 根据 Pawar 和 Driva 的调查研究结果，总成本和实际成本与预算成本之比、实际完成时间与预定完成时间之比、市场提前期以及生产前的试验领域，已经成为企业目前在产品开发和设计中最常用的五项指标。

第二种 Bond 通过分析发现，目前中、小企业采用的绩效评价指标主要有六个，即质量、交货可靠性、客户满意度 、成本、安全和士气。

第三种 Medori 和 Steeple 按照竞争优势和企业成功因素对应引出的六项指标，它们包括：质量(提供供应商质量)、成本(减少存货)、柔性(减少启动次数)、时间(缩短提前期)、交货(按照时间表完成任务)和未来成长(新产品引进)。

第四种 Lynch 和 Cross 则提出一个层次模型，其目标层是企业形象，该指标通过市场指标和财务指标来描述，在应用过程中，又将企业形象模型进一步细化为客户满意度、柔性和生产率。

第五种 理想的评价指标的原则。一个理想的评价指标原则应满足以下几个原则：能够反映客户、企业和物流系统自身的需求；易于理解；应用广泛；使用成本低；能够做出前后一致的解释；能综合反映评价对象的真实价值；可以作为一个标准的、共享的衡量尺度。

3. 绩效评价体系的框架

建立在绩效评价指标基础上的体系模型，对于精确地进行物流系统绩效评价和控制尤为重要。物流系统绩效评价是一项比企业绩效评价更加复杂的系统工程，简单的指标组合不能正确反映企业的绩效水平，必须采用合理的体系框架结构。

(1) 绩效评价体系构架建立的步骤 Bourne(2000)等人认为，要建立和实施一个完整的绩效评价体系应包含以下四个步骤：绩效评价指标的设计(包

括辨别关键目标和设计评价指标)、评价指标的选取(分为初选、校对、分类/分析和分配四个步骤)、评价体系的应用(评价、反馈和纠偏行动)和战略假设的验证(反馈)。此外，Bourne 等人还强调了评价体系应具有环境变化适应性。Waggoner DB 等人(1999)的研究成果表明，绩效评价系统是一个动态系统，推动该系统演进和变化的因素主要来自四个方面：内部影响因素、外部影响因素、过程因素和转换因素(图 8－3)

内部影响因素	外部影响因素
力量关系 占优的合作兴趣 同等单位的压力 需求和理性	法律规定 市场的多样性 信息技术 工作性质

绩效评价系统的演进与变革

过程因素	转换因素
评价实施的态度 政策过程的管理 创新的饱和度 缺乏系统设计	高层管理者支持的程度 因变革导致的损益风险 组织文化的影响

图 8－3　绩效评价系统的演讲与变革

为了满足不同条件对评价体系要求的不同，Begemann(2000)提出了一套动态绩效评价体系的框架。该框架的三层体系包括以下几个子系统：

①外部环境控制子系统。利用绩效评价指标连续控制外部环境中关键参数的变化；

②内部环境控制子系统。利用绩效评价指标连续控制内部环境中关键参数的变化；

③反馈控制机制。利用内部、外部控制其提供的绩效信息和更高层系统设置的目标和优先权决定内部目标和优先权；

④ 配制子系统。使用绩效评价指标为各经营单位、加工过程等设置修正后目标和优先权；

⑤简化子系统和保障子系统。

(2)物流系统绩效评价体系的难点和不足　物流系统评价体系十分复杂，物流系统绩效评价体系的难点和不足主要表现在如下几个方面：

- 缺乏统一的、明确的物流系统绩效定义，难以产生一致的研究成果
- 物流系统绩效评价体系缺乏系统性，大部分以成本或者客户满意度作为物流系统绩效的评价标准，却忽略了诸如产品质量等重要指标

- 对物流系统绩效的研究大多集中在物流系统的优化，很少综合考虑构建物流系统时节点企业的选择对物流系统运营绩效的影响问题
- 面向复杂的集成化物流体系，其整体绩效受到各子系统的影响和制约，目前还缺乏综合考虑整体绩效和子系统的评价体系
- 缺乏对物流管理成熟度的理解和认识，不能从管理角度建立评价体系评价管理绩效
- 对物流系统绩效评价体系的研究主要集中于制造业，研究领域和应用面较窄

因此，有关物流系统绩效评价体系的研究还有待进一步深入，应该将整个物流系统作为研究对象，在产品生命周期概念的引导下，以物流系统整体绩效为目标，强调物流系统整体绩效的改进和提高，建立节点企业选择和动态优化的绩效评价体系，并且建立集成化物流系统绩效评价的层次结构模型，不仅评价物流系统的整体绩效，还要评价各子系统的绩效。

二、物流系统绩效评价体系

1. 物流系统绩效评价指标的原则及特点

（1）物流系统绩效评价的原则 随着物流系统管理理论的不断发展和物流系统研究的不断深入，客观上要求建立与之相适应的物流系统绩效评价方法，并确定相应的绩效评价指标，以客观、科学地反映物流系统的运营情况。物流系统绩效评价指标有其自身的特点，其内容比现行的企业评价指标更为广泛，它不仅仅代替会计数据，同时还提出一些方法来测定物流系统是否有能力及时满足客户或市场的需求。在实际操作中，为了建立能有效评价物流系统绩效的指标体系，在衡量物流系统绩效时应遵循如下原则：要对关键绩效指标进行重点分析；要采用能反映物流系统业务流程的绩效指标体系；指标要能反映整个物流系统的运营情况，而不仅仅是反映单个节点企业的运营情况；应尽可能采用实时分析与评价的方法，因为能反映物流系统实时运营状况的信息要比事后分析更有价值。

（2）物流系统绩效评价的特点 根据物流系统绩效评价应遵循的原则，物流系统绩效评价指标主要反映物流系统整体运营状况以及上下节点企业之间的运营关系，而不是孤立地评价某一节点企业的运营情况。例如，对于物流系统中某一供应商来说，该供应商所提供的原材料价格很低，如果孤立的对这一供应商进行评价，就会认为该供应商的运营绩效较好，其上层次节点企业如果仅仅考虑原材料这一指标，而不考虑原材料的加工性能，就会选择该供应商所提供的原材料，而该供应商提供的这种价格较低的原材料加工性能不能满足该节点企业生产工艺要求，这势必会增加生产成本，从而使这种

低价格原材料所节约的成本被增加的生产成本所抵消。因此，评价物流系统运营绩效的指标，不仅要评价该节点企业的运营绩效，而且还要考虑该节点企业的运营绩效对整个物流系统的影响。现行企业的绩效评价指标主要是基于功能的绩效评价指标(图 8 -4)，不适用于对物流系统运营绩效的评价。而物流系统绩效评价指标是基于业务流程的绩效评价指标(图 8 -5)。基于物流系统业务流程的绩效评价指标，描述了规划、设计、构建和优化物流系统的途径和方法，突出了价值链社会化的增值能力。物流系统绩效评价体系的建立，不仅应该考虑物流决策、关系决策和整合决策，而且还要综合考虑反映了物流系统竞争优势的方法(图 8 -6)。

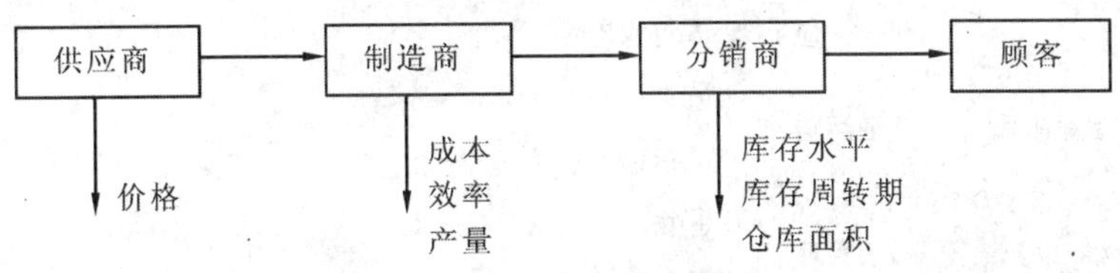

图 8 -4　基于功能的绩效评价指标

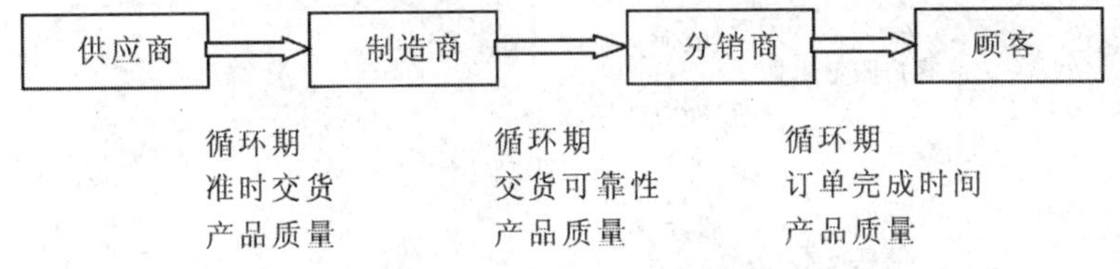

图 8 -5　基于物流系统业务流程的绩效评价指标

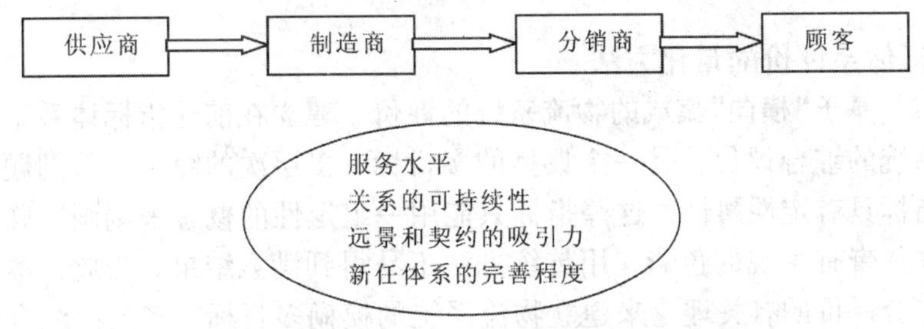

图 8 -6　基于供应链关系的物流系统绩效评价体系

2. 物流系统绩效评价的指标选取

物流系统绩效评价指标不是简单的将各个节点企业的功能性绩效评价指标汇总，由一个个小集合变成一个大集合，它应该成为透视整个物流系统、综合反映整个物流系统的绩效评价体系(表 8 -2)。

表 8－2 物流系统的绩效评价指标

类型		考核指标	
选择的指标体系	用户满意度	①产品质量	保修率
			退货率
		②服务水平	用户投诉率
			用户抱怨解决时间
		③承诺水平	准时交货率
			失去销售百分比
		④产品价格	
	供　　应	⑤可靠性	
	交通运输	⑥订单完成率	
		⑦运输天数	
	需求管理	⑧物流系统总库存成本	
		⑨总周转时间	
	客户服务质量	⑩可信性	
		⑪服务态度	
		⑫可靠性	
		⑬客户沟通能力	
	信息技术	⑭可变性	
		⑮整合性	

3. 指标体系评价的量化方法

（1）基于"横向"集成的物流系统的评价 建立在前述指标体系基础上的物流系统的综合评价，是一个典型的多目标、多层次的综合评价问题，并且有些指标具有定性属性，这些指标只能用一组定性的概念来刻画，确定这些指标往往带有主观的色彩，用传统方法不易得到满意结果。为此，本文应用模糊综合评价的有关理论来建立物流系统的模糊多目标、多层次综合评价方法。模糊综合评价是通过构造等级模糊子集把反映被评事物的模糊指标进行量化（即确定隶属度），然后利用模糊变换原理对各指标综合。针对本文所研究内容的特性，按下列程序进行物流系统的评价。

①确定评价对象的因素论域。若令 U 为评价指数域，则 $U=\{u_1,u_2,\cdots,u_p\}$，也就是 U 由 p 个评价指标组成。评价指标的确定如表 8－2 所示。

②确定评语等级论域。若令 V 为评语集，$V=\{v_1,v_2,\cdots,v_m\}$，即 V 为 m 个评语等级集合，在一般情况下，选定的评语集为：$V=\{$好，较好，一般，较

差，差}，其分值对应为 $V=\{9,7,5,3,1\}$。

③进行单因素评价，建立模糊关系矩阵 R。在构造了等级模糊子集后，就要逐个对被评事物从每个因素 $u_i(i=1,2,\cdots,p)$ 上进行量化，也就是确定从单因素来看被评事物对各等级模糊子集的隶属度 $(R\mid u_i)$，进而得模糊关系矩阵 R

$$R=\begin{bmatrix} R\mid \mu_1 \\ R\mid \mu_2 \\ \vdots \\ R\mid \mu_p \end{bmatrix}_{m\times m}=\begin{bmatrix} r_{11} & r_{12} & \cdots & r_{1n} \\ r_{21} & r_{22} & \cdots & r_{2n} \\ \vdots & \vdots & \vdots & \vdots \\ r_{p1} & r_{p2} & \cdots & r_{pn} \end{bmatrix}_{m\times m} \quad (8-1)$$

其中 $r_{ij}(i=1,2,\cdots,p;j=1,2,\cdots,n)$ 表示某个供应商从因素 u_i 来看对 V_j 等级模糊子集的隶属度。

④确定评价指标的模糊权向量 $W=(\omega_1,\omega_2,\cdots,\omega_p)$。一般情况下，$p$ 个评价指标对于被评事物并非同等重要，各单方面因素的表现对总体表现的影响也是不同的，因此应对评价因素给予不同的权重。评价因素权重的确定可采用如下的方法。

▲ 构造 n 个指标的判断矩阵 $\overline{B}$

$$\overline{B}=\begin{bmatrix} b_{11} & b_{12} & \cdots & b_{1p} \\ b_{21} & b_{22} & \cdots & b_{2p} \\ \vdots & \vdots & \vdots & \vdots \\ b_{p1} & b_{p2} & \cdots & b_{pp} \end{bmatrix} \quad (8-2)$$

其中 $b_{ii}=1$，b_{ij} 表示指标 b_i 与 b_j 相比的重要性分值(其中 b_i、b_j 分别代表不同的指标，分值的集合为 $K=\{1,3,5,7,9\}$ 分别为对应着 $K=\{$非常不重要，不重要，一般重要，较重要，非常重要$\}$

▲ 求模糊权向量 W_i

$$W_i=\frac{\sum_{j=1}^{p} b_{ij}}{\sum_{i=1}^{p}\sum_{j=1}^{p} b_{ij}} \quad (8-3)$$

由 $\overline{B}W=\lambda W$ 求得判断矩阵 $\overline{B}$ 的特征值 λ 及特征向量，对判断矩阵进行一致性检验。若 $C.R.=\frac{C.I.}{R.I.}\leqslant 0.1$(其中 $C.R.$ 表示一致性比率，而 $C.I.$ 为一致性指标，$C.I.=\frac{\lambda_{\max}-n}{n-1}$，$n$ 为指标数，$R.I.$ 值可以从平均随机一致性指标表 8-3 查求)，说明判断矩阵一致性可以接受，这时所求得的 $W=(\omega_1,\omega_2,\cdots,$

ω_p)为模糊权向量的权重值。

表 8－3　平均随机一致性指标 *RI*

n	1	2	3	4	5	6	7	8	9	10
RI	0	0	0.58	0.90	1.12	1.24	1.32	1.41	1.45	1.49

由于物流系统的不同，因此相应地在确定权向量指标时，也应该有所不同。这一点在选择权向量指标时应予以体现。

⑤确定“最满意”物流系统各项指标基准。根据最终用户的实际需求，依据表 8－2 所示的指标体系，确立出所提供的“最满意物流系统”指标的具体数值，即物流系统评价基准。该基准应随实际情况的要求进行动态变化。

(2) 基于“纵向”集成的物流系统的选择方法　有时可能存在几个不同的物流系统来供选择，即所谓纵向物流系统集成问题。对此类问题，可以采用基于模糊语义距离的相似物流系统检索方法进行物流系统的排序选择。该方法的原理是：首先找出某环节所需的最满意物流系统的评价属性值，再按实际需求与最满意物流系统各项属性相近程度排序。在物流系统选择指标体系中，其指标中既有模糊区间数据(此数据为定量型数据)，又有定性属性数据，对此类问题，物流系统检索步骤如下。

①建立物流系统选择指标体系。其指标体系如表 8－2 所示。

②建立物流系统选择库。设物流系统选择库 E 中有 m 个物流系统以供选择，即：$E=\{E_1, E_2, \cdots, E_k, \cdots, E_m\}$，$k=1, 2, \cdots, m$，为分析及运算方便，对于一个物流系统而言，根据实际问题设其有 n 个属性，将这些属性分成定性属性与定量属性两类，设其中有 r 个属性为定量属性，而其他 $n-r$ 个属性为定性属性，即

$$E_k = E_{kx} \cup E_{ky} = (\alpha_1, \alpha_2, \cdots, \alpha_{kj_1}, \cdots, \alpha_{kr}) \cup (\alpha_{k(r+1)}, \alpha_{k(r+2)}, \cdots, \alpha_{ki_1}, \cdots, \alpha_{kn} \qquad (8-4)$$

式中 E_{kx} 表示定量属性，E_{ky} 表示定性属性，$k=1, 2, \cdots, m$。上式中 $1 \leqslant j_1 \leqslant r$，$r+1 \leqslant i_1 \leqslant n$，$n$ 个属性的权重分配可由下述方法求出。

▲　确定评语等级论域

$$V=\{v_1, v_2, \cdots, v_m\}$$

即选定的评语集为 V = {好，较好，一般，较差，差}，其分值对应为 $V=\{9, 7, 5, 3, 1\}$。

▲　构造 n 个指标的判断矩阵 $\overline{B}$

$$\overline{B}=\begin{bmatrix} b_{11} & b_{12} & \cdots & b_{1p} \\ b_{21} & b_{22} & \cdots & b_{2p} \\ \vdots & \vdots & \vdots & \vdots \\ b_{p1} & b_{p2} & \cdots & b_{pp} \end{bmatrix} \tag{8-5}$$

其中 $b_{ii}=1$，b_{ij}表示指标 b_i 与 b_j 相比的重要性分值，分值的集合为 $K=\{1,3,5,7,9\}$，分别为对应着 $K=\{$非常不重要，不重要，一般重要，较重要，非常重要$\}$

▲ 模糊权向量 ω

$$\omega=\frac{\sum_{j=1}^{p} b_{ij}}{\sum_{i=1}^{p}\sum_{j=1}^{p} b_{ij}} \tag{8-6}$$

在由 $\overline{B}\omega=\lambda\omega$，(其中 λ 为特征值)，求得判断矩阵 $\overline{B}$ 的特征值及特征向量，对判断矩阵进行一致性检验。若 $C.R.=\frac{C.I.}{R.I.}\leqslant 0.1$（$C.I.=\frac{\lambda_{\max}-n}{n-1}$，$n$ 为指标数，$R.I$ 值可以从平均随机一致性指标表 8-3 查取。说明判断矩阵一致性可以接受，这时，所求得的 $\omega=(\omega_1,\omega_2,\cdots,\omega_p)$ 为模糊权向量的权重值。依要求将各属性与权重的对应关系重排为：$\omega=(\omega_1,\omega_2,\cdots,\omega_i,\cdots,\omega_p)$，其中 ω_i 为权系数。

③求出最满意物流系统与物流系统选择库中各物流系统的定量型属性之间的模糊语义距离。按关于模糊数及模糊语义距离的定义及计算公式，可得到物流系统选择问题中定量型属性之间的语义距离 SD

$$SD(\alpha_{pj_1},\alpha_{0j_1})=\omega_a\times|d_{pj_1}-d_{0j_1}|+\omega_b\times|b_{pj_1}-b_{0j_1}| \tag{8-7}$$

$$SD(\alpha_{qj_1},\alpha_{0j_1})=\omega_a\times|d_{qj_1}-d_{0j_1}|+\omega_b\times|b_{qj_1}-b_{0j_1}| \tag{8-8}$$

式中，ω_a，ω_b 为权系数，$[d,b]$为模糊区间数，α 为模糊数，为保证下列分析具有通用性，假设供应商的 r 个定量属性的取值均为模糊区间数，并设模糊区间为最大，那么，属性值为一个点值的情况是属性值为一个模糊区间数的特例。

设 E_0 的前 r 个定量属性为

$E_{01}=([d_{01},b_{01}],[d_{02},b_{02}],\cdots,[d_{0j_1},b_{0j_1}],\cdots,[d_{0r},b_{0r}])$，在物流系统选择库中任选两个物流系统 E_p，E_q，则 E_p，E_q 的前 r 个定量属性为

$$\begin{aligned}E_p&=(\alpha_{p_1},\alpha_{p_2},\cdots,\alpha_{pj_1},\cdots,\alpha_{pr})\\&=([d_{p_1},b_{p_1}],[d_{p_2},b_{p_2}],\cdots,[d_{pj_1},b_{pj_1}],\cdots,[d_{pr},b_{pr}])\end{aligned}$$

$$E_q=(\alpha_{q_1},\alpha_{q_2},\cdots,\alpha_{qj_1},\cdots,\alpha_{qr})$$

$$=([d_{q_1},b_{q_1}],[d_{q_2},b_{q_2}],\cdots,[d_{qj_1},b_{qj_1}],\cdots,[d_{qr},b_{qr}])$$

式(6-7)、式(6-8)中，α_{0j_1}对应为最满意物流系统E_0的某一定量属性值，而上式中，α_{qj_1}、α_{pj_1}分别为物流系统选择库中某两个待选物流系统的定量属性值，其值与最满意物流系统α_{0j_1}所代表的属性值相对应，式(6-7)、式(6-8)中，SD则表示对应于j_1属性的模糊语义距离，ω_a，ω_b为相对于j_1属性的权重指标，其取值视具体情况而定。

④求出最满意物流系统与物流系统选择库中各物流系统的定性属性以及各定性概念之间的模糊语义距离。定性属性必须用定性概念来刻画，例如劳动者的学习能力这一指标是定性属性，一般用集合{学习能力强，学习能力较强，学习能力一般，学习能力差}来表达，并用一个实数来表达其定性概念上出现的程度，如：{7，5，3，1}，表明学习能力强的取7，学习能力较强的取5，学习能力一般的取3，学习能力差的取1。因此，按设第i_1个定性属性α_{i_1}可用Z_{j_1}个定性概念来描述，有

$$E_{\alpha_{i_1}}=\{\alpha_{i_1}^1,\ \alpha_{i_1}^2,\ \cdots,\ \alpha_{i_1}^Z,\ \cdots,\ \alpha_{i_1}^{Z_{i_1}}\}\quad z=1,\ 2,\ \cdots,\ Z_{i_1} \tag{8-9}$$

设物流系统选择库E中有两个待选物流系统E_p和E_q的第i_2个定性属性α_{i_2}。则在$E_{\alpha_{i_2}}$的定性属性的集合为：

$$E_{p\alpha_{i_2}}=\{\mu_{p\alpha_{i_2}^1},\ \mu_{p\alpha_{i_2}^2},\ \cdots,\ \mu_{p\alpha_{i_2}^z},\ \cdots,\ \mu_{p\alpha_{i_2}^{z_{i_2}}}\} \tag{8-10}$$

$$E_{q\alpha_{i_2}}=\{\mu_{q\alpha_{i_2}^1},\ \mu_{q\alpha_{i_2}^2},\ \cdots,\ \mu_{q\alpha_{i_2}^z},\ \cdots,\ \mu_{q\alpha_{i_2}^{z_{i_2}}}\} \tag{8-11}$$

其中，μ为定性属性的隶属度，再设最满意物流系统在第i_2个定性属性α_{i_2}在E_{i_2}的定性概念上取值集合$E_{0\alpha_{i_2}}$为：

$$E_{0\alpha_{i_2}}=\{\mu_{0\alpha_{i_2}^1},\ \mu_{0\alpha_{i_2}^2},\ \cdots,\ \mu_{0\alpha_{i_2}^z},\ \cdots,\ \mu_{0\alpha_{i_2}^{z_{i_2}}}\} \tag{8-12}$$

而E_p，E_q在E_0在第i_2个定性属性α_{i_2}的语义距离为

$$SD(\alpha_{pi_2}^z,\ \alpha_{0i_2}^z)=|\mu_{p\alpha_{i_2}^z}-\mu_{0\alpha_{i_2}^z}| \tag{8-13}$$

$$SD(\alpha_{qi_2}^z,\ \alpha_{0i_2}^z)=|\mu_{q\alpha_{i_2}^z}-\mu_{0\alpha_{i_2}^z}| \tag{8-14}$$

⑤构造定量属性模糊相似优先比矩阵。优先比S公式为

$$S_{pq}^{j_1}=S(\alpha_{pj_1},\ \alpha_{qj_1})=\frac{SD(\alpha_{qj_1},\ \alpha_{oj_1})}{SD(\alpha_{pj_1},\ \alpha_{0j_1})+SD(\alpha_{qj_1},\ \alpha_{oj_1})} \tag{8-15}$$

式(6-14)意义为：定量属性α_{pj_1}和α_{qj_1}对α_{0j_1}的优化比。依照上述公式则

$$S(j_1)=(S_{pq}^{j_1})_{m\times m}=\begin{bmatrix}0 & S_{12}^{j1} & \cdots & S_{1m}^{j1}\\ S_{21}^{j1} & 0 & \cdots & S_{2m}^{j1}\\ \vdots & \vdots & \vdots & \vdots\\ S_{m1}^{j1} & S_{m1}^{j2} & \cdots & 0\end{bmatrix}_{m\times m}$$

上述矩阵的含义是：对应于第 j_1 个定量属性的模糊相似优先比矩阵。依次取 $j_1=1$，2，…，r，求得对应于 r 个模糊相似优先比矩阵：$S(1)$，$S(2)$，…，$S(r)$。

⑥求最满意物流系统 E_0 最相似待选物流系统序列。

▲ 求出与 E_0 依定量属性而言的相似程度序列

对 $S(j_1)$ 取各 λ——截集 $S(j_1)_\lambda$ 得出待选物流系统相对于 j_1 个定量属性与 E_0 的相似程序序列，其中最相似的排在序列的第 1 号，最不相似的排在最后。则可得到对应于 r 个定量属性的序号集 T_{j_1}。

$$T_{j_1}=\{t_{1j_1},\ t_{2j_1},\ \cdots,\ t_{kjt_1},\ \cdots,\ t_{mj_1}\} \tag{8-16}$$

其中 t_{kj_1} 表示顺序号，k 代表待选物流系统个数，$j_1=1$，2，…，r

▲ 求出与最满意物流系统 E_0 依定性属性而言的相似程度序列

由上述讨论知定性属性集：$A=\{\alpha_{r+1},\ \alpha_{r+2},\ \cdots,\ \alpha_{i1},\ \cdots,\ \alpha_n\}$，而定性属性 α_{i1} 的取值集 A 为：

$$A_{\alpha_{i_1}}=\{\alpha_{i_1}^1,\ \alpha_{i_1}^2,\ \cdots,\ \alpha_{i_1}^z,\ \cdots,\ \alpha_{i_1}^{z_{i_1}}\} \tag{8-17}$$

则对应于 α_{i_1} 的 Z_{i_1} 个取值的 Z_{i_1} 个相似程度序列集 T 为

$$T_{i_1}^Z=\{t_{1i_1}^z,\ t_{2i_1}^z,\ \cdots,\ t_{mi_1}^z\} \tag{8-18}$$

设 α_{i_1} 的 Z_{i_1} 个取值的权重分配 W 为

$$W_{i_1}=(\omega_{i_1}^1,\ \omega_{i_1}^2,\ \cdots,\ \omega_{i_1}^{z_{i_1}}) \tag{8-19}$$

而物流系统 E_k 在定性属性 α_{i_1} 的 Z_{i_1} 个取值上的序列值的加权和 t 则为

$$t_{ki_2}=\sum_{z=1}^{z_{i_1}}\omega_{i_1}^z t_{mi_1}^z \tag{8-20}$$

将 m 个实例与 α_{i_1} 对应的序列值综合，得到对应于定性属性 α_{i_1} 的序列号集 T 为

$$T_{i_1}=\{t_{1i_1},t_{2i_1},\cdots,t_{mi_1}\} \qquad i=r+1,r+2,\cdots,n \tag{8-21}$$

▲ 求得最满意物流系统 E_0 与各待选物流系统相似程度序列

将式(6－16) 与式(6－21) 联立，即可得到 m 个待选物流系统与最满意物流系统 E_0 在 n 个属性上的相似程度总序列 T 为

$$T_j=\{t_{1j},t_{2j},\cdots,t_{mj}\} \qquad j=1,2,\cdots,n \tag{8-22}$$

第 k 个实例中的选择库 E_k，在所有实例中与 E_0 相似程度序列中的顺序号 t_k 为

$$t_k=\sum_{j=1}^{n}\omega_i t_{kj} \qquad k=1,2,\cdots,m \tag{8-23}$$

利用式(6－23) 即可得到 m 个待选物流系统的顺序号大小，t_k 越小，E_k 与 E_0 就越相似，即其相似程度的位置越靠前。

第四节 现代物流系统概述

一、精益物流系统

精益生产方式（Lean Production，LP）又称丰田生产方式 TPS（Toyota Production System），产生于日本丰田公司。经 40 多年的改善与发展，已形成了一种完整的管理哲理和方法体系。它不仅可以有效地应用于生产系统，还可以应用于营销、管理、服务、行政等各种产业和工作中。丰田公司生产调查部部长中山清孝在 1997 年的丰田生产方式讲座上说："丰田生产方式的形成与发展过程始终是物流系统的改善过程。"简单地说，丰田生产方式就是"为实现企业对员工、社会和产品负责的目的，以彻底杜绝浪费的思想为目标，在连续改善的基础上，采用准时化与自动化的方式和方法，追求制造产品合理性的一种生产方式"（图 8－7）。

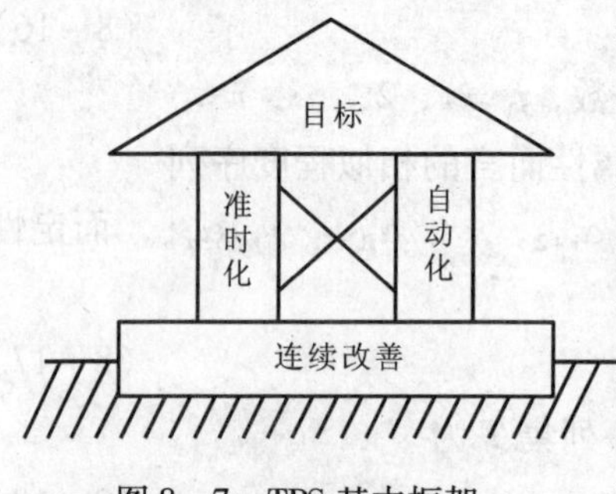

图 8－7 TPS 基本框架

1. 精益物流系统布置特点

（1）工厂总体布置 丰田公司喜欢采用联合大厂房，厂房之间平行布置、紧密排列且距离很近，门与门相对，以节省生产占地、缩短物流距离从而使物流顺畅。

（2）车间设备布置

①"河流水系"状的总装配线布置。总装配生产线与其他零部件、生产单位在布局上呈"河流水系"状分布，全企业实行同步化均衡生产，按照统一的周期时间或周期时间的倍数组织生产。这种布局，物流路线短、顺畅、没有停滞，物流和生产流相一致，减少了物流成本和周转时间，易于达到准时生产和低廉物流的目的。

②"混流"生产的单条生产线。丰田企业按市场定单组织多品种、小批量的均衡生产，为此大胆地采用了"混流"生产，将多条生产线合为一条，在一条生产线上混合生产各种不同规格型号的产品，同时实现准时化。由于单一生产线代替了多种生产线，减少了生产线和工作站的个数，设备量和所需厂房、库存都减少了。

③U 型布置的加工生产线。丰田公司采用了 U 型布置方式。这种布置，是按照零部件工艺的要求，将所需要的机器设备串连在一起，布置成 U 型生产单元，并在此基础上，将几个 U 型生产单元结合在一起，连接成一个整合

的生产线。U 型布置有以下特点：

- 设备布置紧凑，方便了工件制品之间的传递，减少了工件制品的运输时间和运输成本，有助于实现单件生产、单件传递
- 由于 U 型生产单元的出口和入口都在同一位置上，这使得“拉动式”的准时化生产能够在生产单元的各个工序实现
- 生产单元内的在制品数量能稳定，生产周期便于控制，不会生产多余的在制品。这就增强了生产单元的柔性，能够迅速适应生产计划的变化和调整
- 这种局部的准时化生产(加工)，是与全工厂整体性的准时化生产相一致的，也是全工厂整体性的准时化生产所必须的
- 使生产单元内的作业人员工作在 U 型的两边之间，同时操作两边相邻的机床。这不但提高了作业人员的工作效率，而且便于随时调整生产线上或生产单元内的作业人员数，以适应产品产量需求的变化

④简单、低廉的设备配置。丰田公司在设备配置上，充分考虑在能满足需求的条件下，尽可能自制低廉、小功能和更具弹性的小型设备，因其体积小、重量轻、便于搬运和重新布置而使生产系统更具弹性。

(3)物料搬运系统

①简单。丰田公司由于工序布置紧密，许多工序的操作工人可直接将工件传递给下道工序，因而节省和避免了如传送带等的物料搬运系统，使其工厂既减少了生产占地，又减少了设备投资。

②生产线内“一个流”的生产组织形式。所谓“一个流”生产是指生产线内部相邻上、下道工序之间流动的在制品，在数量上任何时候都不超过紧前工序的装夹数量，在运动状态上处于不间断的、不超越的、不落地的运动过程。工序间尽量采用滑道运输。

③准时、高效的运输体制。物流本身并不产生附加价值，最好的物流就是无需运输，如果必须运输，则按准时化进行运输，即在必要的时候，运输必要数量的必要产品。

(4)仓储管理

①库存补充。所谓“库存补充”是指规定一定的成品库存数量，使仓库或存放地的成品数量始终介于最高与最低储备数量之间。当达到最高储备数量时就立即停止生产或运输；当低于最低储备数量时就立即组织生产进行补充，直至在要求的时间达到最高、最低储备量之间为止。“库存补充”组织方式的要求是：各生产线的各品种成品储备数量始终介于最高、最低储备数量之间，不合格件不准上成品架，生产线不见看板不生产、不交货，搬运工必须交付

与收货数量、品种相一致的看板数量，生产线的投入产出率和同步率不低于规定的指标。

②先进先出。先进先出的仓储管理防止了尘封或由于闲置而引起的其他问题。

2. 精益物流系统控制特点

（1）拉动式生产系统 TPS实行的是拉动式生产，它是根据市场需求，从产品装配出发，每道工序和每个车间按照当时的需要向前一道工序和车间领取物料，发出工作指令，前面的工序和车间完全按照这些指令进行生产。生产结构如图8－8所示。TPS严格根据订货与预测组织生产，通过看板在工序间传递物料需求信息，并利用看板的权威性将生产控制权下放到各工序。因此，这种控制方式是分散的。TPS可以真正实现按需准时生产，因为TPS的每道工序都是按其紧后工序的要求，在适当的时候，按需要的品种和数量生产，因而不会发生生产不需要的零部件的情况。

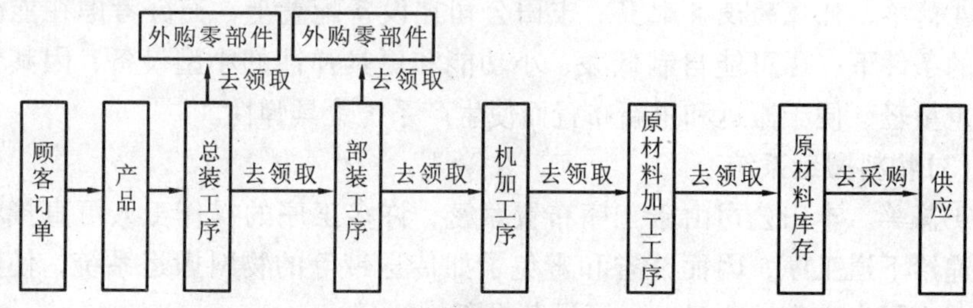

图8－8 拉动式生产示意图

（2）看板管理 TPS是利用“看板”对物品的移动进行管理。所谓“看板”就是一个纸卡，根据其使用性质的不同，上面分别记着前道工序、后道工序、前道工序存放位置、后道工序存放位置、类别代码、产品名称、产品代码、车型、容器类型、每个容器内的存放件数等等。

①看板管理原则。

- 不向后一道工序送次品
- 在必要的时间由后一道工序来领取
- 前道工序只按后一道工序的取货量进行生产
- 保持均衡生产，各工序均匀地领取零部件
- 根据“看板”进行微小的调整，对成品率低的产品稍多一点，对成品率高的产品，则压到最小限度向前一道工序订货
- 要使生产工序稳定化、合理化，从而不断减少看板数量

以上六条，其重要性是一样的，无轻重之分，必须同时遵守，才能保证准时化生产的顺利进行。

② 看板数量计算。依据产品种类(代号)或零件种类(代号)来计算看板的必要张数。看板数量(在生产线上)的计算公式为

$$\text{必要张数}=\frac{\text{每天最大产量}\times(\text{生产周期}+\text{生产前置期间}+\text{回收前置期间}+\text{安全库存})}{\text{SNP}}$$

式中：每天最大产量——指生产计划的产品数量(个)；生产周期——指自对生产线做生产指示到下次的生产指示的间隔(日)；生产前置期间——指自生产指示到生产完了时点的间隔(日)；回收前置期间——指回收看板到对前工序做生产指示的间隔(日)；安全库存——单位为日；SNP——附在垫板、拖车、纸箱、零件箱等移动单位中的物品的收容数(个)

以上的说明系以生产线为例，在计算式中如将“生产”的部分改为“交货”或“供料”，亦可适用于零件交货或供料。上计算式只不过是一个例子而已，并非绝对需要用此计算式进行计算。

(3) 库存控制——最低订货点 所谓最低订货点(S)就是发出定货指令时的零部件的存储量。它主要由该零部件的每日消耗量A，零部件加工批量的生产周期P，零部件保险储备I和零部件加工批量Q决定，即

$$S(\text{最低订货点}) = A(\text{每日消耗量})\times P(\text{批量生产周期}) + I(\text{保险储备})$$

且

$$Q(\text{加工批量})\geqslant S(\text{最低订货点})$$

通过上述公式可知，减少零部件加工批量Q的前提是设法先降低最低订货点S，也就是缩短零部件生产周期P和零部件保险储备I。

P、I和Q三者中最重要的还是P，因为它的降低，可以带动加工批量和保险储备的降低，还往往意味着：市场需求预测精度提高；减少过量生产的可能性；库存减少；企业的柔性(应变能力)增加。

TPS 物流系统具有准时、高效、低成本和柔性化等特点，为准时化生产提供了必要保证，也使丰田企业能在20世纪80年代以快速、灵活、敏捷的反应速度和优质的服务占领欧美汽车市场。*TPS* 物流系统的有效实施，使得一些企业也争相构建自己的自动化物流系统。

二、CIMS 物流系统

1. CIMS 简介

1973年美国的J. Harrington提出了计算机集成制造CIM（Computer）的理念，而基于CIM的系统CIMS(Computer Integrated Manufacturing System)则是在20世纪80年代中期才开始重视并大规模实施。目前，863/CIMS主题结合国际上先进制造技术的发展，提出了“现代集成制造”(Contemporary Integrated Manufacturing)的理念，在广度上和深度上拓宽了传统CIM的内涵。

863/CIMS 主题 “CIM是一种组织、管理和运行企业的理念。它将传统的

制造技术与现代信息技术、管理技术、自动化技术、系统工程技术等有机结合，借助计算机(包括质量、销售、采购、发送、服务)及产品最后报废、环境处理等各阶段活动中有关的人/组织、经营管理和技术三要素，及其信息流、物流和价值流(以产品 *T*、*Q*、*C*、*S*、*E* 等价值指标所体现的企业业务过程流，如成本流等)有机集成并优化运行，以达到产品上市快、高质、低耗、服务好、环境清洁，进而提高企业的柔性、健壮性、敏捷性，使企业赢得市场竞争。”“CIMS 是一种基于 CIM 理念构成的计算机化、信息化、智能化、绿色化、集成优化的制造系统。”

2. CIMS - ERC 物流系统

CIMS - ERC(计算机集成制造系统工程研究中心)的物流系统是我国自行开发的第一个 CIMS 环境下的自动化物流系统，它填补了我国 CIMS 物流管理与控制的技术空白，并在实际运行中证明是稳定和可靠的。该系统在物流管理与控制方面，采用 ORACLE 分布式数据库、“专职制”多进程方式运行、条形码识别与跟踪等多种先进技术。系统实现了离线和在线两种工作方式，可进行库存、运行、货位、托盘等多种管理以及状态跟踪、信息反馈等监控，且有很强的故障处理能力。系统的检测与控制方面：具有手动、半自动、全自动三种控制方式，12 种故障保护功能，停位准确可靠。系统的机械与电气引进德国先进技术，结构紧凑，安装精度高，性能可靠，配有多种安全保护机构，并首次在自动仓库中采用国产滑触线结构传递信息。

(1)物流系统的任务 CIMS - ERC 物流系统由平面仓库、立体仓库、缓冲站、自动导引车(AGV)、堆垛机等设备，以及物流工作站、物流控制管理系统、物流信息管理系统几部分组成。物流系统的目标就是高效率、合理化地利用全部储运机械，对从毛坯采购入厂到成品销售出厂全过程中的物流进行控制和管理，满足加工、清洗、测量及装配各单元的需求，达到降低生产成本、降低物流故障率、提高生产效率、提高产品质量和优化生产过程的目的。CIMS - ERC 对物流系统的具体要求如下：

- 按照 MRP - Ⅱ的计划完成毛坯、标准件、成品的采购入厂和销售出厂的管理
- 完成毛坯、毛坯组件、成品及组件、机械加工托盘和储运托盘的仓储管理和出/入库作业
- 通过 AGV、堆垛机、平衡吊车等搬运设备完成物料在平面仓库、出/入库台、立体仓库、缓冲站、装夹站之间的物料传输，并对 AGV 运行路线、立体仓库货位分配进行优化
- 形成以托盘为主线、利用条形码技术的物料识别系统。毛坯、成品、

托盘在入/出立体仓库和装夹过程中均需进行识别

- 完成对缓冲站信息的采集和上报工作
- 建立物流系统的共享数据库和专用数据库，并统计物流系统设备的利用率和故障率

(2) 物流系统的设备

①平面仓库。作为成品出厂和毛坯入厂的缓冲区，是立体仓库的后备与补充。

②立体仓库。存放毛坯、成品、托盘和成品组件(由在制品与夹具和托盘组成)，实时地为加工中心提供物料。立体仓库是物流系统的核心部分。

③平衡吊车。用于平面仓库和立体仓库出/入库台之间的货物装卸。

④缓冲站。有仓库缓冲站和机旁缓冲站。仓库缓冲站用于立体仓库出/入库时堆垛机与 AGV 的交换。机旁缓冲站分别设在加工中心、清洗机、刀具站旁边，作为货物的交接点和临时存放处。

⑤自动引导车(AGV)。车间运输的主要工具，它具有自动定位功能，可以按照要求准确停在指定的缓冲站旁。其停位是两级实现的，一级是通过光电传感器检测，达到初级停位；第二级是通过机械方式定位。AGV 还具有升降和伸缩叉机构，在缓冲站旁负责完成与缓冲站的托盘交换。

⑥堆垛机。在立体仓库两排货架之间运行，由 PLC(S5 - 115U)自动控制，完成仓库货位、仓库缓冲站和出/入库台之间物料的存取和传送。

⑦出/入库台。储运托盘在平面仓库和立体仓库之间的中转站，主要为方便堆垛机操作而设。

⑧条形码阅读器。用于物料识别和物料信息的自动录入。

(3) 物流管理系统软、硬件配置

①系统软件。为了支持用户进行应用软件的开发和运行，在 VAX3400 上安装了以下软件：

- VAX/VMS LICENSE　VMS 的操作系统是一个具有多用户、多进程功能的分时操作系统
- VAX C LICENSE　物流系统控制管理软件主要用 C 语言进行编程
- 网络软件　MICROVAX3400 配置了 802.3 以太网控制板和 WOLLONGONG、TCP/IP 通信软件，以支持在以态网上异种机之间的通信
- BASESTAR KERNEL 和 BASESTAR DEVICE CONNECT 是一个开发平台，提供用户开发、集成和管理的方便
- ORACLE 数据库管理系统
- CIMS - ERC 物流系统的监控与管理软件

②硬件配置。物流中心和刀具中心的管理选用 MICRO VAX3400 工作站。

第五节　供应链管理的基础理论

供应链管理是近年来在国内外逐渐受到重视的一种新的管理理念与模式。早期的供应链管理研究主要是进行供应链管理的局部性研究，如研究多级库存控制问题、物质供应问题、分销运作问题等基于业务活动的管理问题。随着经济全球化和全球制造的出现，供应链管理在理论上和实践上已从早期的基于业务活动的经济关系，扩展到了一种所有加盟供应链企业之间的长期合作关系，使供应链从一种作业性的管理工具上升为管理理念的方法体系。

一、供应链的概念及其特征

1. 供应链的概念

供应链目前尚未形成统一的定义。早期的观点认为供应链是制造企业中的一个内部过程，它是指把从企业外部采购的原材料和零部件，通过生产和销售等活动，再传递到零售商和客户的一个过程。此时供应链概念局限于企业的内部操作层上，注重企业自身的资源利用。之后，供应链的概念注意了与其他企业的联系，注意了供应链的外部环境，认为它是供应链中不同的企业通过制造、组装、分销、零售等过程将原材料转换成产品，再到最终客户的转换过程。这是更大范围、更为系统的概念。目前，供应链的概念更加注重围绕核心企业的网链关系，如核心企业与供应商、供应商的供应商乃至与一切前向的关系，核心企业与用户、用户的用户及一切后向的关系等。此时对供应链的认识形成了一个网链的概念。

根据以上有关供应链的认识，给出供应链(Supply Chain)的定义如下：供应链是围绕核心企业，通过对信息流、物流、资金流等各种流的管理与控制，从原材料的供应开始，经过产品的制造、分配、递送、消费等过程中将供应商、制造商、分销商、零售商、直到最终客户连成一整体的功能网链结构模式。它不仅是一条联接供应商到客户的物料链、信息链、资金链，而且是一条增值链，物料在供应链上因加工、包装、运输等过程而增加其价值，给相关企业都带来收益。在 20 世纪 90 年代全球制造和全球竞争加剧的环境中，这样一条链应该是一个围绕核心企业的网络，而不仅仅是一条简单的从供应商到客户的链(图 8－9)。

2. 供应链的特征

供应链主要具有以下特征：

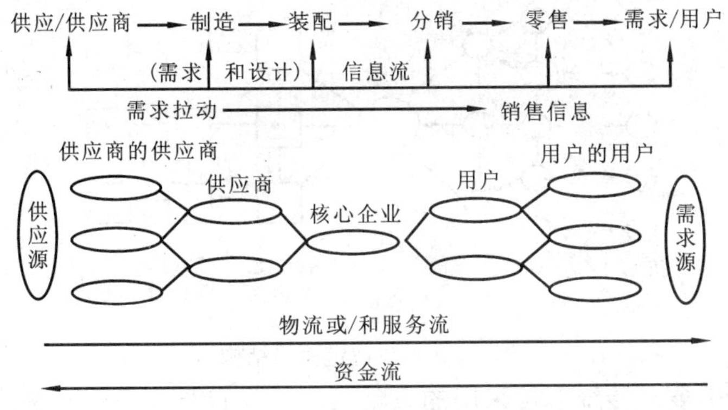

图8－9　供应链的网络结构模型

(1)复杂性　因供应链节点企业组成的跨度(层次)不同，供应链往往由多个、多类型甚至多国企业构成，所以供应链的结构比一般单个企业的结构更为复杂。

(2)动态性　因企业战略和适应市场需求变化的需要，供应链中节点企业需要及时地更新，这就使得供应链具有明显的动态性。

(3)客户驱动性　供应链的形成、存在、重构都是基于客户的需求而发生，因此，客户的需求拉动是供应链中信息流、物流、资金流运作的驱动源。

(4)交叉性　节点企业可以是这个供应链的成员，同时又是另一个供应链的成员，众多的供应链形成交叉结构，增加了协调管理的难度。

3. 供应链的结构模型

从图8－11可以看出，供应链由所有加盟的节点企业组成，其中一般有一个核心企业(可以是产品制造企业，也可以是大型零售业，如美国的沃尔玛)，节点企业在需求信息的驱动下，通过供应链的职能分工与合作(生产、分销、零售等)，以资金流、物流或和服务流为媒介实现整个供应链的不断增值。在业务流程集成管理的过程中，每个层次的企业必须考虑供应链上的其他有关客户和供应商，因此，形成了一个联结着供应商和分销商的复杂供应链体系。其结构可以简单地归纳为如图8－10所示的模型。

二、供应链管理模式的产生与发展

1.“纵向一体化”管理模式

管理模式是一种系统化的指导与控制方法。先进的管理模式以高质量、低成本、快速及时的效率，将企业中的人、财、物和信息等各种资源转换为市场所需要的产品和服务，质量、成本和时间成为企业活动中的三个核心因素。因此说，质量是企业的立足之本，成本是生存之道，而时间则是企业的发展之源。从管理模式上看，企业出于对制造资源的占有要求和对生产过程

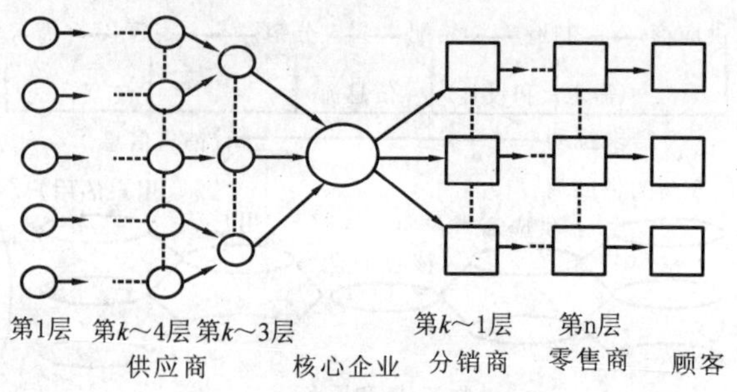

图 8－10　供应链网络结构

直接控制的需要，传统上常采用的策略是或扩大自身规模，或参股到其他工商企业，与为其提供原材料、半成品或零部件的企业是一种所有关系，这就是所谓“纵向一体化”管理模式。“纵向一体化”的管理模式在企业处于相对稳定的市场环境中是有效的，但是在企业竞争日益激烈、顾客需求不断变化的形势下，这种管理模式则暴露出如下种种缺陷。

（1）增加企业投资负担　不管是投资建新的工厂，还是用于其他公司的控股，都需要企业自己筹集必要的资金。这样，企业必须花费人力、物力设法在金融市场上筹集所需要的资金，随即进入项目建设周期。由于项目有一个建设周期，在此期间内企业不仅不能安排生产，而且还要按期偿还借款利息，给企业增加不少投资负担。

（2）承担丧失市场机会的风险　从投资方向看，决策者当时的决策可能是正确的，但因为项目建设需要一定的周期，等生产系统建设投产时，市场行情可能早已发生了变化，错过了进入市场的最佳时机而使企业可能遭致损失。因此，项目建设周期越长，企业承担的风险越高。

（3）迫使企业从事不擅长的业务活动　在“纵向一体化”管理模式的企业中，产品设计 、计划、财务、生产、人事、设备维修等工作是企业必不可少的业务工作，许多管理人员往往花费过多的时间、精力和资源去从事辅助性的管理工作，可能导致辅助性的管理工作抓得不好、也不能发挥关键性业务核心作用的结果，企业会失去竞争特色。

（4）在每个业务领域都直接面临众多竞争对手　假如，某些制造商不仅生产产品，而且还拥有自己的运输公司。这种企业不仅要与制造业的对手竞争，而且还要与运输业的对手竞争。在企业各种资源都十分有限的情况下，四面出击的结果很可能带来严重的损失。

2. 供应链管理模式的产生与发展

由于“纵向一体化”管理模式存在种种弊端，国际上越来越多的企业放弃了这种经营模式转而采取“横向一体化”模式，即利用企业外部资源快速响应

市场需求，而本企业只抓最核心的东西：产品方向和市场。至于生产，只抓关键零部件的制造，有时甚至全部委托其他企业加工。这样做的好处在于利用其他企业的资源促使产品快速上马，避免自已投资带来的基建周期长等问题，赢得产品在低成本、高质量、早上市诸方面的竞争优势。“横向一体化”形成了一条从供应商到制造商再到分销商贯穿所有企业的“链”。由于相邻节点企业表现出一种需求与供应的关系，当把所有相邻企业依此连接起来，便形成了供应链(Supply Chain)。这条链上的节点企业必须达到同步、协调运行，才有可能使链上的所有企业都能受益。于是便产生了供应链管理(Supply Chain Management，SCM)这一新的经营与运作模式。

供应链管理的概念是把企业资源的范畴从过去单个企业扩大到整个社会，使企业之间为共同的市场利益而结成战略联盟。供应商以满足客户、为客户服务为目标，客户以供应商为依托，在供应商和客户之间建立了一种长期联系的依存关系。因此，供应链管理模式吸引了越来越多的企业，企业家已经将供应链管理作为企业的战略性问题来考虑，而不是仅仅将其看作一种操作方法。供应链管理的出现促进了企业资源计划(ERP)的发展。20 世纪 90 年代初，美国 Gartner 咨询公司在总结 MRPII 软件发展趋势时，提出了 ERP 的概念。从此，制造业的管理信息系统进入了 ERP 新时代。ERP 着眼于供应链管理，在 MRPII 基础上，增加运输管理、项目管理、市场信息分析、电子商务、电子数据交换等功能。ERP 强调对供应链的整体管理，将供应商、制造商、协作商、客户甚至竞争对手都纳入管理的资源之中，使业务流程更加紧密地集成在一起，提高对客户的响应速度。

供应链管理和 ERP 的发展，使企业间的信息和资源集成成为可能，使得 CIMS 的概念和含义也发生了变化。原来的 CIMS 是指计算机集成制造系统，集成的范围一般是指一个企业内部各部门、各功能、各种信息的集成，而最新的 CIMS 是指现代集成制造系统(Contemporary Integrated Manufacturing System)，把资源的概念从单个企业扩展到企业外部。供应链管理所强调的快速反应市场需求、高柔性、低风险、成本—效益目标、战略管理等优势，吸引了许多学者和企业界人士的研究和实践，例如惠普公司、IBM 公司、戴尔计算机公司等在供应链管理实践中取得了巨大成就，使人们更加坚信供应链管理是进入 21 世纪后企业适应全球竞争的一种有效途径。

3. 供应链管理涉及的主要领域

供应链管理涉及到以下四个主要领域：供应(Supply)、生产作业(Schedule Plan)、物流(Logistics)、需求(Demand)。供应链管理是以同步化、集成化生产计划为指导，以各种技术为支持，尤其以 Internet/Intranet 为依托，围

绕供应、生产作业、物流(主要指制造过程)、需求来实施的。在图 8－11 中四个领域的基础上，我们可以将供应链管理细分为职能领域和辅助领域。职能领域主要包括产品设计与制造、采购、生产控制、库存控制、仓储管理、分销管理等；辅助领域主要包括客户服务、会计核算、人力资源、市场营销等。供应链管理重视物料实体在供应链中流动的同时，还包括以下主要内容。

- 供应链产品需求预测和计划
- 供应链的设计(全球节点企业、资源、设备等的评价、选择和定位)
- 企业内部与企业之间物料供应与需求管理
- 基于供应链管理的产品设计与制造管理、生产集成化计划、跟踪和控制
- 基于供应链的客户服务和物流(运输、库存、包装等)管理
- 企业间资金流管理(汇率、成本等问题)
- 基于 Internet/Intranet 的供应链交互信息管理
- 战略性供应商和客户合作伙伴关系管理等

供应链管理的目标在于提高客户服务水平和降低总的交易成本，并且寻求两个目标之间的平衡(这两个目标往往有冲突)。

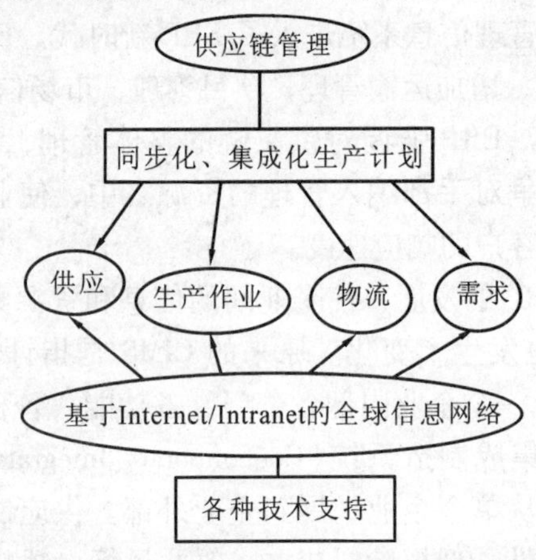

图 8－11　供应链管理涉及的领域

三、供应链管理的主要内容

供应链管理定义：“供应链管理就是从终端用户到提供产品、服务信息的初始供应商的业务过程的整合。”供应链的概念和传统的销售链是不同的，它已跨越了企业界限。从建立合作制造或战略伙伴关系的新思维出发，以全局和整体的角度考虑产品的竞争力，对从产品生命线的“源”到产品消费市场的“汇”的全过程进行管理，使供应链从一种运作性的竞争工具上升为一种管理

性的方法体系，这就是供应链管理提出的实际背景。供应链管理是一种集成的管理思想和方法，它执行供应链中从供应商到最终客户的物流的计划和控制等职能。供应链管理是通过前馈的信息流和反馈的物料流及信息流，使供应链上各企业分担的采购、生产、分销和销售的职能成为一个协调发展的有机体，并注重企业之间的合作，以增加整个供应链的效率。

物流管理与供应链管理这两个概念之间有一些重大区别。供应链管理是对供应链中所有重要业务流程的管理。它代表了一种较新的业务运作方法和对所涉及的业务流程不同观点。典型的流程应该包括：客户关系管理、客户服务管理、需求管理、订单履行、制造流管理、采购以及产品开发和商业化等(图 8－11)。在一些公司，如施乐、退货也包括在其中。供应链管理成功实施的关键在于高层管理者的支持、领导力、对变革的认同以及授权。由此可见，供应链管理是一种高度互动而且复杂的系统方法，需要同时进行很多权衡。如图 8－12 所示，供应链管理跨越了组织界限，既考虑了组织内部的权衡，又考虑了组织之间的权衡。

除了供应链管理所涉及的流程外，图 8－12 还阐述了供应链中必须发生的产品流和信息链。请记住，只有当信息流开始后产品流才会发生。商业环

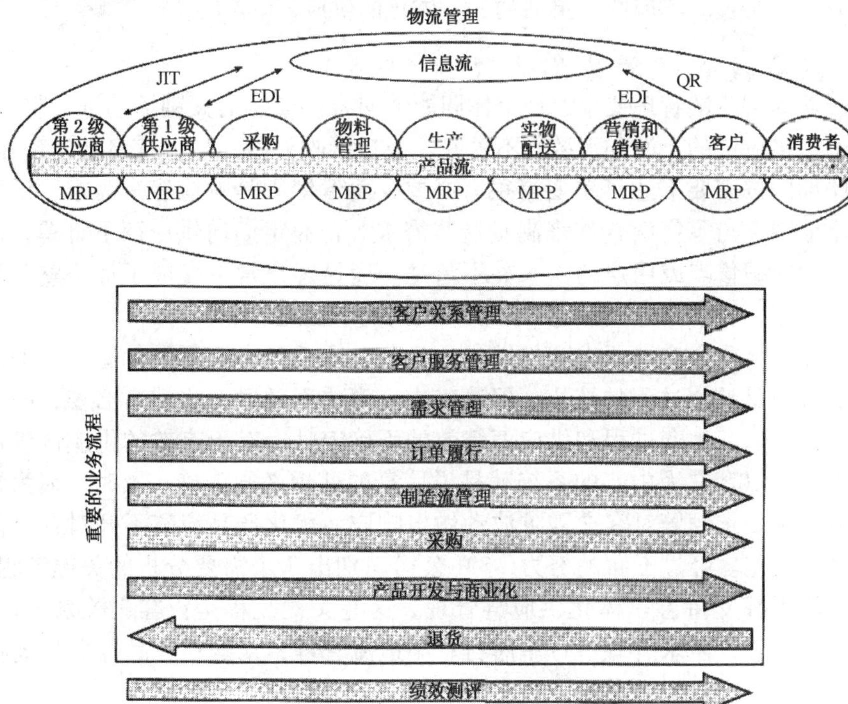

图 8－12　供应链管理

境的动态性要求管理层经常监督和评价供应链的绩效。当绩效目标没有达到时，管理层必须评估可能的供应链备选方案并且实行变革。供应链管理在成熟的和正在衰退的市场中以及经济低迷、市场成长无法隐藏低效率行为时，显得更为重要。在新产品开发和市场成长期，供应链管理也同样重要。

四、供应链管理的目标

将精力集中于关键的业务流程（从最终用户到原始供应商），是供应链管理理念的基石。其目标是：

- 发展以客户为中心的团队，为那些有战略意义的重要客户提供互惠的产品和服务协议
- 为所有的客户提供有效的联系，高效处理它们的请求
- 持续收集、整理、更新客户需求，将需求与供应相匹配
- 开发柔性生产系统，使它能够快速响应市场条件的变化
- 管理与供应间的合作伙伴关系，实现快速响应和持续改善
- 及时、准确地履行100%的客户订单
- 通过管理退货来提高赢利性
- 一个及时响应的、灵活的、一体化的供应

五、供应链管理的业务流程

成功的供应链管理要求管理个体职能转向将供应链的关键活动进行整合。传统上，供应链的上游和下游互不关联，各自接收一些零散的信息流。现在，由采购部门按需要下达订单变得很有必要，而营销则是响应客户需求，试图与各个分销商与零售商合作来满足这些需求。企业定期向供应商下订单，而这时它们对销售点或用户的需求并不清楚。满足客户常常变成了加快整个供应链的运作，以使渠道成员应对未预料到的需求变化。

运作一体化供应链要求有持续的信息流，这反过来又帮助创造最佳的产品流。客户是整个过程的核心，但改善供应商之间的联系也非常必要，因为控制客户需求、生产过程和供应商绩效的不确定性，对于有效的供应链管理非常重要。以客户为中心的系统就是说信息的处理必须准确、及时，因为快速响应系统要求频繁对客户需求波动做出响应。优化产品流离不开对各个流程的彻底检查。经过不懈的努力，3M 公司识别出 7 个需要分析的关键流程，而这些流程都支持着一体化供应链管理。这些关键流程是：客户关系管理；客户服务管理；需求管理；订单履行；制造流管理；采购；产品开发与商业化；退货。

这些流程在图 8 - 13 中都已指明。然而具体的企业所要处理的特定流程可能与上述几点稍有差别，但是以下 5 个基本流程是所有供应链管理者都应

该考虑的：销售；客户订单履行；制造流；采购；产品开发。

六、集成化供应链管理

1. 集成化物流组织形式

20 世纪 80 年代初期，物流一体化组织的雏形出现。这种组织结构试图在一个高层经理的领导下，统一所有的物流功能和运作，目的是对所有原材料和制成品的运输和存储进行战略管理，以使企业产生最大利益。这一时期的计算机信息系统的发展，促进了物流一体化组织的形成(图 8 - 13)。在这种组织结构中，负责总体的计划与物流控制处在组织的最高层次上。计划功能关注的是长期的战略定位，并对物流质量改进和重组负责。物流控制的注意力集中在成本和客户服务绩效的测量上，并为管理决策制定提供信息。这时的物流组织将企业定位在可以处理采购、制造支持和物资配送之间的协调方面，有利于从整体把握全局观念。

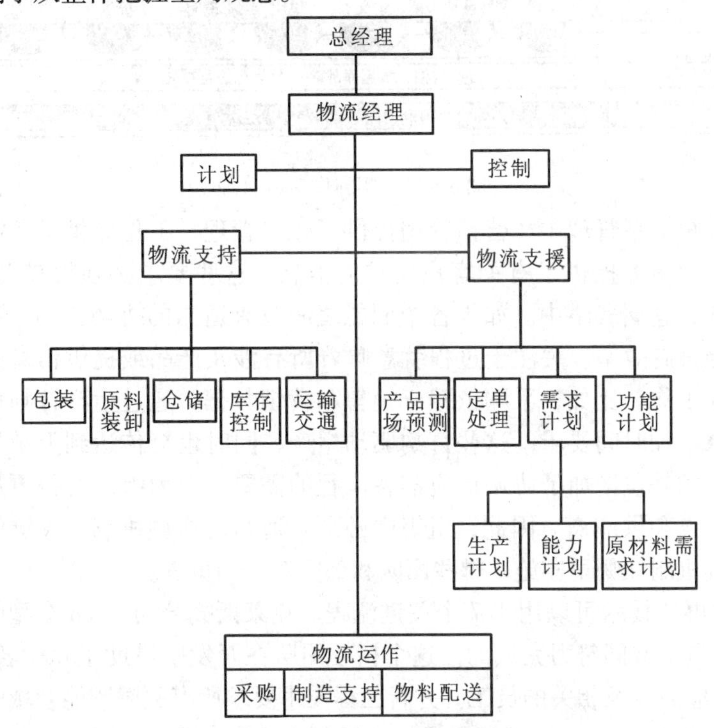

图 8 - 13　一体化物流组织结构

2. 实施一体化供应链管理

实施供应链管理要求整个供应链从关注职能转向关注过程。图 8 - 14 表示了组织中的每一个职能如何与 7 个关键流程相联系。

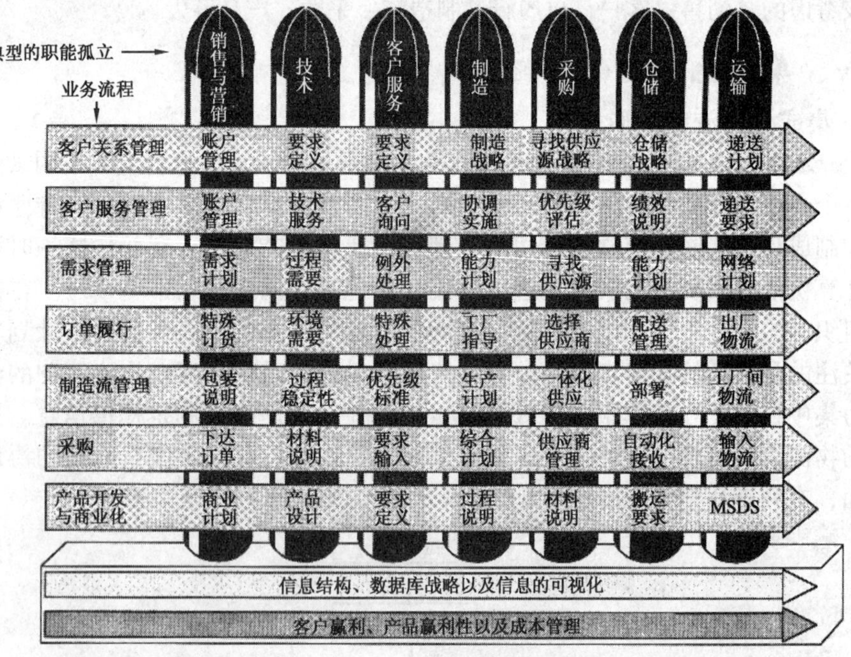

图 8－14　实施供应链管理

在客户关系管理中，营销管理提供了账户管理，工程提供了所需的工艺要求，客户服务提供了有关客户要求的信息。这些要求必须被贯彻在生产、货源寻找、仓储战略中。如果各个职能之间没有适当的协调机制，那么整个过程就会没有效率。关注于过程就意味着所有涉及产品或提供信息的职能都必须一同工作。比如，采购依赖于销售和营销数据，通过生产计划评价具体的订购水平和时间要求。这些订购驱动生产，同时也会传达到上游供应商那里。更多的外包增加了协调供应链各流程的需要，因为组织变得更加依赖于外部合作方和供应商。因此，组织中必须有适当的协调机制。关键的决策是这些协调机制在哪里实施，哪些团队和部门对它们负责。

7 项再造技术可以用于 7 个关键流程。克莱斯勒公司 Neon 车型的开发是 150 内部员工共同努力完成的。这个核心团队在开发中借助于 600 名工程师、289 个供应商以及相关的员工。并行工程技术要求所有关键职能领域的人员与供应商一起在 42 个月内共同完成开发任务。并行工程的使用避免了后来意见不一致、误解和延期等问题。要成功地实施供应链管理，供应链中的所有企业都必须克服它们各自的职能局限，接受过程观念。成功实施供应链管理的要求包括：高层以管理者的支持、领导和变革的决心；了解所需变革的程序；对供应链管理的愿景和关键流程达成一致意见；有为达到预期的目标而必需

的资源和授权。

3. 实施集成化供应链管理要解决的若干问题

目前，企业要实施集成化供应链管理必须解决如下问题：供应链的高成本(大约占净销售值的5% ~20%)；库存水平过高(库存水平经常保持在3~5个月)；部门之间的冲突；目标重构；产品寿命周期变短；外部竞争加剧；经济发展的不确定性增加；价格和汇率的影响；客户多样化需求等等。

为了解决这些问题，企业需进行以下几个方面的转变：(a)从供应链的整体出发，考虑企业内部的结构优化问题；(b)转变思维模式，从纵向一维空间思维向纵—横一体的多维空间思维方式转变；(c)放弃“小而全，大而全”的封闭经营思想，与供应链中的相关企业建立战略伙伴关系，优势互补，紧密合作；(d)建立分布的、透明的信息集成系统，保持信息沟通供应链的畅通和透明度；(e)所有的人和部门都应对共同任务有共同的认识和了解，去除部门障碍，实行协调工作和并行化经营；(f)风险分担与利益共享。

4. 集成化供应链管理实现的步骤

企业从传统的管理模式转向集成化供应链管理模式，一般要经过如下五个阶段：基础建设、职能集成、内部供应链集成、外部供应链集成以及集成化供应链动态联盟(图8-15)。

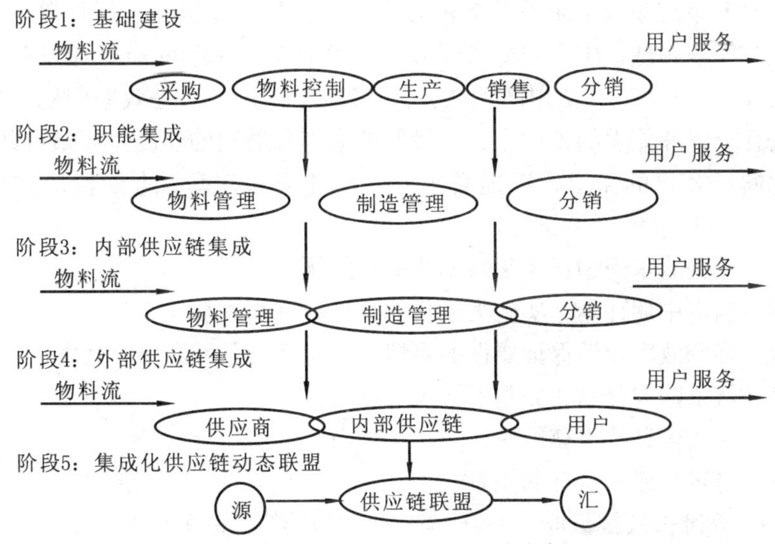

图8-15　集成化供应链管理实施步骤模型图

阶段1：基础建设　这一阶段是在企业原有供应链的基础上总结、分析企业内部影响供应链管理的阻力和有利之处，同时分析外部市场环境。在这一阶段，企业要解决好成本效益问题以及组织部门之间的协调问题。

阶段 2：职能集成 职能集成阶段集中处理企业内部的物流。企业围绕核心职能对物流实施集成化管理，对组织实行业务流程重构(见本章第四节)，实现职能部门的优化集成。通常可以建立交叉职能小组，参与计划和执行项目的过程，以提高职能部门之间的合作，克服不能很好满足客户订单的问题。

职能集成的具体做法是：

- 将分销和运输等职能集成到物流管理中来，制造和采购职能集成到生产职能中来
- 职能部门结构要严谨，均有库存做缓冲
- 具有较完善的内部协定，如采购折扣、库存投资水平、批量等
- 主要以订单完成情况及其准确性作为评价指标
- 要采用有效的预测技术和工具对用户的需求做出较为准确的预测、计划和控制

阶段 3：内部供应链集成 这一阶段要实现企业直接控制领域的集成，形成内部集成化供应链。集成的输出是集成化的计划和控制系统。为了支持企业内部集成化供应链管理，主要采用供应链计划(Supply Chain Planning，SCP)和 ERP 系统。SCP 集成了企业所有的主要计划和决策业务，包括需求预测、库存计划、资源配置、设备管理、生产计划和作业计划、物料计划和采购计划等；ERP 系统集成了企业业务流程中主要的执行职能，包括订单管理、财务管理、库存管理、生产制造管理和采购等职能。SCP 和 ERP 通过基于事件的集成技术联结在一起。内部集成化供应链管理的核心是效率问题，主要考虑在优化资源和能力的基础上，以最低的成本和最快的速度生产最好的产品，快速地满足客户的需求，以提高企业反应能力和效率。本阶段应注重如下问题：

- 强调战术问题而不是强调非战略问题
- 制定中期计划，实施集成化的计划和控制体系
- 强调效率，即保证要做的事情尽可能好、尽可能快地完成
- 从采购到分销的完整系统具有可见性
- 应用信息技术获得快速的反应能力
- 与客户建立良好的关系

阶段 4：外部供应链集成 实现集成化供应链管理的关键在于第四阶段，将企业内部供应链与外部的供应商和客户集成起来，形成一个集成化供应链。通过建立良好的伙伴关系，企业就可以很好地与客户、供应商和服务提供商实现集成和合作，在预测、产品设计、生产、运输计划和竞争策略等方面共同设计和控制整个供应链的运作。对于重要客户企业一般建立以客户为核心

的小组，这样的小组具有不同职能领域的功能，从而更好地为主要客户提供有针对性的服务。为了达到与外部供应链的集成，企业必须采用适当的信息技术为企业内部的信息系统提供与外部供应链节点企业的很好的接口，进行信息共享和信息交互，达到相互操作的一致性。这些都需要采用 Internet 信息技术。

阶段 5：集成化供应链动态联盟 在完成以上四个阶段的集成后，已经构成了一个网链化的企业结构，我们称之为供应链共同体。随着市场竞争的加剧，供应链共同体必将成为一个动态的网链结构，以适应市场变化、柔性、速度、革新、知识等需要，不能适应供应链需求的企业将从供应链联盟中被淘汰。供应链从而成为一个能快速重构的动态组织结构，即集成化供应链动态联盟。企业通过因特网络商务软件等技术集成在一起以满足客户的需求，一旦客户的需求消失，它也将随之解体。而当另一需求出现时，这样的一个组织结构又由新的企业动态地重新组成。

案例 麦当劳：以各个企业核心竞争力横向构筑的供应链网络

麦当劳在 116 个国家和地区开设了 25000 家餐厅，在每个国家都是本土化的企业。麦当劳在中国仅原材料国内采购每年就达 10 亿人民币，所有的原材料最初有一大部分从中国境外进口，现在 97% 以上在本地采购。中国麦当劳的供应商所生产的食品半成品还出口亚太地区。每年在中国购买的玩具达 13 亿个，一部分还出口到世界其他麦当劳市场。

麦当劳在本地建立了完善的供应链网络。在中国先后建立了 52 家工厂，实际投资额近 1.65 亿元。

麦当劳有一套久经考验的运转机制。其鸡、牛、生菜的养（种）殖，鸡（牛、猪、鱼）肉饼的加工，以及餐厅桌椅、厨房设备、专用招牌等分别有固定的供应链，有的已合作了 40 多年，麦当劳连锁店开到哪里，这些供应商就把厂建到哪里。麦当劳和各个供应链之间在财务、会计、人事和管理上完全独立，各自向公司董事会负责。麦当劳只在品质监控方面对供应商提出严格的要求，没有任何利益上的关系。

麦当劳薯条受到严格的监控。1993 年薯条主要供应商在北京成立合资公司，年产量 1 万 t 以上。早在 1982 年，麦当劳决定进入中国之前，便与辛普荣调查中国哪些土豆品种适合加工，引进选定的美国品种“夏波蒂”试种，同时引进美国先进的种植技术，标准统一到包括施肥、灌溉、行距、株距及试管育苗等。

美国可诺奈公司负担起向中国麦当劳餐厅提供高质量生菜条的工作，于1995年在北京建立了一家生菜条生产厂，并与昆明合资生产符合要求的生菜。1997年开始了广州项目，为了达到高标准要求，厂房设备和实验室设备几乎100%进口。

美国福喜公司与麦当劳有40多年的亲密合作，1991年在河北成立独资企业，为麦当劳提供肉类产品及分发配送服务。福喜有一套完整的产品质量保证体系，每道工序均有标准的操作程序。比如生产过程，就采用统计工艺管理法；关键质量控制点，则采用现场控制图法。每种产品都有几十项质量控制指标，以确保食品的安全和高质量。

麦当劳专用面包则由美国怡斯宝特在北京和上海的公司提供，该公司平均日产24万个汉堡包。面粉供应商的公司、河北马利酵母公司都自愿参加了美国烘焙协会的标准检查，以确保生产状况和卫生标准达到一定水平。

广州味可美食品公司由麦当劳美国供应商投资，1996年营运，专门为中国麦当劳提供西式调味料、酱料和雪糕顶料等。

中国麦当劳的两款特色食品——冷冻苹果派和菠萝派，则由美国百麦公司和中国北京南郊农场的合资企业生产，95%的原料在中国采购，一小部分调味品从国外进口。

麦当劳的市场推广计划也是出自专业的合作公司。总部设于美国的西门商业拓展公司，策划成效显著的市场推广计划，供应礼品、游戏、玩具、文具以及日用品。

思考与练习 8.

- 试述现代物流管理的内涵。
- 物流管理有哪些功能性活动？这些活动之间的关系如何？
- 结合实例试述物流技术管理中软技术的作用。
- 试述现代生产物流管理与生产计划的关系。
- 试述物流服务管理的作用。
- 试述现代物流管理绩效评价框架体系。
- 试述供应链的概念及特征。
- 供应链管理的主要内容、目标是什么？
- 集成化供应链管理实现的步骤？

第九章　第三方物流概论

本章先介绍了第三方物流的概念，分析了第三方物流产生发展的过程及其动因，描述了国内外第三方物流发展的现状，并介绍了第四方物流的概念及其与第三方物流的关系；然后分析了第三方物流的价值，介绍了企业选择第三方物流服务的一般决策过程，并就我国第三方物流市场需求进行了分析；接下来分析了第三方物流企业的来源和类型以及第三方物流企业的战略管理问题，并就其总体战略和经营策略两方面进行了具体分析；最后，从第三方物流项目设计、系统设计和信息系统设计几方面研究了第三方物流企业的相关设计问题。

第一节　第三方物流的产生与发展

一、第三方物流的概念

企业在组织物流活动时一般有两种选择：一是建立自有物流体系负责管理本企业的物流过程；二是将本企业的物流活动外包给专业性的物流企业，自己则集中精力进行产品生产和技术开发，充分利用专业化分工的优势，通过产业间的结盟达到共同发展的目标。在第二种模式中，专门承担企业外包物流活动的专业性的物流企业，由于并不参与商品的买卖，是独立于买方和卖方之外的第三方，故被称为“第三方物流”。它们凭借资金、技术和管理上的优势向众多企业、组织和家庭提供低成本、高效率的运输、仓储、包装等一系列物流服务。第三方物流通常又被称为“契约物流”、“社会化物流”、“物流联盟”等。作为一项外包服务业务，具有第三方物流性质的实践活动起源于欧洲，至今已有几百年历史，而它的迅猛发展则是在近二十年。因此，“第三方物流”的概念是20世纪80年代后期才在欧美发达国家出现的。

首先提出“第三方物流”概念的是美国物流管理委员会，它在1988年所做的一次用户服务调查中第一次使用了“第三方服务商”的概念。1989年发表的及其后续研究成果中对用户服务活动所进行的新的探讨，更是使这一概念受到了极大的重视。然而，美国物流管理委员会并未给出第三方物流的确切定义。迄今为止，国外关于第三方物流的文章也未给这一术语以统一的界定，而只是假设读者对这一论题有一定的理解。由于第三方物流概念传入我国只有几年时间，国内各界对其理解更是莫衷一是，于是产生了对第三方物流的

各种描述。如："物流社会化，国外又称第三方物流，是指商流与物流实行社会分工，物流业务由第三方的物流业者承接办理"；"第三方物流可以理解为物流的实际需求方(假定为第一方)和物流的实际供给方(假定为第二方)之外的第三方部分或全部利用第二方的资源通过合约向第一方提供的物流服务"；"第三方物流是指由物流劳务的供方、需方之外的第三方去完成物流服务的物流运作方式。第三方就是指提供物流交易双方的部分或全部物流功能的外部服务者"；"供应方、零售方之间的物流方称之为第三方物流。第三方物流是在物流渠道中由中间商提供的物流服务。中间商以合同的形式在一定期限内提供企业所需的全部或部分物流服务。第三方物流提供者是一个外部客户管理、控制和提供物流服务作业的公司"；"第三方后勤的含义：物流行业既非生产方，又非销售方，而是从生产到销售的整个流通过程中进行服务的第三方，它不拥有商品，而是为客户提供代理服务，具体内容包括：商品运输、储存配送以及附加值服务"；"第三方物流是物流服务供给方在特定的时间段内按特定的价格向需求方提供个性化系列物流服务的交易方式，这种物流服务是建立在现代电子信息技术基础上的。物流活动和配送工作由专业的物流公司或储运公司来完成，由于它们不参与商品的买卖，只提供专门的物流服务，因此是独立于买方和卖方的第三方，故称'第三方物流'"。

2001 年，由我国首家全国性物流行业协会——中国物流与采购联合会组织有关专家编写的《国家标准·物流术语》颁布实施。该标准首次对物流的相关概念进行了规范，其对第三方物流的定义是："由供方与需方以外的物流企业提供物流服务的业务模式"。

二、第三方物流产生发展的过程与动因

1. 第三方物流产生发展的过程

第三方物流作为物流专业化的重要形式，是物流业发展到一定阶段的必然产物，并将随着物流业的发展而发展。国外物流研究结果表明，第三方物流的占有率与物流产业水平之间有着非常规律的相关关系。实证研究分析证明，独立的第三方物流要占社会的50%，物流产业才能形成。因此，第三方物流的发展程度反映和体现着一个国家物流业发展的整体水平。尽管具有第三方物流性质的某些活动可以追溯到几百年前的欧洲，但第三方物流的真正启动却仅有二十余年的时间。欧美国家于 20 世纪 80 年代出现的物流一体化趋势，为第三方物流提供了良好的发展环境和巨大的市场需求，促进了第三方物流的产生与发展。

欧美国家的物流管理发展大致经历了三个阶段，即功能管理阶段、内部一体化阶段和外部一体化阶段。

功能管理阶段 20世纪60年代以前大多数公司进行的是物流分散管理，即对运输、采购、仓储等物流活动按功能分开管理。60年代前期，材料管理和物资配送开始逐步替代分散管理。到70年代末，许多管理者已经逐渐将材料管理和物资配送看成是一个有机的整体，内部一体化初现端倪。

内部一体化阶段 进入80年代，物流系统观念逐渐确立，运输、仓储和其他物流要素趋向完备。物流管理的任务就是整合所有物流过程，使各子系统协调运作，并将物流系统作为整个公司业务的一部分，这就是所谓的物流内部一体化。内部一体化强调的是整个公司的优化而不是特定部门的优化。第三方物流在这一个阶段开始出现，但此时只有数量有限的功能性物流企业和物流代理企业。

外部一体化阶段 外部一体化模式是90年代物流活动的组织结构。供应链管理的出现将一体化概念进一步从单个公司扩展到了供应链上的所有公司。在整条增值链中，单个公司只是其中的一个部分，而链上每一个公司都想通过降低成本和风险，有效配置链上成员的资源来提高整条活动链的效率，以获得竞争优势，这一愿望驱使它们进行外部一体化。于是，专业化的功能性物流企业和综合性物流企业以及相应的物流代理公司大量出现，第三方物流在这一阶段得到迅速发展。

2. 第三方物流产生和发展的动因

第三方物流的产生和发展既有经济动因，也有管理动因。

(1)国民经济高速发展为第三方物流的产生和发展奠定了基础 世界各国物流产生和发展的历程表明，第三方物流是经济发展达到一定阶段的必然产物。经济的大幅增长，必然伴随着社会物质产品数量的巨大增长和市场范围的迅速扩大，由此导致巨大的物质产品流动，使物流的需求量猛增，从而对物流业的发展产生迫切的需要。当物流的市场需求量达到一定规模并产生对专业化物流服务的需求时，独立于产品供需双方之外的第三方物流就会应运而生。

(2)基于效益最大化和提升企业核心竞争力的社会分工需要为第三方物流的产生和发展提供了机遇 市场的快速变化和竞争的日益激烈使许多企业在战略上更加注重运用企业的核心竞争力创造竞争优势。这种转变使外包得以迅速发展。通过将非核心业务外包，企业可以减少非核心业务的固定资产投入，将有限的资本集中于获利能力较强的核心业务，以更大的投入保障实现核心业务的技术先进性，并利用核心业务的规模经济和专业化进一步提高该业务的获利水平，降低经营成本和经营风险，增强企业竞争力，实现社会化分工协作带来的效率和效益的最大化。为此，许多企业把自己定位为瞄准目

标市场的“制造中心”，而将仓储、运输、配送、客户支持以及供应链组织与优化等职能，外包给这些领域的专家——第三方物流服务商。第三方物流企业则依靠自己的物流实力，完善物流服务功能，参与市场竞争，取得市场竞争优势。作为社会分工的结果，第三方物流的出现实现了社会资源的合理配置，使生产企业和物流企业的核心竞争力都得到了加强。

(3)强调外部协调与合作的新型管理理念的出现为第三方物流的产生和发展带来了新的市场需求 20世纪90年代以来，随着信息技术的高速发展和社会分工的进一步细化，管理思想和技术迅速更新，准时制(JIT)生产线、零库存、虚拟企业、供应链等一系列强调外部协调和合作的新型管理理念与运作模式不断出现。这些制造与流通领域的变革不仅增加了物流活动的复杂性，而且对物流服务提出了更高的要求，从而使一般企业很难承担此类业务，因此产生了专业化物流服务——第三方物流的需求。第三方物流的出现一方面迎合了个性需求时代企业间专业合作(资源配置)不断变化的要求，另一方面实现了进出物流的整合，提高了物流服务质量，加强了对供应链的全面控制和协调，促进供应链达到整体最佳性，因而较好地满足了企业对高质量专业化物流服务的需要。

(4)全球经济一体化趋势为第三方物流的产生和发展创造了更大的市场空间 伴随着全球经济一体化的发展，供应链的资源优化配置已上升到国际层次，企业间的合作已跨越了国界，跨国公司和企业战略联盟在全球范围内的长线运作，对物流服务提出了更高的要求，从而产生了对高效专业化物流服务的旺盛需求，扩展了第三方物流的市场空间。

(5)政府部门的规划与指导为第三方物流的产生和发展提供了支持 为促进国民经济发展，降低物流成本，不少国家出台了相关政策和措施以规划物流资源、推动物流业的发展。第三方物流在美国的产生和发展就是直接得益于美国政府在20世纪80年代解除运输管制的政策。在日本，1997年颁布的《综合物流施政大纲》明确了物流领域经济结构改革的一系列举措，为日本物流业跳跃式发展起到了积极作用。

(6)计算机与信息技术的高速发展为第三方物流的产生和发展提供了技术保障 20世纪90年代以来，计算机与信息技术的高速发展，为企业建设高效率的信息技术网络创造了条件。基于网络与信息技术的应用所实现的企业内部与外部数据的快速、准确传递，不仅提高了物流企业的自动化水平，使订货、包装、保管、运输、流通加工实现了一体化，而且能有效跟踪和管理物流渠道中的货物，精确计算物流活动的成本，并使物流企业与其他企业间的信息沟通和协调合作更加便捷。高水平的物流服务降低了客户外包物流服务

的风险，使客户企业能够更放心地把自己的物流业务交由第三方物流企业处理，从而促进了第三方物流企业的产生和发展。

三、国外第三方物流发展现状

如前所述，具有第三方物流性质的某些活动可以追溯到几百年前的欧洲，但第三方物流概念的提出及其运作的真正启动却仅有二十余年的时间。在这短短二十余年的时间里，第三方物流经历了一个持续高速发展的历程，据统计，1997～2000年，世界500强企业对第三方物流的需求由40%增加到了56%。由于其最初的发源地在欧洲，欧洲企业接受第三方物流服务的比例相对较高，因此普遍认为，在欧洲，特别是在英国，第三方物流市场已有一定的成熟度；而在美国，第三方物流业尚处于发展期；在亚洲，第三方物流的现状总体上与10年前的美国类似，只处于发展初期。

1. 欧洲第三方物流发展现状

欧洲第三方物流市场已有一定的成熟度。欧洲的第三方物流在20世纪的80年代末和90年代初开始启动，到90年代开始大规模扩展业务。据相关统计，2002年，欧洲的物流服务市场上约有28%的物流服务是由第三方物流完成的。欧洲的第三方物流企业以制造业为中心，其主要顾客是汽车制造厂和家电生产厂。欧洲不同市场的物流服务需求具有较大的差异。在法国、荷兰和德国，对第三方物流服务需求的重点在于技术手段和供应链管理；在公共交通设施欠发达的地中海国家，需求的重点在运输和仓储；在东欧国家，由于公共交通和通讯设施不发达，需求只是基本的运输和物流。西欧企业将物流服务外包给第三方物流企业的比例很高。据由乔治亚理工学院（Georgia Institute of Technology）会同德勤公司（Cap Gemini Ernst & Young U. S. LLC）和联邦快递的供应链服务部（FedEx Corporate Services）共同进行的最新全球第三方物流调研所得出的报告显示，在接受调查的400家企业中，79%的企业在2003年使用了第三方物流服务，而且传统物流服务外包的比例相当高。具体而言，这些企业国外运输和仓储的外包比例分别高达95%和91%，国内运输、客户通关、货运、装运合并/配送、客户代理外包比例分别为71%、67%、67%、62%和57%，其他一些物流功能也都在一定比例上选择了外包，例如德国99%的运输业务和50%以上的仓储业务是交给第三方物流企业运作的。为帮助制造商在不同市场进行销售，大型物流企业为制造商提供范围更广泛的服务，包括制作不同语言的标签和包装等。一些第三方物流的创新服务也在欧洲不断涌现。在英国目前推行的店内物流模式中，零售店更加专注于商品销售，而把从开门到关门，从清扫店堂、清理商品到补货上架等一系列服务都交由第三方物流承担，使得第三方的服务范围延伸到店堂内。在德

国，"五星级货物旅馆"已成为对物流中心的管理和运作的更高要求。物流中心的货物做到了加工更方便、物流更快捷、服务更周到、运作成本更低，吸引了越来越多的客户。

推动欧洲第三方物流发展的根本原因是企业对降低成本和改善服务的需求。在欧洲开设分支机构的公司选择第三方物流管理和经营物流设施，不仅能降低分销成本，而且能获得专业化的服务。乔治亚理工学院等进行的研究总结了被调查企业在2003年从使用第三方物流中获得的利益，包括：物流成本降低7%，物流固定资产减少5%，定单处理平均天数由4.7天减少到2.0天，全部库存降低13%。

欧洲物流需求膨胀带来的商机，使很多企业纷纷进入物流服务行业，物流服务供应商数量剧增。目前欧洲市场上的第三方物流公司大致可分为四种：一类是从事传统物流服务的公司，其业务起源于欧洲各国海关间复杂的报关等手续，但目前很多公司都被合并或退出了该行业；第二类是大型国有机构的第三方物流，比如国家铁路公司和港务局等；第三类是新兴的第三方物流公司，如德国汉堡的主要集装箱经营者欧罗凯公司等；第四类是从事大范围服务领域的大型物流企业，其中有一些欧洲本土的大型公司，也有美国在欧洲的大型公司分支机构，比如UPS。

2. 美国第三方物流发展现状

美国的第三方物流尚处于发展期。美国从1990年开始发展第三方物流，到2000年，市场规模约600亿美元，前20名第三方物流服务企业净收入达到93.4亿美元。目前，美国使用第三方物流企业的比例约为58%，而且其需求仍在不断增长。整个美国第三方物流的收入以年均15%~20%的比例递增。据Armstrong & Associates咨询服务公司对2001年美国第三方物流市场总量和结构的测算，该年度美国第三方物流市场总的合同物流市场收入为608亿美元，较2000年同比增长率7.4%，其中占较大比例的服务依次为国内运输管理、本土的国际物流运作和增值的仓储服务/分销，具体测算结果如表9-1所示。该结论是通过对占美国第三方物流市场55%以上份额的38家核心样本企业的数据进行深度分析得出的。另据Northeastern University的2001年度第三方物流调查显示，美国最大的生产性公司中约有74%使用第三方物流商提供的服务，这一比例是10年前的2倍多。

不同类型的企业对物流服务的需求存在一定的差异。据美国波士顿东北大学供应链管理学系最近与埃森哲咨询公司完成的一项调查显示，2002年《财富500》中的企业有六成半都使用了第三方物流服务，其中使用最多的是关税经纪、货物付款和货运代理等服务，在所有使用第三方物流服务的被访者中，

使用上述三项服务的比例分别为67%、63%和59%，较2000年同期分别增加26个、10个和14个百分点。在美国汽车、化工、电子等产业制造商和供应商中，把供应链管理外包给第三方物流服务商已蔚然成风。据2003年9月在芝加哥由物流管理协会主持召开的第三方物流第八次年会披露，化工、电子、零售和电信等行业的物流需求企业希望第三方物流服务商提供的是高度透明的、优化的集成式供应链管理。

表9-1　2001年美国第三方物流市场情况

第三方物流服务供应商	总收入(亿美元)	同比增长率(%)
1. 专项合同运输	83	2.5
2. 国内运输管理	175	3.6
3. 增值的仓储服务/分销	153	13.3
4. 本土的国际物流运作	157	7.5
5. 3PL软件	40	
6. 总的合同物流市场	608	7.4

美国第三方物流的兴起是市场化运作的核心体现。执行第三方物流的企业利用本公司或其他公司的物流资源，提供仓储、运输配送、物料管理、直拨、库存管理、货物组配、干线运输、及时制交货、运费协商、国际多式联运、供应链管理等多种物流服务。全美有几百家第三方物流企业，按其业务形式可分为两大类：一类是资产型，主要是以运输业者和仓库业者为母体的企业；另一类是无资产型，以货代和咨询公司为中心。资产型企业较多。一些专家认为，2002年和2003年是第三方物流行业发展速度和规模破纪录的一年。联邦快递公司(FedEx)、荷兰邮递公司(Deutsche Post)、Exel快递公司、天地快递公司(TNT)、美国总统轮船物流公司(APL)、马士基物流公司(Maersk Logistics)、中远物流公司、Schenker物流公司、Schneider物流公司等，已经把其经营范围扩大到全球各个主要口岸。联邦快递公司在2002年投资20亿美元，用于该公司各个项目的发展。大多数第三方物流公司非常积极地与物流软件公司签订协议，发展和维护公司的物流信息技术，其中Exel物流公司使用了Syntegra和G-Log公司提供的软件技术，Danzas物流公司和Descartes软件公司合作发展物流软件技术，马士基物流公司使用了EXE技术公司提供的物流软件。这些举措使物流服务从规模和水平上都上了一个新台阶。美国物流需求企业对第三方物流服务的满意度较高。据美国东北大学(Northeastern University)所做的2001年度第三方物流调查显示，在被调查的企业中，有67%的企业表示对第三方物流在降低成本方面表示“非常满意”或者“满

意”，有90%的企业表示在整体工作关系上“非常满意”或者“满意”。但是，来自美国乔治亚理工学院所进行的调查得到的结果却没有如此乐观。据该调查显示，1996～2000年间，有82%～90%的受访者对物流业务外包效果表示“极成功”或者“成功”，但在2001年度，这一数据却骤降至54%，主要是“极成功”的比例下降过快。虽然有研究者指出这可能是由于受访者对第三方物流提供商的期望在提高，但仍然说明第三方物流商在某些方面需要做更多的努力。

第三方物流在美国拥有巨大的发展潜力，前景非常乐观。据美国的一些运输经济学家研究，目前美国有每年大约7 000亿美元的外包物流市场，第三方物流服务仅仅占美国外包物流市场的9.3%。而据美国著名经济分析家詹姆士·温彻斯特(James Winchester)分析，综合各方面因素，估计在今后的5年里，第三方物流服务在美国的年增长率是16.5%，5年内第三方物流服务将占美国外包物流市场的15%，10年后，这个比例将至少达到20%，接近或者达到欧洲第三方物流占有率的水平。

3. 亚洲第三方物流发展现状

亚洲第三方物流的现状总体上与10年前的美国类似，只处于发展初期，且各个国家发展水平不均衡。2004年初，美国《物流管理》(Logistics Management)杂志的Richard Knee通过采访亚洲各地的第三方物流公司(以下简称3PL)的高层主管，得出了亚洲的第三方物流发展迅速但实力依然需要进一步改善的结论。Richard Knee认为，虽然第三方物流在中国的快速发展在这几年中受到了最大的关注，但物流外包业务继续在经济更发达的国家和地区，如日本、新加坡、南韩和中国台湾进一步拓展扩大。在亚洲的其他地方，随着信息基础设施的完善和各国政府对国内外放松经济管制，物流外包业务将出现腾飞。不过，即使一些发达国家的第三方物流现状与美国相比依然相对处于不成熟状态。例如韩国政府只是在最近才放松运输业的管制。而只有韩国政府全部将运输市场放开以后，其国内第三方物流才会迅速发展。

亚洲不同国家和地区的第三方物流发展并不均衡。在高度工业化的国家与地区，比如日本、新加坡、韩国、中国香港和台湾，由于技术设施和金融体制都非常健全，第三方物流物流发展很好。例如，日本是亚洲第三方物流发展较早且较快的国家。第三方物流公司是1996年在日本出现且迅速得到发展的。目前，日本很多公司都有自己的物流子公司为母公司服务。因此，第三方物流客户是那些尚未形成自身物流网络的外资公司、对物流网络建立及运营所需资源投入不足的公司和战略性的对重新构筑的物流体系进行外筹的公司等。但在东南亚一些国家，如越南、印度尼西亚、柬埔寨和泰国，由于

大多数生产厂商是基于本地化或地区化的，它们习惯于面对十分支离破碎的市场环境，使用不同的人员面对不同的服务和不同的地方，因而往往采用内部运作分销渠道。第三方物流的理念在这些国家还处于萌芽状态，正得到缓慢的推进和传播。因此，它们可能是第三方物流的“下一个增长亮点”。

UPS集团供应链解决方案公司负责公共关系的总监Lynnette McIntire认为，在亚洲存在着两种物流供应商：一种是富有活力的中小型供应商，它们主要是市场的主要参与者，地理位置上都有特定的服务区域，并且和当地客户有着极佳的关系；另一种则是大型第三方物流公司，主要是跨国公司。在亚洲进行生产的高科技公司正在“迫使”第三方物流公司处理它们在发展中国家的物流需求。而满足这些高科技行业物流需求的第三方物流公司通常是非亚太地区的公司。除了UPS和DHL之外，联邦快递也在9个亚洲国家建立了19个“物流分销中心”。许多实力显著、具有全球物流网络的欧美国家公司，如：TNT、Exel、APL、BAX、Maersk、SchenKer等，都纷纷在亚洲建立了基地。

四、我国第三方物流发展状况

第三方物流在我国的产生和发展有一个曲折的过程。众所周知，我国的物流学是20世纪70年代末兴起的。自那时起，我国政府、学术界和物流企业都为物流发展倾注了不少心血和精力。各种各样的物流研讨会的举办以及各个地方大大小小配送试点的建立，无不昭示着大家奋力创造物流业辉煌的雄心壮志。但是，经过十几年的努力，不但第三方物流没有出现，连配送试点最后也名存实亡了。正当人们对物流业悲观失望之际，20世纪90年代中期，第三方物流却悄悄地诞生在东南沿海城市，并逐渐发展壮大，蔓延到全国，甚至形成了一股“第三方物流”热。

回顾我国第三方物流的产生发展历程，可以得出一个重要的结论，即：第三方物流的兴起需要具备一定的基础条件和相应的环境，第三方物流在我国的产生和发展，是建立在我国经济社会发展基础之上的，因而有其必然性。20世纪80年代前，我国处在计划经济体制下，企业建设追求的是自给自足的大而全、小而全模式。很多企业都是麻雀虽小、五脏俱全，仓储、运输等物流活动基本上都是由企业自行运作的。虽然一些生产和流通部门也建立起数量不多的储运公司和功能单一的仓库，但仍然只是物资企业或行业系统的附属服务机构。物流是个公益性较强的行业，企业吃的是计划饭，任务由上级安排。改革开放后，我国国民经济得到了较快发展。随着我国经济体制由计划经济向市场经济的转化，流通领域的物流越来越受到重视。市场范围的扩大以及跨国公司在中国分支机构的建立，使得对国际和跨地区物流的需求不

断增长。20 世纪 90 年代，是新中国成立后我国经济发展史上的第一个高峰期。高速发展的经济带来了巨大的物流需求，刺激了我国物流产业的发展和物流市场的形成。由于越来越多的企业关注本身的核心业务，而把主业以外的业务加以外部化，专业提供仓储、运输等物流服务的第三方物流应运而生。1995 年，PG 物流公司承担了 Procter & Gamble 的供应链管理业务，成为我国第一个真正的第三方物流服务企业。此后，一些国际著名的专门从事第三方物流的企业和运递业巨头，如 TPG、UPS、DHL、FedEx、德国邮政等，或结成联盟，或并购股权，纷纷组成专业化的物流企业，作为专业化的“第三方物流”供应商进入物流领域。国内原有的国有大型仓储运输企业和中外合资企业，如中国储运总公司、中外运公司、大通、敦豪、天地快运、EMS 等也成为“第三方物流”供应商。它们为客户提供涉及全国配送、国际物流服务、多式联运和邮件快递等服务。到 2002 年，我国已经注册的物流企业已达 73 万家。此外，我国公路、水运、空运、港口等领域的一些物流企业还进入了资本市场。到 2003 年为止，在我国 A 股证券市场中上市的物流或物流相关企业近 30 家。上市促进了这些企业由传统物流向现代物流和向高科技企业转变以及传统物流业规模的扩张。

国家为高速发展物流业而采取了一系列重要措施。在“八五”规划中明确地把发展第三产业特别是物流业作为重点，在此期间动工兴建的 10 项特大型工程中，物流业就占有 5 项，而且全部是运输方面的。政府在高速公路网、集装箱港口、机场、信息网络和物流中心等物流基础设施建设中加大了投入，一些跨国公司和私人企业也在 IT 技术和物流设备与装备领域进行了投资。进入新世纪，特别是“入世”以来，中国经济发展面临着新的局面。一方面，经济全球化的进一步发展，正在使我国成为世界制造中心；另一方面，门户开放和国内市场的快速发展，又使我国成为一个巨大的国际消费市场。这一切促进了我国物流业的发展，并加速我国物流业与国际物流业的接轨。在由网络热而引发的物流热中，众多的企业投身于物流领域。

五、第三方物流与第四方物流

自从全球供应链管理咨询公司——安德森公司首先提出第四方物流（Fourth Party Logistics，4PL）的概念，并将其注册为自己的服务商标以来，第四方物流已经在全球范围内得到了迅猛的发展。近年来，随着经济全球化，顾客需求个性化、多样化，产品的更新节奏加快，竞争日趋激烈，物流管理已经扩展到供应链层面。在这种环境下，第三方物流显现出了固有的缺陷，如技术比较单一，缺乏柔性；资源特别是智力资源有限，难以实现对整个供应链的优化集成；缺乏战略眼光，难以对供应链实施战略管理等。第四方物

流作为供应链集成商恰恰弥补了第三方物流的缺陷，从而成为物流发展的新趋势。

国外的第四方物流企业已经开始抢滩我国物流服务市场。例如，德国的飞鸽物流公司已经把触角伸到了我国，在上海成立了第四方物流分公司。我国的一些物流企业也积极加入了这一“淘金者”的行列。2000 年成立的北京第四方物流有限责任公司就是其中较早的一个，它建立了自己的网站——中国供应网，借助互联网开展业务。此外，还有一些企业以“第四方物流”命名或宣称提供第四方物流服务。

1. 第四方物流的概念与模式

由于人们对新事物总会有不同的理解，第四方物流的概念也有多种不同的表述。其中 John Gattorna 在《供应链联盟战略》中给出的第四方物流的定义充分反映了第四方物流的实质：“第四方物流服务商是一个供应链的集成商，它通过对公司内部和具有互补性的服务供应商所拥有的不同资源、能力和技术进行整合和管理，为客户提供全面的供应链解决方案”。

安德森公司在总结第四方物流运作规律的基础上，归纳出以下三种第四方物流运作模式：

(1)“协助提高者” 以第三方物流服务商为服务对象，通过与第三方物流服务商签定合同或建立联盟为其提供技术支持、管理咨询、战略咨询等相关服务。

(2)“方案集成商” 以供应商(货主)为服务对象，为其提供一整套供应链解决方案及相关服务，包括：选择运输和仓储服务商、库存管理、价格谈判、物流信息系统构建及客户服务等。

(3)“产业革新者” 以多个行业为服务对象，通过整合和协调各种资源，为不同行业开发或优化供应链解决方案。

2. 第四方物流产生的必然性

(1) 第三方物流的局限性为第四方物流的发展提供了机会和空间 一项由美国东北大学工商管理学院和安德森咨询公司合作进行的 2000 年“美国大型制造企业利用第三方物流服务状况”调查表明，73% 的第三方物流服务用户不只使用一个第三方物流服务商来满足其物流外包的需要。大多数企业之所以同时使用多个第三方物流服务商，是因为几乎没有哪个第三方物流服务商能够独立承担客户外包的全部物流职能。目前第三方物流合同所涉及的物流服务内容之多、覆盖的地域范围之广，已经使得单一的第三方物流服务商越来越难以满足如此复杂的需求。一些第三方物流服务商开始通过合并、兼并或联盟对此做出回应，以期更好地满足客户的需要。这还不够，它们需要一

个组织来整合这些不同类型的物流服务商、并通过有效集成其核心竞争力形成供应链整体竞争优势，实现客户的供应链目标。第四方物流服务商恰恰凭借其独特的战略管理优势适应了这种需要。也就是说，传统的第三方物流服务商缺乏构建和管理供应链的技能，正是这一缺憾为第四方物流的发展留下了空间、提供了机会。

（2）信息技术的发展使第四方物流的产生和发展成为可能 为提供供应链综合解决方案，第四方物流服务商必须通过建立一个平台将制造商、运输服务商、仓储服务商和客户等组成供应链的各个环节连接在一起，以形成动态供应链网络，并借助该平台实现信息共享。网络和信息技术的发展使得这一虚拟平台的构建不仅可以实现，而且容易实现。借助于物流软件，第四方物流服务商可以很容易地制订出运输、分销、仓储等相关计划。这种面向客户的软件目前已经商品化且价格并不昂贵。通过因特网，第四方物流服务商可以在更广阔的空间选择供应链成员，从而更迅速有效地建立起符合客户要求的供应链体系。与此同时，供应链上的所有成员也可以在世界各地方便、及时地获得与其权限相符的各类信息，用以支持其做出正确的决策，并保持供应链成员的协调一致。因此，第四方物流的产生既是必要的，也是可能的，因而具有必然性。

（3）第四方物流与第三方物流的关系

①*第四方物流是第三方物流的延伸和扩展*。第三方物流服务商是供货方和客户之外的第三方参与者，它提供供应链上的各种基础物流服务，包括运输、配送、仓储和其他职能。比较第三方物流与第四方物流的定义可以看出，第四方物流比第三方物流服务内容更广泛，它将物流服务从基本职能扩展到复杂的供应链管理，是第三方物流的延伸。

②*第四方物流与第三方物流在许多方面存在差异*。由于第四方物流服务商具有不同于第三方物流服务商的核心竞争力，两者在服务对象、服务内容、服务类型等方面均不相同，在供应链上的地位也截然不同，具体区别如表9－2所示。

③*第四方物流将与第三方物流并存*。一些第三方物流服务商认为它们正面临来自第四方物流服务商的竞争威胁，其实，这种担心是多余的。作为供应链的组织者和管理者，第四方物流服务商与第三方物流服务商在供应链上所起的作用是不同的。尽管第四方物流服务商具有提供完善供应链解决方案的能力，但它们不可能同时具备物流实体运作所需的各种资源，如仓储设施、运输设施及与之相关的核心竞争力等。在这些方面，第三方物流服务商具有独特的优势。因此，第四方物流服务商必须通过集成自身和第三方物流服务

商的核心竞争力来构建起具有整体竞争力的供应链。优秀的第三方物流服务商是供应链的必要组成部分。第四方物流的发展在很大程度上依赖于第三方物流的发展，它不会取代第三方物流而将与第三方物流并存。

表9-2　第四方物流与第三方物流的区别

物流模式	3PL	4PL
服务对象	供应商(托运方)、用户	供应链上的所有环节，包括供应商、用户和第三方物流服务商
服务内容	仓储、运输、配送等物流基本职能	提供完善的供应链解决方案，包括管理咨询、战略咨询、业务规划、流程再造等
服务类型	运作型(完成供应链上的某一项或某几项职能)	管理型(对整个供应链进行综合管理)
在供应链上的地位	参与者(供应链上的一个环节)	组织者和领导者(对供应链上各方加以集成和管理)
核心竞争力	实体物流运作能力	供应链管理与变革

④*第四方物流所带来的利益*。从它产生以来，第四方物流获得了迅猛的发展。它为企业和社会带来了以下诸多利益。

使组织柔性上升到前所未有的高度　第四方物流的核心业务是为企业和行业建立或重构供应链。为满足客户个性化的需求，第四方物流服务商通过网络平台集成具有竞争优势的不同类型企业构建客户导向的供应链体系。所有位于供应链上的企业彼此是合作伙伴，它们共同组成一个市场导向的虚拟组织，与市场上的其他供应链展开竞争。这一虚拟组织并非一成不变。当市场环境发生变化时，第四方物流服务商会按照客户的需要对其进行相应的调整。这种动态的供应链合作关系无疑使组织具有更大的柔性。

增强了供应链整体竞争优势　供应链上的每一个企业都是凭借其核心竞争力入选的。由于拥有其所在领域中最先进的技术、较经济的规模、必要的资本投入和足够的运作经验，它们较其他企业能够更高效地履行自己的职责。按照“整体功能大于部分功能之和”的原理，有效集成各方所长的供应链必将具有任何企业单枪匹马所无法具备的更大优势。也就是说，第四方物流通过整合各个企业的资源提高了整个供应链的竞争力。

加快了供应链对市场的反应速度　通过信息的快速传递和供应链上各企业的有效合作，第四方物流服务商可以帮助其客户及时适应市场条件的变化做出适当的调整。基于信息共享的客户信息反馈使企业的市场预测更为准确，并使企业能适时将生产重心转移到畅销产品上去；高效率的配送系统能将产

品更快地送达高需求的细分市场；借助于地方企业享有的特殊权益，企业可在世界各地迅速打开市场。

促进了全球资源配置的优化 第四方物流的基本职能是集成各种物流服务、管理整个供应链和再造供应链业务流程。为敏捷地对客户需求做出响应，第四方物流服务商总是尽可能充分利用现有的各种社会资源来建立客户所需的供应链体系。得益于信息技术的发展，它可以在全球范围内选择供应链合作伙伴以实现其预期目标，这在客观上减少了企业不必要的投资，促进了全球资源配置的优化。

第二节 第三方物流市场分析

一、第三方物流的价值

第三方物流可以利用自身所具有的独特作用与价值，通过规模化、专业化的服务，为企业在降低成本、完善服务、分担风险、增强竞争力等诸方面带来更多的利益，从而帮助企业获得更大的竞争优势。

(1) 第三方物流的成本价值 降低成本是大多数企业将物流业务外包给第三方物流服务商的主要原因。由于对很多企业而言，削减物流成本较削减制造成本具有更大的潜力，因此，降低物流成本因成为企业的“第三利润源”而受到普遍重视。第三方物流的成本价值来源于以下几个方面。

减少委托方企业的物流设施设备等固定资产投资 使用第三方物流的企业以支付服务费用的形式获得服务，可充分利用第三方企业的专业化物流设备、设施和先进的信息系统，而不必使用自己的仓库、车辆等物流设施，因此可以使自身的相关固定成本转化为可变成本，消减固定资产费用，并减少对物流信息系统的投资。企业可将节省的资金用于其核心业务，获得更高的资金回报率。

降低委托方企业的仓储、运输、配送等费用 在多数情况下，第三方物流公司在规模经济方面比单个企业有优势，它们可通过大宗交易获得低费率，并可将在仓库、设备、软件等方面的投资在大量货主身上分摊，以降低单个客户的费用；第三方物流公司运用其专业化物流运作的管理经验，精心策划物流计划和适时配送手段，帮助客户实现准时生产，最大限度地减少库存，改善企业的现金流量结构，实现成本优势；第三方物流企业通过自身广泛的结点网络实施共同配送，可大大提高运输效率，为客户企业减少运输费用。

减少委托方企业的物流管理相关费用 第三方物流公司由专业物流管理人员和技术人员进行物流运作，可提高单证处理效率，减少单证处理费用。企

业使用第三方物流服务可减少直接从事物流的人员数量，减削工资支出，并降低自营物流活动所需的管理费和伴随而来的信息传递、处理等所发生的信息费等广义的物流费用，获得整体最优的运作效果。

(2)第三方物流的服务价值 降低成本是企业物流外包的主要原因，但不是惟一原因。因为在激烈的市场竞争中，高水平的顾客服务已成为企业竞争的关键因素。在某些情况下，服务甚至比成本更重要。企业的物流管理与控制，应该在成本与服务水平之间寻求一种均衡，而不是一味地追求低成本，更不能以降低服务质量和水平为代价去换取成本的降低。因此，企业物流管理的目标是以最小的总成本提供预期的顾客服务。专业化的第三方物流能够帮助委托方企业提高顾客服务水平和质量，从而保证企业目标的实现。第三方物流的服务价值体现在以下几个方面。

提高委托方企业的顾客响应能力 第三方物流企业所具有的专业技术能力，特别是其中的大型企业所具有的覆盖范围广泛的信息网络和物流结点网络，使其能够迅速对顾客需求做出反应。通过训练有素的专业人员对定单的及时处理以及专业化的门到门运输等服务，第三方物流缩短了顾客从定货到交货的时间，实现了货物的快速交付，从而使委托企业的顾客获得了更高的满意度。

提高委托方企业的服务水平 第三方物流企业在为委托方企业提供产品售后服务、送货上门、退货处理等服务的过程中，能够利用其先进的信息技术和通讯技术加强对在途货物的监控，及时发现、处理配送过程中的意外事故，保证货物及时、安全送达，从而更好地实现企业对顾客的承诺，提高委托方的企业信誉，促进企业产品的销售。

(3)第三方物流的风险分散价值 降低经营风险也是企业外包的原因之一。企业自营物流通常会面临两大风险：一是投资风险，企业购置物流设施、设备和信息系统的投资是相当大的，如果缺乏相应的物流管理能力，造成企业物流资源的闲置浪费，这部分在物流固定资产上的投资将面临无法收回的风险；二是存货风险，企业由于自身配送、管理能力有限，为了能对顾客订货及时做出反应，防止缺货，快速交货，往往采取高水平库存的策略，而存货要挤占大量资金，随着时间的推移，其变现能力会减弱，从而造成巨大的资金风险。使用第三方物流服务则能降低下述两方面的风险。

降低委托方企业的固定资产投资风险 第三方物流企业拥有自身完善的物流设施、设备等资源。企业将物流运作外包给第三方物流企业，可利用其资源，不需要再投资于物流领域的固定资产，而是代之以物流服务费用的支出，因而规避了投资风险。

降低委托方企业的存货损失风险 第三方物流企业拥有完善的运输、配送网络和对物流运作的管理控制能力，能够提高顾客响应速度，加快存货的流动周转，从而减少委托方企业内部的安全库存量，降低企业的资金风险。

（4）第三方物流的竞争力提升价值 企业对提高自身核心竞争力和供应链层面竞争的关注同样是第三方物流产生和发展的推动力。在专业化分工越来越细的时代，实力再强的企业也不可能面面俱到，在每一个领域都具有竞争优势。将有限的资源用于自身最具竞争力的领域，打造自己的核心竞争力已成为很多企业的共识。第三方物流有助于增强以下竞争力。

增强委托方企业的竞争力 对于那些并非以物流为核心业务的企业而言，将物流运作外包给在物流活动中具有优势的专业第三方物流企业来承担，可以使企业专注于自身的核心能力，开发新产品，拓展新市场，建立优质品牌，有助于增强企业的竞争力。

提升整个供应链的竞争力 第三方物流企业在其自身领域所具有的竞争优势，使其能够通过其掌握的物流系统开发设计能力、信息技术能力将原材料供应商、制造商、批发商、零售商等处于供应链上下游的各相关企业的物流活动有机衔接起来。委托方企业与包括第三方物流企业在内的这些具有不同核心竞争力的企业所构成的供应链，能够形成个别企业所无法实现的更为强大的供应链竞争优势。

（5）第三方物流的社会效益 第三方物流不仅能为委托方企业创造更多的价值，而且能够为社会带来良好的效益。第三方物流具有以下社会价值。

整合和利用社会存量资源 第三方物流企业可运用其专业的管理控制能力和强大的信息系统，对分散在不同企业的原有的仓库、车队等物流资源进行统一管理、运营、组织共同存储、共同配送，将企业物流系统社会化，实现信息、资源的共享，从而促进社会物流资源的整合和综合利用，提高整体物流效率。

缓解城市交通压力 第三方物流可利用其专业技能加强运输控制。通过制定合理的运输路线，采用合理的运输方式，组织共同配送、货物配载等，减少城市车辆运行数量，减少车辆空驶、迂回运输等现象，解决由于货车运输的无序化造成的城市交通混乱、堵塞问题，缓解城市交通压力。

减少环境污染 第三方物流通过提高城市车辆运输效率，可减少能源消耗，减少废气排放量和噪声污染等，有利于环境的保护与改善，促进经济的可持续发展。可减少能源消耗，减少废气排放量和噪声污染等，有利于环境的保护与改善，促进经济的可持续发展。

二、企业选择第三方物流服务的一般决策过程

第三方物流的价值是相对的，并不是所有企业在任何情况下使用第三方

物流服务都可以获得更大的利益。企业通常需要将自营物流与使用第三方物流的利弊加以比较，从而做出有利的选择。企业选择第三方物流服务的一般决策过程包括以下几个阶段

（1）分析自营物流的可行性 企业首先要明确自身当前和未来的物流服务需求，确定需求的数量与顾客服务水平；然后，评估自身运作物流系统的能力，包括设施基础、资金实力、技术水平和管理经验等；在此基础上分析企业对自身物流服务需求的可满足程度，并据此做出初步的选择。如果企业自身的物流运作能力不能满足其对物流服务的需求，则企业只能选择使用第三方物流服务；反之，如果企业能够通过建立自己的物流系统满足自身的物流需求，则可以考虑采用自营物流，但还需进一步就自营的必要性等其他方面加以分析。

（2）分析自营物流的必要性 具有自营物流能力的企业是否采用自营模式，首先应取决于物流水平对企业市场地位影响的重要性和企业的竞争与发展战略。此时，企业通常需考虑三个方面的问题：一是物流对企业业务流程的影响程度；二是它是否需要相对先进的技术，采用此种技术能否使公司在行业中领先；三是这种优势在短期内是否不能为其他企业所模仿。如果对上述问题的回答都是肯定的，那么物流水平对企业总体市场地位是至关重要的，企业应该在其竞争与发展战略中将物流服务作为核心竞争力予以开发，也就是说，企业非常有必要建立自己的物流系统，即选择自营物流模式。反之，企业则可以考虑利用第三方物流服务。此时，企业通常需要进一步将自营物流使用第三方物流的利益加以比较，以做出选择。

（3）比较自营物流和使用第三方物流的利益

①经济性。一方面，使用第三方物流，企业可消减固定资产费用，将资金用于其核心业务，以提高资金回报率，降低投资风险；另一方面，在多数情况下，第三方物流公司在规模经济方面比单个企业有优势，它们可通过大宗交易获得低费率，并可将在仓库、设备、软件等方面的投资在大量货主身上分摊。因此，使用第三方物流较自营物流具有一定的成本优势。但值得说明的是，因为第三方物流实际方案通常是针对不同的客户量身定制的，不具有广泛性、适用性，因此，这种基于规模经济效益的成本优势并非一定能够真正得以实现。企业应按照物流系统成本构成的具体情况进行相应的核算，以比较在满足一定的顾客服务水平下，自营与使用第三方物流服务的成本。

②风险性。企业若选择自营物流，物流系统属自己所有，整个物流系统的运作完全在自己掌控之下，企业对物流成本和服务水平有较强的控制能力，运作风险较小。使用第三方物流，物流业务交由物流公司打理，企业对物流

公司的约束力仅限于双方合同中规定的权利义务，对物流运作的控制力大大降低。一旦双方沟通协调出现问题，就可能产生不能按企业要求完成业务活动的风险。更有甚者，如果物流公司利用其有利的地位提高价格或产生种种机会主义行为，如不按合同规定的时间配送、装卸搬运过程中故意要挟等，就会给企业带来较大的损失。

③适应性。企业如果选择自营物流，则必然需要投入大量的资本用于购建所需的设施、设备，如仓库、汽车、叉车等设备及管理软件等，并需招聘一定数量的员工以建立相应的部门，从而构建起自己的物流系统。这样的体系一经建立，就会在一定程度上固化企业的资金和人员。当企业的物流需求出现较大变化需要对系统进行调整时，企业通常会面临一系列棘手的问题而导致决策困难且难以迅速对系统进行调整。如果企业选择使用第三方物流，企业与物流服务商之间依据双方签订的合同进行合作。针对自身物流需求的变化，企业只需通过对供应商的选择予以调整，即可快速实现系统的重新构建。因此，使用第三方物流通常较自营物流具有更强的适应性。

综合上述因素可以看出，自营物流与使用第三方物流在风险性和适应性上各有利弊。因此，对于有自营物流能力而又并非由于战略需要必须自营物流的企业而言，经济性往往是起决定作用的。在选择和设计物流系统时，企业通常对系统的总成本加以检验，最后选择成本最小的物流系统。

（4）选择第三方物流服务商 如果企业在经过上述比较后决定使用第三方物流，接下来就要选择第三方物流服务商。假如企业只是与第三方物流服务商进行短期合作，则下列因素构成了企业选择服务商的主要依据。

- 服务商的服务水平，如每吨公里成本和准时送货率
- 服务商的品牌与信誉
- 服务商的网络覆盖率

假如企业打算与第三方物流服务商建立长期的合作伙伴关系，则在考察上述因素的同时，还要考虑以下几个因素。

- 服务商的战略定位与本企业战略是否匹配
- 服务商在技术上是否具备创新能力以满足企业未来发展的需要
- 服务商的服务范围是否能够满足企业未来业务扩展的需要
- 服务商的资本实力能否维持其未来的持续增长
- 服务商的结构是否具备适应物流整合时代发展所需要的可变性

企业在就上述诸因素对服务商进行充分考察的基础上，可选出符合企业要求的第三方物流服务商。

（5）与第三方物流服务商签订外包合同 一般的企业通常会选出2～3家

物流公司签订临时物流合作意向书，进行试运作。为保障双方合作的顺利进行，签约双方必须本着“双赢”的原则，就意向书中服务标的、所需服务及水平、事故责任、赔偿等双方的权利义务做出明确具体的规定，以避免由于条款不明确而造成的相互推诿、扯皮等现象。所有的规定和要求都应严格执行，任何环节的遗漏或忽略，都有可能为未来的运作埋下隐患。试运行大多只有两三次机会，物流公司会认真对待，大多情况下运行都会比较顺畅。但若据此订下正式合作意向，则未免过于草率。因为有些问题不可能短期内出现，所以最好有一个加深彼此了解、互相适应的磨合阶段。磨合期的长短，企业可根据本身商品的具体特点及所需服务的实际情况作适当调整，一般应在一、两个月左右。这个时期通常会暴露出一些可预见或始料不及的问题，但只要能想办法及时纠正解决，就可避免未来重蹈覆辙。企业可在磨合期检验物流公司对其承诺的服务是否能始终如一的贯彻执行。如果磨合期运营结果符合企业要求便可正式签订合同。签订合同时，最好同时选择两家物流公司，以形成竞争机制，这样既有利于提高对方的服务质量，又可以避免形成企业对单独一家的依赖性。合同签订后，则要注重其履行情况，应对物流公司建立有效的监督机制，包括阶段性测评、收集客户的反馈意见、不断地有针对性地改进服务等。这些都有助于提高企业的管理，提高物流公司服务的核心价值，并获取客户的信任，从而使物流成为生产企业运作的一个有利保障。

三、我国第三方物流市场需求分析

中国仓储协会于1999 年、2000 年、2001 年和2003 年组织了4 次全国范围内的物流供求状况调查。2001 年的第三次调查，通过邮寄问卷的形式，调查了全国生产、商业和储运及物流企业共2000 家，回收答卷230 份，其中有效答卷为219 份，包括生产企业问卷74 份，商业企业问卷46 份，供给企业问卷89 份。中国仓储协会历次调查提供的调查报告，都涉及了对第三方物流服务的相关分析。2002 年，美智(Mercer)管理顾问公司与中国物流与采购联合会合作，专门对我国第三方物流市场进行了调研。通过对涉及IT 和电信、汽车、食品和饮料、快速消费品、消费类电子、化工、服装和纺织、医药8 个行业的48 个物流需求企业，以及包括外国物流提供商、生产与流通企业物流部门、新兴的中国物流公司、传统的中国运输与仓储企业转型的物流企业在内的19 家第三方物流服务企业的调查，美智管理顾问公司于2002 年4 月发表了题为《中国第三方物流市场——2002 年中国第三方物流市场调查的主要发现》的调查报告。尽管上述这些调研涉及的企业数量有限，尚不能完全反映我国市场的全貌，但其主要结论仍具有较高的代表性，为分析我国第三方物流市场提供了重要依据。

(1) 我国目前仍处于第三方物流发展初期 据美智公司提供的报告，中国目前与物流相关的总支出有19000亿元人民币，物流成本占GDP的比重为20%左右，第三方物流市场的潜力很大。但真正意义上的第三方物流处于发展初期，2001年的市场规模在400亿元人民币以上。70%的物流服务提供商在过去的3年中，年均业务增幅都高于30%。整个中国第三方物流市场2000~2005年的年增长率将达到25%。而据有关数据表明，2003年，第三方物流规模已超过600亿元，以年30%的速度上升，第三方物流在我国发展迅速。据美智公司分析，推动中国第三方物流发展的主要因素，首先在于跨国企业正在将更多的业务转向中国，并通过外包他们广泛的物流功能来降低供应链成本；其次是中国公司面临着降低成本和更加关心核心竞争力的压力而增加了物流外包的需求；最后是政府的激励措施也是刺激中国的第三方物流市场迅速发展的重要因素。

然而，目前第三方物流的有效需求还不足，企业由于拥有物流设施，自营物流的比例很大。据中国仓储协会的《中国物流市场第三次调查报告》统计，我国物流企业在工商企业物流服务中所占的比例还相当低。在生产企业原材料物流服务提供者中，供货方占71%，企业自身占21%，第三方占8%；在商业企业物流服务提供者中，供货方占74%，企业自身占13%，第三方占13%；在生产企业成品销售物流服务提供者中，企业全部自理占43%，全由第三方代理占21%，部分第三方、部分自理占36%。这些数字与国外相比存在很大差距。可喜的是，来自美智公司报告的数据表明，客户外包第三方物流原材料供应将从现在的15%，增加到3年后的35%；生产商产品销售将从目前略高于45%，增加到3年后的80%；分销商物流的外包将从目前略高于25%，增加到近65%。企业目前对第三方物流服务需求主要集中于传统项目，且第三方物流供应商功能单一，增值服务薄弱。

据中国仓储协会的第三次调查报告分析，生产企业的外包物流主要集中在干线运输，其次是市内配送；商业企业的外包物流主要集中在市内配送，其次是仓储，再次是干线运输。据美智公司提供的报告，物流服务商的收益85%来自基础性服务，如运输管理和仓储管理，增值服务及物流信息服务与支持物流的财务服务的收益只占15%。增值服务主要是货物拆拼箱、重新贴签/重新包装、包装/分类/并货/零部件配套、产品退货管理、组装/配件组装以及测试和修理。增值服务低的原因：一方面，多于一半的物流服务商认为客户还没有做好外包准备；另一方面，客户认为中国缺少高水平的物流服务商，再加上客户认为他们有条件自己把物流干好。在这种状况下，一个物流供应商在赢得其客户对他的服务能力有充分信心之前，可能只能局限在相对

低利润的物流服务上，一直到客户愿意外包增值服务为止。因此，物流供应商对在中国物流市场运作的早期利润率要有一个现实的估计。

(2) 我国第三方物流需求存在着明显的地域和行业分布特点 中国的经济发展很不平衡，不同的地区、不同的企业对第三方物流的需求不同。目前的需求主要来自东部沿海经济发达地区，来自市场发育较成熟的几大行业。据美智公司提供的报告，目前中国物流市场的地域集中度很高，80%的收益都来自长江三角洲和珠江三角洲地区。中国企业，尤其是传统的中国国有企业使用第三方物流服务的比例较小，与此相反，在中国的跨国企业在外包物流方面的脚步最快，是目前中国第三方物流市场的重点。但这些跨国公司在外包时也十分谨慎。第三方物流市场需求主要来自以下几类企业。

境内的“三资企业” 跨国公司为了最大限度地获得竞争优势，积极实行物流本地化战略，在进入中国后一般都不建立独立的物流部门，而是选取若干专业的物流提供商，通过共配物流、设施租赁等多种形式，获得必要的物流服务，构成了目前物流市场需求的主体。

国内高新技术企业、连锁经营企业和电子商务企业 这些企业产品大多具有小批量、高增值的特点，对物流服务的及时性、准确性的要求较高，面临着激烈的市场竞争，为了大幅度地降低成本，对物流服务有迫切需求。

一部分国有大型企业 他们面对激烈的国际国内竞争，也打破了“大而全”、“小而全”的传统观念，开始着手对企业传统物流活动进行重新改造，以获取竞争优势。

(3) 不同行业对物流的需求也具有不同个性 中国仓储协会的第四次调查报告指出，工业企业和商业企业对物流服务内容的需求略有不同。工业企业期望新的物流服务商提供的服务内容，主要以物流系统再设计、干线运输、市内配送和物流总代理为主，其中大约53%的生产企业需要物流系统的再设计服务，这说明生产企业受地域跨距和管理幅度的影响较大，需要集成化的物流服务。商业企业目前的物流需求主要以仓储保管、市内配送和物流系统设计为主，其中大约有53%的商业企业需要提供物流系统再设计及市内物流配送服务，有50%的商业企业需要仓储保管物流服务，这说明除了传统的物流服务外，物流过程管理、物流决策、数据采集等信息服务越来越受到商业流通企业的重视。由于大多数物流企业业务能力还各有侧重，不能满足生产企业和商业企业对物流总代理的需求，因此，相当一段时间内，物流需求企业选择物流外包的企业一般都会在两家以上。美智公司提供的报告则进一步分析了几个典型行业在物流服务需求上的差异。对于汽车制造业，随着其逐步从依赖进口零配件转向从本地的零配件生产企业进货，他们日趋强调通过

"及时配送"降低库存水平的重要性；对服装行业，更重要的是如何缩短周期时间，以便对快速变化的市场流行趋势做出及时反应；对家电行业，由于生产能力过剩和巨大的价格压力，降低物流成本对确保盈利变得至关重要。

(4) 不同性质的企业第三方物流和自理物流的满意度，已形成明显差距 据中国仓储协会的第三次调查报告统计，生产企业对自理物流的满意度要比第三方物流的满意度更高，而商业企业对第三方物流的满意度比自理物流的满意度更高。综合来看，物流运作质量和物流信息成为企业对现行物流运作不满意的主要原因。调查还表明，在采用第三方物流的企业中，有67%的生产企业和54%的商业企业对第三方的物流服务感到满意，有23%的生产企业和7%的商业企业对第三方的物流服务不满意。在企业不满意的原因中，首先是因为作业速度慢和物流信息不及时准确，其次是作业差错率高、运作成本高，从中可看出生产企业和商业企业对第三方物流服务首先关心的是运作质量和包含物流信息在内的运作能力问题，其次才是成本。同时，运作质量低也成为企业自理物流的最大障碍。另据美智公司的调查显示，使用第三方物流的客户中，有超过30%的客户对第三方物流企业不满意，不满意最多的是物流供应商的信息技术系统很差，信息反馈有限；互相之间沟通不顺畅，供方不了解需方的情况变化；缺乏标准化的运作程序，导致各地区的服务水平参差不齐；无法提供整体解决方案等等。

(5) 当前物流市场供求关系极不稳定 中国仓储协会的第四次调查表明，由于对现有物流状况不满意，有55%的生产企业正在寻求新的物流代理商，有59%的商业企业在寻找新的物流代理商，这一比例与2001年第三次调查的57%和38%相比有较大上升。这一方面说明当前物流市场供求关系极不稳定，第三方物流企业的市场机会广阔且变数较大，另一方面也说明生产企业和商业企业已经普遍开始关注物流系统优化。此次调查还表明，生产企业和商业企业选择新的物流服务商都首先关注作业质量，其次是综合物流满足能力，此外对物流运作的经济性给予了很大的重视。美智公司的调查得出了类似的结论，他们认为客户外包物流的原因，首先是为了降低物流成本，然后是为了强化核心业务，第三是为了改善与提高物流服务水平与质量。客户在选择第三方物流企业时，首先注重行业与运营经验即服务能力；第二注重品牌声誉；第三注重网络覆盖率，然后注重较低的价格。

(6) 当前存在着一些制约第三方物流需求的因素 据美智公司的调查，第三方物流供应商认为，吸引物流需求客户存在以下三大障碍：一是生产与流通企业有较大物流能力，物流外包就意味着裁员和资产出售；二是客户对第三方物流缺乏认识；三是对现在的第三方物流企业能否降低成本，能否提

供优质服务缺乏信心。事实上，许多物流企业(或准备进入物流市场的企业)由于在服务水平及物流专业技术与管理能力等方面，与第三方物流的需求还有一定差距，也在一定程度上限制了企业对第三方物流服务的需求。

第三节　第三方物流企业管理

一、第三方物流企业的来源

第三方物流企业实际上就是专业化、社会化的第三方物流服务的承担者，即提供第三方物流服务的企业。现代意义上的第三方物流是一个新兴的行业，大多数第三方物流企业是以传统的“类物流”业为起点，依托仓储业、运输业(空运、海运、陆运)、货代、公司物流部等不同背景发展演变而来的物流服务提供者。源于不同背景的第三方物流企业形成了以下各具特色的不同类型的物流企业。

源于运输行业的物流企业　包括陆运、航运、空运等。国外的 UPS、FEDEX、TNT、DHL、美集物流以及我国的中国远洋运输(集团)总公司、中国外贸运输总公司等都属于这类企业。它们大多是大型运输公司的分公司，运用其自身专业和利用母公司的运输资源扩展运输功能，提供更为综合性的一套物流服务。

源于储运行业的物流企业　包括欧洲的 Exel、Tibbet&Britten 和我国的中国储运公司、华运通公司等。它们以传统的仓库储存业务为基础，将服务扩展到存货管理、仓储与配送等物流领域。

源于货运代理行业的物流企业　如国外的 Emery、BAX、MSAS、Schenker、AEL 以及我国的中国外轮代理、大通国际运输等。它们在原有的信息服务和货运过程协调的基础上，向实物存储和运输环节延伸，因而从货运中间人角色转为更广范围的第三方物流服务企业。

源于口岸分拨行业的物流企业　如国外的 PAS、CWT 和我国的中海物流、上海招商新港物流有限公司等。它们基于终端作业的优势，将业务延伸至运输和配送领域。

源于财务或信息管理咨询服务行业的物流企业　如国外的 Accenture、GE Information Services 和我国的招商迪辰系统有限公司等。它们运用自身的管理知识和信息技术将其业务扩展到提供运费支付、审计、成本会计与控制和监控、采购、跟踪和存货管理等管理工具的物流服务领域。

源于电子商务领域的物流企业　如阳光网达、易速网、宅急送等。它们将业务从电子商务领域扩展到实体运输与配送领域。

源于邮政行业的物流企业 如中国邮政等。它们通过不断完善自身服务职能向现代物流企业转变。

二、第三方物流企业分类

第三方物流企业形式多样、功能各异，对其可以从以下不同角度进行分类。

（1）按照其所承担的物流功能进行分类 可将第三方物流企业分为功能性物流企业和综合性物流企业。

功能性物流企业 又称为单一物流企业，是仅承担和完成某一项或几项物流功能的企业。这类企业可按照其主要从事的物流功能进一步划分为运输企业、仓储企业、流通加工企业等。

综合性物流企业 则是能够完成和承担多项甚至所有的物流功能的企业。这类企业一般规模较大、资金雄厚，并且有着良好的物流服务信誉。

（2）按照其是否以自有物流资产为基础提供服务进行分类 可将第三方物流企业分为资产型物流企业和代理服务型物流企业。

资产型物流企业 主要通过运用自己的资产（如车队、仓库等）自行完成和承担物流业务，因此也被称为物流自理企业，并可进一步按照业务范围进行分类。代理服务型物流企业本身没有资产，它提供相关的信息服务和货运协调服务，并委托其他企业进行仓储、运输等功能性操作。

代理服务型物流企业 同样可以按照其业务代理的范围进一步划分成综合性物流代理企业和功能性物流代理企业。其中功能性物流代理企业包括运输代理企业（即货代公司）、仓储代理企业（仓代公司）和流通加工代理企业等。

（3）按照其服务对象和内容分类 可将第三方物流企业分为操作型物流企业、行业性物流企业、多元化物流企业和顾客导向物流企业。

操作型物流企业 通常利用其专业化优势为需要简单功能性服务的顾客提供单项物流服务，其优势主要体现在成本方面的竞争力。

行业性物流企业 立足于为特定行业的顾客提供专业化物流服务，它们根据顾客的需要规划自己的设施和作业能力，通常与顾客具有较稳定的长期合作关系。

多元化物流企业 面向广泛的非定向市场提供一系列相关且不具有相互竞争性的服务，如水陆一体化的集装箱、码头、仓储、汽运、水运等系列服务。

顾客导向物流企业 则为需要高水平复杂物流服务的顾客提供量身定做的全方位物流服务，包括从物流方案的制定到实体运作的全面服务，其竞争优势来源于优质的服务。

（4）按照其主体性质分类 可将第三方物流企业分为国有物流企业、民

营物流企业、股份制(上市)物流企业和外商独资及合资物流企业。

三、第三方物流企业的战略管理

近年来，随着我国物流业的高速发展，第三方物流企业如雨后春笋般大量涌现。如何在为数众多的物流企业中脱颖而出，在激烈的物流市场竞争中占有一席之地，已成为很多企业面临的重要问题。既然市场环境并非能为单个企业所左右，那么选择能够适应市场环境并为企业带来竞争优势的正确的企业战略，就成为解决这一问题的重要途径。

(1) 第三方物流企业战略的构成要素 与一般企业相同，第三方物流企业的战略也是由四个要素构成，即产品与市场范围、企业成长方向、竞争优势和协同作用。这四个要素相辅相成，共同构成了物流企业战略的内核。

第三方物流企业的产品与市场范围 就是指其所具有的服务功能和其所服务的特定区域。前者涉及运输、仓储、配送、货运代理、综合管理等领域，后者则包括本地市场、区域市场、国内市场和国际市场几种类型。

第三方物流企业的成长方向 是指企业从现有的服务与市场向未来的服务与市场移动的方向。按照安索夫提出的产品/市场扩展方格架构，企业有四种可能的选择：一是市场渗透，即在不改变现有服务和市场区域的前提下，通过现有服务市场份额的增长实现企业的成长；二是市场开发，即为企业现有的物流服务寻找新的顾客群体，开拓新的市场区域；三是产品开发(或称服务创新)，即在现在的市场区域内提供新的物流服务项目；四是多样化经营，即在新的市场领域提供新的服务项目，也就是步入一个新的经营领域。

第三方物流企业的竞争优势 是指能给企业带来强有力的竞争地位的某种特殊属性。企业可从下列方面寻求自身的竞争优势：地理方面，占据便利的物流通道、位于资源丰富的原料产地或经济发展地重点区域等；资源方面，拥有雄厚的资金、先进的技术设备和优秀的人才等；技术方面，拥有支持物流系统成功运行的专有技术；组织方面，具有良好的网络组织结构，能有效支持物流的运作；管理方面，具有基于协同运作的思想、文化、方法、手段、制度等能实现组织整体资源优化配置的有机体系；行业方面，以符合企业自身成长条件的新兴朝阳行业为服务对象。

第三方物流企业的协同作用 其意味着物流链各环节的协同一致和整体性，即追求整体的最优性，实现 1 + 1 > 2 的效果。第三方物流企业协同作用的重点是要将运输(即两点之间的货物位移)与两端点上的延伸服务(如订货、取货、分拣、包装、仓储、装卸、咨询及信息服务等)紧密结合为一体，使货物从最初供应者到最终用户间各个物流环节成为完整的物流链管理系统。

(2) 第三方物流企业战略的结构体系 将第三方物流企业战略的四个构

成要素具体化为物流企业战略的各个组成部分，可以构建起第三方物流企业战略的基本结构体系。这一体系包括：物流系统的宗旨(使命)、物流战略目标、物流战略导向、物流战略优势、物流战略类型、物流战略态势以及物流战略措施和物流战略步骤等。

物流系统的宗旨(使命)和战略目标 第三方物流企业战略的核心内容是物流系统的宗旨(使命)和战略目标。物流系统宗旨的确立，就是通过对企业服务的概括性描述来明确企业存在的价值和意义，它直接影响到企业参与物流系统设计与运营的任务、目的和目标。物流战略的基本要点体现了第三方物流企业进行物流战略设计的内容特色。物流系统的战略目标则是由物流系统宗旨所决定的、表现为物流系统目的的、可在一定时期内实现的量化成果或期望值。第三方物流企业的物流战略目标主要包括：服务水平目标、物流费用目标、高新技术应用目标、社会责任目标和经济效益目标等内容。

物流战略导向 就是第三方物流企业生存、成长与发展的主导方向。物流战略活动领域很宽，服务、市场、技术、规模、资源、组织、文化等方面，都可能成为第三方物流企业所经营的物流系统生存、成长与发展的主导方向。仅就服务与市场两个因素的组合，就可形成市场渗透、市场开发、产品开发(或服务创新)及多角化等不同导向。物流战略导向的确立，既明确了前进方向，又可避免竞争与发展中的盲目性。

物流战略优势 是指第三方物流企业能够在战略上形成的优于竞争者的形势、地位和条件，包括产业优势、资源优势、地理优势、技术优势、组织优势、管理优势等。第三方物流企业应立足于自身物流系统成功的关键因素培养差异优势或相对优势，这是较为经济有效的方式，当然也要注意发掘潜在优势，关注未来优势的开发。

物流战略类型 是指依据不同的标准对第三方物流企业战略所做的划分，它有助于更深刻地认识所拟定的物流战略的基本特点，进一步完善物流战略规划方案。划分物流战略类型的标准通常包括服务项目、发展方向、战略行为和战略重点等。

物流战略态势 是指第三方物流企业的服务能力、营销能力和市场规模、企业在当前的竞争中表现出的实力，以及企业在智慧谋略方面的动态组合和运作状况。

在此需要说明的是：物流战略导向、物流战略优势、物流战略类型和物流战略态势又称为物流战略的要点，它关系到企业物流战略的基本特征。第三方物流企业要在战略基本点上形成自己的特色，以区别于其他类型的企业，这是形成物流企业战略优势的重要前提。

物流战略措施和物流战略步骤 则是指第三方物流企业为保证其战略实现而采取的具体行动措施和过程安排。

（3）第三方物流企业的战略管理 第三方物流企业的战略管理是对企业战略决策制定和战略实施过程的管理，它包括三个环节：战略分析、战略选择和战略实施。

战略分析 是为了明确企业在竞争中所处的战略地位。为此，企业要对外部环境和内部资源加以分析，识别宏微观环境所带来的各种机会和威胁，认清自身的优势和劣势，为扬长避短、选择恰当的战略奠定基础。

战略选择 包括战略方案的制定、评价和选择。首先，企业要将在竞争中可以选择的基础战略与企业的发展方向和发展方法相结合形成不同的战略方案，然后从战略与环境和资源的适宜性、财务上的可行性和决策者的可接受性等方面对各方案进行评价，并最终做出方案的选择。

战略实施 是把选定的战略转化成具体行动的过程。为此，企业要制定相应的资源规划，并在必要时通过调整组织的结构、建立新的管理体系来保证战略得以贯彻实施。

四、第三方物流企业的总体战略

总体战略是企业在竞争中取得优势的基础。著名战略学家迈克尔·波特认为，企业的竞争优势来源于三个方面：成本领先、集中化和差异化。但是，如果一个企业试图在这三个方面"事事领先"、"面面俱到"，则很可能造成"夹在中间"的态势，反而毫无优势可言。因此，企业应根据自身资源的实际情况决定争取在哪一方面形成自己的优势，即在成本领先战略、集中化战略和差异化战略中做出恰当的选择。

（1）成本领先战略 成本领先战略就是企业通过降低生产和流通成本，长期以低于竞争对手的价格提供与竞争者相同或类似的产品和服务，以赢得更大的市场份额，占据领先地位。制造行业的企业往往通过推行标准化生产、扩大生产规模来分摊管理成本和资本投入，以获得成本上的竞争优势。对第三方物流企业而言，获得成本优势的途径是通过建立一个高效的物流操作平台来分摊管理和信息系统成本。一个高效的物流操作平台应该包括基于相当规模的客户群体所形成的稳定的业务量、稳定实用的物流信息系统和广泛覆盖业务区域的网络。在一个高效的物流操作平台上，当加入一个相同需求的客户时，其对固定成本的影响几乎可以忽略不计，因此其具有成本竞争优势。

新兴的第三方物流企业可以通过三个途径来构建一个高效的物流操作平台。第一，在严密规划的基础上，采用较为激进的方式，先铺设业务网络和信息系统，再争取客户。如先在很短的时间内在全国成立几十家分公司或办

事处，然后再去寻找客户。这种方式较为冒险，只有资金实力非常强的企业才可能这样做。第二，与某些大公司结成联盟关系，或成立合资物流公司以获取这些大公司的物流业务。这种方式较为稳妥，使企业在短期内获得大量业务，但这种联盟或合资物流由于与单一大企业的紧密联系，会在一定程度上影响其拓展外部业务的能力。第三，建立平台，边开发客户，边铺设网络。它是更为缓慢的方式。走这条道路的企业，往往先是从某一狭小的市场入手，随着服务网络的扩展逐渐扩大自己的市场范围。由于成本领先战略在相当程度上依赖于企业的规模经济效益，因此，该战略适用于有一定实力的企业。

（2）差异化战略 差异化战略是指企业在客户广泛重视的某些方面力求在行业内独树一帜，使自己的产品和服务与竞争者的产品和服务区分开来，通过产品的独特性维持顾客的忠诚，取得有利的竞争地位。对于第三方物流企业而言，实现差异化有两种截然不同的途径：一是通过培养核心业务，走专业化的道路；二是通过扩展服务内容，走全面化的道路。选择专业化发展的第三方物流企业采取的是核心业务战略，即以增强核心业务的内涵式发展为重点，明确企业的核心业务定位和市场定位，重点增强支持核心业务的新技术能力，从而在其核心业务领域形成独特的竞争优势。具体而言，企业应首先进行业务范围定位，确定经营主业，找准市场切入点；然后分析主业特点，找到所需的关键技术及辅助技术，并在此基础上分析企业已有技术和应有技术，确定企业技术攻关方向。此外，企业还应通过提升技术装备的现代化水平，实施积极的人才战略，提升企业整体素质及业务素质，以及借鉴国内外先进经验，提高企业的管理水平及业务水平，全方位完善自身的核心业务能力。企业的核心业务能力应具备以下几个特征：第一，能按照用户愿意支付的价格为用户提供根本性的利益，即具有充分的用户价值；第二，业务服务水平高于其他企业，且不易被其他企业在短期内模仿或赶超，即具有独特性；第三，拥有强大的扩展能力，在参与依赖核心业务能力的相关产品或服务市场上有选择余地，能帮助企业扩展相关市场，即具有扩展性。由于核心业务战略强调的是核心业务能力的构建，它依赖于企业在某一方面或某些方面的特殊优势，因此较适合规模不大但有一定特长的企业。

选择全面化发展的企业采取的是增值服务战略，即通过扩展服务内容，增加服务形式，区别于大多数仅提供传统物流服务的企业，以提供独特的物流增值服务形成竞争优势。随着社会分工的进一步细化，客户对第三方物流服务需求的层次越来越高，它们希望借助于第三方物流企业提供的全方位物流服务，特别是增值服务，实现其利益的最大化。因此，采取增值服务战略的第三方物流企业可以以自身的核心业务为中心，以城市物流基础设施平台和

信息平台为依托，以满足客户需求为导向，分析自身的服务能力，完善服务业务体系，拓展物流增值服务。

总之，顾客需求的差异性是第三方物流企业差异化战略的基础。只要具有特殊需求的客户能够形成足够的市场容量，差异化战略就是一种可取的战略。差异化战略选择的焦点在于，一个是要维护预期战略目标的实现，另一个是要清醒地避免和缩小由于战略选择可能带来的风险。选择差异化战略可能带来的一个结果是顾客群缩小和单位成本的上升，从而导致服务价格的攀升。因此，在差异化战略中要十分注意以优质独特的服务来降低客户的价格敏感性，以差异化独特性的深化来阻挡替代品的威胁而维护顾客的忠诚，并通过差异化品牌的创建来集中和壮大顾客群，在企业效益不断提高的同时，实现单位服务成本和单位服务价格的下降。

（3）集中化战略 集中化战略就是企业选择一个行业或一个市场的一部分，为这部分市场或这个特殊的顾客群提供适合的产品和服务，通过在一个相对较小的市场上占据较大的份额形成自身的竞争优势。就第三方物流企业而言，集中化战略就是企业将资源集中在一个有限的物流服务领域，培养自己的一种或几种核心业务能力，在某一特定的市场上或基于特定的技术，提供有限的物流服务。不同领域对物流服务的需求存在一定的差异。第三方物流企业应该认真分析自身的优势及所处的外部环境，确定一个或几个重点领域，集中企业资源，培养核心业务能力，打开业务突破口，避免小而全、大而全。对于规模较小的新兴的第三方物流企业，由于其创立初期融资能力弱、管理经验不足以及营销渠道少等原因，大多采取区域市场内的集中经营战略。在此期间，企业往往通过增加业务量、扩大市场份额以及建立信誉等力求改变实力弱小、竞争地位低下的局面。只要有技术优势或市场优势，企业就能随着品牌形象的形成而迅速成长。集中化战略可使企业确定明确的发展目标，简化组织结构，易于实现有效管理。因此，只要企业能及时捕捉到市场的有利时机，就有可能通过集中经营在短期内获取较大发展。对于规模较小的第三方物流企业而言，集中化战略应是其初期发展的有利选择。

五、第三方物流企业的经营策略

为实现企业的总体发展战略，提升自身的竞争力，第三方物流企业可采取下述七种策略。

为大客户提供高水平的服务 一般企业 80% 营业收入来自 20% 的大客户，因此，必须为大客户设立有项目经验的项目经理，充分了解客户的需求和发展战略，与重要客户保持及时的不同层次的沟通。项目经理要有足够的权利来调配网络上必要的资源以满足客户的需求。在出现服务质量问题时，项目

经理能及时升级至有关经理，保证升级渠道畅通。随时替客户着想，帮助客户降低物流成本，提供高质量的服务。

建立强大有效的物流跟踪系统 这是物流操作的基础。强大有效的物流系统可以提供客户及时的信息，如订单处理信息、各种货物在全国仓库的库存信息、每一票货物在运输途中的信息、每一票货物在生产线上的信息等，并能定期提供准确的货物报表和能适时给客户降低库存和运输费用的建议。同时物流跟踪系统与客户系统实现无缝连接，可以提高客户的运作和决策效率。

建立准确的财务报表系统 它是物流运作的关键。提供给客户的财务报表应无假账、借账，绩效报表要真实反映业务水平。大客户一般会采用集中结账的方法，因此必须建立一套财务核算办法，准确核算每一个客户的运营成本和利润时，要核算该客户的整体成本和利润，而不是单个项目和单个地区的盈亏。同时注意协调全国各分公司的利益，调动各分公司的积极性，避免分公司不能及时得到回报而损失客户利益，进而影响整个公司的形象。

借助高科技为客户提供全面高附加值的服务 仅提供库房和运输服务，远不能满足现代企业的需要。物流运作要规范化、标准化、系统化，为客户提供从原材料计划到产成品的储存、分拨、配送、加工、包装、金融结算、信息处理的一体化服务。同时为企业的发展提供高水平的咨询服务，全面提升现代物流的运作水平，实现物流服务的高效运作。

提升企业的形象 第三方物流商要认识到自已与生产企业不是竞争对手，而是战略伙伴，应该处处为其着想，制定出以客户为导向，低成本、高效率的物流方案，为客户在竞争中取胜创造条件。

树立共赢策略 合作可以推动双方共同成长，合作的动力来自不断发现企业的新需求，并迅速地满足新的需求。第三方物流商的利润不是来源于运费、仓储费用等直接收入，而是来源于与企业一起在物流领域创造新的价值，为企业节约的物流成本越多，利润就越大。在当今社会，各企业之间的竞争，已不仅仅是企业与企业之间的竞争，而是物流水平之间的竞争，企业与第三方物流商的协同合作，才可以提高企业的核心竞争力，降低运营成本，提高服务水平，获得更大的利润。同时第三方物流商在双方的合作中才能迅速成长，提高运作水平，反过来又帮助企业提高竞争力。“以降低客户经营成本为自己的经营目标”已开始被许多第三方物流企业的领导层所认识。它代表物流业发展的方向，也是实现与客户双赢、利益一体化的真实反映。

提高物流水平 培养熟悉不同行业的物流专业人才。物流运作水平的提高，依赖一批高素质的人才队伍。国内物流企业要在和国外生产企业及物流企业的合作中锻炼，引进先进的物流技术，培养专门物流人才，保持物流企业持

续稳定的发展，为企业提供优质的服务。

第四节　第三方物流企业相关设计

一、第三方物流项目设计

第三方物流服务的一个显著特征就是个性化。由于不同的客户具有不同的需求，因此，第三方物流企业要从分析客户的差异化需求入手，有针对性地为客户设计不同的服务项目。一般而言，第三方物流项目的设计需要经历以下几个阶段。

1. 顾客需求分析阶段

在这一阶段，我们要解决两个问题。首先，我们要弄清顾客外包物流服务所追求的核心利益是什么。顾客外包物流服务通常是希望能够减少自身在物流方面的资金投入、降低物流成本和提高顾客服务水平，但这三个方面很难同时得到很好的满足。因此，我们要了解顾客最看重的是其中的哪一方面，以便在项目设计时优先满足顾客该方面的需求。其次，我们要了解顾客物流需求的层次和内容，即顾客需要的是基于改善长期绩效的物流战略规划，还是物流过程的组织、计划和协调，或者只是某一种或几种具体的物流功能的运作，这是为顾客设计具体的服务内容的依据。

2. 数据收集分析阶段

无论哪一层次的物流项目设计都离不开一系列基础的物流信息，为此，第三方物流企业要在客户企业相关人员的配合下，收集与所要设计的物流项目相关的各种基础数据和信息。首先，要收集描述客户企业现有物流系统流程及其运作的数据，如制造数据、运输数据、仓储数据、成本数据、效率数据等。从方法上来看，第三方物流企业要观察和研究目前的物流运作状况，将每个流程和作业方法都文档化，将物流和信息流制成图表，将生产率、服务水平、成本属性基准化。其次，要收集行业中先进企业的相关数据，以此作为设计物流项目的参考。最后，将两方面的数据进行对比分析，找出差距及产生差距的原因，在此基础上，根据顾客外包物流服务的目的，提出所设计的物流项目的目标，并就此与客户企业达成一致。

3. 方案创新设计阶段

首先，由第三方物流企业和客户企业基于对相关物流信息的分析，共同确定用于设计过程的特殊变量；然后，由第三方物流企业本着创新原则，提出符合所确定的物流项目目标要求的几套可供选择的初步设计方案，每一个

方案都对具体的作业过程和对物流设施、设备、工具等做出的具体选择，以及相关的人员配备等提供详细的描述，从而协调整个物流系统及技术结构，且各方案具有从生产率、人员、时间、风险、成本属性等方面的可比性；最后，将方案交客户企业进行审阅，并根据客户的要求进行必要的修改。

4. 方案测试确认阶段

借助计算机仿真模型等工具，对基于预测信息的各物流项目设计方案进行敏感度测试，即在项目实施前测试各变量变化对整个项目运作所带来的影响。然后，根据由项目目标所决定的评价指标对各方案进行评价，最终与客户企业一起确定满意的项目方案。通过动态测试不仅能得到各变量敏感度，而且可以优化项目设计，从而降低项目实施的风险。

二、第三方物流系统设计

第三方物流系统设计是指经过对第三方物流企业的系统分析，完成第三方物流系统硬件结构和软件结构体系的构想，形成第三方物流系统组织设计和技术方案的过程。它的功能主要包括运输、储存保管、包装、装卸搬运、流通加工、配送、物流信息等。其硬件结构主要是指保证物流系统正常运行的技术装备手段，它们是实现物流功能必不可少的要素，其中包括：物流设施、物流装备、物流工具、信息技术及网络等。其软件结构则是确定物流系统的地位、协调其与其他系统关系的支撑要素，主要包括：组织结构、管理系统、标准化系统、信息系统等。第三方物流系统的规划与设计分为以下三个层次。

（1）战略层次　属长期规划与设计，时间超过一年。规划与设计的内容主要包括：确定设施的数量、规模、位置，选择运输方式，制定采购政策，定位物流节点的功能以及选择订单等。

（2）策略层面　属中期规划与设计，时间不超过一年。规划与设计的内容主要包括：库存定位、物流节点内部布局，物流节点的功能定位，物流作业流程确定，设施设备选择等。

（3）运作层面　属短期规划与设计，时间单位为每天、每小时。规划与设计的内容主要包括：确定发出订单时间，确定补货时间，确定发货程序等。

第三方物流系统设计可划分为以下几个阶段。

分析阶段

系统分析是第三方物流系统设计过程中的关键环节，其目的是为了设计一个最合理的第三方物流系统或将现有的物流系统进行优化。具体而言，第三方物流系统分析是指从物流系统的整体利益出发，根据系统目标要求，运用科学的分析工具和计算方法，对系统目标、功能、环境、费用和效益等进

行充分的调研，在收集、比较、分析和处理相关的数据和资料的基础上形成若干备选方案和建立必要的模型，并通过对方案及模型的分析和评价为决策提供依据。

▲ **系统分析的第一个步骤是确定系统目标** 第三方物流系统的目标通常是多元化的，也就是说，在进行物流系统设计时，每一个企业会同时追求若干个不同的目标。这些目标通常包括以下几个方面。

①快速响应。即及时满足顾客的服务需求，在最近的可能时间内完成物流作业和尽快地交付所需存货。

②最少失误。即尽可能减少可能出现的意外失误，如延迟交货、损坏货物和递送错误等，以提高物流生产率。

③最低库存。即把存货配置减少到与顾客服务目标相一致的最低水平，以实现最低的物流总成本。

④整合运输。即把小批量的装运聚集成集中的、具有较大批量的整合运输，以降低物流成本。

⑤节约空间。即发展立体设施和有关的物流机械，以充分利用空间和面积，缓解城市土地紧缺的问题。

⑥规模适当。即优化物流网点的布局，合理确定物流设施规模及其自动化和机械化程度。

⑦利用资源。即充分利用现有的物流资源，实现资源的优化配置。

⑧信息强大。即利用计算机和网络技术，实现信息及时有效的传递，提高物流运作的效率。

⑨持续改善。即不断完善服务，寻求持续的质量改善。

当然，一旦不同目标间产生冲突时，企业则需对这些目标的重要性程度加以区分，优先保证重要目标的实现。

▲ **系统分析的第二个步骤是收集相关的数据资料** 需要收集以下各项数据资料。

①物流服务需求现状及未来变动趋势。各种物流服务的需求量、需求特征及未来需求变动趋势，需求对象的行业及地域分布等。

②物流行业竞争态势。现有物流企业的数量、类型、服务领域及核心竞争力，各企业的市场地位及市场份额等。

③物流服务领域技术发展的动态。新技术、新设备、新项目等。

④物流系统的特征。市场定位、业务性质、运作理念、人力资源条件等。

⑤物流作业系统参数。物流作业实施限制与范围，仓储环节中的存货数量、品种、储存条件，运输环节中的运输方式选择、运输条件和要求等。

⑥物流信息系统需要。系统构成、软硬件配置、数据获取等要求。

⑦物流财务系统资料。各种物流费用的占用、支出等成本费用数据。

⑧物流系统的社会经济效益。

在该环节必须注意的一个问题是数据必须准确、全面，以保证以其为依据形成的方案真实、可靠，具有可操作性。

▲ **系统分析的第三个步骤是建立模型、形成方案** 通过建立模型把物流运营要求和限制条件翻译成计算机能够理解和处理的某种东西，并在此基础上形成若干可行方案。该环节要遵循以下几个原则。

①可测评性。系统目标必须是定量化且可测评的。

②忠实反映性。模型必须忠实地反映实际的物流过程。

③准确、及时、全面性。数据必须准确、及时和全面。

④全面支持性。系统集成必须全面支持数据的自动传递。

⑤便于执行、管理和控制性。系统优化方案必须以一种便于执行、管理和控制的形式来表述。

⑥灵活性。算法必须灵活地利用独特的问题结构。

⑦容量性。计算平台必须具有足够的容量在可接受的时间段内给出设计方案。

⑧人员技术性。负责设计方案的人员必须具备支持建模、数据收集和优化方案所需的领导和技术专长。

⑨可持续性。商务过程必须支持优化并具有持续的改进能力。

▲ **系统分析的第四个步骤是对备选方案进行综合分析和评价以确定最优方案** 由于物流系统的目标是多元化的，因此其评价指标也是多方面的，既包括反映物流运作能力的数量指标，也包括反映物流运作水平的质量指标。最佳方案就是通过对各方案的综合评价而确定的符合企业各种条件的物流系统。

组织设计阶段

合理的组织结构是实现第三方物流系统目标、提高系统运作效率和促进系统稳定发展的保障。因此，最优方案确定后，接下来就要进行物流系统的组织结构设计，即把实施方案所需要完成的工作，划分为若干性质不同的业务工作，然后再将这些工作进行一定程度的整合，组成不同的部门并确定各个部门的职责及其相互关系，以形成一个完整的组织框架。由于不同类型的第三方物流系统在业务范围和服务区域等方面存在较大差异，因此，与之相适应的组织结构类型也不相同，下面介绍的是不同的组织结构类型适用于不同业务范围和服务区域情况。

▲ **职能型组织形式** 服务区域仅限于某一地区、且服务功能较为单一的操作型物流企业或服务于特定行业的行业性物流企业通常采用职能型组织形式。它们根据系统所需的各种职能划分部门，设置的部门通常包括负责业务开发和客户维护的营销部、负责具体物流功能运作的营运部、负责运作监控和与客户进行协调的客服部、负责财务管理和成本会计的财务部、负责管理信息系统开发维护的信息部、负责人力资源管理的人力资源部以及负责行政和后勤等工作的行政管理部等。

▲ **事业部型组织形式** 服务区域涉及多个国家或地区的操作型物流企业和行业性物流企业，以及从事多种业务的综合性多元化物流企业通常采用事业部型组织形式。它们分别将不同的服务区域或业务类型划分为相对独立的各个事业部加以分权化管理，并由总部设置相应的一些职能部门负责协调各事业部的活动。各事业部内部则通常采用职能型形式建立组织机构。

▲ **矩阵式组织形式** 为客户提供个性化定制综合服务的顾客导向型物流企业则倾向于采用矩阵式组织形式。它一方面按照不同的职能划分部门；另一方面又根据客户的服务需求组成各个项目组，从而使基层部门同时接受上级职能部门和项目组的双重管理，既可发挥职能部门的专业化优势，又可灵活地适应不同客户的需求。

技术方案设计阶段

组织设计提供了一个物流系统的基本框架，但它只是物流系统设计的一个方面。由于物流系统的实际运作会涉及到许多具体的技术问题，因此，技术方案设计也是一个不可或缺的环节。第三方物流系统的技术方案设计实际上就是对构成该系统的各子系统的相关技术环节的设计。第三方物流系统可能涉及的技术方案设计包括以下几个方面。

①运输系统设计。运输系统中的运输过程规划、运输工具类型与数量、运输方式和管理手段等。

②仓储系统设计。仓储系统中的仓库选址、仓库类型、仓库内部布局、货物检验技术、货物堆码技术、库房温湿度控制技术及仓储管理技术等。

③配送系统设计。配送系统中的配送流程规划、配送中心选址与设计、配送作业机械装备和配送管理等。

④相关设计。物流信息系统中的相关设计详见以下论述。

第三方物流系统在功能上存在的差异，使得并非每个系统都需要涉及到上述全部的技术方案设计问题，每一个第三方物流系统所涉及的技术问题取决于它的子系统构成模式。

三、第三方物流信息系统设计

对于第三方物流企业而言，整个物流管理流程是以信息管理为基础的，因此，物流信息系统的设计直接关系到企业的运作效率和运营效果。按照信息系统开发中常用的生命周期法的要求，一个有效的第三方物流信息系统的开发通常应包括以下几个阶段。

系统规划阶段

根据不同类型第三方物流企业的系统开发要求，进行初步调研，明确企业的需求和现状，确定系统的目标、总体结构和子系统的划分，制定实施规划和方案，并从技术、经济和组织管理等方面进行可行性研究。就一般情况而言，第三方物流信息系统至少应满足两个方面的需求：一是通过与合作企业的物流信息共享，给用户提供从发货开始到收货为止的整个物流过程的信息，其中包括货物入库通知、客户需求确认、货物出运安排、货物实际出运日期、货物实际到达日期、货物提取记录等；二是通过互联网为处于不同地区的客户提供有关货物价格、货物流动与库存量等即时动态信息，包括单票货物查询、批量货物查询、运价查询等。

系统分析阶段

在对包括现行系统在内的综合业务进行初步调查的基础上，进行行业调查，分析业务流程、数据流程以及功能与数据之间的关系，建立系统的上层逻辑模型，提出系统逻辑方案。第三方物流企业的业务通常包括订货处理、运输、仓储、配送、包装、装卸搬运、流通加工、顾客服务等，且不同类型企业在具体业务范围上存在差异。一个较完整的第三方物流企业业务流程如图9－1所示。

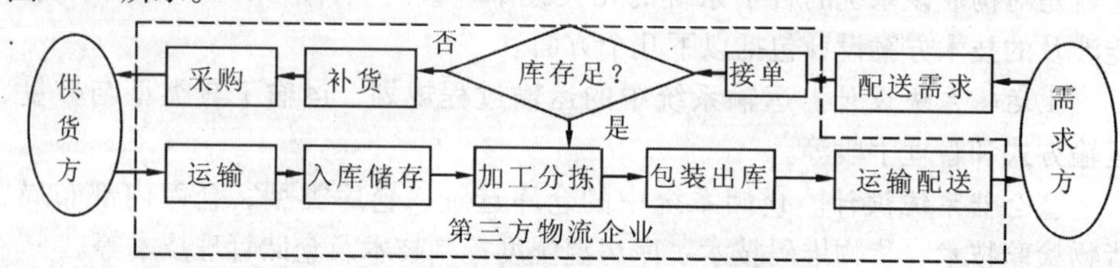

图9－1　第三方物流企业业务流程

系统设计阶段

在系统概念设计的基础上，进行软、硬件系统的设计，包括总体结构设计、代码设计、数据库/文件设计、输入/输出设计、模块结构与功能设计、计算机系统及网络方案的选择等。第三方物流信息系统的总体结构和功能如图9－2所示。

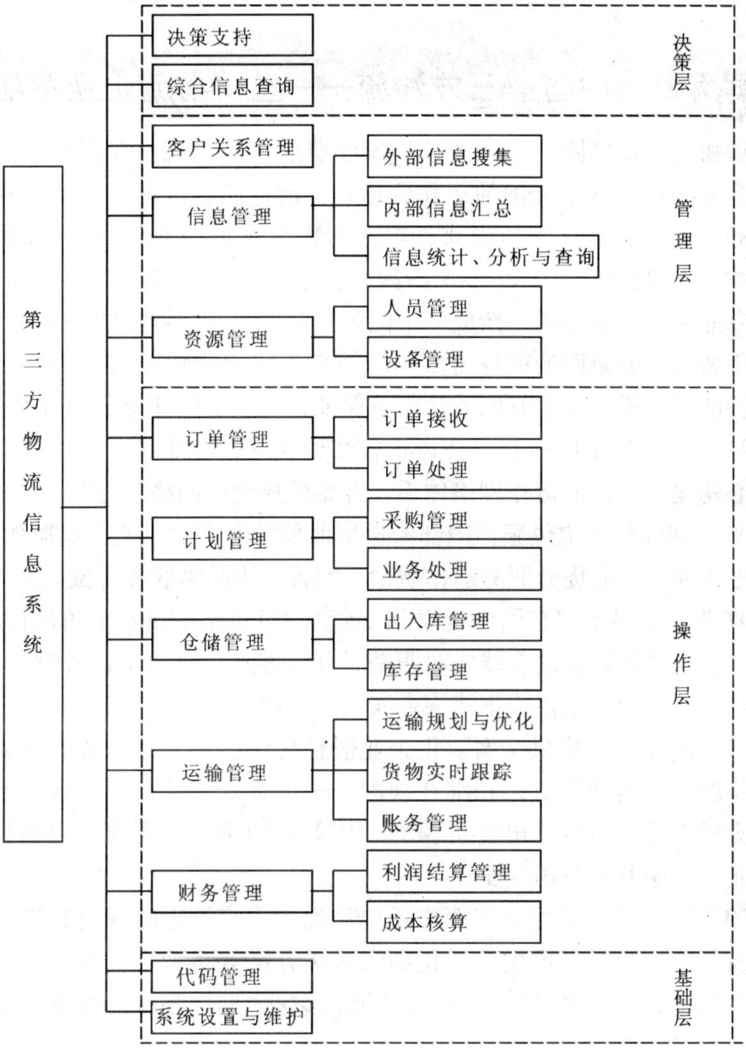

- 第三方物流信息系统
  - 决策层
    - 决策支持
    - 综合信息查询
  - 管理层
    - 客户关系管理
    - 信息管理
      - 外部信息搜集
      - 内部信息汇总
      - 信息统计、分析与查询
    - 资源管理
      - 人员管理
      - 设备管理
  - 操作层
    - 订单管理
      - 订单接收
      - 订单处理
    - 计划管理
      - 采购管理
      - 业务处理
    - 仓储管理
      - 出入库管理
      - 库存管理
    - 运输管理
      - 运输规划与优化
      - 货物实时跟踪
      - 账务管理
    - 财务管理
      - 利润结算管理
      - 成本核算
  - 基础层
    - 代码管理
    - 系统设置与维护

图 9－2　第三方物流信息系统结构

系统实施阶段

根据设计要求采购、安装和调试软、硬件设备，然后进行程序开发和规程开发，包括编程与调试、建立相应的技术文档(如系统设计说明书、用户手册等)，同时进行人员培训和数据准备，最后投入试运行。

系统运行维护阶段

进行系统的日常运行管理和效果评价，并在运行中对系统进行调整和维护。当系统运行的环境发生重大变化，系统无法适应管理需要时，则需开发新的系统来替代现有的系统。

案例● 中国第三方物流——宝供物流企业集团

宝供物流企业集团，是国内第一家注册成立的物流企业集团，以其超前的物流服务理念、遍布全国的运作网络、一流的质量保证体系、全程的信息服务优势、先进的物流管理模式、丰富的物流实践经验以及强大的学习型、知识型物流人才队伍，为40多家跨国公司和十几家国内大型企业提供优质、高效的专业化物流服务，一跃成为中国第三方物流的“璀璨之星”。

宝供物流企业集团的前身为广州的一个铁路货物转运站，1992～1994年以其独特的运作模式和良好的质量服务保证，吸引了国外企业的极大关注。

1994年广东宝供储运有限公司正式注册成立，以北京、上海、广州等城市为中心构建全国性的运作网络体系，开始规模化、网络化经营。

1995～1996年，宝供狠抓内部人员培训和机构建设，进一步加强GMP和SOP标准管理，全面提升业务运作质量，完善宝供品牌服务形象。

1997年，宝供率先在国内建立起一套基于Internet/Intranet的物流网络信息系统，实现物汉数据的在线实时跟踪，并与客户信息共享，实时了解运输、仓储等物流信息，使宝供拖把流服务实现了质的飞跃。

1998～1999年，宝供全面强化企业信息化建设，大力拓展国际国内物流市场，不断增加运作网点，相继在澳洲、中国香港、曼谷、北京、上海等国际国内大城市设立了分公司或办事处。1999年10月，经国家工商局批准，宝供物流企业集团有限公司注册成立。

2000年，宝供物流企业集团广泛应用现代物流管理的理论和观念，大力拓展物流配送、为客户提供个性化物流解决方案等新型物流服务，全面扩充物流服务领域，成为40多家跨国公司和十多家大型企业的战略联盟伙伴。

走出“七个第一”

如今，业界对中国运用现代物流的理念的发展，用“七个第一”对宝供物流企业集团给予了高度的评价和概括。

第一个在中国运用现代物流的理念为客户提供全程物流服务；

第一个在中国建立覆盖全国的物流运作网；

第一个在中国建立基于Internet/Intranet的物流信息系统；

第一个在中国将GMP的质量保证思想运用到物流运作上；

第一个在中国创立物流企业集团；

第一个在中国将产、官、学、研相结合，每年独资举办物流技术与管理发展的国际性高级研讨会；

第一个在中国创办物流奖励基金。

以超前的理念创造领先优势

● **“量身定做，一体化运作、个性化服务”模式** 宝供打破传统业务分块经营模式，在各大中心城市设立分公司或办事处，建立强大的、遍布全面的物流运作网络，将仓储、运输、包装、配送等物流服务广泛集成，为客户“量身定做”，提供“门到门”的一体化综合服务以及其他增值型服务。

● **采用 SOP 运作管理系统和质量保证 GMP 体系** 宝供有一套完整而严格的运作管理系统和质量保证体系，确保为客户提供优质高效的专业化物流服务，即 SOP 标准操作程序及 GMP 标准质量保证体系。宝供建立了系统化、规范化、标准化的各类标准操作程序 SOP，通过 SOP 的正确执行，确保业务运作不会因个人的因素造成服务品质的不同，确保 GMP 质量体系的实施和实现。几年来，公司的铁路运输货物缺损率控制在万分之一左右，公路运输和仓储缺损率为零，铁路运输时间达标率在 95% 以上，获得了客户的一致赞许。

提供国内领先的基于 VPN 系统的物流信息服务 1997 年，宝供在国内率先建成基于 INTERNET/INTRANET 的全国联网的物流信息管理系统，使宝供总部、六大分公司、40 多个运作点实现内部办公网络化、外部业务运作信息化，并实现仓储、运输等关键物流信息的实时网上跟踪。1998 年，完成关键客户与宝供信息系统的对接工作，客户可通过宝供信息系统实时管理和控制不同区域、不同仓库、不同类型、不同产品的库存，制定最佳营销策略。同时，实现了“客户电子订单、一体化运作”的电子商务初步目标，极大地简化了商务流程，提高了业务运作效率。1999 年，建立业务成本核算系统和基于 VPN 电子数据交换平台，采用 XML 技术进一步提升与客户的电子数据交换水平，实现数据无缝交换与连接，为客户“量身定制”个性化的物流信息服务。2000 年，宝供构筑了基于联盟化、集成化、网络化的 VPN 物流综合服务信息平台，大力开发整合客户供应链和支持电子商务运作的新系统，在通过 XML 技术与客户进行电子数据交换方面取得重大突破，使宝供的信息服务和业务运作向自动化、智能化方向迈出重要一步。

● **可贵的“中国心、民族情”** 为了发展中国的物流业，从 1997 年起，宝供和北京工商大学合作，每年召开一次“物流技术与管理发展高级研讨会”，邀请国内外物流界专家和一些客户代表，为中国物流业的发展出谋划策，为推广物流理念、促进物流业的发展做出了不可磨灭的贡献。2000 年，宝供在北京钓鱼台国宾馆召开新闻发布会，设立我国第一个由企业出资、面向物流领域的公益性“宝供物流奖励基金”，每年出资 100 万元用于奖励科技界、企业界和新闻界对中国物流业做出重要贡献的团体和个人。

宝供的未来之路

● **观念领先战略** 宝供将投入相当资金创办一流的物流学校和一流的物流研究中心，通过广泛的物流研究与学术交流，深入揭示物流理论的深刻内涵，研究现代物流运作模式，改革和更新物流理念，并指导物流实践，“用一流的观念，创造一流的物流服务。”

● **科技支持战略** 21世纪是知识和科技的时代，专业化、细致化、科学化的物流知识将成为客户物流体系改革、整合、规划和设计的重要依据，现代科学技术如各种条码技术、自动识别技术等技术将成为物流运作的重要工具，“知识化和科技化物流”将成为宝供服务的主要特征。

● **服务创新战略** 引导物流服务朝综合化、一体化方向发展，把物流诸多环节、服务类型进行系统整合，将不同货运公司、仓储公司以及社会资源进行物流资料整合，为客户提供一种具有长期的、专业的、综合的高效物流服务；适应21世纪个性化消费和个性化服务的需要，改变传统企业的单一成本竞争策略为差异型、个性化的物流特色服务原则。

● **人才效益战略** 公司将广泛汇集和吸引一批高层次专业人才，以提供科技化、现代化的优质高效的物流服务。公司内部严格贯彻执行完善的培训和激励制度，不断增强企业的凝聚力，吸引和留住优秀人才。将公司利益与个人发展紧密结合，建设一支灵活精干、协作高效的知识型人才队伍。

● **联盟发展战略** 强调在供应链的诸节点之间植入“优势互补、利益共享”的共生关系，实施企业联盟化战略。宝供将在其他第三方物流企业、客户服务群、相关行业之间广泛寻找战略合作伙伴，通过联盟的力量获得竞争优势。

思考与练习 9

- 简述第三方物流的概念及产生动因。
- 我国第三方物流发展现状如何？
- 第四方物流的概念及其与第三方物流之间存在着哪些关系？
- 第三方物流具有什么价值？
- 企业选择第三方物流服务的一般决策过程是什么？
- 我国第三方物流市场的需求状况如何？
- 简述第三方物流企业的类型和来源。
- 第三方物流的战略管理内容是什么？
- 第三方物流的总体战略是什么？

- 第三方物流的经营策略是什么？
- 第三方物流项目设计有哪些程序？
- 怎样进行第三方物流系统设计？
- 如何设计第三方物流信息系统？

参考文献

1 郝渊晓主编．现代物流配送管理．南京：中山大学出版社，2001

2 布隆伯格(Bloomberg D. J.)．综合物流精要．北京：机械工业出版社，2003

3 丁俊发．中国物流．北京：中国物资出版社，2002

4 齐二石主编．物流工程．北京：中国科学技术出版社，2001

5 王家善，吴清一，周佳平编．设施规划与设计．北京：机械工业出版社，1995

6 崔介何主编．企业物流．北京：中国物资出版社，2002

7 Fred E. Meyers，Matthew P. Stephens，Manufacturing Facilities Design and Material Handling. 国外大学优秀教材——工业工程系列．北京：清华大学出版社，2002

8 宋伟刚编著．物流工程及其应用．北京：机械工业出版社，2003

9 邓爱民，等．物流工程．北京：机械工业出版社，2002

10 王丰，姜大立，杨西龙主编．现代物流概论．北京：人民交通出版社，2002

11 刘志学主编．现代物流手册．北京：中国物资出版社，2002

12 王之泰著．现代物流学．北京：中国物资出版社，2002

13 [美] 查理德 B. 蔡斯，等著．宋国防，等译．运营管理．北京：机械工业出版社，1999

14 齐二石，杨永德，等编．工业工程学．天津：天津科技出版社，1994

15 齐二石，周刚．精益生产方式教程．中国企业管理协会印刷，1998

16 齐二石．丰田生产方式及其应用．企业管理，1998

17 张晓萍，等编著．生产物流系统及仿真．北京：清华大学出版社，2000

18 [美]约翰·科伊尔，等著．文武，等译．企业物流管理供应链视角，北京：电子工业出版社，2003

19 [美]道格拉斯·兰伯特，等著．张文杰，等译．物流管理．北京：电子工业出版社，2003

20 [美] 查理德 B. 蔡斯，等著．任建标，等译．运营管理．北京：机械工业出版社，2003

21 张铎，周建勤主编．电子商务物流管理．北京：高等教育出版社，2002

22 [美] 唐纳德 J. 鲍尔索克斯，等著．林国龙，等译．物流管理——供应链过程的一体化．北京：机械工业出版社，1999

23 汝宜红，田源，徐杰编著．配送中心规划．北京：北方交通大学出版社，2002

24 何发智编著．物流管理信息系统．北京：人民交通出版社，2003

25 崔介河著．物流学．北京：北京大学出版社，2003

26 张铎，林自葵编著．电子商务与现代物流．北京：北京大学出版社，2002

27 王佐．物流系统优化的10项基本原则．中国物流网，2004－4－20

28 许胜余．连锁商业物流配送的三大热点问题．ALL56，2004－03－22

29 Donald J Bowersox，David J Closs 编著，林国龙，送柏，沙梅译．物流管理：供应链过程的一体化．北京：机械工业出版社，2003

30 骆温平编著．物流与供应链管理．北京：电子工业出版社，2003

31 Ralph M Stair，George W Reynolds 著，张靖，蒋传海译．信息系统原理．北京：机械工业出版社，2000

32 马士华．供应链管理[M]．北京：机械工业出版社，2002

33 王迎军．供应链的竞争力——顾客满意．工业工程与管理，1999(2)

34 吴清一．物流学．北京：中国建材工业出版社，1996

35 赵林度．供应链与物流管理．北京：机械工业出版社，2003

36 何新贵．模糊数据库中的语义距离及模糊视图．计算机学报[J]．1989.10(10)：757－763

37 钟诗胜，王知行，何新贵．一个混合属性的实例检索模型．软件学报[J]，1999. Vol. 10. No. 5：521－526

38 蔡鹤皋，马永军，张福顺．网络联盟企业中的供应商选择方法．小型微型计算机[J]，1999. Vol. 20. No. 11：854－860

39 钱碧波，潘晓红，程耀东．敏捷虚拟企业合作伙伴选择评价体系研究．中国机械工程[J]，2000. Vol11. No. 4：397－401

40 沈斌，丁玉兰，陈炳森．网络联盟企业中合作伙伴选择的研究．同济大学学报[J]，1999. Vol. 27. No. 6：663－667

41 钟诗胜．工程方案设计中的模糊理论与技术．哈尔滨：哈尔滨工业大学出版社，2000

42 李新华编著．企业物流管理．北京：中国广播电视出版社，2002

43 齐二石，周刚编著．物流工程．天津：天津大学出版社，2001

44 夏德．电子商务环境下的物流研究．武汉理工大学硕士学位论文

45 郝聚民编著．第三方物流．成都：四川人民出版社，2002

46 董蕊编著．供应链管理与第三方物流策划．北京：中国经济出版社，2003

47 丁力编著．第三方物流企业运作管理．长沙：湖南科学技术出版社，2003

48 张玮洁．第三方物流的战略选择．中国第三方物流网，2003－11－25

49 张玮洁．七种策略提升 3PL 竞争力．中国第三方物流网，2003－5－30